MBA/MPA/MPAcc

管理类联考老吕综合

主编◎吕建刚

副主编◎罗　瑞　张　杰　刘晓宇
　　　　魏　源　姚旭阳　江　徕

第2版

北京理工大学出版社
BEIJING INSTITUTE OF TECHNOLOGY PRESS

限时模考，高效备考

备考过程中，最好的训练方式就是刷真题，因为命题人的想法、考查重点和方向都会在真题中体现出来。但是，现有的真题套卷数量是有限的，远达不到冲刺阶段刷题的需要。此时，仿真模考题就是大家最好的选择。

什么是好的模考题？

好的模考题应当具有足够的仿真性。由于管理类联考是由多学科（数学、逻辑、写作）组成，所以试题部分的编排必须符合这三个学科的特点，难度贴近真题。

数学部分：以常规题型为主，少量的奥数题型作为补充；以必考点、高频点为主，但也要兼顾低频考点的练习，做到考点全覆盖；条件充分性判断题作为管理类联考的专有题型，在编写时更要注意其科学性，不出偏题、怪题。

逻辑部分：根据最新大纲和近年来逻辑命题规律进行编写，严格按照历年真题中各部分的出题比例选择试卷题目。对此，老吕对这部分试题重新筛选编写，使得每道题都高度贴合真题难度。

推理题（形式逻辑部分）：此部分在推理题中占比约为 70%。而且近年来，形式逻辑考得越来越难，越来越综合化。对此，老吕对形式逻辑的难易度做了调整，更贴合真题。

推理题（综合推理部分）：此部分在推理题中占比约为 30%，作为近些年刚刚兴起的热门考试形式，题量有逐渐加大的趋势。对此，老吕原创了大量的综合推理问题，帮助学生解决这一难题。

论证逻辑：此部分在逻辑部分占比约为 40%，近些年来变化不大。由于论证逻辑的知识点较少，基本都会考到，故模考题要做到论证逻辑全覆盖。

写作部分：材料选取自近年的新闻资讯、社会现象等素材。论证有效性分析覆盖 8 大类逻辑谬误，涉及社会、文化、管理、经济等各个方面；论说文选取考查频率高、命题角度多样的话题。

好的模考题应当有足够完善的解析。模考题的解析不能粗制滥造，因为这一阶段，学生不止是查漏，更是要补缺。解析应当提供给学生更好的解题思路、更快的秒杀技巧，帮助学生应对考场中绝大部分题；个别典型题目提供易错警示，降低学生在考场中失误的概率；多角度剖析题目，帮助学生举一反三。

《管理类联考·老吕综合冲刺 8 套卷》正是根据以上原则编写而成。这本书，要求你这么用：

1. 限时模考

很多同学模考时不限时，考完一算分数还不错，还为此沾沾自喜。这样的同学进了考场后时间一定不够用，再加上紧张，分数会直线下降，最后哭都来不及。

还有的同学模考不写作文。亲，不写作文叫模考吗？难道你上了考场也不写作文？

记住：仿真、限时模考。3 个小时做完所有题，并涂写答题卡！

2. 总结题型

模考的意义不是计较一时得分的高低，而是在这次模考中你有没有收获。收获来自两个方面：

(1)做题节奏相比以往更加合理——简单题做对，难题跳过回头再做或蒙猜，作文按时写完，答题卡涂完。(2)找到错题，查缺补漏。一般来说，错一道题往往不是偶然，这意味着你某个知识点不扎实、某个题型没掌握、某个命题陷阱没总结。怎么办？静下心来，进行系统总结、分类训练（数学回归《数学母题 800 练》、逻辑回归《逻辑要点 7 讲》、写作回归《写作考前必背 33 篇》）。保证下次出现同样的问题不出错或者至少有提高，然后才能进行下一次模考。这不就是咱们管理学上学的"戴明环"在模考中的应用吗？

3. 建议听课

每次提到听课，总会有人有这样的感觉："备考时间紧张，我没时间听课。"

但实际上，越是到冲刺阶段，就越应该有针对性地听课。课程中老师会帮你总结最重要的考点，以及高效的解题技巧，帮你用最短的时间尽可能拿到更高的分数。

针对考前，老吕研发了一套非常重要的课程叫"老吕冲刺密训营"，这个课程是老吕呕心沥血、十年一剑的成果，涵盖了管综三科必考知识点和核心得分诀窍，老吕和罗瑞老师会带你把逻辑、数学的必考题型详细过一遍，到考前进一步密押数学、逻辑的出题范围，写作老吕会带你掌握万能结构及高分写法，最后仅密押 9～14 个话题，减少背诵压力，带你科学度过备考的最后一个冲刺提分阶段。

另外，这个课程还包括往年口碑炸裂的"快速解题技巧""命题陷阱大全""条件充分性判断""论证逻辑干扰项"等技巧专训课程，让你不会的题蒙猜得分，会做的题快速得分，易错题绝不丢分。

同时老吕还给 MBA/MPA/MEM/MTA 等在职考生专门开设了一个冲刺班叫"MBA 冲刺协议班"，它是在"老吕冲刺密训营"的基础上增加英语冲刺课程和不过线免费重读协议，详情可以扫描下方二维码或者咨询助教。

| 管综
冲刺密训营 | 管综+英语二
冲刺密训营 | MBA/MPA/MEM/MTA
冲刺协议班 | 扫码添加助教
咨询课程详情 |

4. 联系老吕

备考过程中有什么疑问，可以通过以下方式联系老吕。由于学员众多，老吕并不能保证 100% 回复，但老吕在力所能及的范围内还是会做大量地回复的。

微博：@老吕考研吕建刚－MBAMPAcc

微信公众号：老吕考研（MPAcc、MAud、图书情报专用）

老吕教你考 MBA（MBA、MPA、MEM 专用）

微信：miao－lvlv1　miao－lvlv2

2023 备考 QQ 群：555356531　811435257　182880896　799367655

让我们一起努力，让我们一直努力！加油！

吕建刚

图书在版编目（CIP）数据

管理类联考·老吕综合冲刺 8 套卷 / 吕建刚主编 . --
2 版 . --北京：北京理工大学出版社，2022.9
ISBN 978 - 7 - 5763 - 1669 - 8

Ⅰ.①管… Ⅱ.①吕… Ⅲ.①管理学-研究生-入学
考试-习题集 Ⅳ.①C93 - 44

中国版本图书馆 CIP 数据核字（2022）第 162537 号

出版发行 / 北京理工大学出版社有限责任公司
社　　址 / 北京市海淀区中关村南大街 5 号
邮　　编 / 100081
电　　话 / （010）68914775（总编室）
　　　　　　（010）82562903（教材售后服务热线）
　　　　　　（010）68944723（其他图书服务热线）
网　　址 / http：//www. bitpress. com. cn
经　　销 / 全国各地新华书店
印　　刷 / 三河市文阁印刷有限公司
开　　本 / 787 毫米×1092 毫米　1/16
印　　张 / 20.25　　　　　　　　　　　　　　　　　责任编辑 / 多海鹏
字　　数 / 475 千字　　　　　　　　　　　　　　　　文案编辑 / 多海鹏
版　　次 / 2022 年 9 月第 2 版　2022 年 9 月第 1 次印刷　责任校对 / 周瑞红
定　　价 / 59.80 元　　　　　　　　　　　　　　　　责任印制 / 李志强

图书出现印装质量问题，请拨打售后服务热线，本社负责调换

全国硕士研究生招生考试
管理类综合能力试题
冲刺卷 1

(科目代码：199)
考试时间：8：30—11：30

考生注意事项

1. 答题前，考生须在试题册指定位置上填写考生姓名和考生编号；在答题卡指定位置上填写报考单位、考生姓名和考生编号，并涂写考生编号信息点。

2. 选择题的答案必须涂写在答题卡相应题号的选项上，非选择题的答案必须书写在答题卡指定位置的边框区域内。超出答题区域书写的答案无效；在草稿纸、试题册上答题无效。

3. 填(书)写部分必须使用黑色字迹签字笔或者钢笔书写，字迹工整、笔迹清楚；涂写部分必须使用 2B 铅笔填涂。

4. 考试结束，将答题卡和试题册按规定交回。

考生编号														
考生姓名														

1. 甲、乙两队学生从相隔 18 千米的两地同时出发，相向而行，此时，一个同学骑自行车以每小时 15 千米的速度在两队之间不停地往返联络．甲队每小时行 5 千米，乙队每小时行 4 千米．两队相遇时，骑自行车的同学一共行驶了(　　)千米．

   (A)30　　　　　　(B)35　　　　　　(C)20　　　　　　(D)25　　　　　　(E)40

2. 某商场售出一批衣服共 500 件，其中包括合格品和残次品，售出合格品的利润率为 50%，售出残次品则会亏损 10%，所有商品售出后的利润率为 39.2%，则合格品共有(　　)件．

   (A)230　　　　　(B)300　　　　　(C)350　　　　　(D)380　　　　　(E)410

3. 长寿村 22 位老人的年龄互不相同，今年他们的年龄和是 2 023 岁，那么最年长的老人今年至少(　　)岁．

   (A)101　　　　　(B)102　　　　　(C)103　　　　　(D)104　　　　　(E)105

4. 著名的海伦公式是求三角形面积的有效工具，即利用三角形的三条边长来求三角形的面积，若三角形的三边长分别为 a，b，c，则其面积 $S=\sqrt{p(p-a)(p-b)(p-c)}$，其中 $p=\dfrac{1}{2}\cdot(a+b+c)$．现有一个三角形，其边长 a，b，c 满足 $a+b=7$，$c=5$，则此三角形面积的最大值为(　　)．

   (A)$17\sqrt{21}$　　　(B)$\dfrac{17\sqrt{21}}{2}$　　　(C)$5\sqrt{6}$　　　(D)$\dfrac{5\sqrt{6}}{2}$　　　(E)$4\sqrt{3}$

5. 同时投掷两枚质地均匀的骰子，观察朝上一面出现的点数．设两枚骰子出现的点数分别为 X_1，X_2，记 $X=\min\{X_1,X_2\}$，则 $P\{2\leqslant X\leqslant4\}=$(　　)．

   (A)$\dfrac{5}{12}$　　　　(B)$\dfrac{7}{12}$　　　　(C)$\dfrac{1}{3}$　　　　(D)$\dfrac{1}{2}$　　　　(E)$\dfrac{2}{3}$

6. 设等差数列 $\{a_n\}$ 的前 n 项和为 S_n，如果 $a_2=9$，$S_4=40$，则常数 c 为(　　)时，数列 $\sqrt{S_n+c}$ 成等差数列．

   (A)4　　　　　　(B)9　　　　　　(C)4 或 9　　　　　(D)3　　　　　　(E)8

7. 小明试图将一箱中的 24 瓶啤酒全部取出，每次在取出啤酒时只能取出 3 瓶或 4 瓶，那么小明取出啤酒的方式共有(　　)种．

   (A)6　　　　　　(B)36　　　　　　(C)35　　　　　　(D)37　　　　　　(E)3

8. 三位教师被分配到 7 个班级任教，若两人各教 2 个班，另外一人教 3 个班，则分配方法共有
（　　）种．

   (A)1 260　　　(B)630　　　(C)540　　　(D)360　　　(E)160

9. 某公司有员工 1 000 人，2022 年人均年产值为 12 万元，计划 2023 年产值比 2022 年增长
   10%，而 2023 年 1 月份和 2 月份因部分员工被抽去做市场调研，所以产值与 2022 年相同．
   要完成 2023 年的任务，从 3 月份起，人均月产值比 2022 年增长（　　）．

   (A)12%　　　(B)13%　　　(C)14%　　　(D)20%　　　(E)16%

10. 有六种不同的颜色，给右图的六个区域涂色，要求相邻区域不同色，
    不同的涂色方法共有（　　）种．

    (A)4 320　　　　　　　　　(B)4 230

    (C)3 240　　　　　　　　　(D)2 880

    (E)1 440

11. 已知 $x \in \mathbf{R}$，若 $(1-2x)^{2\,023} = a_0 + a_1 x + a_2 x^2 + \cdots + a_{2\,023} x^{2\,023}$，则 $(a_0 + a_1) + (a_0 + a_2) +$
    $(a_0 + a_3) + \cdots + (a_0 + a_{2\,023}) = ($　　$)$．

    (A)2 021　　　(B)2 022　　　(C)2 023　　　(D)2 024　　　(E)2 025

12. 一个长方体的体对角线长为 $\sqrt{14}$ 厘米，长方体的表面积为 22 平方厘米，则这个长方体所有
    的棱长之和为（　　）厘米．

    (A)22　　　(B)24　　　(C)26　　　(D)28　　　(E)30

13. 采购部有一笔钱计划购买 A 型彩色电视机，若买 5 台则余 2 500 元，若买 6 台则差 4 000
    元；若将这笔钱用于买 B 型彩色电视机，则正好可购 7 台．现采购部决定在原有资金基础
    上追加 50 000 元用于购买这两种型号的彩电，要求购买 B 型彩电的台数不少于 A 型彩电的
    2 倍，不多于 A 型彩电的 3 倍．那么采购部最多能购买（　　）台彩电．

    (A)13　　　(B)14　　　(C)15　　　(D)16　　　(E)17

14. 对一切 $x \in (-\infty, +\infty)$，恒有 $x^2 + (2m+1)x + m + 2 > 0$，则满足条件的所有整数 m 之
    和为（　　）．

    (A)2　　　(B)-2　　　(C)1　　　(D)0　　　(E)-1

15. 已知数列 $\{a_n\}$ 中，$a_1 = 1$，$a_n = \dfrac{2S_n^2}{2S_n - 1}(n \geqslant 2)$，则 $S_{100} = ($　　$)$．

    (A)$\dfrac{1}{179}$　　　(B)$\dfrac{1}{198}$　　　(C)$\dfrac{1}{209}$　　　(D)$\dfrac{1}{219}$　　　(E)$\dfrac{1}{199}$

二、**条件充分性判断**：第 16～25 小题，每小题 3 分，共 30 分。 要求判断每题给出的条件（1）和条件（2）能否充分支持题干所陈述的结论。 （A）、（B）、（C）、（D）、（E）五个选项为判断结果，请选择一项符合试题要求的判断，在答题卡上将所选项的字母涂黑。

(A)条件(1)充分，但条件(2)不充分．

(B)条件(2)充分，但条件(1)不充分．

(C)条件(1)和条件(2)单独都不充分，但条件(1)和条件(2)联合起来充分．

(D)条件(1)充分，条件(2)也充分．

(E)条件(1)和条件(2)单独都不充分，条件(1)和条件(2)联合起来也不充分．

16. 关于 x 的方程 $x^4 - 2x^2 + k = 0$ 有四个相异的实根．

    (1)$0 < k < \dfrac{1}{2}$.　　　　　　　　(2)$1 < k < 2$.

17. 已知 $\triangle ABC$ 中，$\angle C = 90°$．则能确定 $S_{\triangle ABC}$．

    (1)$\triangle ABC$ 为等腰三角形且 AB 的长度已知．

    (2)已知 BC 的长度及点 C 到 AB 的距离．

18. 已知 $\{a_n\}$ 是等差数列，S_n 是数列的前 n 项和．则能确定 S_{100} 的值．

    (1)$S_{45} = S_{55}$.　　　　　　　　(2)已知 a_{50}.

19. 某校从高三年级参加期末考试的学生中抽出 60 人，其成绩(均为整数)的频率分布直方图如下图所示．从成绩是 80 分以上(包括 80 分)的学生中选 m 人．则他们不都在同一分数段的概率大于 $\dfrac{1}{2}$．

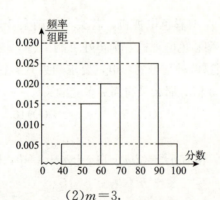

    (1)$m = 2$.　　　　　　　　(2)$m = 3$.

20. 注满一个水池．则甲、乙、丙三个水管同时打开能在 3 小时内注满．

    (1)甲、乙两个水管同时打开，5 小时能注满．

    (2)甲、丙两个水管同时打开，6 小时能注满．

21. 某商场出售甲、乙、丙三种型号的电动车，甲型号电动车在第一季度的销售额占这三种型号电动车总销售额的 56%，第二季度该商场电动车的总销售额比第一季度增加了 12%，且甲型号电动车的销售额比第一季度增加了 23%。则能确定第二季度乙、丙两种型号电动车的销售额。

    (1)已知第二季度乙型号电动车的销售额比第一季度减少的百分比。

    (2)已知第二季度丙型号电动车的销售额比第一季度减少的百分比。

22. 四位数 n 的各位数字之和为 12。

    (1)它被 153 除余 75。

    (2)它被 154 除余 40。

23. 如右图所示，能确定阴影部分的面积。

    (1)已知正方形边长。

    (2)已知空白部分的面积。

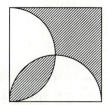

24. 点 $M(x, y)$ 的坐标满足 $|x+y| < |x-y|$。

    (1)点 M 在第二象限。

    (2)点 M 在第三象限。

25. 已知圆 C：$x^2+y^2+ax-2y+b=0$。则能确定圆 C 的半径。

    (1)点 $P(2,1)$ 在圆 C 上，点 P 关于直线 $x+y-1=0$ 的对称点也在圆 C 上。

    (2)圆 C 与两坐标轴均相切。

三、逻辑推理：第 26~55 小题，每小题 2 分，共 60 分。 下列每题给出的(A)、(B)、(C)、(D)、(E)五个选项中，只有一项是符合试题要求的。 请在答题卡上将所选项的字母涂黑。

26. 我国的佛教寺庙分布于全国各地，普济寺是我国的佛教寺庙，所以普济寺分布于我国各地。下列选项中所犯逻辑错误与上述推理最为相似的是：

    (A)父母酗酒的孩子爱冒险，小华爱冒险，所以小华的父母酗酒。

    (B)文明公民都是遵纪守法的，有些大学生遵纪守法，所以有些大学生是文明公民。

    (C)寒门学子上大学的机会减少，大学生小飞不是寒门学子，所以小飞上大学的机会不会减少。

    (D)现在的独生子女娇生惯养，何况他还是三代单传的独苗呢。

    (E)现在的农民都能接受新科技，能接受新科技的人都是积极向上的人，所以现在的农民都积极向上。

27. 分手不仅令人心理痛苦，还可能造成身体疼痛。美国研究人员征募的40名志愿者，他们在过去半年中被迫与配偶分手，至今依然相当介意遭人拒绝。研究人员借助功能性磁共振成像技术观察志愿者的大脑活动，结果发现他们对分手等社会拒绝行为产生反应的大脑部位与对躯体疼痛产生反应的部位重合。因此，分手这类社会拒绝行为会引起他们的躯体疼痛。

上述论证如果正确，则以下哪项必须假设？

(A)个体对于疼痛的感受与社会应激事件有密切关系。

(B)功能性磁共振技术是目前进行大脑定位的常用方法。

(C)个体情绪等心理过程的改变一定会影响其生理反应。

(D)生理反应与心理反应可以通过大脑产生关联。

(E)生理上的痛苦总是通过心理活动来体现的。

28. 学校里的讲师和教授，包括我在内，总共是16名，下面讲到的人员情况，无论是否把我计算在内，都不会有任何变化。在这些人中：

(1)教授多于讲师。

(2)男讲师多于男教授。

(3)男教授多于女教授。

(4)至少有一名女讲师。

请问这位说话者是什么性别和职务？

(A)男讲师。　　(B)女教授。　　(C)男教授。　　(D)女讲师。　　(E)男老师。

29. 在美洲某个国家，希望戒烟的人使用一种尼古丁皮肤贴，它可释放小剂量的尼古丁透过皮肤。从下个月开始，人们可以不用医生处方购买这种皮肤贴，尽管非处方购买的皮肤贴并不比使用处方购买的皮肤贴更有效，而且二者价格同样昂贵，但是皮肤贴制造商预计非处方购买的身份将令近年来销量一直低迷的皮肤贴销量大增。

以下哪项所述为真，将最有力地支持制造商的预测？

(A)大多数想戒烟并发现尼古丁皮肤贴有助于戒烟的人都已经戒烟了。

(B)尼古丁皮肤贴通常比其他帮助人们戒烟的手段更昂贵。

(C)几种旨在帮助人们戒烟的非处方手段好几年前就可以广泛获取了。

(D)许多想戒烟的烟民感到没办法前往看医生从而获取处方。

(E)使用尼古丁皮肤贴帮助人们戒烟的成功比例与使用其他手段的成功比例大致相同。

30. 李老师、王老师、张老师在同一所大学教语文、数学和外语，按规定每人只担任其中一门课程。而且，已知下列条件：

①李老师上课全部用汉语。

②外语老师是该校一个学生的舅舅。

③张老师是女教师，她的女儿考大学之前，经常向数学老师请教。

请判定他们各自担任的课程是：

(A)李老师担任语文，王老师担任外语，张老师担任数学。

(B)王老师担任语文，李老师担任外语，张老师担任数学。

(C)张老师担任语文，王老师担任外语，李老师担任数学。

(D)王老师担任语文，张老师担任外语，李老师担任数学。

(E)李老师担任语文，张老师担任外语，王老师担任数学。

31. 通常认为人的审美判断是主观的，短时间内的确如此，人们对当代艺术作品的评价就经常出现较大分歧。但是，随着时间的流逝，审美中的主观因素逐渐消失。若一件艺术作品历经几个世纪还能持续给人带来愉悦和美感，如同达·芬奇的绘画和巴赫的音乐那样，我们就可以相当客观地称它为伟大的作品。

以上陈述最好地支持了以下哪项陈述？

(A)达·芬奇、巴赫在世时，人们对其作品的评价是不同的。

(B)对于当代艺术作品的价值很难作出客观的认定。

(C)对于同一件艺术作品，不同时代人们的评价有很大差异。

(D)如果批评家对一件当代艺术作品一致予以肯定，这件作品就是伟大的作品。

(E)对于一件艺术品来说，炒作也是必不可少的。

32. 在年终考评中，黄某带领的团队 7 人中有 4 人被评为优秀，已知：

(1)黄、丁、陈 3 人中有 2 人是优秀。

(2)李、杨、肖、贾 4 人中有 2 人是优秀。

(3)如果杨、贾两人中有人被评为优秀的，则陈也是优秀。

根据以上陈述，可以得出以下哪项？

(A)陈、肖中至少有 1 人被评为优秀。

(B)黄、李中至少有 1 人被评为优秀。

(C)丁、肖中至少有 1 人被评为优秀。

(D)丁、李中至少有 1 人被评为优秀。

(E)肖、李中至少有 1 人被评为优秀。

33. 在石器附近的沙地中发现了一些已经成为化石的动物骨骼，上面布满了划痕，但并不是牙印。当用类似石器的工具磨划这些骨头时，所产生的划痕和化石里的划痕很相似。因此，也许对于那些目前已成为化石的动物们，在它们活着时，人们已经开始使用石器来对付它们了。

以下哪项如果为真，则最能反驳上述观点？

(A)有划痕的化石骨骼不如附近发现的有牙印的化石骨骼古老。

(B)踩在埋有骨头的沙子上，在骨头上产生的划痕和化石上的划痕相似。

(C)在化石骨骼没有划痕的地区附近发现了石器。

(D)石器非常坚硬，以至于动物骨骼很难在上面留下划痕。

(E)现代的显微镜可以清晰地分辨牙印和其他划痕的区别。

34～35 题基于以下题干：

七个人 P、Q、R、S、T、U 和 V 自始至终参加一系列的游泳比赛，游到终点时，没有任何两人游的速度一样。

(1)V 总是游在 P 之前。

(2)P 总是游在 Q 之前。

(3)或者 R 第一名，T 最后一名；或者 S 第一名，U 或 Q 最后一名。

34. 在一次比赛中，如果 R 是第一名，V 最差是第几名？

(A)第二名。　　　　　　　(B)第三名。　　　　　　　(C)第四名。

(D)第五名。　　　　　　　(E)第六名。

35. 在一次比赛中，如果 S 是第六名，Q 是第五名，下列哪一项有可能是对的？

(A)V 第一名或第四名。　　　　　　　(B)R 第二名或第三名。

(C)P 第二名或第五名。　　　　　　　(D)U 第三名或第四名。

(E)T 第四名或第五名。

36. 今年上半年，北京凯华出租汽车公司接到的乘客投诉电话的数量是北京安达出租汽车公司的 2 倍，这说明安达出租汽车公司比凯华出租汽车公司的管理更规范，服务质量更高。

如果以上陈述为真，则以下哪一项最能支持上述结论？

(A)凯华出租汽车公司的投诉电话号码数不如安达出租汽车公司的多。

(B)凯华出租汽车公司的投诉电话数量比安达出租汽车公司上升得快。

(C)安达出租汽车公司的在运营车辆是凯华出租汽车公司的 2 倍。

(D)打给凯华出租汽车公司的投诉电话通常比打给安达出租汽车公司的投诉电话时间更长。

(E)有的顾客在遭遇较差的服务时，不会投诉。

37. 卫星旅行社组织了美国、中国香港、中国台湾、新加坡等地的旅游者参加中华环视旅行活动。其中有些人游览中国西部，而有些人游览中国东北，所有游览中国东北的人都游览中国西部，而所有没有游览中国西部的人都是新加坡人。

以上陈述最能支持以下哪项结论？

(A)有些新加坡人游览中国东北。

(B)有些新加坡人游览中国西部。

(C)所有的新加坡人都游览中国东北。

(D)有些新加坡人没有游览中国东北。

(E)有些游览中国西部的人没有游览中国东北。

38. 2012年，东山市的肝病发生率很高，与此同时，该城市的人口死亡率也很高。因此，一定是肝病的高发导致人口死亡率很高。

下列哪一项能削弱上述论证？

Ⅰ. 2015年，东山市的肝病发生率依然很高，但是人口死亡率降下来了。

Ⅱ. 东山市存在严重的滥用药品现象，包括对肺癌、膀胱癌和肝病等严重疾病患者滥用药品；而滥用药品是导致很多人死亡的真正原因。

Ⅲ. 东山市因吸毒引发的死亡是东山市人口高死亡率的主要原因。

(A)仅Ⅰ。　　　　　　　　(B)仅Ⅱ。　　　　　　　　(C)仅Ⅲ。

(D)仅Ⅰ、Ⅲ。　　　　　　(E)Ⅰ、Ⅱ和Ⅲ。

39. K国是个转型中的国家，国内形势发展的不定因素有很多。甲、乙、丙、丁四位专家对K国未来几年的形势有如下预测：

甲：K国既能保持政治稳定，又能实现经济发展。

乙：K国要么保持政治稳定，要么实现经济发展，没有其他可能性。

丙：如果K国实现经济发展，则人民的生活会有实质性的改善。

丁：K国人民的生活不会有实质性的改善。

如果以上四个猜测中只有一个不成立，则以下哪项一定为真？

(A)甲的猜测不成立。　　　　　　　　　　(B)乙的猜测不成立。

(C)丙的猜测不成立。　　　　　　　　　　(D)丁的猜测不成立。

(E)以上结论都不一定为真。

40. 玉米中含有一种维生素烟酸，但它在玉米中的构成形式是人体不可吸收的。糙皮病是一种因缺乏烟酸导致的疾病。18世纪时，当玉米从美洲引入到欧洲南部后，它迅速成为主食，许多主要吃玉米的欧洲人得了糙皮病。然而，当时在美洲，即使是在主要吃玉米的人当中，糙皮病仍然还是未出现的。

下列哪项，如果为真时，最有助于解释如上所述中糙皮病的不同发病率？

(A)玉米被引入到欧洲南部后成为当地主要流行的食物，因为其相对其他谷物产量高。

(B)在美洲种植的玉米比在欧洲种植的玉米含有较多的烟酸。

(C)在美洲，烹调玉米的传统方式将玉米中的烟酸转换成人体可用的形式。

(D)在欧洲南部的许多吃玉米的人也吃烟酸丰富的食物。

(E)发现糙皮病与烟酸有关之前，它被广泛认为是可以从人到人传播感染的。

41. 研究生入学之际，新生赵嘉需要在计量经济学、财务会计理论研究、会计理论研究、现代经济学、马原和英语等六门课程中做出选择。综合考虑时间和精力等诸多因素，赵嘉确定了如下方案：

(1)计量经济学和财务会计理论研究至少要选一个。

(2)如果不选会计理论研究或不选现代经济学，则计量经济学也不选。

(3)如果不选会计理论研究，那么英语也不选。

(4)只有选马原，才能选财务会计理论研究。

赵嘉最终确定不选马原。

由此可以推出以下哪项？

(A)无法确定两个经济学类课程是否要选。

(B)计量经济学不能选。

(C)无法确定两个财会类课程是否要选。

(D)财务会计理论研究能选。

(E)无法确定英语是否能选。

42. 在人类成功登陆月球以后，下一个外太空的登陆目标应该是火星的卫星"火卫一"而不是火星。因为虽然从地球到二者的飞行时间差不多，但完成登陆探测"火卫一"所需的燃料，只是完成登陆探测火星所需的一半。

以下哪项如果为真，则最能加强上述结论？

(A)火星到"火卫一"的空间距离大于地球到月球。

(B)登陆探测火星的设备不比登陆探测"火卫一"要求更高。

(C)由于火星引力比"火卫一"大得多，探测飞行器离开火星表面返回时要消耗比离开"火卫一"更多的燃料。

(D)飞行同样的距离，较小的飞行器消耗的燃料比较大的飞行器少得多。

(E)NASA的专家认为探测"火卫一"对于人类了解火星有直接的重要价值。

43～44题基于以下题干：

在5G高速发展的时代，芯片技术显得尤为关键。此前，某为公司进行了芯片领域的多项目布局，已研发出多款高性能芯片。为应对制裁，该公司决定大力研发光子芯片、射频芯片、叠加芯片和NPU芯片，但由于技术层面的不一致性，该公司计划由甲、乙、丙和丁四个项目部合作完成，具体要求如下：

(1)每个项目部参与两种芯片的研发，每种芯片的研发只能有两个项目部参与。

(2)若甲参与光子芯片研发，则丁也要参与该研发。

(3)乙和丙参与研发的芯片不能相同。

(4)甲不能参与叠加芯片研发。

43. 根据上述信息，可以得出以下哪项？

(A)甲参与研发射频芯片和NPU芯片。

(B)甲参与研发射频芯片和叠加芯片。

(C)乙参与研发射频芯片和叠加芯片。

(D)丙参与研发光子芯片和射频芯片。

(E)丁参与研发光子芯片和NPU芯片。

44. 根据题干信息，如果增加条件"乙不参与光子芯片研发"，则以下哪项一定为真？

(A)甲参与研发光子芯片或叠加芯片。

(B)乙参与研发射频芯片或叠加芯片。

(C)丙参与研发叠加芯片或NPU芯片。

(D)丙参与研发叠加芯片或射频芯片。

(E)丁参与研发射频芯片或NPU芯片。

45. 统计数据显示，坚持常年打太极拳的人与从不打太极拳的人相比，平均寿命相同。由此可见，打太极拳并不能强身健体、延长寿命。

如果以下陈述为真，则哪一项能够最有力地削弱上述论证？

(A)有些运动员身体强健，但寿命却低于普通人。

(B)太极拳动作轻柔舒缓，常年坚持，能够舒筋活血、养气安神。

(C)坚持常年打太极拳的人中有很多体弱多病者。

(D)太极拳运动容易开展，对场地、运动者的身体素质没有什么要求。

(E)太极拳得到了广大年老体弱者的认可。

46. 7名足球运动员在一场比赛后拍了一张合影。合影时站位如下图所示：

前排　　　　　①

②　③　④

后排　　　⑤　⑥　⑦

除了一位守门员外，另外6名球员中有前锋、中场和后卫。已知：

(1)同一类球员不能上下、左右相邻。

(2)前锋李雷和中场球员在同一排，且在他们中间。

(3)李雷身后站着他的好朋友后卫球员李伟。

则以下说法中正确的是：

(A)1号位置是前锋。　　　(B)2号位置是后卫。　　　(C)3号位置是中场。

(D)至多有2名中场。　　　(E)至少有2名前锋。

47. 某学校要从甲、乙、丙、丁、戊、己、庚七名学生中挑选四人组成一个辩论队，去参加全市的辩论比赛。根据平时的训练情况，挑选必须满足下列条件：

(1)如果戊参加，则丙也要参加。

(2)除非乙参加，否则庚不参加。

(3)甲和乙中至少有一人参加，但不能都参加。

(4)戊和己中至少有一人参加，但不能都参加。

根据以上陈述，以下哪些学生一定会参加辩论比赛？

(A)乙或庚。　　　(B)戊或庚。　　　(C)丙或丁。

(D)丙或戊。　　　(E)乙或戊。

48. 尽管对于备办酒宴机构的卫生检查程序要比普通餐厅的检查程序严格得多，在报到市卫生主管部门的食品中毒案件中，还是来自酒宴服务的比来自普通餐厅的多。

以下哪个选项为真，最能够解释题干中表面上的矛盾现象？

(A)人们不大可能在吃一顿饭和随之而来的疾病之间建立关联，除非该疾病影响到一个相互联系的群体。

(B)备办酒宴的机构清楚地知道他们将为多少人服务，因此比普通餐厅更不可能有剩余食物，后者是食品中毒的一个主要来源。

(C)许多餐厅在提供备办酒宴服务的同时，也提供个人餐饮服务。

(D)上报的在酒宴中发生食品中毒案件的数目与备办酒宴者和顾客常去场所的服务无关。

(E)有的中毒案件并没有上报市卫生主管部门。

49～50题基于以下题干：

有A、B、C三组评委投票决定是否通过一个提案。A组评委共两人，B组评委共两人，C组评委共三人。每个评委都不能弃权，并且同意、反对必选其一，关于他们投票的信息如下：

(1)如果A组两个评委的投票结果相同，并且至少有一个C组评委的投票结果也与A组所有评委的投票结果相同，那么B组两个评委的投票结果也都与A组两个评委的投票结果相同。

(2)如果C组三个评委的投票结果相同，则A组没有评委的投票结果与C组的投票结果相同。

(3)至少有两个评委投同意票。

(4)至少有两个评委投反对票。

(5)至少有一个A组评委投反对票。

49. 如果B组两个评委的投票结果不同，则下列哪项可能是真的？

(A)A组评委都投反对票并且恰有两个C组评委投同意票。

(B)恰有一个A组评委投同意票并且恰有一个C组评委投同意票。

(C)恰有一个A组评委投同意票并且C组所有评委都投同意票。

(D)A组所有评委都投同意票并且恰有一个C组评委投同意票。

(E)A组所有评委都投同意票并且恰有两个C组评委投同意票。

50. 根据以上论述可以推知，下列哪项一定为真？

(A)至少有一个A组评委投同意票。　　　　(B)至少有一个C组评委投同意票。

(C)至少有一个C组评委投反对票。　　　　(D)至少有一个B组评委投反对票。

(E)至少有一个B组评委投同意票。

51. 近年来，专家呼吁禁止在动物饲料中添加作为催长素的联苯化合物，因为这种物质对人体有害。近十多年来，人们发现许多牧民饲养的荷兰奶牛的饲料中有联苯残留物。

以下哪项陈述如果为真，则最能强有力地支持专家的观点？

(A)荷兰奶牛乳制品的营养含量较其他地区高。

(B)在许多荷兰奶牛的血液和尿液中已经发现了联苯残留物。

(C)荷兰奶牛乳制品生产地区的癌症发病率居全国第一。

(D)荷兰奶牛的不孕不育率高于其他奶牛的平均水平。

(E)近两年来，荷兰奶牛乳制品消费者中膀胱癌的发病率特别高。

52. 一个人要受人尊敬，首先必须保持自尊；一个人只有问心无愧，才能保持自尊；而一个人如果不恪尽操守，就不可能问心无愧。

以下哪项结论可以从题干的断定中推出？

Ⅰ.一个受人尊敬的人，一定恪尽操守。

Ⅱ.一个问心有愧的人，不可能受人尊敬。

Ⅲ.一个恪尽操守的人，一定保持自尊。

(A)只有Ⅲ。　　　　　　(B)只有Ⅰ和Ⅲ。　　　　　　(C)只有Ⅱ和Ⅲ。

(D)只有Ⅰ和Ⅱ。　　　　(E)Ⅰ、Ⅱ和Ⅲ。

53. 任何一个人的身体感染了X病毒，一周以后就会产生抵抗这种病毒的抗体。这些抗体的数量在接下来大约一年的时间内都会增加。现在，有一项测试可靠地指出了一个人的身体内存在多少个抗体。如果属实的话，这个测试可在一个人感染上某种病毒的第一年内被用来估计那个人已经感染上这种病毒多长时间了，估计误差在一个月之内。

下面哪一项结论能被上面的论述最有力地支持？

(A)抗体的数量一直增加到它们击败病毒为止。

(B)离开了对抗体的测试，就没有办法确定一个人是否感染上了X病毒。

(C)抗体仅为那些不能被其他任何身体防御系统所抵抗的病毒感染产生。

(D)如果一个人无限期地被X病毒感染，那么这个人的身体内可以出现的抗体的数量就是无限的。

(E)任何一个感染了X病毒的人，如果用抗体测试法对他进行测试，将在一段时间内发现不了他有被感染的迹象。

54～55题基于以下题干：

某高铁线路上设有"东沟""西山""南镇""北阳""中丘"五个车站，该线路上有"东升号""西进号""南天号""北上号""中兴号""复兴号"六趟车运行。每趟车至少停靠两个站台，每站恰好有3趟车停靠，并且每趟车所停靠站台的名称与车名称的第一个字不相同。已知：

(1)除非"中兴号"不停靠"西山"，也不停靠"北阳"，否则它停靠"中丘"。

(2)如果"西进号"停靠"南镇"，则"中兴号"不停靠"东沟"。

(3)如果停靠"东沟"，则不停靠"中丘"。

(4)除非"西进号"停靠"东沟"，否则它不停靠"北阳"。

(5)如果"北上号"停靠"南镇"，那么"南天号"也停靠"南镇"。

54. 根据上述信息，可以得出以下哪项？

(A)"东升号"停靠"西山"。　　　　　　　　(B)"西进号"停靠"南镇"。

(C)"南天号"停靠"北阳"。　　　　　　　　(D)"复兴号"停靠"南镇"。

(E)"北上号"停靠"东沟"。

55. 如果"北上号"停靠了"东沟"，并且它和"复兴号"只停靠了其中两个站台，则以下哪项一定为真？

(A)"东升号"停靠了三个站台。

(B)"南天号"停靠了四个站台。

(C)"东升号"和"复兴号"都停靠了"中丘"。

(D)"北上号"和"复兴号"都停靠了"西山"。

(E)有两个站台"南天号"和"西进号"都没停靠。

四、写作： 第 56～57 小题，共 65 分。 其中论证有效性分析 30 分，论说文 35 分。 请答在答题纸相应的位置上。

56. 论证有效性分析：分析下述论证中存在的缺陷和漏洞，选择若干要点，写一篇 600 字左右的文章，对该论证的有效性进行分析和评论。（论证有效性分析的一般要点是：概念特别是核心概念的界定和使用是否准确并前后一致，有无各种明显的逻辑错误，论证的论据是否成立并支持结论，结论成立的条件是否充分等。）

人群按节律特征分为早睡早起的百灵鸟型、晚睡晚起的夜猫子型和介于两者之间的中间型。做一个早睡早起的百灵鸟，更加有利于身心健康。

首先，一项针对数万名 20～29 岁青年人的调查表明，相对于百灵鸟型，夜猫子型的人罹患一些心血管、代谢疾病的几率要高些，肥胖的概率也高些。可见，早睡早起比晚睡晚起更健康。

其次，自我归类为夜猫子型的人群通常都会被诊断为睡眠相位后移综合征(DSPD)，患者的 24 小时醒睡周期会延迟，这就是其在正常人睡眠的时候还会处于非常有精力的状态的原因。研究者发现了一种名为 CRY1 的蛋白，同时发现，有 38 位 DSPD 患者机体中突变的 CRY1 所制造的蛋白质要比平常情况下更为活跃，有专家据此认为，这种蛋白质的活跃影响了人的睡眠周期，从而伤害了人体的健康。

古人常说："日出而作，日落而息。"古人之所以这样说，是因为他们认识到了早睡早起对于健康的作用。而大多数的现代人拥有丰富的夜生活，比如唱歌、跳舞、聚会、上网、看电视等。这些不良的生活习惯打破了生物钟，从而导致内分泌系统失调，进而影响人体健康。

另外，有报道称，由于人类活动区域不断扩大，为了躲避人类，很多地区原本白天活动的野生动物都不得不改成了夜晚出来活动。这些动物的健康和生存受到了极大的威胁，比如原本白天活动的动物它们夜视力就比较差，晚上出来活动容易被捕食或者自己难以捕捉到猎物。与之类似，人类本来也应该是昼出夜伏的动物，一旦晚睡，也会影响健康。

最后，长期处于压力状态下的人，皮质醇水平会偏高，其负面表现之一就是晚上持续兴奋。因此，为了减缓压力，人们也应该早睡早起。

(部分内容改编自《3 月 19 世界睡眠日｜早睡早起身体好，真的靠谱吗?》，澎湃新闻，2021 年 3 月 19 日；《"夜猫子"也是一种病 罪魁祸首竟是基因突变!》，生物谷，2017 年 4 月 9 日)

57. 论说文：根据下述材料，写一篇 700 字左右的论说文，题目自拟。

一个赵国人牵了一匹马到集市上去卖，卖了三天，无人问津。他找到伯乐，要伯乐围着他的马转三圈，然后离开，离开时要三次回头看马。如果伯乐这样做，他就付给伯乐一天的工钱。伯乐照着赵国人的话做了，马很快被卖掉了，而且马价提高了 10 倍。

🔍 答案速查

题型		题号	答案
一	问题求解	1～5	(A) (E) (C) (D) (B)
		6～10	(B) (D) (B) (A) (A)
		11～15	(A) (B) (C) (D) (E)
二	条件充分性判断	16～20	(A) (D) (A) (E) (E)
		21～25	(E) (C) (D) (A) (D)
三	逻辑推理	26～30	(D) (D) (B) (D) (C)
		31～35	(B) (A) (B) (C) (D)
		36～40	(C) (D) (E) (A) (C)
		41～45	(E) (C) (A) (B) (C)
		46～50	(E) (C) (A) (B) (B)
		51～55	(E) (D) (E) (D) (C)
四	写作		56. 略 57. 略

全国硕士研究生招生考试
管理类综合能力试题
冲刺卷 2

（科目代码：199）

考试时间：8：30—11：30

考生注意事项

1. 答题前，考生须在试题册指定位置上填写考生姓名和考生编号；在答题卡指定位置上填写报考单位、考生姓名和考生编号，并涂写考生编号信息点。

2. 选择题的答案必须涂写在答题卡相应题号的选项上，非选择题的答案必须书写在答题卡指定位置的边框区域内。超出答题区域书写的答案无效；在草稿纸、试题册上答题无效。

3. 填（书）写部分必须使用黑色字迹签字笔或者钢笔书写，字迹工整、笔迹清楚；涂写部分必须使用 2B 铅笔填涂。

4. 考试结束，将答题卡和试题册按规定交回。

考生编号														
考生姓名														

1. 某工厂原计划用 15 个工人在 20 天内完成一批产品的加工任务，但因突发事件，工厂要求提前 5 天完成任务，在工作效率不变的情况下，需要增加(　　)人才能按时完成任务．
   (A)2　　　　(B)3　　　　(C)4　　　　(D)5　　　　(E)6

2. 若干游客要乘汽车，如果每辆汽车乘坐 28 人，那么剩下 1 人未上车；如果减少一辆汽车，那么所有游客正好能平均分乘到各辆汽车上．已知每辆车最多容纳 35 人，则原有汽车(　　)辆．
   (A)2　　　　(B)3　　　　(C)29　　　　(D)30　　　　(E)31

3. 某班数学测试，平均分为 85.13 分，经过复查发现把一名同学的 87 分误写成了 78 分，重新计算后，该班的平均分为 85.31 分，则该班有(　　)名学生．
   (A)45　　　　(B)48　　　　(C)50　　　　(D)52　　　　(E)56

4. 已知 $(x+3)^2 + |3x+y+m| = 0$，其中 y 为负数，则 m 的取值范围是(　　)．
   (A)$m=9$　　(B)$m<9$　　(C)$m>-9$　　(D)$m<-9$　　(E)$m>9$

5. 甲、乙两辆车分别从 A、B 两城同时出发前往对方城市，两车匀速前进，在离 A 城 50 千米处第一次相遇，相遇后两车继续保持原速度行进，到达目的地后立即返回，又在距离 B 城 60 千米处第二次相遇，则 A、B 两城相距(　　)千米．
   (A)60　　　　(B)80　　　　(C)90　　　　(D)120　　　　(E)150

6. 已知 $\dfrac{1}{x} = \dfrac{2}{y-z} = \dfrac{3}{x+z}$，则 $\dfrac{3x+2y+z}{x+2y+3z} = ($　　$)$．
   (A)$\dfrac{1}{2}$　　(B)$\dfrac{3}{5}$　　(C)$\dfrac{6}{7}$　　(D)$\dfrac{13}{15}$　　(E)$\dfrac{8}{12}$

7. 右图是放在平面直角坐标系中的"太极图"．整个图形是一个圆形，其表达式为 $x^2+y^2=4$．其中阴影区域右边界与 y 轴构成两个半圆．若在阴影部分(包括边界处)中取一点 (x,y)，则 $x+y$ 的最大值为(　　)．

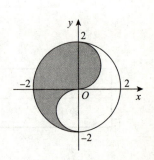

   (A)$1-\sqrt{2}$　　　　　　(B)$1+\sqrt{2}$
   (C)2　　　　　　　　　　(D)$\sqrt{2}-1$
   (E)3

8. 已知等差数列 $\{a_n\}$ 的前 n 项和为 S_n，且 $\dfrac{S_4}{S_8}=\dfrac{1}{3}$，则 $\dfrac{S_8}{S_{16}}=($　　$)$.

(A)$\dfrac{1}{8}$　　　　(B)$\dfrac{1}{3}$　　　　(C)$\dfrac{1}{9}$　　　　(D)$\dfrac{2}{3}$　　　　(E)$\dfrac{3}{10}$

9. 一根长 80 厘米、宽和高都是 10 厘米的长方体钢材，从钢材的一端锯下一个最大的正方体后，它的表面积减少了(　　)平方厘米．

(A)300　　　　(B)400　　　　(C)360　　　　(D)480　　　　(E)500

10. 甲、乙、丙、丁、戊、己六名同学进行技术比赛，决出第 1 名到第 6 名．甲、乙、丙去询问成绩，回答者对甲说："你们三个都没有得到冠军．"对乙说："你的名次在丙之前．"对丙说："你不是最后一名．"根据以上的回答分析，6 个人的名次排列情况的种数为(　　)．

(A)108　　　　(B)120　　　　(C)144　　　　(D)156　　　　(E)165

11. 若 $\{a_n\}$ 是等差数列，且 $\dfrac{S_m}{S_n}=\dfrac{m^2-2m}{n^2-2n}$，则 $\dfrac{a_5}{a_6}=($　　$)$.

(A)$\dfrac{5}{8}$　　　　(B)$\dfrac{7}{11}$　　　　(C)$\dfrac{3}{8}$　　　　(D)$\dfrac{9}{13}$　　　　(E)$\dfrac{7}{9}$

12. 如下图所示，AB 为半圆 O 的直径，C 为半圆上一点，且弧 AC 为半圆弧长的 $\dfrac{1}{3}$，设扇形 AOC，$\triangle COB$，弓形 BMC 的面积分别为 S_1，S_2，S_3，则下列结论正确的是(　　)．

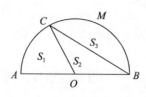

(A)$S_1=S_2$　　　　　　　　(B)$S_1>S_3$　　　　　　　　(C)$S_1=S_3$
(D)$S_2=S_3$　　　　　　　　(E)$S_1<S_3$

13. 现有 16 张不同颜色的卡片，其中红色、黄色、蓝色和绿色卡片各 4 张．从中任取 3 张，要求这 3 张卡片不能是同一种颜色，且红色卡片至多有 1 张，则不同的取法有(　　)种．

(A)232　　　　(B)252　　　　(C)472　　　　(D)484　　　　(E)506

14. 设 $x^2-px+q=0$ 的两实根为 α，β，而以 α^2，β^2 为根的一元二次方程仍是 $x^2-px+q=0$，则数对 (p,q) 的个数是(　　)．

(A)0　　　　(B)1　　　　(C)3　　　　(D)7　　　　(E)9

15. 如左图所示，在 Rt△ABC 中，∠C=90°，点 D 是 BC 的中点，动点 P 从点 C 出发沿 CA→AB 运动到点 B，设点 P 的运动路程为 x，△PCD 的面积为 y，y 与 x 的函数图像如右图所示，则 AB 的长为（　　）.

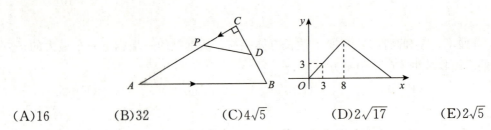

(A)16　　　　(B)32　　　　(C)$4\sqrt{5}$　　　　(D)$2\sqrt{17}$　　　　(E)$2\sqrt{5}$

二、**条件充分性判断**：第 16～25 小题，每小题 3 分，共 30 分。 要求判断每题给出的条件(1) 和条件(2)能否充分支持题干所陈述的结论。 （A）、（B）、（C）、（D）、（E）五个选项为判断结果，请选择一项符合试题要求的判断，在答题卡上将所选项的字母涂黑。

(A)条件(1)充分，但条件(2)不充分．

(B)条件(2)充分，但条件(1)不充分．

(C)条件(1)和条件(2)单独都不充分，但条件(1)和条件(2)联合起来充分．

(D)条件(1)充分，条件(2)也充分．

(E)条件(1)和条件(2)单独都不充分，条件(1)和条件(2)联合起来也不充分．

16. 甲、乙两名特工共同破解一台保险箱的密码．则能确定成功破解的概率．

(1)已知甲、乙至多一人能够成功破解的概率和甲、乙都能成功破解的概率．

(2)已知甲、乙都不能破解的概率．

17. 商店有冰墩墩和雪容融挂件共 200 个，当冰墩墩挂件售完 $\frac{5}{6}$ 后，雪容融挂件全部售完．则能确定售出两种挂件的总金额．

(1)已知冰墩墩挂件的单价．

(2)雪容融挂件的单价是冰墩墩挂件的 $\frac{5}{6}$．

18. 设 a、b 是实数．则能确定 ab 的最大值．

(1)$\dfrac{9^a 3^b}{\sqrt{3^a}}=3$．

(2)a，b 是一元二次方程 $mx^2+2\sqrt{m}x+m^2-4=0$ 的两个实根．

19. 能确定直线 $ax+by-c=0$ 被圆 $x^2+y^2=2$ 截得的弦长.

(1)直角三角形的三边为 a，b，c，其中 c 是斜边.

(2)a^2，c^2，b^2 成等差数列.

20. 从集合 A 中任取三个不同元素. 则这三个元素能构成直角三角形三条边长的概率为 $\dfrac{1}{10}$.

(1)$A=\{3，4，5，6，8，10\}$.

(2)$A=\{5，6，8，10，12，13\}$.

21. 某考试分为初试和复试两轮，甲、乙、丙三名同学两轮得分见下表：

项目	甲	乙	丙
初试成绩（分）	93	90	88
复试成绩（分）	89	95	96

已知最终得分为 $\dfrac{a\times 初试成绩+b\times 复试成绩}{2}$（$a$，$b$ 均为正数）. 则甲的得分最高.

(1)$\dfrac{a}{b}<1$.

(2)$\dfrac{a}{b}>2$.

22. 数列 $\left\{\dfrac{S_n}{n}\right\}$ 是公比为 2 的等比数列.

(1)数列 $\{a_n\}$ 满足 $a_1=1$.

(2)数列 $\{a_n\}$ 满足 $a_{n+1}=\dfrac{n+2}{n}S_n$.

23. 如图所示，在 $\triangle ABC$ 内，有三个边长分别为 a，b，c 的正方形. 则能确定 b^2-ac 的值.

(1)$\angle A=90°$.

(2)$\angle B=30°$.

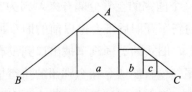

24. 若 a, $b \in \mathbf{R}$. 则 $|a-b| + |a+b| \leqslant 2$ 恒成立.

(1) $|a| \leqslant 1$.　　　　　　　　(2) $|b| \leqslant 1$.

25. 某公司有 10 个股东. 则持股最多的股东所持股份占总股份的最大百分比是 25%.

(1)他们中任意 6 个股东所持股份的和都不少于总股份的 50%.

(2)他们中任意 3 个股东所持股份的和都不少于总股份的 25%.

三、逻辑推理：第 26～55 小题，每小题 2 分，共 60 分。 下列每题给出的（A）、（B）、（C）、（D）、（E）五个选项中，只有一项是符合试题要求的。 请在答题卡上将所选项的字母涂黑。

26. 只有具有足够的身高并且排球技术又好的人，才能进入国家排球队。

如果上述命题为真，则以下哪项不可能为真？

（A）姚明具有足够的身高，但是排球技术不好，因此没能进入国家排球队。

（B）排球技术好，但是身高不够的曾春蕾没有进入国家排球队。

（C）郎平具有足够的身高并且排球技术也好，但是没有进入国家排球队。

（D）朱婷有足够的身高，球技也好，进入了国家排球队。

（E）小四很矮并且不会打排球，但是他进入了国家排球队。

27. 经济学家：W 国外汇储备在过去 10 年的快速增长是经济成功的标志之一。没有外汇储备的增长，就没有 W 国目前的国际影响力。但是，不进行外汇储备投资，就不会有外汇储备的增长。外汇储备投资面临风险是正常的，只要投资寻求收益，就要承担风险。

以下哪项陈述能从这位经济学家的论述中合乎逻辑地推出？

（A）如果能够承担风险，就会有外汇储备的增长。

（B）如果不进行外汇储备投资，就不用承担风险。

（C）只要进行外汇储备投资，W 国就能具有国际影响力。

（D）除非 W 国承担投资风险，否则不会具有目前的国际影响力。

（E）如果进行科学投资，W 国具有当前的国际影响力，不见得必须承担风险。

28. 旧式的美国汽车被认为是空气的严重污染者，美国所有州都要求这种车通过尾气排放标准检查，不合格的车辆将被禁止使用，其车主会被要求购买新车驾驶。所以，这种旧式美国汽车对全球大气污染的危害在未来将会消失。

以下哪项如果为真，则能够对上述论证构成最严重的质疑？

（A）我们不可能把一个州或一个国家的空气分隔开来，因为空气污染是个全球问题。

（B）由于技术的革新，现在的新车开旧后不会像以前的旧车那样造成严重的空气污染。

（C）在非常兴旺的旧车市场上，旧式的美国汽车被出口到没有尾气排放限制的国家。

（D）在美国，要求汽车通过尾气检查的法令在个别州的执行情况不是尽如人意。

（E）尽管旧式汽车被停止使用，但空气污染仍然会因为汽车总数的增加而加重。

29. 为参加北清大学大学生艺术节活动，经管学院有甲、乙、丙、丁、戊、己六个单人节目参与评选，有五位老师分别发表了他们的意见：

赵老师：丙、丁两人中只能去一个人。

钱老师：若丁去，则乙也去。

孙老师：甲、丙和己三人只有一个不能入选。

李老师：如果甲不去，则乙去。

周老师：己和丁至少有一个要去。

结果显示五位老师的意见均被采纳，则可以推出以下哪项？

(A)甲一定去。　　　　　　　　　　　　(B)甲一定不去。

(C)乙一定去。　　　　　　　　　　　　(D)乙一定不去。

(E)戊一定去。

30. 科学家假设，一种特殊的脂肪，即"P-脂肪"，是视力发育形成过程中所必需的。科学家观察到，用含 P-脂肪低的配方奶粉喂养的婴儿比母乳喂养的婴儿视力要差，而母乳中 P-脂肪的含量高，于是他们提出了上述假说。此外还发现，早产 5～6 周的婴儿比足月出生的婴儿视力要差。

以下哪一项如果为真，则最能支持上述科学家的假说？

(A)母亲的视力差并不会导致婴儿的视力差。

(B)孩子的视力好不好，并不都是由父母的视力决定的。

(C)日常饮食中缺乏 P-脂肪的成年人比日常饮食中 P-脂肪含量高的成年人视力要差。

(D)胎儿只是在妊娠期的最后四周里加大了从母体中获取的 P-脂肪的量。

(E)胎儿的视力是在妊娠期的最后三个月发育形成的。

31. 最近，研究人员调查了 2 657 名 60 岁左右的人，结果发现，每天的钠摄入量超过 4 克的高钠饮食组(合 10 克食盐)，与每天钠摄入量小于 1.5 克的低钠饮食组(合 4 克食盐)人相比，高钠饮食组患高血压的风险明显高于低钠饮食组，而且，每天钠摄入量每增加 0.5 克(合 1.3 克食盐)，高血压的风险就增加 17％。研究人员因此得出结论，食盐摄入量高增加患高血压的风险。以下哪项如果为真，最能支持上述论证？

(A)研究发现，食盐摄入量过高还会引起慢性肾病、高血脂等疾病。

(B)高血压的发病往往与环境、遗传、心理、膳食等多种因素相关。

(C)食盐摄入量过低并不会给身体的健康带来任何风险。

(D)高钠饮食组在减少食盐摄入之后，血压会明显降低。

(E)高血压患者都喜食盐量较多的食物。

32. 所有学术水平突出的教授都深受学生爱戴，而所有学术水平突出的教授都注重培养学生的专业基础知识，因此，有些深受学生爱戴的教授不主张只关注学术前沿问题。

上述论证的成立需补充的前提是：

(A)只关注学术前沿问题的教授不受学生爱戴。

(B)学术水平突出的教授不主张只关注学术前沿问题。

(C)注重培养学生专业基础知识的教授都深受学生爱戴。

(D)部分注重培养学生专业基础知识的教授不主张只关注学术前沿问题。

(E)有的深受学生爱戴的教授主张只关注学术前沿问题。

33. 人或许可以分为两类：有那么一点雄心的和没有那么一点雄心的。对普通人而言，那一点雄心，是把自己拉出庸常生活的坚定动力；没有那一点雄心的，只能无力甚至无知无觉地、慢慢地被庸常的生活所淹没。在变革时代，那一点雄心或许能导致波澜壮阔的结果。

以下哪项陈述能构成对上文观点的反驳？

(A)编草鞋的刘备，从来没有忘记自己是皇叔。就凭这一点，他从两手空空到三分天下有其一。

(B)张雄虽壮志凌云，却才智庸常，一生努力奋斗，但一事无成，还弄得遍体鳞伤。

(C)柳琴既无什么雄心，也无特别才华，仅凭天生丽质，一生有贵人相助，做成了很多事情。

(D)菊花姐姐既不才高八斗，也不貌美如花，但自视甚高，不断折腾，一生也过得风生水起。

(E)凤姐被很多人嘲笑，但是她的成功不是偶然的，正是因为她对成功的追求，才成就了她网络红人的地位。

34. 美国的医院以前主要依靠从付款的病人那里取得的收入来弥补未付款治疗的损失。几乎所有付款的病人现在都依靠政府或私人的医疗保险来支付医院账单。最近，保险公司一直把他们为投保病人的治疗所进行的支付限制在等于或低于真实费用的水平。

下面哪个结论是以上的信息最能支持的？

(A)虽然技术的进步已经使富人能够享受昂贵的医疗程序，但是这些医疗程序却在低收入病人的支付能力以外。

(B)如果医院不能找到方法增加额外收入以此来补偿未付款治疗的损失，他们就必须或者拒绝为某些人治疗，或者接收下来并蒙受损失。

(C)一些病人收入高于一定水平却没有资格参加政府医疗保险，但他们的收入水平负担不起医院治疗的私人保险。

(D)如果医院降低其提供治疗的成本，保险公司会保持现有的偿款水平，从而为未付款治疗提供更多资金。

(E)尽管以往慈善捐款为医院提供了一些支持，这些捐款现在却在减少。

35～36题基于以下题干：

为闯入世界杯决赛圈，近年来，足协一直致力于发展归化球员。经过一番综合考察后，甲、乙、丙、丁、戊、己、庚、辛这八位来自巴西符合归化条件并且有意向入籍的球员进入了足协的备选名单。已知：

(1)辛、丁至少选择一个。

(2)如果不选戊，那么就要选庚。

(3)如果选丁，那么就要选乙。

(4)乙、庚至多选择一个。

(5)除非不选择己，否则不选择乙。

(6)若选择丙，则有甲相伴。

(7)己、甲二者必选其一。

35. 据此，可以推出足协一定会选择的归化球员是？

(A)丁或乙。　　　　　　(B)辛或戊。　　　　　　(C)庚或丁。

(D)庚或辛。　　　　　　(E)己或乙。

36. 如果足协首先选择了丁，则一定还会选择哪位球员？

(A)己。　　　　　　　　(B)甲。　　　　　　　　(C)辛。

(D)丙。　　　　　　　　(E)庚。

37. 很多人认为网恋不靠谱。芝加哥大学的一个研究小组对1.9万名在2005—2012年间结婚的美国人进行在线调查后发现，超过三分之一的人是通过约会网站或Facebook等社交网络与其配偶认识的；这些被调查对象总的离婚率远低于平均离婚率。这项调查表明，网恋在成就稳定的婚姻方面是很靠谱的。

如果以下陈述为真，则哪一项能最有力地质疑上述结论？

(A)仍遵循传统的线下约会方式的人，不是年龄特别大就是特别年轻。

(B)该项研究背后的资助者是某家约会网站。

(C)被调查对象的结婚时间比较短。

(D)与网恋相比，工作联系、朋友介绍、就读同一所学校是觅得配偶更为常见的途径。

(E)网恋后离婚的家庭与传统婚恋后离婚的家庭相比，离婚原因并不相同。

38. 三位男生、两位女生参加数学奥林匹克竞赛，并且有人获奖。五人做了如下猜测：

男生甲："获奖者或者是我，或者是男生丙。"

男生乙："不是女生戊，否则是男生丙。"

男生丙："如果不是女生丁，那么就是男生乙。"

女生丁："既不是我，也不是男生乙。"

女生戊："既不是男生丙，也不是男生甲。"

看到获奖名单后发现，五人中只有两个人没猜错，则以下哪项一定为真？

(A)男生甲获奖。　　　　　(B)男生乙获奖。　　　　　(C)男生丙获奖。

(D)女生丁获奖。　　　　　(E)女生戊获奖。

39. 传统观点认为，导致温室效应的甲烷多半来自湿地和反刍动物的消化道，殊不知能够吸收二氧化碳的绿色植物也会释放甲烷。科学家发现惊人的结果是：全球绿色植物每年释放的甲烷量为 0.6 亿～2.4 亿吨，占全球甲烷年总排放量的 10%～40%，其中 2/3 左右来自植被丰富的热带地区。

以下各项陈述，除哪项外，都可以支持科学家的观点？

(A)如果不考虑绿色植物，排除其他所有因素后，全球仍有大量甲烷的来源无法解释。

(B)德国科学家通过卫星观测到热带雨林上空出现甲烷云层，这一现象无法用已知的全球甲烷来源加以解释。

(C)美国化学家分析取自委内瑞拉稀树草原的空气样本并得出结论：该地区植被释放的甲烷量为 0.3 亿～0.6 亿吨。

(D)有科学家强调，近期的甲烷含量增加、全球气候变暖与森林无关，植物是无辜的。

(E)实验研究证明，绿色植物能够释放甲烷和挥发性有机物。

40～41 题基于以下题干：

武汉大学的老斋舍，其每个单元的命名均取自《千字文》，如：天字斋、地字斋、玄字斋、黄字斋、宇字斋、宙字斋、洪字斋、荒字斋等。现有八位学生甲、乙、丙、丁、戊、己、庚、辛，每个人恰好住在以上 8 个斋中的 1 个。

已知：

(1)如果甲在天字斋，那么丙在地字斋且丁在宙字斋。

(2)庚在宇字斋当且仅当丙不在地字斋。

(3)如果乙在荒字斋，那么庚在玄字斋。

(4)要么甲在天字斋，要么乙在荒字斋。

(5)除非丁不在宙字斋或宇字斋，否则戊在洪字斋。

40. 如果以上信息为真，则以下哪项一定为真？

(A)甲不在天字斋。　　　　(B)乙在荒字斋。　　　　(C)丙在地字斋。

(D)庚在宇字斋。　　　　　(E)丁在宙字斋。

41. 如果乙和辛分别住在玄字斋和黄字斋中的某一个，则以下哪项一定为真？

(A)乙在玄字斋。　　　　(B)辛在黄字斋。　　　　(C)乙在荒字斋。

(D)己在宇字斋。　　　　(E)辛在荒字斋。

42. 张教授：强迫一个人帮助另一个人是不道德的。因此，一个政府没有权力通过税收来进行利益和资源的再分配。任何人，如果愿意，完全可以自愿地帮助别人。

李研究员：政府有权力这么做，只要这个政府允许人民自由地选择居留还是离开它所管理的国家。

对以下哪个问题，张教授和李研究员最可能有不同回答？

(A)一个政府是否有权力通过税收来进行利益和资源的再分配？

(B)一个允许对外移民的政府通过税收进行利益和资源的再分配是否不道德？

(C)一个不允许对外移民的政府通过税收进行利益和资源的再分配是否不道德？

(D)通过税收进行利益和资源的再分配是否意味着强迫一部分公民帮助另一部分公民？

(E)政府是否应该允许人民自由地选择居留还是离开它所管理的国家？

43. 北京师范大学 2017 年秋季入学的学生中有些是免费师范生。所有的免费师范生都是家境贫寒的。凡家境贫寒的学生都参加了勤工助学活动。

如果以上陈述为真，则以下各项必然为真，除了：

(A)2017 年秋季入学的学生中有人家境贫寒。

(B)凡没有参加勤工助学活动的学生都不是免费师范生。

(C)有些参加勤工助学活动的学生是 2017 年秋季入学的。

(D)有些参加勤工助学活动的学生不是免费师范生。

(E)有些家境贫寒的学生是 2017 年秋季入学的。

44. 在一次体育课上，20 名学生进行了箭靶射击测试。随后，这些学生上了两天的射箭技能培训课，之后又重新进行了测试，他们的准确率提高了 30%。该结果表明，培训课对于提高人们的射靶准确率是十分有效的。

下列哪个选项如果为真，最能支持上述论述？

(A)这些学生都是出色的田径运动员，出色的田径运动员一般都善于射靶。

(B)第一次测试参加的人数相较于第二次测试有所增加。

(C)人们射箭的准确性和他们的视觉敏锐度有很大关系。

(D)只有少数从事射箭运动的人才能掌握精湛的射靶技艺。

(E)另一组学生，也进行了箭靶射击测试，但没有进行培训，他们的准确度没有得到提高。

45. 某俱乐部大厅门口贴着一张通知：欢迎加入俱乐部！只要你愿意，并且通过推理取得一张申请表，就可以获得会员资格了！走进大厅看到左右各有一个箱子，左边的箱子上写着一句话："申请表不在此箱中。"右边的箱子上也写着一句话："这两句话中只有一句话是真的。"

假设介入此活动的人都具有正常的思维水平，则可推出以下哪项是真的？

(A)左边箱子上的话是真的。　　　　　　(B)右边箱子上的话是真的。

(C)申请表在左边的箱子里。　　　　　　(D)申请表在右边的箱子里。

(E)这两句话都是假的。

46. 某国际小组对从已灭绝的一种恐鸟骨骼化石中提取的 DNA 进行遗传物质衰变速率分析发现，虽然短 DNA 片段可能存在 100 万年，但 30 个或者更多碱基对序列在确定条件下的半衰期只有大约 15.8 万年。某位科学家据此认为，利用古代 DNA 再造恐龙等类似于电影《侏罗纪公园》中的故事不可能发生。

以下哪项如果为真，最能反驳该科学家的观点？

(A)《侏罗纪公园》虽然是一部科幻电影，但也要有事实依据。

(B)上述研究的化石样本可能受到人类 DNA 的"污染"。

(C)环境因素会影响 DNA 等遗传物质的衰变速率。

(D)恐鸟与恐龙的碱基对序列排列顺序不同。

(E)该国际小组曾经在考古研究中有重大发现。

47. 人体的大脑与血液之间有一道"血脑屏障"，任何起安眠作用的物质首先必须能穿过这个屏障才能起效。牛奶中含有一种名为色氨酸的氨基酸能够穿过血脑屏障，制造诱发睡眠的荷尔蒙 5－羟色胺，因此人们认为睡前喝牛奶是促进睡眠非常有效的方法。

以下哪项如果为真，最能削弱上述结论？

(A)皮肤温度上升，入睡速度就快，故而喝一杯热牛奶就如同洗热水浴一样，能够加快入睡速度。

(B)小份的牛奶所含的色氨酸总量不足以让身体的激素水平发生较大的波动，只有喝大量的牛奶助眠效果才会好。

(C)米饭等碳水化合物助眠效果更好，它们会刺激胰岛素的合成，让色氨酸以外的氨基酸进入肌肉组织，从而使色氨酸更易进入大脑。

(D)牛奶中蕴含许多种类的氨基酸，这些物质进入血液后，会争抢穿过血脑屏障的通道，从而降低色氨酸穿过血脑屏障的能力。

(E)牛奶中的特殊蛋白质结构会使部分人身体产生免疫系统过度反应，例如气喘、荨麻疹、过敏性鼻炎、扁桃腺炎。

48~49题基于以下题干：

一种密码只由数字1、2、3、4、5组成，这些数字由左至右写成，并且符合下列条件才能组成密码：

(1)密码最短为两个数字，可以重复。

(2)1不能为首。

(3)如果在某一密码数字中有2，则2就得出现两次以上。

(4)3不可为最后一个数字，也不可为倒数第二个数字。

(5)如果这个密码数字中有1，那么一定有4。

(6)除非这个密码数字中有2，否则5不可能是最后一个数字。

48. 下列哪一个数字可以放在2与5后面形成一个由三个数字组成的密码？

(A)1。　　　(B)2。　　　(C)3。　　　(D)4。　　　(E)5。

49. 1、2、3、4、5五个数字能组成几个由三个相同数字组成的密码？

(A)1个。　　　(B)2个。　　　(C)3个。　　　(D)4个。　　　(E)5个。

50. 小儿哮喘是儿科常见病，目前随着城市工业化环境的进展，大气污染及粉尘的加剧，该病近年来在世界范围内呈上升趋势。气管炎为我国多发的细菌感染，而小儿哮喘发病率上升的同时却伴随着气管炎在儿童中发病率的下降。但是，气管炎仍在大量侵袭成年人，尤以已婚人士为最。

下面哪一项如果正确，最能帮助解释儿童中气管炎发病率的下降？

(A)遗传因素部分决定了一个人易患气管炎的程度。

(B)在其他国家也发现了儿童疾病的增加伴随着气管炎的减少。

(C)抗生素能治疗和防止细菌感染，小儿哮喘经常被误诊为细菌感染而导致抗生素错用。

(D)儿童时期没有得过哮喘的人到成年时可能得哮喘，在这种情况下，疾病的后果一般会更加严重。

(E)那些得了气管炎的人得哮喘的危险增加了。

51. 近年来，外来入侵物种已严重破坏了我国的生态平衡，某市林业局根据决定，对本市内的外来入侵物种进行灭杀，已知：

(1)薇甘菊、银胶菊和豚草至少灭杀一种。

(2)银胶菊、千屈菜和刺苋至少灭杀两种。

(3)如果灭杀千屈菜，就不灭杀豚草。

(4)薇甘菊和千屈菜至多灭杀一种。

根据以上要求，以下哪项一定为真？

(A)至少灭杀三种植物。　　　　　　　(B)刺苋和豚草至少灭杀一种。

(C)薇甘菊和银胶菊至少灭杀一种。　　(D)千屈菜和豚草都要灭杀。

(E)刺苋一定要灭杀。

52. 近年，在对某大都市青少年犯罪情况的调查中，发现失足青少年中 24% 都是离异家庭的子女。因此，离婚率的提高是造成青少年犯罪的重要原因。

假设每个离异家庭都有子女，则以下哪项如果是真的，最能对上述结论提出严重质疑？

(A)十多年前该大都市的离婚率已接近 1/4，且连年居高不下。

(B)该大都市近年的离婚率较之前有所下降。

(C)离异家庭的子女中走上犯罪道路的毕竟是少数。

(D)正常的离异家庭比不正常地维系已经破裂的家庭要有利于社会的稳定。

(E)青少年犯罪中性犯罪占很大的比例。

53～55 题基于以下题干：

某学校给 7 个学生安排宿舍。这 7 个学生中，K 和 L 是四年级，P 和 R 是三年级，S、T 和 V 是二年级。宿舍有单人间、双人间、三人间三种。同时，必须满足以下条件：

(1)安排这 7 名学生的宿舍不能安排其他学生，并且必须满员，例如，三人间必须住满 3 人。

(2)四年级学生都不分到三人间。

(3)二年级学生都不分到单人间。

(4)K 和 P 分到同一宿舍。

53. 以下哪项安排这 7 名学生的房间组合不违反条件？

(A)2 个三人间和 1 个单人间。   (B)3 个双人间和 1 个单人间。

(C)1 个三人间和 4 个单人间。   (D)2 个双人间和 3 个单人间。

(E)1 个双人间和 5 个单人间。

54. 如果 R 住单人间，则以下哪项不违反条件？

(A)恰有 1 个双人间住二年级学生。

(B)L 住单人间。

(C)恰有 3 个单人间住学生。

(D)S 和 P 及另外一个学生一起住三人间。

(E)P 和 K 住 1 个三人间。

55. 如果 T 和 V 分别住不同的双人间，则以下哪项一定为真？

(A)恰有 1 个单人间住学生。   (B)恰有 2 个单人间住学生。

(C)恰有 1 个三人间住学生。   (D)恰有 2 个双人间住学生。

(E)恰有 3 个单人间住学生。

56. 论证有效性分析：分析下述论证中存在的缺陷和漏洞，选择若干要点，写一篇600字左右的文章，对该论证的有效性进行分析和评论。（论证有效性分析的一般要点是：概念特别是核心概念的界定和使用是否准确并前后一致，有无各种明显的逻辑错误，论证的论据是否成立并支持结论，结论成立的条件是否充分等。）

近年来，大众运动健身的理念逐渐普及，加之国家相继出台了一些有利于体育产品发展的政策，中国体育产业的发展将势不可挡。此时投资体育产业，一定能获利颇丰。

根据国家体育总局公布的数据显示，2015年中国体育产业总规模为1.7万亿元，而2016年中国体育产业总规模约1.9万亿元，这说明中国体育产业的总规模呈持续发展趋势。而且，中国体育产业占GDP的比重远远小于美国等西方国家，因此，中国体育的未来前景不可限量。

中国体育产业的发展还有一个重要的驱动因素，那就是中国经济的发展带来的消费者消费能力的提高。可以相信，随着消费者收入的进一步提高，他们在体育、健身等领域的消费需求也会越大。一项在上海的调查表明，上海市民的篮球、足球运动的参与程度很高，相信上海的这种情况终究会有一天普及全国各地，体育产业的市场无疑更加光明。

另外，今年是奥运年，虽然受疫情的影响，奥运会的时间有所推迟。但疫情过去以后，奥运会的举办必将带来新一轮的运动热潮，此时投资体育产业，在未来获得丰厚的利润回报也是可以预期的。

57. 论说文：根据下述材料，写一篇700字左右的论说文，题目自拟。

美国马瑟公司总裁奥格尔维先生，在一次董事会时，在每位与会者的桌上都放了一个俄罗斯套娃。"大家都打开看看吧，那就是你们自己！"奥格尔维说。董事们很吃惊，疑惑地打开了眼前的玩具，展现在眼前的是一个更小的同类型玩具，再打开这个玩具，里面还有一个更小的同类型玩具……当他们打开最后一层时，发现玩具娃娃身上有一张纸条，上面写着：……

题型		题号	答案				
一	问题求解	1～5	(D)	(D)	(C)	(E)	(C)
		6～10	(D)	(B)	(E)	(B)	(A)
		11～15	(E)	(E)	(C)	(C)	(C)
二	条件充分性判断	16～20	(B)	(C)	(D)	(D)	(D)
		21～25	(B)	(C)	(D)	(C)	(D)
三	逻辑推理	26～30	(E)	(D)	(C)	(C)	(D)
		31～35	(D)	(B)	(C)	(B)	(B)
		36～40	(B)	(C)	(E)	(D)	(C)
		41～45	(D)	(A)	(D)	(E)	(C)
		46～50	(D)	(D)	(B)	(B)	(C)
		51～55	(C)	(A)	(B)	(B)	(A)
四	写作		56. 略　57. 略				

全国硕士研究生招生考试
管理类综合能力试题
冲刺卷 3

（科目代码：199）

考试时间：8：30—11：30

考生注意事项

1. 答题前，考生须在试题册指定位置上填写考生姓名和考生编号；在答题卡指定位置上填写报考单位、考生姓名和考生编号，并涂写考生编号信息点。

2. 选择题的答案必须涂写在答题卡相应题号的选项上，非选择题的答案必须书写在答题卡指定位置的边框区域内。超出答题区域书写的答案无效；在草稿纸、试题册上答题无效。

3. 填（书）写部分必须使用黑色字迹签字笔或者钢笔书写，字迹工整、笔迹清楚；涂写部分必须使用 2B 铅笔填涂。

4. 考试结束，将答题卡和试题册按规定交回。

考生编号															
考生姓名															

1. 在桌面上放置三张两两重叠、形状相同的圆形纸片，它们的面积都是 100，盖住桌面的总面积是 144，三张纸片共同重叠的面积是 42，那么图中阴影部分的面积是（　）.

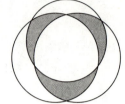

   (A)30　　　　(B)72　　　　(C)48

   (D)24　　　　(E)36

2. 已知 $\log_2[\log_3(\log_4 x)]=\log_3[\log_4(\log_2 y)]=\log_4[\log_2(\log_3 z)]=0$，则 $x+y+z=($　$)$.

   (A)50　　(B)58　　(C)89　　(D)111　　(E)789

3. 一项工程，甲单独做需要 10 天，乙单独做需要 15 天．现由两人共同完成这项工程，但合做时甲的效率会降低 20%，乙的效率会降低 10%．要求 8 天内完成这项工程，那么两人最少要合做（　）天．

   (A)4　　(B)5　　(C)6　　(D)7　　(E)$\dfrac{50}{7}$

4. 已知公鸡每只 5 元，母鸡每只 3 元，雏鸡 1 元买 3 只，若花了 100 元买了 100 只鸡，则购买方式一共有（　）种．

   (A)2　　(B)3　　(C)4　　(D)5　　(E)6

5. 方程 $|2x+5|+|2x-1|=6$ 的整数解的个数为（　）.

   (A)0　　(B)1　　(C)3　　(D)4　　(E)5

6. 已知等差数列 $\{a_n\}$ 的前 n 项和为 S_n，且 $a_4=-3$，$S_{12}=24$，若 $a_i+a_j=0(i,\ j\in \mathbf{N}^+,\ 1\leqslant i\leqslant j)$，则 i 的取值集合是（　）.

   (A)$\{1,\ 2,\ 3\}$　　　　　　(B)$\{1,\ 2,\ 3,\ 4,\ 5\}$　　　　　　(C)$\{6,\ 7,\ 8\}$

   (D)$\{6,\ 7,\ 8,\ 9,\ 10\}$　　　　(E)$\{1,\ 2,\ 3,\ 4,\ 5,\ 6,\ 7,\ 8,\ 9,\ 10\}$

7. 如图所示，一个直径为 4 的半圆绕点 A 沿顺时针方向旋转 $45°$，点 B 的对应点是点 C，则阴影部分的面积为（　）.

   (A)π　　　　(B)$\dfrac{6\pi}{5}$　　　　(C)$\dfrac{3\pi}{2}$

   (D)2π　　　　(E)4π

8. 已知 x 为正整数，y 和 z 均为质数，且满足 $x=yz$，$\dfrac{1}{x}+\dfrac{1}{y}=\dfrac{1}{z}$，则 $x=($　$)$.

   (A)3　　(B)4　　(C)5　　(D)6　　(E)7

9. 已知等比数列 $\{a_n\}$ 满足 $a_1-a_3=-\dfrac{8}{27}$，$a_2-a_4=-\dfrac{8}{9}$，则使得 $a_1 \cdot a_2 \cdots \cdot a_n$ 取得最小值的 n 为（　　）.

(A)3　　　　(B)4　　　　(C)5　　　　(D)2 或 3　　　　(E)3 或 4

10. 下表是中国电信两种"5G套餐"计费方式，月基本费固定，当主叫不超过主叫时间、流量不超过上网流量时不再收费，主叫超时和上网流量超出部分加收超时费和超流量费.

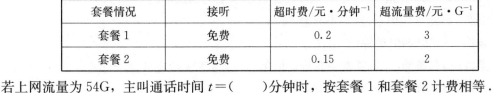

套餐情况	月基本费/元	主叫通话时间/分钟	上网流量/G
套餐1	49	200	50
套餐2	69	250	60

套餐情况	接听	超时费/元·分钟$^{-1}$	超流量费/元·G^{-1}
套餐1	免费	0.2	3
套餐2	免费	0.15	2

若上网流量为 54G，主叫通话时间 $t=$（　　）分钟时，按套餐 1 和套餐 2 计费相等.

(A)210　　　　　　　　　(B)240　　　　　　　　　(C)210 或 240

(D)220　　　　　　　　　(E)230

11. 已知实数 x 和 y 满足 $2x^2+2xy+7y^2-10x-18y+19=0$，$x+y=$（　　）.

(A)0　　　　(B)-1　　　　(C)1　　　　(D)2　　　　(E)3

12. 甲烧杯中有 200 克浓度为 25% 的酒精溶液，乙烧杯中有 500 克浓度为 16% 的酒精溶液，现在往两个烧杯中加入等量的水，使两个酒精溶液的浓度一样，则要各加入（　　）克水.

(A)180　　　(B)240　　　(C)300　　　(D)360　　　(E)400

13. 已知正项等比数列 $\{a_n\}$ 满足：$a_7=a_6+2a_5$，若存在两项 a_m，a_n 使得 $\sqrt{a_m a_n}=4a_1$，则 $\dfrac{1}{m}+\dfrac{4}{n}$ 的最小值为（　　）.

(A)$\dfrac{3}{2}$　　　(B)$\dfrac{5}{3}$　　　(C)$\dfrac{25}{6}$　　　(D)6　　　(E)不存在

14. 甲、乙二人要从网上下载同一个 100M 大小的软件，他们同时用各自家中的电脑开始下载，甲的网速较快，下载速度是乙的 5 倍，但是当甲下载了一半时，由于网络故障出现断网的情况，而乙家的网络一直正常. 当甲的网络恢复正常后，继续下载到 99M 时（已经下载的部分无须重新下载），乙已经下载完了，则甲断网期间乙下载了（　　）M.

(A)80　　　(B)81　　　(C)82　　　(D)80.2　　　(E)19.8

15. 如右图所示，该几何体是从一个棱长为 2 的正方体中挖去一个内切球以后得到的，现用一竖直的平面 $ABCD$ 沿着正方体上底面的对角线去截这个几何体，则截面的面积为(   ).

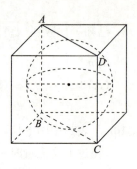

(A)$\sqrt{2}-\pi$ (B)$\sqrt{2}-\dfrac{\pi}{4}$ (C)$2\sqrt{2}-\pi$

(D)$4\sqrt{2}-4\pi$ (E)$4\sqrt{2}-\pi$

二、条件充分性判断：第 16～25 小题，每小题 3 分，共 30 分。 要求判断每题给出的条件(1) 和条件(2)能否充分支持题干所陈述的结论。 (A)、(B)、(C)、(D)、(E)五个选项为判断结果，请选择一项符合试题要求的判断，在答题卡上将所选项的字母涂黑。

(A)条件(1)充分，但条件(2)不充分．

(B)条件(2)充分，但条件(1)不充分．

(C)条件(1)和条件(2)单独都不充分，但条件(1)和条件(2)联合起来充分．

(D)条件(1)充分，条件(2)也充分．

(E)条件(1)和条件(2)单独都不充分，条件(1)和条件(2)联合起来也不充分．

16. 能确定长方体的体积．

(1)已知长方体从一个顶点出发的三条棱长之比．

(2)已知长方体的表面积．

17. 已知某中学男生的平均身高和女生的平均身高．则能确定该中学的平均身高．

(1)已知该中学的男、女人数之比．

(2)已知该中学的身高总和．

18. 如右图所示，在直角三角形 ABC 中，CD 是斜边 AB 上的高．则能确定 BC 的长．

(1)已知 AD 和 BD．

(2)已知 AD 和 CD．

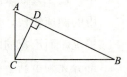

19. 一个袋子中含有若干个只有颜色不同的小球，有放回地取球，每次取一个球．定义数列 $\{a_n\}$ 且满足 $a_n = \begin{cases} 1, & \text{第 } n \text{ 次取到白球}, \\ -1, & \text{第 } n \text{ 次取到黑球}, \end{cases}$ 前 n 项和为 S_n．则 $S_6 = 2$ 的概率为 $\dfrac{20}{243}$．

   (1) 袋中有 2 黑 1 白共 3 个小球．

   (2) 袋中有 1 黑 2 白共 3 个小球．

20. 某人连续抛硬币 6 次，正面向上 3 次．则一共有 8 种情况．

   (1) 正面向上的 3 次中，恰好有 2 次连在一起．

   (2) 反面向上的 3 次中，恰好有 2 次连在一起．

21. 直线 l：$2mx - y - 8m - 3 = 0$ 和圆 C：$(x-3)^2 + (y+6)^2 = 25$ 相交．

   (1) $m > 0$．

   (2) $m < 0$．

22. x 是偶数．

   (1) 若干个球队打循环赛，实行主客场制，即任意两支球队需各在双方的主场进行一次比赛，所有比赛场次之和为 x．

   (2) 若干个球队打单循环赛，即每个球队都与其他球队恰好比赛一局，每个球队的比赛次数为奇数，球队的个数为 x．

23. $\dfrac{2x - 3xy - 2y}{x - 2xy - y} = 3$．

   (1) $\dfrac{1}{x} - \dfrac{1}{y} = 3 \ (x \neq 0,\ y \neq 0)$．

   (2) $\dfrac{1}{y} - \dfrac{1}{x} = 3 \ (x \neq 0,\ y \neq 0)$．

24. 现有 6 套不同的衣服,分给三个人,每人至少分得一套.则共有 180 种分法.
   (1)三个人每人分得的套数都不同.
   (2)至少有两人分得的套数相同.

25. 某校男生人数和女生人数之比为 1:1,文科人数和理科人数之比为 3:7. 则理科男生与理科女生的人数之比为 17:11.
   (1)$\frac{3}{4}$ 的文科生是女生.
   (2)$\frac{3}{20}$ 的男生是文科生.

三、**逻辑推理**:第 26～55 小题,每小题 2 分,共 60 分。 下列每题给出的(A)、(B)、(C)、(D)、(E)五个选项中,只有一项是符合试题要求的。 请在答题卡上将所选项的字母涂黑。

26. 如果父母感情不好或缺乏亲密朋友就会导致孩子产生抑郁情绪。除非有其他症状,否则孩子患的不是抑郁症。如果家长不重视孩子的抑郁情绪并把孩子的这种情绪归结为孩子的品行或意志力问题,这样就会让抑郁情绪变为抑郁症。
   如果以上论断为真,下列说法正确的是:
   (A)如果孩子有其他症状,患的就是抑郁症。
   (B)如果家长不重视孩子的抑郁情绪,那么抑郁情绪会变为抑郁症。
   (C)如果孩子没有抑郁情绪,说明其父母感情好且其有亲密朋友。
   (D)如果孩子没有抑郁症,说明孩子没有抑郁情绪。
   (E)如果孩子的抑郁情绪变为抑郁症,说明家长不重视孩子的问题。

27. 某校决定从张珊、李思、王伍、赵柳、孙琪中保送一个或几个人去北大读研。辅导员建议:
   (1)如果选张珊,那么必须选李思并且不能选王伍。
   (2)如果选李思或者选王伍,则不能选赵柳。
   (3)如果不选张珊,那么选择王伍。
   (4)不能既不选孙琪也不选赵柳。
   (5)如果不能选赵柳,那么也不选择张珊。
   结合以上信息,以下哪项可以指出该校确定保送的人员?
   (A)李思和孙琪。   (B)李思和赵柳。   (C)孙琪和王伍。
   (D)赵柳和王伍。   (E)赵柳和孙琪。

28. 一项调查结果显示：78％的儿童中耳炎患者均来自二手烟家庭。研究人员表示，二手烟环境会增加空气中的不健康颗粒，其中包括尼古丁和其他有毒物质。与居住在无烟环境中的孩子相比，居住在二手烟环境中的孩子患中耳炎的概率更大。因此，医学专家表示，父母等家人吸烟是造成儿童罹患中耳炎的重要原因。

以下哪项如果为真，则最能削弱上述论述？

(A)调查还显示，无烟家庭的比率呈逐年上升的趋势。

(B)研究证明，二手烟家庭中儿童中耳炎的治愈率较高。

(C)门诊数据显示，儿童中耳炎就诊人数下降了 4.6％。

(D)在这次调查的人群中，只有 20％的儿童来自无烟家庭。

(E)成年中耳炎患者来自二手烟家庭的比例只有 30％。

29. A 国选手已经占据本次比赛前三名中的一席，五位记者对于剩下的席位，进行了如下预测：

小赵：很遗憾中国选手和美国选手都没能进入前三名。

小钱：没有美国选手，但有法国选手。

小孙：除非美国选手进入前三名，否则法国选手不会进入前三名。

小李：中国选手和法国选手一定都进入了前三名。

小周：或者美国选手进入前三名，或者中国选手进入前三名。

结果有三位记者预测准确，那么预测错误的记者是：

(A)小赵和小孙。　　　　(B)小钱和小李。　　　　(C)小孙和小周。

(D)小李和小周。　　　　(E)小赵和小李。

30～31 题基于以下题干：

某校有 7 名优秀的学生 G、H、L、M、U、W 和 Z。暑假期间，学校将派他们去英国和美国考察。该校只有这 7 名学生参加这次活动，每人恰好去这两个国家中的一个，考虑到每个学生的特长，这次活动必须满足以下条件：

(1)如果 G 去英国，则 H 去美国。

(2)如果 L 去英国，则 M 和 U 都去美国。

(3)W 所去的国家与 Z 所去的国家不同。

(4)U 所去的国家与 G 所去的国家不同。

(5)如果 Z 去英国，则 H 也去英国。

30. 最多可以有几个学生一起去英国？

(A)2 个。　　(B)3 个。　　(C)4 个。　　(D)5 个。　　(E)6 个。

31. 如果 M 和 W 都去英国，则以下哪一项可以为真？

(A)G 和 L 都去英国。　　　(B)G 和 U 都去美国。　　　(C)H 和 Z 都去英国。

(D)L 和 U 都去美国。　　　(E)Z 和 L 都去英国。

32. 研究人员在正常的海水和包含两倍二氧化碳浓度的海水中分别培育了某种鱼苗。鱼苗长大后被放入一个迷宫。每当遇到障碍物时，在正常海水中孵化的鱼都会选择正确的方向避开。然而那些在二氧化碳浓度高的环境中孵化的鱼却会随机地选择向左转或向右转，这样，这种鱼遇到天敌时生存机会减少。因此，研究人员认为在二氧化碳浓度高的环境中孵化的鱼，生存能力将会减弱。

以下哪项如果为真，则不能支持上述结论？

(A)人类燃烧化石燃料产生的二氧化碳大约有三分之一都被地球上的海洋吸收了，这使得海水逐渐酸化，会软化海洋生物的外壳和骨骼。

(B)在二氧化碳含量高的海洋区域，氧气含量较低。氧气少使海洋生物呼吸困难，觅食、躲避掠食者以及繁衍后代也变得更加困难。

(C)二氧化碳是很多海洋植物的重要营养物质，它们在日光照射下把叶子吸收的二氧化碳和根部输送来的水分转变为糖、淀粉以及氧气。

(D)将小丑鱼幼鱼放在二氧化碳浓度较高的海水中饲养，并播放天敌发出的声音，结果这组小鱼听不到声音。

(E)将鲟鱼幼鱼分别放在正常海水和二氧化碳浓度较高的海水中饲养，结果发现，在二氧化碳浓度高的水中的幼鱼体质远远比不上正常海水中的幼鱼。

33. 几乎没有动物能受得住撒哈拉沙漠中午的高温，只有一种动物是例外，那就是银蚁。银蚁选择这个时段离开巢穴，在烈日下寻找食物，通常是被晒死动物的尸体。当然，银蚁也必须非常小心，弄得不好，自己也会成为高温下的牺牲品。

以下哪项最无助于解释银蚁为什么要选择中午时段觅食？

(A)银蚁靠辨别自身分泌的信息素返回巢穴，这种信息素即使在烈日下也不会挥发。

(B)随着下午气温的下降，剩下的动物尸体很快会被其他觅食动物搬走。

(C)银蚁的天敌食蚁兽在中午的烈日下不会出现。

(D)中午银蚁巢穴中的气温比地表更高。

(E)银蚁辨别外界信息的能力在中午最为灵敏。

34. 某城市有5个公园，分别为人民公园、解放公园、中山公园、平安公园、泉城公园，它们由南至北基本在一条直线上，同时已知下列条件：

(1)解放公园与平安公园相邻并且在平安公园的北边。

(2)泉城公园和人民公园相邻。

(3)中山公园在解放公园的北边。

根据以上线索，可以推断五个公园由北至南的顺序可以是：

(A)人民公园、中山公园、泉城公园、解放公园、平安公园。

(B)解放公园、平安公园、泉城公园、人民公园、中山公园。

(C)中山公园、人民公园、泉城公园、解放公园、平安公园。

(D)中山公园、平安公园、解放公园、人民公园、泉城公园。

(E)解放公园、平安公园、中山公园、泉城公园、人民公园。

35. 干旱和森林大火导致俄罗斯今年粮食歉收，国内粮价快速上涨。要想维持国内粮食价格稳定，俄罗斯必须禁止粮食出口。如果政府禁止粮食出口，俄罗斯的出口商将避免损失，因为他们此前在低价位时签署出口合同，若在粮价大幅上涨时履行合同，将会亏本。但是，如果俄罗斯政府禁止出口粮食，俄罗斯奋斗多年才获得的国际市场将被美国和法国所占有。

如果以上陈述为真，则以下哪项陈述也一定为真？

(A)如果俄罗斯今年不遭遇干旱和森林大火，俄罗斯政府就不会禁止粮食出口。

(B)如果今年俄罗斯维持国内粮食价格稳定，就会失去它的国际粮食市场。

(C)俄罗斯粮食出口商为避免损失会积极游说政府，促使其制定粮食出口禁令。

(D)如果俄罗斯禁止粮食出口，其国内的粮食价格就不会继续上涨。

(E)如果国际市场将被美国和法国所占有，说明俄罗斯禁止了粮食出口。

36. 同一间办公室里，女性穿着毛衣，而男性吹着空调穿着短袖——这种场景是否似曾相识？什么原因造成了这种差异？最近，研究人员为此提供了一种新的进化论解释：许多雌性动物(鸟类和哺乳动物)比雄性更喜欢较高的温度是因为二者对温度的感觉不同，这是两性热敏系统在进化上的内在差异，与生殖过程和照顾后代有关。

以下选项如果为真，最能支持研究人员结论的是：

(A)雄性和雌性动物生活场所上的分离减少了对环境资源的竞争，降低了其幼崽被雄性攻击的可能性。

(B)卵生动物的雌性动物比哺乳动物的雌性动物更喜欢在温暖的环境生殖过程和照顾后代。

(C)即使是在寒冷的南极，雌性也喜欢寻找阳光可以晒到的地方栖息和生产。

(D)许多雌性动物必须在后代还不能自己调节体温的阶段保护它们，因此更加偏好相对温暖的气候。

(E)在自然界中，有一些动物的幼崽是由雄性动物负责孵化或者照顾生长的。

37. 大学作为教育事业，属于非经济行业，其产出难以用货币指标、实物指标测定，故大学排名不像企业排名那样容易。大学排名还必须以成熟的市场经济体制、稳定的制度为前提，必须有公认的公证排名机构等。在我国，大学排名的前提条件远不具备，公认的大学排名机构还未产生。因此，我国目前不宜进行大学排名。

以下哪一项不构成对上述论证的反驳？

(A)大学排名对学校声誉和考生报考有很大影响。

(B)大学排名与成熟的市场经济制度之间没有那么紧密的关系。

(C)企业排名也不容易，并且也不尽准确，仅具参考价值。

(D)公认的排名机构只能从排名实践中产生。

(E)大学排名与稳定的制度之间没有那么紧密的关系。

38. 甲、乙、丙、丁四人同时到一家水果店购买水果，该水果店只有苹果、橘子、香蕉、葡萄四种水果，他们每个人都购买了两种水果，每种水果都只有两人购买，且每个人之间购买的水果种类不完全相同，已知：

(1)如果丁至少购买了橘子和香蕉中的一种，那么乙购买了苹果而丙不购买橘子。

(2)如果乙和丙两人中至多有一人购买了葡萄，则甲和丁都购买了苹果。

若乙购买了苹果，一定可以得到以下哪项？

(A)甲购买了苹果。

(B)乙不购买葡萄。

(C)甲购买了橘子。

(D)丁购买了香蕉。

(E)乙购买了香蕉。

39. 某国际古生物学研究团队最新报告称，在 2.8 亿年前生活在南非的正南龟是现代乌龟的祖先，它们是在二叠纪至三叠纪大规模物种灭绝事件中幸存下来的。当时，为了躲避严酷的自然环境，它们努力地向下挖洞，同时为保证前肢的挖掘动作足够有力，身体需要一个稳定的支撑，从而导致了肋骨不断加宽。由此可知，乌龟有壳是适应环境的表现，只不过不是为了保护自己，而是为了向地下挖洞。

上述结论的成立需要补充以下哪项作为前提？

(A)现代乌龟继承了正南龟善于挖洞的某些习性。

(B)只有挖洞才能从大规模物种灭绝事件中幸存。

(C)龟壳是由乌龟的肋骨逐渐加宽后进化而来的。

(D)正南龟前肢足够有力因而并不需要龟壳保护。

(E)坚硬的龟壳为龟的生存提供了保障，以此来抵御大型猛兽的牙齿压力等。

40. 公司董事会决定调整公司的经理层，现有 A、B、C、D、E、F、G 七个合格人选，可供董事会挑选 4 名进入新组建的经理层，如何选定此 4 人，公司人力资源部门经过充分调查论证，已形成下列意见：

(1)如果选了 A，那么也要同时选取 B。

(2)如果 F 不能进入经理层的话，B 或者 D 至少有一人需要进经理层。

(3)如果 A 不进入，而让 C 进入，那么让 E 进入。

(4)E 进入经理层，当且仅当 F 不进入经理层。

(5)如果决定 C 不进入班子，那么就需要让 D 进入。

根据以上意见，可以推出以下哪项一定为真？

(A)A 或 C 入选。　　　　(B)B 或 C 入选。　　　　(C)C 或 D 入选。

(D)D 或 E 入选。　　　　(E)B 或 D 入选。

41. 高塔公司是一家占用几栋办公楼的公司，正在考虑在它所有的办公楼内都安装节能灯泡，这种节能灯泡与目前正在使用的传统灯泡能发出同样多的光，但所需的电量仅是传统灯泡的一半，并且这种节能灯泡的寿命比传统灯泡大大加长。因此，在旧灯泡坏掉的时候换上这种节能灯泡，高塔公司可以大大降低其总体照明的成本。

下列哪一项如果正确，则最能支持题干的论证？

(A)如果广泛地采用这种节能灯泡，这是非常可能的，那么新灯泡的产量就会大大增加，从而使其价格与那些传统灯泡相当。

(B)向高塔公司提供电力的公共事业公司向其最大的客户们提供折扣。

(C)高塔公司最近签订了一份合同，要再占用一栋小的办公楼。

(D)高塔公司发起了一项运动，鼓励其员工每次在离开房间时关灯。

(E)生产这种节能灯泡的公司对灯泡中使用的革新技术取得了专利，因此它享有生产新灯泡的独家权利。

42～43 题基于相同的题干：

有一个菱形花坛，被分隔成了如图所示的 8 个区域，现在要种入 3 种玫瑰，3 种月季，2 种牡丹，且同种类的花不能相邻。已知：

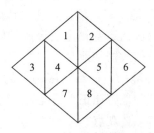

(1)每种花只能种一个区域，每个区域只能种一种花。

(2)如果 4 号区域种牡丹，则 5 号区域不能种月季。

(3)如果 6 号区域种月季，那么 5 号区域也要种月季。

(4)2 号和 8 号种了两种不同的且不是月季的花。

42. 根据以上信息，可知以下哪项必然为真？

(A)1 号区域种玫瑰。 　　　(B)2 号区域种牡丹。 　　　(C)3 号区域种月季。

(D)4 号区域种玫瑰。 　　　(E)7 号区域种月季。

43. 如果 8 号区域种牡丹，则以下哪项必然为真？

(A)1 号区域种玫瑰。 　　　(B)2 号区域种月季。 　　　(C)3 号区域种月季。

(D)6 号区域种牡丹。 　　　(E)7 号区域种月季。

44. 下面有一5×5的方阵，如图所示，它所含的每个小方格中可填入一个词(已有部分词填入)。现要求该方阵中的每行、每列及每个粗线条围住的五个小方格组成的区域中均含有五岳："泰山""华山""衡山""恒山""嵩山"5个词，不能重复也不能遗漏。

根据上述要求，以下哪项是方阵中空格①、②、③、④从左至右依次应填入的词？

	嵩山	恒山	①	②
泰山	衡山			
		嵩山	衡山	
华山		衡山	泰山	
			③	④

(A)衡山、华山、嵩山、泰山。　　　　　(B)华山、衡山、泰山、嵩山。

(C)衡山、华山、泰山、嵩山。　　　　　(D)华山、泰山、恒山、衡山。

(E)华山、衡山、泰山、衡山。

45. 在内华尔的泰勒斯威尔地区，人们长期怀疑孩子的生理缺陷、癌症与核武器基地有关，因为镇上有近80％的居民在这个基地上班。然而，现在有证据表明，镇上的水源受到了附近一家塑料工厂排出物的污染，它被指责与镇上居民的健康问题相关。科学家用害虫和家畜作了两组研究：把第一组放在与核武器基地具有同等程度的辐射状态中，给它喝清水；把第二组放在没有核武器辐射的环境中，但给它喝污染的泰勒斯威尔地区的水。结果发现：第二组在致癌和生理缺陷上受到的危害比正常情况高10倍，比第一组高6倍。

以下哪项如果为真，则最能支持上述观点？

(A)核辐射不是导致人类生理缺陷和癌症的原因。

(B)毒素对人和动物的影响具有类似的途径。

(C)新的水源将会减少这个地区孩子生理缺陷和癌症的发病率。

(D)毒素只有长期暴露在供饮用的水中，才会对健康产生威胁。

(E)在供给泰勒斯威尔地区的水中含有一定的毒素很可能会对受过辐射影响的水具有一定的防护作用。

46. 如果一个人乐于奉献，那么他或者有一颗善良的心，或者有高度的社会责任感。如果一个人从不计较个人得失，那么他乐于奉献。如果一个人得到永无止境的快乐，那么他乐于奉献。

根据以上断定，以下哪一项可能为假？

Ⅰ. 如果一个人得到永无止境的快乐，那么他有高度的社会责任感。

Ⅱ. 所有的从不计较个人得失的人都是乐于奉献的人。

Ⅲ. 所有的乐于奉献的人都是不计较时间工作的人。

(A)仅Ⅱ。　　　　　　　　　　　　　(B)仅Ⅲ。

(C)仅Ⅰ和Ⅱ。　　　　　　　　　　　(D)仅Ⅰ和Ⅲ。

(E)Ⅰ、Ⅱ和Ⅲ。

47. 银行的信用卡章程规定：凡使用密码进行的交易，均视为持卡人本人所为。这意味着，只要信用卡被盗刷时使用了密码，银行均视为持卡人本人所为，对所发生的损失概不负责。因此，为了使自己的信用卡更安全，应当不设密码。

如果以下陈述为真，都能削弱上述结论，除了：

(A)有关专家认为信用卡不设密码更安全，但专家的话也不一定全对。

(B)犯罪分子伪造设有密码的信用卡时，必须另行设法获取其密码才能盗刷成功。

(C)信用卡遗失时，信用卡的密码能够有效阻止他人刷卡交易。

(D)盗刷的案件中，如果信用卡未设密码，法院通常认定卡主有一定过错，需承担部分损失。

(E)如果信用卡没有密码，信用卡丢失后更容易被盗刷。

48～49 题基于以下题干：

恰好有 6 名运动员——赵、钱、孙、李、周和吴参加射击比赛。比赛中获得前 4 名的运动员各发一个奖牌以示奖励。所有与这 6 名运动员相关的信息如下：

①每一名运动员不是市队的就是省队的，但不可能都是。

②这 6 名运动员中有 2 名是女性，有 4 名是男性。

③裁判给 2 名女运动员都颁了奖，其中恰好有 1 名是省队的。

④恰好有 1 名省队的运动员赢得了奖牌。

⑤赵和孙在李的前面，李在钱和周的前面。

⑥赵和孙是市队的运动员。

⑦李和吴是省队的运动员。

48. 下面哪一项完整且准确地列出了所有可能是市队的运动员？

(A)赵、钱。   (B)赵、孙。

(C)赵、钱、孙。   (D)赵、钱、孙、周。

(E)赵、孙、周。

49. 下面哪一句话不可能正确？

(A)女性市队队员得第 2 名。   (B)女性省队队员得第 2 名。

(C)女性省队队员得第 3 名。   (D)男性市队队员得第 4 名。

(E)女性市队队员得第 4 名。

50. 某企业安排员工下乡做活动宣传。张、王、李、赵、杨五人均符合条件，随机被派送到甲、乙、丙、丁、戊五个村，每人去的地方不重复。已知：

①如果张去乙村或者王去乙村，则杨不去丙村。

②只有赵去丁村，王才不去甲村。

③除非李去戊村，否则赵不去丁村。

④或者杨去丙村，或者王不去甲村。

如果已知"张去乙村"，则以下哪项一定为真？

(A)杨去戊村。   (B)李去甲村。

(C)杨去丙村。   (D)李去戊村。

(E)赵去甲村。

51. 互联网的发展与普及使学生能够通过网络平台共享优质的公开教育课程，其中甚至包括哈佛大学等世界顶级高校的教学课程。学生们通过网络即可免费获取类型丰富的课程资源，可以登录各大高校网站下载，也可以通过 MOOC(慕课)网等网站搜索并学习喜欢的高校课程。因此有专家认为，网络公开课程的出现和发展将会激发国内大学生学习网络课程的热情。

以下哪项最能削弱上述专家观点？

(A)部分重点高校上传的网络公开课程是需要付费的，且课程类型也相对比较单一。

(B)由于网络问题，国内部分大学生不能快速下载国外高校上传至学校网站的公开课程。

(C)一些不喜欢学习的大学生可能不会因为网络公开课程免费或者获取方便而选择学习这门课程。

(D)很多大学生觉得在网络公开课上无法与课程主讲老师面对面互动交流，与传统课程不同。

(E)随着考研热、考公热的愈演愈烈，大学生的课余时间几乎都用来学习各种考试的培训课程。

52. 建树学校拟选拔 3 名学生为校三好学生，经过层层筛选，现有甲、乙、丙、丁、戊、己、庚共 7 名同学符合学校评选三好学生的标准，且已知条件如下：

(1)一个班级至多一人当选。

(2)丙、己、庚在同一班级且有人当选。

(3)甲、丁、戊、己至多有 3 名当选，则乙、丙至少有一人当选。

(4)或者戊当选，或者甲当选，二者必居其一。

(5)如果丁不当选，那么乙、丙、戊均不当选。

根据以上信息，下列哪项一定为真？

(A)甲、乙当选。　　　　　(B)甲、丙当选。　　　　　(C)乙、丙当选。

(D)丙、丁当选。　　　　　(E)丁、戊当选。

53. 医生不应当给失眠者开镇静剂。心理医生所处置的大多数失眠者的症状都是由精神压力引起的。这说明，失眠者需要的是缓解他们精神压力的心理治疗，而不是会改变他们生化机能的药物治疗。

以下各项均能说明上述论证存在漏洞，除了：

(A)上述论证的论据不能确保失眠都是由精神压力引起的。

(B)上述论证忽视了这种可能性：对于某些失眠者来说，缓解精神压力的心理治疗是完全无效的。

(C)上述论证假设，但没有证明：心理医生所处置的失眠对于所有的失眠者来说具有代表性。

(D)上述论证忽视了：造成失眠的精神压力有各种不同的类型，不同的失眠者因而需要不同的心理治疗。

(E)上述论证忽视了：有的精神压力是由生理原因造成的。

54～55题基于以下题干：

某运动员拟在周一、周二、周三完成甲、乙、丙、丁、戊、己、庚、辛共8项不同的训练，每天至少完成两项训练。已知：

(1)周三完成的训练数比周一和周二都要少。

(2)如果周三完成甲训练或者周二没完成乙训练，则周三完成戊和己两项训练。

(3)甲与己不在同一天完成，也不在相邻的两天完成。

(4)丁与庚在同一天完成。

54. 如果丙在周一完成，根据以上信息，以下哪项是必然为真？

　　(A)甲在周二。　(B)戊在周二。　(C)丁在周二。　(D)己在周二。　(E)辛在周二。

55. 如果丙与辛在相邻的两天完成，且乙与戊在不相邻的两天完成，则以下哪项不可能为真？

　　(A)庚不在周一。(B)戊在周三。　(C)乙不在周三。(D)丙在周一。　(E)戊在周一。

四、写作：第56～57小题，共65分。 其中论证有效性分析30分，论说文35分。 请答在答题纸相应的位置上。

56. 论证有效性分析：分析下述论证中存在的缺陷和漏洞，选择若干要点，写一篇600字左右的文章，对该论证的有效性进行分析和评论。（论证有效性分析的一般要点是：概念特别是核心概念的界定和使用是否准确并前后一致，有无各种明显的逻辑错误，论证的论据是否成立并支持结论，结论成立的条件是否充分等。）

　　近日，针对我国现在劳动年龄人口、经济主力人口越来越少的局面，有专家提出建议："十四五"期间，研究生教育学制如果能压缩一年，将焕发劳动力活力。其理由如下：

　　首先，过长学制对人生规划有影响。一般人研究生毕业都已二十四五岁甚至二十八九岁。研究生毕业后，近30岁才开始工作，家庭、育儿的事情又接踵而至，就难以在工作上投入全部精力，这样就无法收获事业上的成功。而如果缩短学制，研究生就能提前一年或两年进入劳动力市场，那他们的试错成本将会大大降低，就能选到自己心仪的工作。

　　其次，压缩学制有利于缓解社会老龄化的压力。我们正步入老龄化社会，适龄劳动力的数量相比之前有一定程度的减少，这就会导致社会整体创新能力的下降，如果能早点让学生毕业，劳动者的数量就会迅速增加，也就意味着劳动力的流转速度会加快，就能使创新能力回升，缓解老龄化带来的压力。

　　最后，压缩学制有利于减少企业用人压力。只有年轻、专业、"廉价"的劳动力，才是企业真正希望招募的。本硕22/25岁和本硕24/27岁，哪个更符合这个要求呢？当然是本硕22/25岁的学生。况且，现代人读研的原因并不是热爱本专业、喜欢科研，而仅仅是因为就业压力。硕士文凭只是个通用钥匙，很多人研究生期间所学的专业和最终就业行业的相关性并不高，进公司也要重新学习知识，早点进公司也是好事。

　　（改编自《专家建议：硕士、博士学制应再各缩短1年，读研只要1年！》，考研人）

57. 论说文：根据下述材料，写一篇700字左右的论说文，题目自拟。

　　有一座城被敌军围困了，城中的居民聚在一起，共同商议御敌办法。一个砌匠挺身而出，主张用砖块作为抵御材料；一个木匠则坚持用木头来抗敌；一个皮匠站起来说："先生们，我不同意你们的意见，我认为作为抵御材料，没有一样东西比皮更好。"

	题型	题号	答案				
一	问题求解	1～5	(B)	(C)	(B)	(C)	(C)
		6～10	(B)	(D)	(D)	(E)	(B)
		11～15	(E)	(C)	(A)	(D)	(E)
二	条件充分性判断	16～20	(C)	(A)	(D)	(A)	(C)
		21～25	(D)	(D)	(B)	(B)	(D)
三	逻辑推理	26～30	(C)	(C)	(D)	(A)	(C)
		31～35	(D)	(C)	(A)	(C)	(B)
		36～40	(D)	(A)	(C)	(C)	(E)
		41～45	(A)	(D)	(E)	(D)	(B)
		46～50	(D)	(A)	(D)	(B)	(D)
		51～55	(E)	(D)	(D)	(C)	(E)
四	写作		56. 略　57. 略				

全国硕士研究生招生考试
管理类综合能力试题
冲刺卷 4

(科目代码：199)
考试时间：8：30—11：30

考生注意事项

1. 答题前，考生须在试题册指定位置上填写考生姓名和考生编号；在答题卡指定位置上填写报考单位、考生姓名和考生编号，并涂写考生编号信息点。

2. 选择题的答案必须涂写在答题卡相应题号的选项上，非选择题的答案必须书写在答题卡指定位置的边框区域内。超出答题区域书写的答案无效；在草稿纸、试题册上答题无效。

3. 填(书)写部分必须使用黑色字迹签字笔或者钢笔书写，字迹工整、笔迹清楚；涂写部分必须使用2B铅笔填涂。

4. 考试结束，将答题卡和试题册按规定交回。

考生编号														
考生姓名														

1. 某种商品按原价出售，每件利润是成本的 $\frac{1}{3}$，后来打 9 折出售，每天的销售量翻了一番．打折后，该商品每天总利润比打折前增加了(   )．
   (A)15％   (B)20％   (C)25％   (D)30％   (E)35％

2. 一段公路由甲、乙两支工程队修建．若两队共同修建，则 6 天后还剩 $\frac{1}{6}$ 没有完成．若两队分别单独修建，则甲队完成 $\frac{1}{3}$ 长度的时间与乙队完成一半长度的时间相等．那么甲队单独修建这条公路比乙队单独修建这条公路多耗费(   )天．
   (A)10   (B)9   (C)8   (D)7   (E)6

3. 已知 $2\log_5 6 \times \log_6 12 \times \log_{12} 6 \times \log_{36} P = 3$，则 $P = ($ $)$．
   (A)25   (B)36   (C)125   (D)144   (E)150

4. 若 p 为质数，且 $3p+5$ 也为质数，则 $y = |x-p| + |x-2p| + |x-3p|$ 的最小值是(   )．
   (A)3   (B)4   (C)5   (D)8   (E)12

5. 一次足球比赛，采用积分制，胜一场得 9 分，平局得 5 分，负一场得 2 分．某队共比赛 10 场，且胜、负、平都有，共得 61 分，那么该队最多胜(   )场．
   (A)2   (B)3   (C)4   (D)5   (E)6

6. 在 10 和 100 之间插入 50 个数，使其成为等差数列，则插入的整数之和为(   )．
   (A)2 860   (B)2 750   (C)2 640   (D)110   (E)100

7. 直线 $2x-y+m=0$ 向右平移一个单位后，与圆 $x^2+y^2-2x+4y=0$ 相切，则 $m=($ $)$．
   (A)2 或 -8 (B)3 或 -7 (C)4 或 -6
   (D)1 或 -9 (E)5 或 -5

8. 某次围棋比赛在甲、乙两人间进行，比赛采用 7 局 4 胜制，假设两人在每局比赛中获胜的可能性相同，则甲以 4∶2 获胜的概率为(   )．
   (A)$\frac{5}{64}$ (B)$\frac{15}{64}$ (C)$\frac{5}{32}$ (D)$\frac{5}{16}$ (E)$\frac{3}{8}$

9. 如图所示，△ABC 的面积是 24，且 BE＝2EC，D，F 分别是 AB，CD 的中点，那么阴影部分的面积是(   )．

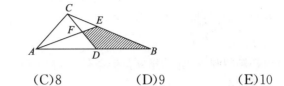

  (A)6   (B)7   (C)8   (D)9   (E)10

10. 从 1，2，3，4，5 这五个数中任取两个，则两数之和是 3 的倍数的概率为(   )．

  (A)$\dfrac{2}{5}$ (B)$\dfrac{1}{3}$ (C)$\dfrac{1}{2}$ (D)$\dfrac{1}{4}$ (E)$\dfrac{1}{5}$

11. 对于数列 $\{a_n\}$，定义数列 $\{a_{n+1}-a_n\}$ 为数列 $\{a_n\}$ 的"差数列"．若 $a_1=2$，$\{a_n\}$ 的"差数列"的通项为 2^n，则数列 $\{a_n\}$ 的前 10 项和 $S_{10}=$(   )．

  (A)2^9-2 (B)$2^{10}-2$ (C)$2^{11}-2$ (D)2^{10} (E)$2^{11}+2$

12. 某种汽车购买时的费用为 10 万元，每年应交保险费及汽油费合计为 9 千元，汽车的维修费平均为：第一年 2 千元、第二年 4 千元、第三年 6 千元、……，依等差数列逐年递增，则这种汽车使用(   )年报废最合算．

  (A)7   (B)8   (C)9   (D)10   (E)11

13. 设集合 $A=\{1,2\}$，$B=\{1,2,3\}$，分别从集合 A 和 B 中随机取一个数 a 和 b，确定平面上的一个点 $P(a,b)$，记"点 $P(a,b)$ 落在直线 $x+y=n$ 上"为事件 C_n．则当 $n=$(   )时，事件 C_n 的概率取得最大值．

  (A)3   (B)4   (C)2 和 5   (D)3 和 4   (E)5

14. 如图是用三个正方体木块堆成的多面体，上面正方体下底面的 4 个顶点分别是其下面正方体上底面各边的中点，其中最下面的正方体棱长为 10，则这个多面体的表面积为(   )．

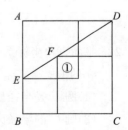

  (A)800   (B)825   (C)850   (D)875   (E)900

15. 如图所示，在正方形 ABCD 中放入两个相同的小正方形纸片，重叠部分记为①，点 E，F 的位置如图所示，若 D，F，E 三点共线，则正方形 ABCD 与①的面积比为(   )．

  (A)$9+4\sqrt{5}$ (B)$2+\sqrt{5}$

  (C)$3+\sqrt{5}$ (D)$9+\sqrt{5}$

  (E)$9-4\sqrt{5}$

(A)条件(1)充分，但条件(2)不充分．

(B)条件(2)充分，但条件(1)不充分．

(C)条件(1)和条件(2)单独都不充分，但条件(1)和条件(2)联合起来充分．

(D)条件(1)充分，条件(2)也充分．

(E)条件(1)和条件(2)单独都不充分，条件(1)和条件(2)联合起来也不充分．

16. 数列 $\{a_n\}$ 为等差数列，首项 $a_1=13$．则能确定 S_n 的最大值．
   (1) $d<0$．   (2) $S_5=S_9$．

17. 若 $\dfrac{1}{x}:\dfrac{1}{y}:\dfrac{1}{z}=4:5:6$．则能确定 $x+y+z$．
   (1) $x=30$．   (2) $x-y=3$．

18. $|x+1|\leqslant 3$．
   (1) $|x+2|\leqslant 3$．   (2) $|x-1|\leqslant 2$．

19. 如图所示，在 △ABC 中，点 D、E、F 分别是圆 O 与 BC、AC、AB
   的切点，圆 O 的半径为 3．则能确定 △ABC 的面积．
   (1)已知 AE 和 BC．   (2)已知 CE．

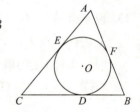

20. 由 1，2，3，4，5，6 组成无重复数字的六位数．则能组成 108 个不同的奇数．
   (1)2 与 4 不相邻．   (2)4 与 6 不相邻．

21. 关于 x 的一元二次方程 $x^2+bx+c=0$ 的两个根为一正一负．
   (1) $c<0$．   (2) $b^2-4c>0$．

22. 平面直角坐标系中，以点 $C(1,0)$ 为圆心的圆与直线 $mx-y-2m-1=0$ 相切．则能确定
   m 的值．
   (1)圆 C 是半径最大的那个．
   (2)圆 C 的半径为 1．

23. 设甲、乙两组数据的标准差分别为 S_1 和 S_2. 则 $S_2 = 2\,023S_1$.

    (1)甲组数据：x_1, x_2, $\cdots$, x_n.

    (2)乙组数据：$\sqrt{2\,023}\,x_1 + 2\,023$, $\sqrt{2\,023}\,x_2 + 2\,023$, $\cdots$, $\sqrt{2\,023}\,x_n + 2\,023$.

24. 某企业今年上半年人均利税比去年同期增长了 50%.

    (1)某企业今年上半年利税额比去年同期增加了 40%，而员工人数比去年同期减少了 20%.

    (2)某企业今年上半年利税额比去年同期减少了 10%，而员工人数比去年同期减少了 40%.

25. 某生产线有6名男性员工和4名女性员工，其中有男、女组长各1名，现需要调派5名员工前往新生产线．则总共有191种不同的选派方案．

    (1)至少选派一名组长．

    (2)选派的人中至少有一名女性员工，也要有组长．

三、逻辑推理：第 26～55 小题，每小题 2 分，共 60 分。 下列每题给出的(A)、(B)、(C)、(D)、(E)五个选项中，只有一项是符合试题要求的。 请在答题卡上将所选项的字母涂黑。

26. 研究者发现，蚕挑选桑叶要经过类似于计算机安全系统的验证。蚕口器下方的下颚须在触碰叶片时会先轻轻咬一口，下颚须中的味觉神经能以极高的灵敏度识别叶片表面的 β 一谷甾醇、绿原酸、异槲皮苷这三种物质；接着，它会用口器上的须形外颚叶来尝一下叶片叶汁中的糖分，须形外颚叶上的味觉神经比较迟钝，只有须形外颚叶感受到高浓度的糖溶液，才能激活蚕的味觉神经系统。同时，只有在蚕的神经系统确认是桑叶后，它才开始大肆咀嚼。

    由此可以推出：

    (A)如果蚕的须形外颚叶感受到高浓度的糖溶液，则它的味觉神经系统就可以被激活。

    (B)如果蚕开始咀嚼桑叶，说明蚕的神经系统已经确定食用的是桑叶。

    (C)蚕在演化过程中，它的口器具备了通过触碰感知桑叶的能力。

    (D)如果蚕开始咀嚼桑叶，说明其须形外颚叶感受到高浓度的糖溶液。

    (E)桑叶汁水里含有能够激活蚕的味觉神经系统的特殊物质。

27. 某大学举办辩论赛，工商学院辩论小组共 7 人，分别为甲、乙、丙、丁、戊、己、庚，现选 4 人参赛，可知：

(1)如果甲上场，则丙也会上场。

(2)要么甲上场，要么乙上场。

(3)丁和戊至多有一个上场。

(4)除非戊上场，否则乙不上场。

若丁作为队长，必须上场，则以下哪项必然为真？

(A)甲、丁都上场，庚不上场。

(B)戊不上场，己和庚可能都上场。

(C)乙、丙都不上场，己可能上场。

(D)乙、戊都不上场，庚可能上场。

(E)甲、乙都不上场，戊上场。

28. 长期以来，哮喘灵被认为是治疗哮喘速效药中最有效的一种。然而，近年来在西南地区所进行的研究发现，在被观察的哮喘病人中，有 1/5 的人在服用该药后产生了严重的副作用。一些医生据此建议，应该禁止使用哮喘灵作为治疗哮喘的药物。

以下哪项如果为真，则最能严重地削弱上述论证的结论？

(A)在哮喘灵最常用于治疗哮喘的西南地区，由哮喘而导致死亡的人数近几年增加了。

(B)在被观察的那些服用哮喘灵的病人中，许多人以前从未服用过这种药。

(C)尽管哮喘灵越来越受关注，西南地区的许多医生仍然给哮喘患者开这种药。

(D)哮喘灵使某些人的哮喘病加重是因为它能破坏心脏组织。

(E)在被观察的那些服用哮喘灵的病人中，只有那些胆固醇含量极高的患者服用后才产生副作用。

29. 某班选送了相声、小品、魔术、独唱四个节目去参加学校元旦晚会节目选拔，张琴、王良、李萌对此进行了猜测：

张琴说：相声和小品至多有一个节目能被选上。

王良说：相声和独唱至少有一个节目能被选上。

李萌说：如果魔术或独唱能被选上，那么小品就不会被选上。

若最终只有一人猜对了，则下列可能正确的是：

(A)只有相声、小品和独唱三个节目被选上了。

(B)只有小品、魔术和独唱三个节目被选上了。

(C)小品、相声被选上了，魔术和独唱没有被选上。

(D)魔术、相声被选上了，小品和独唱没有被选上。

(E)小品、独唱被选上了，魔术和相声没有被选上。

30. 某研究机构调查分析208名有心痛和心律不齐等症状的病人。在开始接受手术治疗时通过问卷报告了自己对病情的看法，其中约有20％的人非常担忧病情会恶化，有的甚至还害怕因此死亡，其他人就没有那么多担忧。后来的随访调查表明，那些手术前持有严重担忧情绪的人手术后复发率高于其他人。研究人员因此认为，担忧情绪不利于心脏病的康复。

以下哪项如果为真，最能支持上述论证的结论？

(A)有研究表明，担忧情绪会抑制大脑前额叶皮层活动使人更抑郁。

(B)研究人员发现那些有严重担忧情绪的人更关注自己心脏健康情况。

(C)担忧情绪对健康是一个潜在威胁，会导致癌症、糖尿病等多种疾病。

(D)那些有严重担忧情绪的人往往因为知道自己血液中含有加重心脏病风险的化学物质而感到担忧。

(E)没有那么多担忧的人会对自己和周围环境创造积极的心理暗示，而这种暗示对于心脏病康复有一定帮助。

31. 宇宙中穿过地球运行轨道的大行星有1 000多颗。虽然一颗行星与地球碰撞的概率极小，但人类仍必须尽其所能来减小这种概率，因为如果这种碰撞一旦发生，对地球的危害将是灾难性的。避免这种灾难的最好方法是使行星的运行轨道发生一定的偏斜。而要使行星的运行轨道发生偏斜，唯一的方法是使用储存在空间站中的核武器对行星进行袭击。

从上述断定能推出以下哪项结论？

Ⅰ. 人类应当在空间站中储存核武器。

Ⅱ. 在防止空间灾难方面，核技术是唯一有效的技术。

Ⅲ. 在地球的发展史上，已出现过多次地球与行星的碰撞。

(A)仅Ⅰ。   (B)仅Ⅱ。

(C)仅Ⅲ。   (D)仅Ⅰ和Ⅱ。

(E)Ⅰ、Ⅱ和Ⅲ。

32. 在乐学喵大厦25楼的办公室里，有3位经验丰富的老师：甲、乙、丙。这三位老师在乐学喵的授课科目均不相同，分别为逻辑助教、写作名师和数学教研员。还知道：

Ⅰ. 他们分别来自山西、广西和江西。

Ⅱ. 逻辑助教称赞江西的老师是一个负责任的好老师。

Ⅲ. 广西的老师请写作名师写了一篇论证有效性分析。

Ⅳ. 逻辑助教和广西的老师在同一天需要上课。

Ⅴ. 乙向山西的老师请教过烹饪的问题。

Ⅵ. 广西的老师与乙的性别相同，与丙的性别不相同。

根据上述条件可以断定，下列陈述中哪个是真的？

(A)丙是逻辑助教，甲是数学教研员。   (B)乙来自山西。

(C)甲来自江西。   (D)来自江西的是逻辑助教。

(E)来自广西的是写作名师。

33～34 题基于以下题干：

A 国是当今世界上最贫穷的国家，所以每一个 A 国人都是穷人。

33. 假设以下哪项，能使上述论证成立？

Ⅰ. 世界上最贫穷的国家的人均收入世界上最低。

Ⅱ. 世界上最贫穷的国家的每个国民都是穷人。

Ⅲ. 世界上最贫穷的国家的国民中没有超级富豪。

(A)仅Ⅰ。　　　　　　(B)仅Ⅱ。　　　　　　(C)仅Ⅲ。

(D)仅Ⅱ和Ⅲ。　　　　(E)Ⅰ、Ⅱ和Ⅲ。

34. 为使上述论证成立，以下哪项必须假设？

Ⅰ. 世界上最贫穷的国家的人均收入世界上最低。

Ⅱ. 世界上最贫穷的国家的每个国民都是穷人。

Ⅲ. 世界上最贫穷的国家的国民中没有超级富豪。

(A)仅Ⅰ。　　　　　　(B)仅Ⅱ。　　　　　　(C)仅Ⅲ。

(D)仅Ⅱ和Ⅲ。　　　　(E)Ⅰ、Ⅱ和Ⅲ。

35. 18 岁的"青蛙公主"谷爱凌用超高难度的动作创造了历史，拿下了冬奥会自由式滑雪女子大跳台金牌，她在分享自己的成功秘诀时曾表示"秘密武器是每天睡 10 个小时"。因此有人表示，长时间的睡眠是迈向成功的路上不可或缺的因素之一。

以下哪项如果为真，最能削弱上述结论？

(A)某上市公司 CEO 张伟表示他创业期间每天仅睡 4 个小时。

(B)有研究发现，成年人每天睡 6.5～7.4 个小时死亡率最低。

(C)身体长时间处于睡眠状态会导致心脏部位的健康受到威胁。

(D)良好的睡眠是绝好的调适压力的良药，可以帮助人恢复体能。

(E)长期睡眠过多，导致大脑功能衰退，甚至会增加患抑郁症的概率。

36. "万物生长靠太阳"，这是多少年来人们从实际生活中总结出来的一个公认的事实。然而，近年来科学家们通过研究发现：月球对地球的影响远远大于太阳；孕育地球生命的力量，来自月球而非太阳。

以下选项如果为真，最能削弱上述论证？

(A)在月照下，植物生长快且长得好，月照特别是对几厘米高、发芽不久的植物如向日葵、玉米等最有利。

(B)当花枝因受损而出现严重伤口时，月光能清除伤口中那些不能再生长的纤维组织，加快新陈代谢，使伤口愈合。

(C)植物可以利用太阳光进行光合作用，动物在阳光的照射下有助于体内钙的合成。

(D)月球在地球形成之初，影响地球产生了一个巨大磁场，屏蔽来自太空的宇宙射线对地球的侵袭。

(E)科学家在太平洋加拉帕戈斯群岛附近的深海海底，发现并采集了红色的蠕虫、张开着壳的蛤、白色的蟹等，这可能与月照有关。

37. 学校组织运动会，检阅仪式上各学院需按照一定的顺序入场，学院共 7 个，分别为建筑学院、土木水利学院、经济管理学院、公共管理学院、法学院、新闻与传播学院和马克思主义学院，已知：

(1)法学院要么第一个入场，要么最后一个入场。

(2)马克思主义学院要在经济管理学院之前入场。

(3)经济管理学院与公共管理学院中间要间隔三个学院。

(4)新闻与传播学院与马克思主义学院中间要间隔两个学院，并且新闻与传播学院需最后入场。

(5)经济管理学院与土木水利学院相邻。

根据上述信息，以下哪项必然为真？

(A)土木水利学院第 6 个入场。

(B)公共管理学院第 1 个入场。

(C)经济管理学院第 6 个入场。

(D)马克思主义学院第 3 个入场。

(E)新闻与传播学院第 6 个入场。

38. 青山村山清水秀，环境优美，村民们在村委会带领下规划自己的美好未来。他们计划：

(1)只有开发乡村旅游，才兴建葡萄庄园或修建民宿。

(2)发展水产养殖和开发乡村旅游至少有一个，那么也要修建民宿。

(3)除非兴建葡萄庄园，否则发展水产养殖。

(4)如果开发乡村旅游，则要改造村容村貌。

如果上述计划得以实施，可以得出以下哪项？

(A)青山村会兴建葡萄庄园。

(B)青山村会改造村容村貌。

(C)青山村不会修建民宿。

(D)青山村不会发展水产养殖。

(E)青山村会兴建葡萄庄园。

39. 2022 年，国际石油价格持续上涨，令许多私家车车主苦不堪言，某经济学家根据当前石油价格的变化趋势，做出了如下预测：如果国际原油价格保持上涨的趋势，那么石油价格也将继续上涨；如果能源板块的股票保持不变，那么石油价格也将停止上涨。小酱的爸爸听到专家的分析后也作出断定：国际原油价格保持上涨，但是人民币不会发生贬值。

根据上述专家的预测，以下哪项为真最能对小酱的爸爸的观点提出质疑？

(A)如果能源板块的股票发生波动，那么人民币不会发生贬值。

(B)如果能源板块的股票发生波动，那么人民币将会随之贬值。

(C)如果人民币不会发生贬值，那么能源板块的股票发生波动。

(D)如果能源板块的股票保持不变，那么人民币不会发生贬值。

(E)只有能源板块的股票保持不变，人民币才会发生贬值。

40. 加州大学的研究者汇总了 15 000 多名成年人的数据，估算出了抑郁症状在青年、中年、老年三个人生阶段的平均发展轨迹，并将抑郁症状发展轨迹与大脑认知功能衰退结合进行分析。他们发现，在青年时期就有中度到重度抑郁症状的人，在老年时认知障碍的发生概率提高了 73%，远高于那些到老年后患抑郁症的人。研究者据此认为，青年时期有中度到重度抑郁会增加老年时发生认知障碍的风险。

以下哪项如果为真，最能支持上述观点？

(A)抑郁症状会导致大脑负责应激反应的系统过度活跃，产生大量糖皮质激素，对大脑海马体造成损伤，而海马体是认知功能必不可少的一部分。

(B)数据中，13%的青年人、26%的中年人和约 30%的老年人有中度到重度抑郁症状，超过 1 200 名参与者有认知障碍，因此找出二者的关系非常重要。

(C)中年抑郁是老年痴呆的早期症状，此时造成阿尔兹海默症的大脑毒性蛋白质已经开始积累，但抑郁表现出的焦虑症状比认知下降更为明显。

(D)青年时期抑郁症状越严重的人，大脑的炎症情况越严重，导致神经细胞大量死亡，他们一旦在老年时患上阿尔兹海默症，其认知衰退速度会更快。

(E)抑郁症患者由于缺乏与他人的沟通和交流，会影响其语言系统的训练，导致语言表达能力的下降。

41～42 题基于以下题干：

乐学喵公司举办团建，共有甲、乙、丙、丁、戊、己、庚、辛、壬 9 人参加一个游戏，这 9 个人中恰好有三位数学老师、三位逻辑老师、三位写作老师，已知：

(1)同一个学科的老师不能同时参加游戏。

(2)如果丙与庚教的是同一个学科，则丙与辛也教同一个学科。

(3)甲与丁教的是同一个学科。

(4)第一轮参与游戏的人是乙、丙、丁。

(5)第二轮参与游戏的人是丙、丁、己。

(6)第三轮参与游戏的人是己、丁、庚。

41. 根据以上信息，以下哪项有可能为真？

(A)丙、庚、壬教同一个学科。 　　　　(B)乙、己、辛教同一个学科。

(C)甲、丁、辛教同一个学科。 　　　　(D)乙、己、壬教同一个学科。

(E)丙与庚教不同的学科。

42. 补充以下哪项，能得出结论戊教逻辑？

(A)乙与己教数学，丙教写作。 　　　　(B)壬与己教数学，辛不教逻辑。

(C)甲与丁教逻辑，庚教写作。 　　　　(D)乙与丙不教逻辑，庚教数学。

(E)乙与己教逻辑，辛教数学。

43. 在整个欧洲历史上，工资上涨阶段一般是跟随在饥荒之后。因为当劳动力减少时，根据供求关系的规律，工人就会更值钱。但是，19世纪40年代爱尔兰的土豆饥荒却是个例外。它导致的结果是爱尔兰一半人口的死亡或移民，但在接下来的10年中，爱尔兰的平均工资并没有明显的上升。

以下哪项如果为真，则最不能解释上述论证？

(A)改进了的医疗条件减少了饥荒后10年中的身体健壮的成年人的死亡率，其死亡率甚至比饥荒前的水平还低。

(B)土豆饥荒后，大量廉价的非洲劳动力涌入爱尔兰的劳动市场。

(C)技术的发展提高了工农业生产的效率，在较少的劳动力的情况下保持经济发展。

(D)饥荒后的10年中出生率提高，这大大补偿了由于饥荒造成的人口锐减。

(E)在政治上控制爱尔兰的英国，人为立法降低工资，目的是给英国所有的工业和爱尔兰的农业提供廉价的劳动力。

44. 美国计划在捷克建立一个雷达基地，将它与波兰境内的导弹基地构成一个导弹防护罩，用以对付伊朗的导弹袭击。为此美国与捷克先后签署了两个军事协议。捷克官员认为，签署协议可以使捷克联合北约盟友，借助最好的技术设备，确保本国的安全。

以下哪项陈述如果为真，则能够对捷克官员的断言提出最大的质疑？

(A)根据捷克与美国的协议，美国对其在捷克境内的基地有指导权和管理权。

(B)捷克大部分民众反对美国在捷克建立反导雷达基地。

(C)捷克大部分民众认为美国在捷克建立反导雷达基地将严重损害当地民众的安全和利益。

(D)在捷克与美国签署有关雷达基地协议的当天，俄罗斯声称，签署协议代表着俄罗斯的导弹将瞄准该基地。

(E)捷克与美国签署协议后，美国会为捷克提供大量新式武器。

45. 如果一定能在法律上支持安乐死，那么执行安乐死的主体行为者就要具备剥夺人生命的权利。事实上，法律对这样的权利是无法保障的。

如果以上陈述为真，则以下哪项也必定是真的？

(A)通过立法手段支持安乐死是不可能的。

(B)立法要经过法定程序确定是否支持安乐死。

(C)只要在法律上支持安乐死，安乐死就能够实行。

(D)如果在法律上不支持安乐死，安乐死就不能够实行。

(E)通过立法支持安乐死的可能性不大。

46. 长期以来，尽管人们制造的望远镜倍数越来越大，但是仍然不足以看清火星表面的细节。所以火星上是否存在生命，目前仍是科学家的难解之谜。但一项最新的研究显示，"好奇号"火星探测器在火星上探测到一些岩石，其碳中含有大量的轻碳同位素(碳-12)，因此人们推测火星上是有生命的。

以下哪项如果为真，最能质疑上述推断？

(A)"好奇号"火星探测器探测到的样本中有四分之一，其碳-12的含量比地球的参考标准高70%。

(B)火星大气稀薄，这导致阳光中的紫外线会直接照射到土壤中，与大气中的二氧化碳结合从而形成碳-12。

(C)火星可能曾穿过含有碳的星际云，大气与尘云阻挡阳光，使火星上的降水冻结形成冰川，阻止碳被稀释。

(D)地球上的碳-12有多种来源，有的是有机体在新陈代谢过程中形成的，有的则是自然形成的。

(E)碳-12并不只存在于动物身上，植物身上也可以探测到轻碳同位素(碳-12)。

47. 赵陆去参加前女友的婚宴，席间一共上了2个果盘(M、N)和6道热菜。6道热菜中有3道素菜(H、I、J)、3道肉菜(X、Y、Z)。

上菜时，有如下要求：

(1)两道果盘必须连续上。

(2)素菜和肉菜必须交替上，中间不能间隔果盘。

(3)N的前面不是果盘，也不是肉菜。

(4)第3个上的不是Y。

根据以上信息，以下哪项一定为真？

(A)N在第8个上。

(B)N是在第1个上。

(C)N是在第2个上。

(D)如果H在第4个上，则I在第6个上。

(E)如果Z在第1个上，则Y在第5个上。

48. 由于外科医生的数量比手术数量增加得快，同时，由于不开刀的药物治疗在越来越多地代替外科手术，近年来每个外科医生的年平均手术量下降了1/4。因此，如果这种趋势持续下去，外科医生的水平将会发生大幅度下降。

以下哪项是上述论证所必须假设的？

(A)一个外科医生医术水平不可能适当地保持下去，除非他以一定的最小频率做手术。

(B)外科医生现在将他们的大部分时间用在完成不用开刀的药物治疗工作上。

(C)所有的医生，尤其是外科医生，在医学院所接受的训练比前些年差多了。

(D)每一个外科医生本人的医术水平近年来都有所下降。

(E)某些经验丰富的外科医生目前所做的手术比他们通常所做的量大得多。

49～50题基于以下题干：

有2个山东人，2个山西人，2个河南人，2个河北人围坐在一张方桌吃饭，方桌的每个边上坐两个人，且同省份的人不能坐在同侧，座次如右图所示：

已知：

(1)山东人不坐在右侧，当且仅当山西人坐在右侧。

(2)如果河南人坐在上侧，那么山西人也坐在上侧。

(3)如果山西人不坐在下侧或右侧，那么他也不坐在上侧。

(4)如果河北人坐在上侧或者下侧，那么上侧、下侧和左侧最多有一个山东人。

(5)从桌子的四个侧面任意挑出2个侧面A和B，则A侧面坐的人的籍贯不可能与B侧面坐的人的籍贯完全相同。

49. 根据上述信息，以下哪项必然为真？

(A)下侧坐山西人和河北人。

(B)左侧坐山西人和河北人。

(C)右侧坐山东人和河北人。

(D)右侧坐山东人和河南人。

(E)下侧坐山西人和河南人。

50. 如果河北人在下侧坐，且任意两个籍贯相同的人不能同坐1号位，也不能同坐2号位。则由以下哪项可以推出河南人坐"右1"？

(A)左1坐山西人。

(B)下1坐山西人。

(C)下2坐河北人。

(D)上1坐河北人。

(E)左2坐河北人。

51. 某学校开学安排值班工作，周一至周五每天安排一人，周六上、下午各安排一人，周日不用值班，学校7位老师甲、乙、丙、丁、戊、己、庚每人每周只值一次班，且需满足以下条件：

(1)丙不在周二值班。

(2)丁紧跟在甲后一天值班。

(3)丙在周四之前值班。

(4)己在周四或周五值班。

若周三是戊值班，那么甲只能在哪一天值班？

(A)周五。　　　　　　　　　　(B)周四。

(C)周一。　　　　　　　　　　(D)周六。

(E)周二。

52. 生物处于污染条件下，可以通过结合固定、代谢解毒、分室作用等过程将污染物在体内富集、解毒。其中生物的解毒能力是生物抗性的基础，解毒能力强的生物都具有抗性，但解毒能力不是抗性的全部，抗性强的生物不一定解毒能力就强。

如果以上信息为真，最能推出以下哪项？

(A)解毒能力不强的生物不具有抗性。

(B)具有抗性的生物一定具有较强的解毒能力。

(C)生物可将污染物富集、解毒，所以生物能在污染环境下生存。

(D)不具有抗性的生物解毒能力一定不强。

(E)解毒能力强的生物不一定具有抗性。

53. 日前，研究人员开展了一项有关于牙齿的调查，涉及5万名年龄在6岁到18岁之间的青少年。他们发现，在上私立学校且父母收入较高的青少年中，牙齿磨损似乎要严重得多。因此，研究人员认为，对于青少年而言，富易伤牙。

以下哪项如果为真，最能支持上述研究者的观点？

(A)一般情况下，龋齿、智齿、牙周病不会通过遗传的方式传递给下一代。

(B)有些普通家庭的孩子的牙齿保护的比富裕家庭的孩子要更好。

(C)成年人由于收入不稳定不愿意花钱去牙科诊所看牙。

(D)相较于贫困家庭的孩子，富人的孩子更多饮用碳酸饮料，而多喝碳酸饮料会增加牙齿的磨损程度。

(E)在自然界中，那些肉食性的动物的牙齿往往比素食动物的牙齿损伤的更严重。

54～55题基于以下题干：

某医院的外科病区有甲、乙、丙、丁、戊5位护士，她们负责病区1、2、3、4、5、6、7号共7间病房的日常护理工作，每间病房只由1位护士来护理，每位护士至少护理1间病房。在多年的护理过程中，她们已经形成特定的护理习惯和经验。已知下列条件：

(1)甲护理1、2号两间病房，不护理其他病房。

(2)乙和丙都不护理6号病房。

(3)如果丁护理6号病房，则乙护理3号病房。

(4)如果丙护理4号病房，则乙护理6号病房。

(5)戊只护理7号病房。

54. 根据以上信息，可以得出以下哪项？

(A)乙护理3号病房。　　　　　　　　(B)丙护理4号病房。

(C)丁护理4号病房。　　　　　　　　(D)乙护理4号病房。

(E)丁护理5号病房。

55. 如果丁只护理1间病房，则得不出以下哪项？

(A)乙护理3号病房。　　　　　　　　(B)丙护理5号病房。

(C)丁护理6号病房。　　　　　　　　(D)乙护理4号病房。

(E)乙护理5号病房。

56. 论证有效性分析：分析下述论证中存在的缺陷和漏洞，选择若干要点，写一篇 600 字左右的文章，对该论证的有效性进行分析和评论。（论证有效性分析的一般要点是：概念特别是核心概念的界定和使用是否准确并前后一致，有无各种明显的逻辑错误，论证的论据是否成立并支持结论，结论成立的条件是否充分等。）

滴滴专车、一号专车、易到用车、Uber 打车……从去年开始，随着各类互联网专车软件的不断涌现，关于专车是不是黑车的争论也越来越多。

有人认为，专车实属黑车，应该取缔。

第一，专车的司机很多都是以前的黑车车主。目前司机注册各类专车软件时，软件运营方审核并不严格，私家车很容易混入。以前的黑车司机也可以借助这个平台为自己洗白。

第二，对于专车司机来说，拉活儿获得了一份可观的兼职收入。但由于私家车上的保险普遍较低，与正规的运营车辆不具有可比性。一旦发生事故，乘客权益无法保障。同时，专车收费较高，也破坏了正常的运营秩序，对正规运营的车辆，尤其是出租车并不公平。

第三，专车给乘客提供的是门对门、按次计费、按里程计价的服务，实际上就是提供出租车服务。根据《北京市出租汽车管理条例》，除了正规出租之外，任何单位和个人不能提供出租车服务。

也有人认为，专车不能与黑车画等号。

第一，专车服务是出行服务升级的大趋势，是市场所需，要多听消费者的声音。人们可以通过 App 轻松叫到专属化出行服务，为消费者提供一种除了公交、地铁及出租车外的品质出行选择，符合也顺应消费升级时代人们对于出行需求的升级。

第二，专车除了满足差异化出行市场需求外，更加能整合、优化、盘活传统汽车租赁市场，有效提高其闲置车辆的使用率，也能间接减轻交通压力。

第三，很多专车公司和专车司机都依法签订了合同，全程透明、公开、规范、可控，这和没有服务规范、没有定价标准、没有安全保障的黑车是截然不同的。

57. 论说文：根据下述材料，写一篇 700 字左右的论说文，题目自拟。

战国时期，孟子提出了"得道者多助，失道者寡助"的观点，并进而指出："寡助之至，亲戚畔之；多助之至，天下顺之。以天下之所顺，攻亲戚之所畔，故君子有不战，战必胜矣。"然而，随着市场经济逐渐深入人心，很多企业家认为，企业赚钱就好，至于"道"和企业无关。

🔍 答案速查

题型		题号	答案				
一	问题求解	1～5	(B)	(E)	(C)	(B)	(D)
		6～10	(D)	(B)	(C)	(E)	(A)
		11～15	(C)	(D)	(D)	(E)	(A)
二	条件充分性判断	16～20	(B)	(D)	(C)	(A)	(C)
		21～25	(A)	(A)	(E)	(B)	(B)
三	逻辑推理	26～30	(B)	(D)	(E)	(A)	(E)
		31～35	(A)	(A)	(B)	(D)	(A)
		36～40	(C)	(C)	(B)	(B)	(A)
		41～45	(D)	(B)	(D)	(D)	(E)
		46～50	(B)	(E)	(A)	(D)	(A)
		51～55	(A)	(D)	(D)	(A)	(E)
四	写作		56. 略　57. 略				

全国硕士研究生招生考试
管理类综合能力试题
冲刺卷 5

(科目代码：199)
考试时间：8：30—11：30

考生注意事项

1. 答题前，考生须在试题册指定位置上填写考生姓名和考生编号；在答题卡指定位置上填写报考单位、考生姓名和考生编号，并涂写考生编号信息点。

2. 选择题的答案必须涂写在答题卡相应题号的选项上，非选择题的答案必须书写在答题卡指定位置的边框区域内。超出答题区域书写的答案无效；在草稿纸、试题册上答题无效。

3. 填（书）写部分必须使用黑色字迹签字笔或者钢笔书写，字迹工整、笔迹清楚；涂写部分必须使用 2B 铅笔填涂。

4. 考试结束，将答题卡和试题册按规定交回。

考生编号															
考生姓名															

1. 一个长方形，如果宽增加2厘米，则面积增加16平方厘米；如果长增加2厘米，则面积增加10平方厘米．如果该长方形的长和宽都增加2厘米，则面积增加(　　)平方厘米．

   (A)26 　　　　(B)28 　　　　(C)30 　　　　(D)22 　　　　(E)32

2. 某工程队修一段路，总长5 600米，已知好天气时每天修1 000米，坏天气时每天修600米．若平均每天修700米，则这几天中坏天气有(　　)天．

   (A)3 　　　　(B)4 　　　　(C)5 　　　　(D)6 　　　　(E)7

3. 多项式 $x^3 - 3mx + 2n$ 能被 $x^2 + 2ax + a^2$ 整除，则(　　)．

   (A)$m^3 = -n^2$ 　　　　　　(B)$m^3 = n^2$ 　　　　　　(C)$n^3 = -m^2$

   (D)$n^3 = m^2$ 　　　　　　(E)$m = n$

4. 甲、乙两人在不同的两个城市，同一日两人开车前往对方城市，甲、乙两人开车的速度之比为11∶9. 若甲比乙提前1小时出发，乙出发6小时后两人相遇；若两人同时出发，则6.5小时后，两人还相距5千米．则甲、乙所在的城市相距(　　)千米．

   (A)240 　　　　(B)350 　　　　(C)425 　　　　(D)575 　　　　(E)655

5. 已知五名同学参加知识竞赛，总共有25道题，每题4分，答对得4分，不答或者答错得0分．五名同学的平均分为88分，且他们最后的得分均不相同，则这五名同学中的第三名同学最少得了(　　)分．

   (A)82 　　　　(B)84 　　　　(C)86 　　　　(D)88 　　　　(E)90

6. 将3名冬奥会志愿者分配到花样滑冰、短道速滑、冰球和冰壶4个项目进行培训，每名志愿者至少分配到1个项目，每个项目只需1名志愿者，则不同的分配方案有(　　)种．

   (A)12 　　　　(B)18 　　　　(C)24 　　　　(D)36 　　　　(E)48

7. 一个房间内有若干个凳子和椅子，每个凳子有3条腿，每把椅子有4条腿，当他们全部被人坐上后，共有43条腿，则椅子和凳子的总数为(　　)．

   (A)6 　　　　(B)7 　　　　(C)8 　　　　(D)9 　　　　(E)10

8. 对于数列 $\{a_n\}$，$a_1 = 4$，$a_{n+1} = f(a_n)$，$n = 1$，2，$\cdots$，则 $a_{2\,023} = ($　　$)$．

x	1	2	3	4	5
$f(x)$	5	4	3	1	2

   (A)1 　　　　(B)2 　　　　(C)3 　　　　(D)4 　　　　(E)5

9. 某次考试共有数学、英语、语文三门，学生可选择任意几门报考．若三名同学都选择了其中两门，则有且只有两名同学报考的科目完全相同的概率为（   ）．

   (A)$\frac{1}{2}$　　　　(B)$\frac{1}{3}$　　　　(C)$\frac{2}{3}$　　　　(D)$\frac{1}{6}$　　　　(E)$\frac{2}{9}$

10. 已知 α，1，β 成等差数列，而 $\frac{1}{\alpha^2}$，1，$\frac{1}{\beta^2}$ 成等比数列，则 $\frac{\alpha^2+\beta^2}{\alpha\beta(\alpha+\beta)}=$（   ）．

   (A)1　　　　　　　　(B)1 或 -3　　　　　　(C)-3

   (D)2　　　　　　　　(E)1 或 2

11. 如图所示，在直角三角形 ABC 中，$\angle C=90°$，D、E 分别是 BC、AC 边的中点，$AD=7$，$BE=4$，则 $AB=$（   ）．

    (A)$\sqrt{13}$　　　　　　　(B)$4\sqrt{3}$

    (C)$2\sqrt{15}$　　　　　　(D)6

    (E)$2\sqrt{13}$

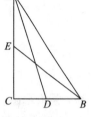

12. 已知 $A=\{(x,y)\mid x^2+y^2=1\}$，$B=\{(x,y)\mid (x-5)^2+(y-5)^2=4\}$，则 $A\bigcap B=$（   ）．

    (A)$\varnothing$　　　　　　　(B)$\{(0,0)\}$　　　　　　(C)$\{(0,0),(5,5)\}$

    (D)$\{(5,5)\}$　　　　　(E)$\{(1,1)\}$

13. 设 a，b，c 是互不相等的正数，则下列不等式中不是恒成立的为（   ）．

    (A)$|a-b|\leqslant|a-c|+|b-c|$　　　　　(B)$a^2+\frac{1}{a^2}\geqslant a+\frac{1}{a}$

    (C)$|a-b|+\frac{1}{a-b}\geqslant 2$　　　　　(D)$\sqrt{a+3}-\sqrt{a+1}<\sqrt{a+2}-\sqrt{a}$

    (E)$a^2+b^2+c^2\geqslant ab+bc+ac$

14. 已知圆的方程 $x^2+y^2-6x-8y=0$，设该圆过点 $(3,5)$ 的最长弦和最短弦分别为 AC 和 BD，则四边形 $ABCD$ 的面积为（   ）．

    (A)$20\sqrt{6}$　　(B)$10\sqrt{6}$　　(C)$20\sqrt{3}$　　(D)$10\sqrt{3}$　　(E)$5\sqrt{6}$

15. 有 J、J、Q、Q、K、K 六张扑克牌，将其排成两行三列．要求每行、每列的扑克牌字母均不重复，则不同的排列方法共有（   ）种．

    (A)12　　　　(B)15　　　　(C)16　　　　(D)18　　　　(E)20

二、条件充分性判断：第 16～25 小题，每小题 3 分，共 30 分。 要求判断每题给出的条件（1）和条件（2）能否充分支持题干所陈述的结论。 （A）、（B）、（C）、（D）、（E）五个选项为判断结果，请选择一项符合试题要求的判断，在答题卡上将所选项的字母涂黑。

（A）条件（1）充分，但条件（2）不充分．

（B）条件（2）充分，但条件（1）不充分．

（C）条件（1）和条件（2）单独都不充分，但条件（1）和条件（2）联合起来充分．

（D）条件（1）充分，条件（2）也充分．

（E）条件（1）和条件（2）单独都不充分，条件（1）和条件（2）联合起来也不充分．

16. 一元二次方程 $x^2+4x+m-1=0$ 的两个实根分别为 a，b．则能确定 m 的值．

(1) $|a-b|=2\sqrt{2}$．

(2) $a^2+ab+b^2=1$．

17. 某人拿出一定资产购入甲、乙两种股票．则能确定甲股票与乙股票的股数之比．

(1) 将所有资产分为等额两份，以甲股票 8 元一股、乙股票 10 元一股的价格一次性买入．

(2) 若甲股票每股上涨 8%，乙股票每股下跌 10%，资产总额不变．

18. 实数 m，n 满足 $|m|\cdot(m-2n)>m\cdot|m-2n|$．

(1) $\dfrac{m}{2}>n$．

(2) $m<0$．

19. 设三个不相等的自然数 a，b，c 成等比数列，且 a，b，$c\in(2，36)$．则能确定 abc 的值．

(1) a，b，c 中最大的数为 12．

(2) a，b，c 中最小的数为 3．

20. 已知 $a>0$，$b>0$. 能确定 $\dfrac{1}{a}+\dfrac{1}{b}$ 的最小值．

(1)已知 a，b 的算术平均值．

(2)已知 a^2，b^2 的几何平均值．

21. 事件 A 和事件 B 相互独立．则能确定事件 A 和事件 B 同时发生的概率．

(1)已知事件 A 和事件 B 至少发生一个的概率．

(2)已知事件 A 和事件 B 仅有一个发生的概率．

22. 直线 l 经过点 $(1,0)$. 则 l 在 y 轴上的截距为 -1.

(1)直线 l 被圆 $x^2+y^2-4x-2y+3=0$ 截得的弦长为 $2\sqrt{2}$.

(2)直线 l 与圆 $x^2+y^2-4x-2y+3=0$ 相切．

23. 两个圆柱的侧面积相等．能确定它们的体积之比．

(1)已知两个圆柱底面半径之比．

(2)已知两个圆柱高之比．

24. 已知函数 $f(x)=\lg(ax^2+2x+1)$. 则实数 a 的取值范围是 $0\leqslant a\leqslant1$.

(1)$f(x)$ 的定义域是 $\mathbf{R}$.

(2)$f(x)$ 的值域是 $\mathbf{R}$.

25. 直线 l：$ax+y-2=0(a\in\mathbf{R})$ 与圆 C：$(x-1)^2+(y-1)^2=4$ 相交于 A、B 两点．则能确定 a 的值．

(1)AB 的长为 $2\sqrt{2}$.

(2)$\triangle ABC$ 为等腰直角三角形．

26. 目前对敦煌壁画的清理、修复涉及一个重要的美学理论问题。敦煌壁画的专家现在意识到，他们所研究的壁画颜色很可能不同于最初的颜色。专家们因此担心自己对敦煌壁画的研究结论是否恰当。

    以下哪项如果为真，则最能说明专家的担心是合理的？

    (A)一个艺术品研究结论的恰当性，和得出这一结论的历史阶段相关。

    (B)一个艺术品的颜色，和关于它的研究结论的恰当性相关。

    (C)一个经过再处理的艺术品的颜色，很可能不是原作者想要的。

    (D)敦煌壁画的专家是公认的评价敦煌壁画的权威。

    (E)敦煌壁画的颜色修复符合当代审美。

27. 管理要做到和谐。所谓和谐，天然地就包含了异见，包含了反对。只有能够包容异见和反对，才是真正的和谐，也才是可持续的和健康的。对于处在高压力工作负担下的年轻人来说，需要得到公司领导的尊重和理解。只要处置得当，就可化"危"为"机"。

    如果以上陈述为真，则以下哪项陈述也一定为真？

    (A)如果处置不当，则会转"机"为"危"。

    (B)倘若化"危"为"机"，说明处置得当。

    (C)如果包容异见和反对，则会达成真正的和谐。

    (D)如果不能包容异见和反对，则不能达成真正的和谐。

    (E)除非处置得当，否则化"危"为"机"。

28. 某网购平台发布了一份网购调研报告，分析亚洲女性的网购特点。分析显示，当代亚洲女性在网购服饰、化妆品方面的决定权为88％，在网购家居用品方面的决定权为85％。研究者由此认为，那些喜爱网购的亚洲女性在家庭中拥有更大的控制权。

    以下哪项如果为真，则最能反驳上述结论？

    (A)喜爱网购的亚洲女性的网购支出只占其家庭消费支出的25％。

    (B)亚洲女性中，习惯上网购物的人数只占女性总人数的30％左右。

    (C)亚洲女性在购买贵重商品时往往会与丈夫商量，共同决定。

    (D)一些亚洲女性经济不独立，对家庭收入没有贡献。

    (E)亚洲女性在购物时往往只考虑产品的价格。

29. 据人口统计专家说，在美国只有不到一半的工作遵守标准的 40 小时/周的工作时间，即"早九晚五"的、一星期 5 个工作日的工作时间表。专家说这主要是由于服务性企业数量的迅速增加，以及美国劳动力中被这种公司雇用的劳动力的比例升高造成的。

下列哪项如果正确，最有助于解释服务性行业的增长是如何产生了上面提到的影响？

(A)为了补贴收入，一小部分其他经济部门的工人也从事了一些服务性行业的工作。

(B)许多新服务性公司的出现是为了满足白天看护小孩的需求，这种需求是由于父母双方都工作的家庭日益增多而引起的。

(C)由于传统职业中新技术的应用，创造出了比全日制工作更多的兼职工作。

(D)制造性企业和其他非服务性行业通常实行每周 7 天工作制，并且每天工作 24 小时。

(E)最大并且发展最快的服务性行业在"早九晚五"的 5 天工作制外给人们提供他们希望从事的休闲活动。

30. 某高校要组建代表队参加亚洲高校学生辩论赛。关于代表队的组成，甲、乙、丙、丁四位指导老师有如下意见：

甲：要么张华参加，要么李成参加。

乙：张华参加，当且仅当李成参加。

丙：如果王勇参加，则李成参加。

丁：王勇要参加，张华不参加。

代表队的组建结果说明，上述四个意见，只有一个未被采纳。

如果上述断定为真，以下哪项一定为真？

(A)甲的意见未被采纳，张华不参加。

(B)乙的意见被采纳，张华参加。

(C)张华和李成都参加。

(D)甲的意见被采纳，李成参加。

(E)王勇和李成不都参加。

31. 野生大熊猫的数量正在迅速减少。因此，为了保护该物种，应把现存的野生大熊猫捕捉起来，并放到世界各地的动物园里去。

以下哪项如果正确，将对上述结论提出最严重的质疑？

(A)野生大熊猫在被关起来时通常会比在野生栖息地时生下更多的幼仔。

(B)在动物园中刚生下来的大熊猫不容易死于传染病，但是野生大熊猫很可能死于这些疾病。

(C)在野生大熊猫的栖息地以外，很难弄到足够数量的竹子，这是大熊猫唯一的食物。

(D)动物园里的大熊猫和野生大熊猫后代中能够活到成年的个体数量相当。

(E)动物园的圈养使北极狐数量有了极大的提高。

32. 人们总是这样质问律师："你明知罪犯有罪，为什么还要真诚地为他辩护?"律师回答说："我这样做，是为了维护法律赋予被告的合法权利，这对于实施法律的公正是必不可少的。"从律师的回答中，我们能得出以下哪项结论?

Ⅰ. 被告即使是真的罪犯，也拥有法律赋予的合法权利。

Ⅱ. 只要维护被告(包括真正的罪犯)的合法权利，就能保证实施法律的公正。

Ⅲ. 如果剥夺那些明显是罪犯的被告的一切权利，那么就无法保证实施法律的公正。

(A)Ⅰ、Ⅱ和Ⅲ。　　　　(B)仅Ⅰ。　　　　(C)仅Ⅰ、Ⅱ。
(D)仅Ⅰ、Ⅲ。　　　　(E)仅Ⅱ、Ⅲ。

33. 大学毕业的甲、乙、丙、丁4人应聘到了同一家大型公司，每人负责一项工作，其中一人做行政，一人做运营，一人做研发，另一人做策划。已知:

①如果乙或丙做运营，则丁做行政并且甲做策划。

②除非丙做策划，乙才做策划。

③如果甲没有做研发，那么丁做研发。

④丁不做研发，也不做策划。

由此可以推出以下哪项一定为真?

(A)甲做运营，丙做研发。

(B)丁做研发，丙做运营。

(C)丙做策划，甲做研发。

(D)丙做行政，乙做运营。

(E)乙做策划，丁做行政。

34. 17世纪伟大的物理学家牛顿主要是由于他对运动和引力的研究而被人们记住的。牛顿在多年内也秘密从事过一些基于炼金术的实验，他在将铁变成黄金和制造永远保持青春的药方的实验中并没有成功。如果17世纪的炼金术士们将他们的实验结果都发表出来的话，18世纪的化学研究就会得到更加长足的发展。

上述结论依赖于以下哪项假设?

(A)历史学家不愿意承认伟大科学家所犯的错误有时会阻碍科学的进步。

(B)无论实验是否成功，公布已经做过的实验会有利于科学的进步。

(C)如果牛顿从事炼金术的实验也被公之于众，那么他对于运动和引力的研究就不会得到这么广泛的接受。

(D)科学的分支越来越细，这使得一个领域内的科学家越来越难理解另一个领域的科学原则。

(E)只有将他们的实验公开，并接受公众的检查，17世纪的炼金术士们才能在他们的实验中取得成功。

35～36题基于以下题干：

明天的报纸里家庭、都市、体育三个板块中一共会出现6张照片，每个板块2张。每张可用的照片是由甲、乙、丙这3位摄影师中的一位拍摄的。照片的筛选要遵循以下规则：

(1)每位摄影师可以登报的照片不能少于一张，也不能超过三张。

(2)家庭板块至少有一张照片的摄影师在都市板块登报的照片的数量不少于一张。

(3)丙在家庭板块登报的照片数量要和甲在体育板块登报的照片数量一样。

(4)乙的照片不能出现在体育板块。

35. 如果家庭板块的两张照片都是丙拍的，那么下列哪种说法一定是正确的？

(A)明天的报纸用了一张甲的照片。

(B)明天的报纸用了三张甲的照片。

(C)明天的报纸用了一张乙的照片。

(D)明天的报纸用了两张乙的照片。

(E)明天的报纸用了两张丙的照片。

36. 三个板块中，如果有一个板块的两张照片都是乙拍的，那么下列哪种说法可能是正确的？

(A)家庭板块的两张照片都是丙拍的。

(B)家庭板块的两张照片分别是甲和丙拍的。

(C)都市板块的两张照片都是甲拍的。

(D)都市板块的两张照片分别是乙和丙拍的。

(E)体育板块的两张照片是丙拍的。

37. 电学工程师已多次重申，最好的晶体管扩音机与最好的电子管扩音机在通常测量评价扩音机的音乐再现质量方面的性能是一样的。因此那些坚持认为录制的音乐在最好的电子管扩音机里播放时要比在最好的晶体管扩音机里播放时听起来好的音乐爱好者，一定是在想象他们声称的听到的质量上的差异。

下面哪一项如果正确，则最能严重地削弱上述论证？

(A)许多人仅凭耳听不能区分正在播放的音乐是在好的晶体管扩音机里播放还是在好的电子管扩音机里播放。

(B)电子管扩音机的音乐再现质量的变化范围要比晶体管扩音机的大。

(C)有些重要的决定音乐听起来怎么样的特性不能被测量出来。

(D)当放出相同的音量时，晶体管扩音机比电子管扩音机的体积小，用电少且产生的热量少。

(E)在试验室里通常测定的用以评价扩音机的音乐再现质量的特性方面，有些电子管扩音机明显地比有些晶体管扩音机好。

38. A公司准备在年底的董事会上提议并购B公司，并且已经争取到多位股东的支持。如果董事会主席动用一票否决权，阻止并购B公司，则会在公司高层中引发"换届"想法；如果董事会主席不动用一票否决权，则会得罪"顽固派"董事并且失去他们的支持。

如果以上陈述为真，则以下哪项陈述也一定为真？

(A)董事会主席在董事会动用一票否决权，阻止并购B公司。

(B)董事会主席不会得罪"顽固派"董事，却会在公司高层中引发"换届"想法。

(C)董事会主席或者会在公司高层中引发"换届"想法，或者会得罪"顽固派"董事并且失去他们的支持。

(D)即使董事会主席动用一票否决权，股东大会仍打算投票表决，让B公司成为本公司的战略合作伙伴。

(E)董事会主席不会在公司高层中引发"换届"想法，但会得罪"顽固派"董事。

39. 一个人如果是智者，那么他一定是一位谦虚的人；而一个人只有认识到自己的不足，他才会谦虚。但是，如果一个人听不进别人的意见，那么他就不会认识到自己的不足。

由此可以推出：

(A)一个人如果认识到自己的不足，他就是一位智者。

(B)一个人除非听进别人的意见，否则他不是一位智者。

(C)一个人如果听得进别人的意见，他就会认识到自己的不足。

(D)一个人如果认识不到自己的不足，他一定听不进别人的意见。

(E)一个人除非是智者，否则听不进别人的意见。

40. 甲、乙、丙、丁、戊5位同学在某茶厅聚会，他们从金骏眉、西湖龙井、乌龙茶、大麦茶、正山小种5种茶品中各点了一种，互不重复。已知：

(1)若丁不选择大麦茶，则戊选择乌龙茶。

(2)乙和丁分别选金骏眉或西湖龙井中的一种。

(3)只有戊选西湖龙井，乙才会选金骏眉。

根据上述信息，以下哪项一定为真？

(A)甲选大麦茶。

(B)乙选大麦茶。

(C)丙选乌龙茶。

(D)丁选西湖龙井。

(E)戊选乌龙茶。

41. 中国自周朝开始便实行"同姓不婚"的礼制。《曲礼》说："同姓为宗，有合族之义，故系之以姓……虽百世，婚姻不得通，周道然也。"《国语》说："娶妻避其同姓。"又说："同姓不婚，恶不殖也。"由此看来，我国古人早就懂得现代遗传学中"优生优育"的原理，否则就不会意识到近亲结婚的危害性。

以下哪项陈述如果为真，则最能削弱作者对"同姓不婚"的解释？

(A)异族通婚的礼制为国与国的政治联姻奠定了礼法性的基础。

(B)我国古人基于民族融合有利于国家发展而制定"同姓不婚"的礼制。

(C)秦国和晋国相互通婚称为"秦晋之好"，"秦晋之好"是"同姓不婚"的楷模。

(D)各朝各代的礼部官员都极为重视"同姓不婚"礼制。

(E)"同姓不婚"的礼制始于周朝，但在当时的贵族中仍存在同姓通婚的情况。

42. 最近股市大跌，根据一项网站的统计：亏损超过 10 万元的都是新股民；有些男性股民买了创业板股票；购买创业板股票的股民多少都有融资经验。据此，该网站的结论是：新股民都没有融资经验。

以下哪一项为真，可以削弱该网站的调查结论？

(A)亏损超过 10 万元的都是男性股民。

(B)有些男性股民亏损没有超过 10 万元。

(C)男性股民亏损都超过 10 万元。

(D)男性股民的亏损都没有超过 10 万元。

(E)有些新股民是男性股民。

43. 隔壁老王买了块新手表。他把新手表与家中的挂钟对照，发现手表比挂钟一天慢了三分钟；后来他又把家中的挂钟与电台的标准时对照，发现挂钟比电台标准时一天快了三分钟。隔壁老王因此推断：他的手表是准确的。

以下哪项是对隔壁老王推断的正确评价？

(A)隔壁老王的推断是正确的，因为手表比挂钟慢三分钟，挂钟比标准时快三分钟，这说明手表准时。

(B)隔壁老王的推断是错误的，因为他不应把手表和挂钟比，应直接和标准时比。

(C)隔壁老王的推断是错误的，因为挂钟比标准时快三分钟，是标准的三分钟，手表比挂钟慢三分钟是不标准的三分钟。

(D)隔壁老王的推断既无法断定为正确，也无法断定为错误。

(E)以上说法都不正确。

44. 在某协会举办传统文化艺术展演活动期间，甲、乙、丙和丁作为剪纸、苏绣、京剧和昆曲的传承人进行了现场展演，每人各展演一项，展演按序——进行。活动主办方还有如下安排：

(1)丁的展演要排在剪纸和苏绣的后面。

(2)京剧、昆曲展演时甲只能观看。

(3)丙的展演要排在剪纸前面。

(4)乙的展演要排在昆曲和丁展演前面。

根据上述安排，可以得出以下哪项？

(A)甲展演剪纸，排在第1位。　　　　(B)丙展演苏绣，排在第2位。

(C)乙展演昆曲，排在第3位。　　　　(D)丁展演京剧，排在第4位。

(E)甲展演昆曲，排在第2位。

45. 早期阿尔茨海默症患者由于记忆丧失，经常处于焦虑不安的状态中。近期科研人员通过实验发现，对患有早期阿尔茨海默症的小白鼠大脑进行光感刺激能够帮其找回失去的记忆。他们指出，光感刺激有助于早期阿尔茨海默症的治疗。

以下哪项如果为真，最能支持上述论证？

(A)生活在日照时间长的地区的小白鼠比接受光感刺激的实验室小白鼠患早期阿尔茨海默症的比例低。

(B)有些接受过光感刺激的小白鼠患上了早期阿尔茨海默症。

(C)如果终止光感刺激，患早期阿尔茨海默症的小白鼠症状会加重。

(D)没有接受光感刺激的小白鼠患早期阿尔茨海默症的比例较低。

(E)卫生部门不建议采用光感刺激的方法治疗早期阿尔茨海默症。

46～47题基于以下题干：

某学院在开学之初，利用4天时间开设了哲学、逻辑、数学、统计、宗教、历史和艺术7门课程让学生试听。每天上午、下午各一门。除一门课程可以开设两次之外，其他课程均不重复。这4天的课程设置还须满足以下条件：

(1)艺术课程至少有一次安排在第3天。

(2)数学课程只能安排在逻辑课程的次日。

(3)第1天或第2天至少有一天安排统计课程。

(4)哲学课程与数学课程或艺术课程安排在同一天。

(5)开设两次的课程不能安排在同一天，也不能安排在第3天，其中一次要安排在第4天。

46. 以下哪门课程安排在任意一天都有可能？

(A)数学。　　　　　(B)宗教。　　　　　(C)统计。

(D)艺术。　　　　　(E)艺术和宗教。

47. 以下哪门课程不能开设两次？

(A)哲学。　　　　　(B)逻辑。　　　　　(C)统计。

(D)历史。　　　　　(E)以上课程都可以开设两次。

48. 有不少医疗或科研机构号称能够通过基因测试疾病。某官方调查机构向 4 家不同的基因测试公司递送了 5 个人的 DNA 样本。对于同一受检者患前列腺癌的风险，一家公司称他的风险高于平均水平，另一家公司则称他的风险低于平均水平，其他两家公司都说他的风险处于平均水平。其中一家公司告知另外一位装有心脏起搏器的受检者，他患心脏病的概率很低。

如果以上陈述为真，则引申出下面哪一项结论最为合理？

(A)4 家公司的检测结论不相吻合，或与真实情况不符。

(B)基因检测技术还很不成熟，不宜过早投入市场运作。

(C)这些公司把不成熟的技术投入市场运作，涉嫌商业欺诈。

(D)检测结果迥异，是因为每家公司所使用的分析方法不同。

(E)装有心脏起搏器的人不一定患有心脏病。

49. 某次比赛中，甲、乙、丙、丁、戊、己 6 人按一至六的先后顺序演讲。

关于他们的演讲顺序，满足以下条件：

(1)戊和己的演讲相邻。

(2)丁的演讲早于甲。

(3)戊和甲之间隔着两个人。

(4)乙的演讲早于丁，且中间隔着两个人。

根据以上陈述，可以推出以下哪项？

(A)丙和己的演讲相邻。　　　　　　　(B)丙和乙的演讲相邻。

(C)丙和己之间隔着一个人。　　　　　(D)丙和己之间隔着两个人。

(E)丙和己之间隔着三个人。

50. 正常情况下，在医院出生的男婴和女婴的数量大体相同。在城市大医院，每周有许多婴儿出生；而在乡镇小医院，每周只有少量婴儿出生。如果一个医院一周出生的婴儿中有 45%～55% 是女婴，则属于正常周；如果一周出生的婴儿中超过 55% 是女婴或者超过 55% 是男婴，则属于非正常周。

如果某周是一个医院的正常周，那么，对于以下一组数字：

5	6	9	10	19

下面哪项包括了这一医院在该周出生的婴儿数的所有可能数字？

(A)5、6、10。　　(B)6、10、19。　　(C)5、9、19。　　(D)9、10。　　(E)6、10。

51. 胡品：谁也搞不清甲型流感究竟是怎样传入中国的，但它对我国人口稠密地区经济发展的负面影响是巨大的。如果这种疫病在今秋继续传播蔓延，那么国民经济的巨大损失将是不可挽回的。

吴艳：所以啊，要想挽回这种损失，只需要阻止疫病的传播就可以了。

以下哪项陈述与胡品的不矛盾而与吴艳的断言矛盾？

(A)疫病的传播被阻断而国民经济遭受了不可挽回的损失。

(B)疫病继续传播蔓延而国民经济遭受了不可挽回的损失。

(C)疫病的传播被阻断而国民经济没有遭受不可挽回的损失。

(D)疫病的传播被控制在一定范围内而国民经济没有遭受不可挽回的损失。

(E)疫病继续传播蔓延而国民经济没有遭受不可挽回的损失。

52. 甲、乙、丙和丁四人是亲密无间的好友。她们每次聚会都是盛装出席，并且聚会之前都要合计下穿戴什么，已知下次聚会时她们遵循的原则是：

甲说：我还不了解乙嘛，除非我出门戴挂坠，乙才会跟着戴。

丁说：丙不穿礼服，我就不穿礼服。

乙说：我戴了挂坠，甲却不会戴。

丙说：我不穿礼服，并且丁不会穿礼服。

已知四人中只有两人说真话，则以下哪项一定为真？

(A)乙戴挂坠。　　　　　(B)甲不戴挂坠。　　　　　(C)甲戴挂坠。

(D)乙穿礼服。　　　　　(E)丙穿礼服。

53. 最新研究显示，常喝绿茶有益于预防心脑血管疾病。研究者对十万余名参与者进行了为期七年的跟踪研究。参与者被分成两组：有喝绿茶习惯者(即每周喝绿茶三次以上的人)和没有喝绿茶习惯者(即从不或每周喝绿茶次数不到三次的人)。研究者发现，与没有喝绿茶习惯者相比，有喝绿茶习惯者患心脏病和中风的风险低，死于心脏病和中风的风险低。

以下哪项如果为真，最能支持上述结论？

(A)与常喝绿茶的人相比，从不吸烟者患心脏病和中风的风险低。

(B)绿茶中含有的黄酮醇类，具有预防血液凝块及血小板成团的作用。

(C)绿茶中的儿茶素和多种维他命成分，可有效延缓衰老、预防癌症。

(D)习惯喝绿茶组的参与者其年龄普遍小于没有喝绿茶习惯组的参与者。

(E)不喝绿茶的人因为口感不适，完全忽视了绿茶对心脑血管疾病的影响。

54～55 题基于以下题干：

老吕线下集训营的赵、钱、孙、李、周、吴、郑、王 8 位同学在集训结束后准备去旅游，他们将分别从北京、哈尔滨、南京、上海、杭州、海南、桂林、昆明八个城市中各选一个，每个城市都只有一个人选择。已知：

(1)孙选择的是杭州。

(2)若吴不选择南京，或者郑不选择桂林，则周选择海南。

(3)如果吴选择南京，则钱和李只能在昆明和北京中各选一个城市。

(4)周选择的是北方的城市。

54. 根据上述信息，可以得出以下哪项？

(A)周选择哈尔滨。　　　　(B)钱选择昆明。　　　　(C)李选择北京。

(D)吴不选择南京。　　　　(E)郑不选择桂林。

55. 若赵和钱只能在海南和北京中任选一个，则可以得出以下哪项？

(A)赵选择北京。　　　　　(B)钱选择昆明。　　　　(C)李选择北京。

(D)郑选择南京。　　　　　(E)王选择上海。

56. 论证有效性分析：分析下述论证中存在的缺陷和漏洞，选择若干要点，写一篇 600 字左右的文章，对该论证的有效性进行分析和评论。（论证有效性分析的一般要点是：概念特别是核心概念的界定和使用是否准确并前后一致，有无各种明显的逻辑错误，论证的论据是否成立并支持结论，结论成立的条件是否充分等。）

　　网络上的专家都在谈"学历不等于能力，更不等于成功"。我要反其道而行之，告诉大家：学历就是能力，有了学历就能成功。

　　一个人在社会上生存，除耕种田地外，无非从事两种职业：一种是自己当老板，另一种是给老板打工。这两种职业无所谓优劣，你都可以把它们当作事业并获得成功。

　　前一种职业，除了需要个人能力之外，还需要有优质的人际关系，关系越广，你成功的概率就越高。在这里，个人的成功与否与社会关系资源的多少、质量高低成正比。正如当年比尔·盖茨之所以辍学去创业并获得成功，就是因为他父母的人际关系，他母亲是 IBM 的董事，是她给儿子促成了第一单生意。

　　后一种职业，需要的是你的老板给你搭建平台，平台越大，你施展才能的舞台就越大，你成功的概率就越高。在这里，个人的成功与否与单位的平台大小成正比。"打工皇帝"唐骏，是中国著名的职业经理人，他的成功就主要与微软公司给他提供的平台有关。

　　作为一个年轻人，在还是一无所有的时候，如何能够进入一个拥有优质资源的圈子进而拥有平台和人际关系呢？"学历"是对未来你将拥有资源的国家证明。你毕业的学校越好，你的学历越高，证明你的能力就越高，也说明你在未来将拥有更多的资源，人家也更愿意与你交往。说得俗气一点就是，有了学历之后，你的档次提高了，就可以在高层次上搭建关系网络。

　　对于我们普通人来说，应试能力就是最大的素质，所以，没有通过应试，也就无所谓素质了。

57. 论说文：根据下述材料，写一篇 700 字左右的论说文，题目自拟。

　　核心技术是最大的"命门"，核心技术受制于人是最大的隐患。如果一个企业核心元件依赖于国外，供应链的"命门"掌握在别人手里，那就好比在别人的墙基上砌房子，再大再漂亮也可能经不起风雨，甚至会不堪一击。

🔍 答案速查

题型		题号	答案
一	问题求解	1～5	(C) (D) (B) (E) (D)
		6～10	(D) (C) (E) (C) (B)
		11～15	(E) (A) (C) (A) (A)
二	条件充分性判断	16～20	(A) (A) (C) (A) (D)
		21～25	(C) (A) (D) (B) (D)
三	逻辑推理	26～30	(B) (D) (A) (E) (D)
		31～35	(C) (D) (C) (B) (C)
		36～40	(E) (C) (C) (B) (E)
		41～45	(B) (C) (C) (D) (C)
		46～50	(B) (A) (B) (D) (B)
		51～55	(A) (E) (B) (A) (E)
四	写作		56. 略 57. 略

全国硕士研究生招生考试
管理类综合能力试题
冲刺卷 6

（科目代码：199）
考试时间：8：30—11：30

考生注意事项

1. 答题前，考生须在试题册指定位置上填写考生姓名和考生编号；在答题卡指定位置上填写报考单位、考生姓名和考生编号，并涂写考生编号信息点。
2. 选择题的答案必须涂写在答题卡相应题号的选项上，非选择题的答案必须书写在答题卡指定位置的边框区域内。超出答题区域书写的答案无效；在草稿纸、试题册上答题无效。
3. 填（书）写部分必须使用黑色字迹签字笔或者钢笔书写，字迹工整、笔迹清楚；涂写部分必须使用 2B 铅笔填涂。
4. 考试结束，将答题卡和试题册按规定交回。

考生编号													
考生姓名													

1. 甲、乙、丙三人今年年龄都是质数且都不超过 20 岁，年龄上甲＞乙＞丙，并且四年前三人的年龄也都是质数．五年后，乙的年龄是(　　)岁．

   (A)12　　　　(B)16　　　　(C)18　　　　(D)22　　　　(E)24

2. $\left(1+\dfrac{1}{1\times3}\right)\left(1+\dfrac{1}{2\times4}\right)\left(1+\dfrac{1}{3\times5}\right)\left(1+\dfrac{1}{4\times6}\right)\cdots\left(1+\dfrac{1}{48\times50}\right)\left(1+\dfrac{1}{49\times51}\right)=(\quad)$．

   (A)$\dfrac{99}{50}$　　　　(B)$\dfrac{100}{51}$　　　　(C)$\dfrac{99}{49}$　　　　(D)$\dfrac{99}{51}$　　　　(E)2

3. 把两个完全一样的小长方体木块拼成一个大长方体，有三种拼法，所得到的大长方体的表面积比原来两个小长方体的表面积之和分别减少了 180 平方厘米、60 平方厘米、24 平方厘米，那么小长方体的体积是(　　)立方厘米．

   (A)180　　　　(B)150　　　　(C)360　　　　(D)480　　　　(E)720

4. 某水果摊的西瓜售价不变，由于进价比原来便宜了 5%，导致现在的利润率和原来的利润率的差值为 6%，那么原来超市出售西瓜的利润率为(　　)．

   (A)14%　　　　(B)16%　　　　(C)17%　　　　(D)19%　　　　(E)20%

5. 某地需要修一段公路，若甲、乙两工程队合作，一共需要 9 天完成；若甲工程队单独工作 10 天后，乙工程队加入，还需合作 3 天才能完成任务．已知甲工程队每天比乙工程队多修建 3 千米，则这段公路共有(　　)千米．

   (A)200　　　　(B)80　　　　(C)110　　　　(D)135　　　　(E)145

6. 若过点(2，1)的圆与两坐标轴都相切，则圆心到直线 $2x-y-3=0$ 的距离为(　　)．

   (A)$\dfrac{\sqrt{5}}{5}$　　　　(B)$\dfrac{2\sqrt{5}}{5}$　　　　(C)$\dfrac{3\sqrt{5}}{5}$　　　　(D)$\dfrac{4\sqrt{5}}{5}$　　　　(E)$\sqrt{5}$

7. 如右图所示，正方形 $ABCD$ 的边长为 8 厘米，E，F，G，H 分别为正方形四条边的中点．以 O 为圆心，以 OE 为半径作圆，得到扇形 EOG 和 FOH；以 A 为圆心，以 AB 为半径作圆，得到扇形 BAD；以 C 为圆心，以 BC 为半径作圆，得到扇形 BCD．则图中阴影部分的面积为(　　)平方厘米．

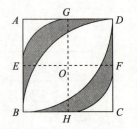

   (A)$48-12\pi$　　　　　　(B)$96-24\pi$

   (C)$112-28\pi$　　　　　(D)$48+12\pi$

   (E)$96+24\pi$

8. 若 x 为任意实数，$|2x-3|-|2x+6|\leqslant Y$ 恒成立，则实数 Y 的取值范围为(　　).

(A)$Y\leqslant-9$　　(B)$Y<-9$　　(C)$Y>9$　　(D)$Y\geqslant9$　　(E)$Y>-9$

9. 某厂第二年产值增长率为 p，第三年增长率为 q，第四年增长率为 r，设这三年的平均增长率为 x，则(　　).

(A)$x=\dfrac{p+q+r}{3}$　　　　(B)$x<\dfrac{p+q+r}{3}$　　　　(C)$x\geqslant\dfrac{p+q+r}{3}$

(D)$x\leqslant\dfrac{p+q+r}{3}$　　　　(E)$x>\dfrac{p+q+r}{3}$

10. 甲、乙两同学每人有两本书，把四本书混放在一起，每人随机拿回两本，则甲同学拿到一本自己的书一本乙同学的书的概率是(　　).

(A)$\dfrac{1}{3}$　　(B)$\dfrac{2}{3}$　　(C)$\dfrac{1}{2}$　　(D)$\dfrac{1}{4}$　　(E)$\dfrac{3}{4}$

11. 数列 $\{a_n\}$ 是首项为 1 的正项数列，且 $(n+1)a_{n+1}^2-na_n^2+a_{n+1}a_n=0$，则 $a_{99}=$(　　).

(A)$\dfrac{1}{100}$　　(B)$\dfrac{1}{99}$　　(C)0　　(D)99　　(E)100

12. 某面粉厂有甲、乙两个仓库，今年甲仓库的存货比去年存货多 $\dfrac{4}{5}$，乙仓库的存货比去年少 $\dfrac{1}{10}$. 若今年甲、乙两仓库的存货之比为 $4:1$，则今年的总存货比去年(　　).

(A)增加 40%　　　　(B)减少 40%　　　　(C)增加 50%

(D)减少 50%　　　　(E)增加 150%

13. 如图所示，设 F、G 分别是平行四边形 $ABCD$ 上 BC、CD 的中点，O 是 AG 和 DF 的交点，则 $AO:OG$ 为(　　).

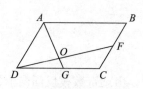

(A)$2:1$　　(B)$5:2$　　(C)$3:1$　　(D)$7:2$　　(E)$4:1$

14. 设实数 x、y 满足不等式组 $\begin{cases}0\leqslant x\leqslant2,\\0\leqslant y\leqslant2,\\x-y\geqslant1,\end{cases}$ 则 $(x-1)^2+(y-1)^2$ 的取值范围为(　　).

(A)$\left(\dfrac{1}{2},2\right)$　　(B)$[1,2]$　　(C)$\left[\dfrac{1}{2},2\right)$　　(D)$(1,2)$　　(E)$\left[\dfrac{1}{2},2\right]$

15. 小江、小方、小何的步行速度分别为 50 米/分钟、60 米/分钟、70 米/分钟，小江和小方从甲地、小何从乙地同时出发相向而行，小何遇到小方后，3 分钟又遇到小江．则甲、乙两地相距(   )米．

(A)5 200　　　(B)4 800　　　(C)4 680　　　(D)4 860　　　(E)3 600

二、条件充分性判断：第 16～25 小题，每小题 3 分，共 30 分。 要求判断每题给出的条件(1)和条件(2)能否充分支持题干所陈述的结论。 (A)、(B)、(C)、(D)、(E)五个选项为判断结果，请选择一项符合试题要求的判断，在答题卡上将所选项的字母涂黑。
　　(A)条件(1)充分，但条件(2)不充分．
　　(B)条件(2)充分，但条件(1)不充分．
　　(C)条件(1)和条件(2)单独都不充分，但条件(1)和条件(2)联合起来充分．
　　(D)条件(1)充分，条件(2)也充分．
　　(E)条件(1)和条件(2)单独都不充分，条件(1)和条件(2)联合起来也不充分．

16. 不等式 $\dfrac{x+8}{x^2+2x-3}<2$ 恒成立．

　　(1)$x>1$．　　　　　　　　　　(2)$x<2$．

17. 某办公室有英语翻译 6 人，法语翻译 3 人，德语翻译 2 人，现办公室每天需要安排 3 人值班．则在未来 100 天中，每晚值班人员可以不完全相同．

　　(1)值班人员需要是三个不同类型的翻译．

　　(2)值班人员不能是同一类翻译人员．

18. 在等比数列 $\{a_n\}$ 中．能确定 $(a_4+a_5+a_6):(a_1+a_2+a_3)$．

　　(1)$\dfrac{S_4}{S_2}=5$．　　　　　　　　(2)$q=2$．

19. $P=\dfrac{1}{2}$．

　　(1)同时抛 15 枚质地均匀的硬币，出现奇数枚反面向上的概率为 P．

　　(2)同时抛 14 枚质地均匀的硬币，出现奇数枚反面向上的概率为 P．

20. 甲瓶装纯酒精 20 千克，乙瓶装水 60 千克，分别从两瓶中各取出 x 千克倒入对方瓶中，然后再从两瓶中各取出 x 千克倒入对方瓶中．则甲、乙两瓶酒精浓度相等．

　　(1)$x=15$．　　　　　　　　(2)$x=12$．

21. 等差数列 $\{a_n\}$ 的前 n 项和为 S_n . 则能确定 a_3 .

    (1)已知 S_3 ，S_9 .   (2)已知 S_5 .

22. 设 $f(x)=ax^2+bx+c$. 能确定 $\dfrac{f(-1)}{f(1)}$ 的值 .

    (1)对任意的 x 有 $f(x+1)=f(1-x)$.

    (2)函数 $f(x)$ 的图像过点 $(2，0)$.

23. 设 A ，B 为随机事件 . 则 $A=B$ 成立 .

    (1)$\overline{A}B=\varnothing$.   (2)$A\overline{B}=\varnothing$.

24. 已知直线 $y=\sqrt{3}\,x$ 是 $\triangle ABC$ 中 $\angle ACB$ 的平分线所在的直线 . 则能确定点 C 的坐标 .

    (1)已知点 A 、点 B 的坐标 .

    (2)已知点 A 的坐标且 $\angle ACB=60°$.

25. $x^{12}+\dfrac{1}{x^{12}}=2$.

    (1)$x+\dfrac{1}{x}=-2$.   (2)$x+\dfrac{1}{x}=2$.

三、逻辑推理：第 26～55 小题，每小题 2 分，共 60 分。 下列每题给出的(A)、(B)、(C)、(D)、(E)五个选项中，只有一项是符合试题要求的。 请在答题卡上将所选项的字母涂黑。

26. 许多成功的影视导演都是先经过几年正规的专业学习之后才开始自己的职业生涯的，尽管有相当数量的影视导演未经过正规的专业学习，是在实践中通过向同行学习而掌握技术的，但是没有一个忽视大众心理需求的影视导演能够获得成功。

    如果以上陈述为真，则以下哪项陈述也必然为真？

    (A)一个影视导演不忽视大众的心理需求，就越有可能获得成功。

    (B)没有一个在实践中通过向同行学习而掌握技术的影视导演会忽视大众的心理需求。

    (C)所有不成功的影视导演都是忽视了大众的心理需求。

    (D)并不是所有经过正规专业学习的影视导演都忽视大众心理需求。

    (E)有的忽视大众心理需求的影视导演获得了成功。

27. 张珊：尽管本地区几年来中学招生人数持续下降，但是小学招生人数却在大幅增加。因此，地区校务委员会提出建造一所新的小学。

李思：另一个方案可以是将一些中学教室临时改为小学学生教室。

下面哪项如果正确，则最有助于支持李思的可替换方案？

(A)一些中学教室不能被改造为适合小学学生使用的教室。

(B)建造一个中学的成本比建造一个小学的成本高。

(C)虽然出生率未提高，但送孩子去本地区中学的家庭数目显著增多。

(D)中学气氛可能危及小学学生的安全和自信。

(E)即使该地区中学学生人数开始下降以前，有几个中学的教室也很少被使用。

28. 自1990年到2005年，中国的男性超重比例从4%上升到15%，女性超重比例从11%上升到20%。同一时期，墨西哥的男性超重比例从35%上升到68%，女性超重比例从43%上升到70%。由此可见，无论在中国还是在墨西哥，女性超重的增长速度都高于男性超重的增长速度。

以下哪项陈述最为准确地描述了上述论证的缺陷？

(A)某一类个体所具有的特征通常不是由这些个体所组成的群体的特征。

(B)中国与墨西哥两国在超重人口的起点上不具有可比性。

(C)论证中提供的论据与所得出的结论是不一致的。

(D)在使用统计数据时，忽视了基数、百分比和绝对值之间的相对变化。

(E)美国在1990年到2005年女性超重比例没有中国高。

29. 某单位组织职工游览上海世博园。所有参观沙特馆的职工都未能参观德国馆。凡参观沙特馆的职工也未能参观日本馆。有些参观丹麦馆的职工参观了德国馆，有些参观丹麦馆的职工参观了日本馆，有些参观丹麦馆的职工参观了沙特馆。

如果以上陈述为真，则下面哪项关于该单位职工的陈述也必然为真？

(A)有些参观了日本馆的职工未能参观德国馆。

(B)有些参观了德国馆的职工既没有参观日本馆，也没有参观丹麦馆。

(C)有些参观了丹麦馆的职工既没有参观德国馆，也没有参观日本馆。

(D)所有参观丹麦馆的职工或参观了德国馆，或参观了日本馆，或参观了沙特馆。

(E)所有参观了丹麦馆的职工参观了德国馆。

30. 张华拟选择一些课外读物，如果选择《春秋》，就不选择《大学》；要么选择《水经注》，要么选择《大学》；除非不选择《水经注》，才不选择《中庸》。由此，张华得出结论：选择《春秋》，但不选择《山海经》。

补充以下哪项作为前提，最能反驳张华的上述结论？

(A)如果选择《山海经》，就要选择《中庸》。

(B)如果选择《水经注》，就不能选择《山海经》。

(C)不选择《大学》，才能不选择《山海经》。

(D)除非选择《山海经》，否则不选择《中庸》。

(E)选择《中庸》或者选择《山海经》。

31. 科学家对76位心脏病患者进行了研究，他们分别采用"一名志愿者带一只狗前去探望病人""一名志愿者前去探望病人"以及"没有志愿者"三种方法分别测试这些病人的反应。结果发现第一种情况下病人的焦虑程度下降了24％，第二种情况下病人的焦虑程度只下降了10％，第三种情况下病人的焦虑程度仍保持原来的水平。因此科学家认为，狗能帮助心脏病人降低焦虑情绪。

以下哪项如果为真，最能对上述科学家的观点提出质疑？

(A)带狗和不带狗探视的试验分别选择在两个不同的时间段。

(B)在带狗的志愿者中，绝大多数喜欢并自己饲养宠物狗。

(C)在被探视的病人中，绝大多数喜欢并自己饲养宠物狗。

(D)志愿者带去探望病人的大多数狗都是性情比较温顺的。

(E)志愿者带去探望病人的大多数狗都不是性情比较温顺的。

32. 一群网友在现实中举办化装舞会，每个人必须按照网名所代表的人物或者事物来装扮自己。白雪公主、巫婆、佐罗、石头、哈利·波特、仙人掌是甲、乙、丙、丁、戊、己六个网友的网名。甲、乙、戊是女性，其他三位是男性。乙、丙、戊的年龄超过了30周岁。在化装舞会上扮演上述六种角色的六个人分别说了一句话表明现实身份：

①白雪公主：我比你们都小，请多多关照。

②巫婆：巫婆只能是女的，男的应当叫巫师，所以我是女的。

③佐罗：六个人的年龄从大到小排列，我是倒数第2的，我不是丁。

④石头：我的网名是我妻子取的，因为她说我不浪漫，连木头都不如。

⑤哈利·波特：虽然我年纪最大，但我还是有童心的。

⑥仙人掌：多刺的我终于能够在30岁以前把自己嫁出去了，明天举行婚礼，欢迎大家来参加。

根据上述信息，可以推出以下哪项，除了：

(A)白雪公主是丁。　　　　　　　　　(B)哈利·波特是乙。

(C)佐罗是己。　　　　　　　　　　　(D)石头是丙。

(E)仙人掌是甲。

33. 有人认为，一个人的年龄越大，体内积累的自由基会越多，氧化造成的伤害就越大，最后就会衰老死亡。葡萄籽提取物中含有的原花青素能有效清除体内自由基，保护人体细胞组织免受自由基的氧化损伤。因此，多吃葡萄籽提取物可以抗氧化防衰老。

以下哪项如果为真，最能削弱上述论证？

(A)葡萄籽提取物中含有的多酚类物质易对肝脏造成损害。

(B)各种蔬菜水果等日常食物中，含有的抗氧化物质也比较多。

(C)年轻人、中年人和老年人体内的自由基浓度没有什么区别。

(D)体内的歧化酶会结合一部分自由基，减轻其氧化造成的伤害。

(E)目前，尚未有实验证明葡萄籽提取物具有抗氧化防衰老的功效。

34. 某国有赵、钱、孙、李、周五名读书人，他们即将被选拔进入国家各部门。经过艰苦的训练后，他们参加了技艺比赛。比赛共分礼法、乐舞、射箭、驾车、书法五项。每项目按照名次由低到高给五人记 1、2、3、4、5 分，五人得分各不相同，5 分为最优秀，1 分为最差。赛后，有如下结果：

(1)五人的总分各不相同，但都有一项是最优秀的。

(2)赵的总分最高，其余依次为钱、孙、周、李。

(3)赵的总分为 18 分，钱比赵少 2 分。

(4)赵礼法最优秀，钱乐舞最优秀，但钱射箭和驾车均仅为第三名。

(5)孙射箭为第一名，书法为第二名，礼法为第三名。

(6)李书法为第一名，驾车为第二名。

根据以上信息，以下哪项是一定正确的？

(A)赵的书法为第二名。　　　　　　　(B)钱的书法为第三名。

(C)孙的总分为 14 分。　　　　　　　(D)周的书法为第四名。

(E)周的书法为第五名。

35. 心理学家在对一家商场停车场的长期观察中发现，当有一辆车在一旁安静地等待进入车位时，驾驶员平均花 39 秒驶出车位；当等待进入的车主不耐烦地鸣笛时，驾驶员平均花 51 秒驶出车位；当没有车等待进入车位时，驾驶员平均花 32 秒就能驶出车位。这表明驾驶员对即将驶出的车位仍具有占有欲，而且占有欲随其他驾驶员对这个车位期望的增强而增强。

如果以下哪项陈述为真，则能最强有力地削弱上文中的推测？

(A)在商场停车场驶出或驶入的驾驶员，大多数都是业余的驾驶员，其中有许多是驾驶里程不足 5 000 千米的新手。

(B)当有人在一旁不耐烦地鸣笛时，有些正在驶出车位的驾驶员会感到不快，这种不快影响他们驶出车位的时间。

(C)当有人在一旁期待驾驶员娴熟地将车子驶出时，大多数驾驶员会产生心理压力，这种压力越大，驾驶员驶出车位的速度就越慢。

(D)就有车辆等待进入车位而言，与邻近的其他停车场相比，在商场停车场驶出和驶入车位的事例未必有代表性。

(E)该心理学家在计算驾驶员驶出车位的时间时可能有误。

36. 某公园从左到右共有编号为1～6的六个花坛。现拟将玫瑰、月季、百合、兰花、菊花、梅花这6种花分别种入6个花坛，每个花坛只种一种花。还已知：

(1)月季种植在梅花左边的第三个花坛。

(2)3号花坛要么种兰花，要么种玫瑰。

(3)当且仅当1号花坛种菊花时，4号花坛不种百合。

(4)百合与玫瑰相邻。

根据以上信息，以下哪项一定正确？

(A)1号花坛种百合。　　　　　　　　(B)3号花坛种兰花。

(C)4号花坛种菊花。　　　　　　　　(D)5号花坛种玫瑰。

(E)2号花坛种月季。

37. "相对论"的创立者爱因斯坦是左撇子，发明家富兰克林和科学家牛顿是左撇子，达·芬奇、米开朗琪罗、毕加索和贝多芬也都是左撇子。这表明，创造性研究是左撇子独特的天然禀赋。

以下哪项陈述是上述论证所依赖的假设？

(A)自福特以来的美国总统，除少数几位外都是左撇子。

(B)左撇子突出的创新研究能力并不是由教育和环境等后天因素决定的。

(C)20世纪初，中国的父母还在煞费苦心地矫正孩子惯用左手的"坏毛病"。

(D)左撇子具有一定的遗传性，例如，英国女王伊丽莎白和她的母亲都是左撇子。

(E)右撇子不具备创造性研究的天然禀赋。

38～39题基于以下题干：

某足球俱乐部的7名外援甲、乙、丙、丁、戊、己和庚他们分别来自阿根廷、英国、巴西、乌拉圭、德国、智利和哥伦比亚，每个国家只有一名外援(不存在双重国籍)。已知：

(1)乙不是来自智利，就是来自英国。

(2)若丙来自巴西，则要么丁来自哥伦比亚，要么己来自乌拉圭。

(3)若乙不来自阿根廷，则甲来自哥伦比亚且丙来自巴西。

38. 根据上述信息，可以得出以下哪项？

(A)己不来自乌拉圭。　　　　　　　　(B)丙不来自巴西。

(C)乙不来自智利。　　　　　　　　　(D)甲不来自哥伦比亚。

(E)庚不来自乌拉圭。

39. 若丁和戊的国籍是智利或阿根廷中的一个,则可以推出以下哪项?
    (A)庚来自德国。   (B)丁来自智利。
    (C)戊来自阿根廷。   (D)乙来自智利。
    (E)丙来自英国。

40. 专家:上市公司的董事会通常由大股东组成,小股东因股权小不能进入董事会,因此小股东的利益很容易受到大股东的侵犯。设立独立董事制度,是希望独立董事能够代表小股东,形成对大股东的制衡。但独立董事由公司董事会聘请并支付报酬,这就形成了独立董事与公司董事会在经济上的"同盟"关系,使得独立董事很难站在小股东的立场上行驶独立董事的权力。
    如果以下陈述为真,则哪一项最为有力地支持了上述专家的结论?
    (A)如果独立董事为了维护小股东的利益而与公司董事会叫板,其结果往往是被公司董事会解聘。
    (B)有些独立董事敢于维护小股东的利益诉求,尽管这样会受到很大的压力。
    (C)目前,中国上市公司的独立董事制度尚不健全。
    (D)许多退休高官担任了中国上市公司的独立董事。
    (E)有时候大股东与小股东的利益是一致的。

41~42 题基于以下题干:

某蜡像馆正在为"足坛第一人"梅西制作一尊雕像。在着材料过程中仅使用甲、乙、丙、丁、戊、己、庚七种材料,并且这七种材料的选择需遵循以下原则:
    (1)如果上部采用甲材料或者己材料,那么中部就不能采用乙材料或者丁材料。
    (2)只有下部不采用丙材料时,中部才同时采用戊材料和庚材料。
    (3)除非中部采用丁材料,否则下部需要同时采用庚材料和丙材料。
    (4)雕像的上、中、下任何一个部位使用材料不能超过两种,并且任何一种材料不能在雕像两处以上部位使用。

41. 根据以上着材料原则,目前雕像已经在上部采用戊材料和己材料,由此可以确定以下哪项为真?
    (A)雕像某两部分都采用的材料只有戊材料。
    (B)雕像某两部分都采用的材料只有庚材料。
    (C)雕像没有采用丙材料。
    (D)雕像某两部分都采用的材料不是丙材料。
    (E)雕像一共采用了五种材料。

42. 根据以上着材料原则,又已知雕像的中部采用了丁材料,则关于雕像的材料,以下哪项为假?
    (A)上部采用了丁材料。   (B)下部采用了庚材料。
    (C)下部采用了丙材料。   (D)上部采用了丙材料。
    (E)下部采用了戊材料。

43. 土豆线囊虫是土豆作物的一种害虫，这种线虫能在保护囊中休眠好几年，除了土豆根散发化学物质之外，它不会出来。一个已确认了相关化学物质的公司正计划把这种化学物质投放市场，让农民把它喷洒在没有种土豆的地里，这样所有出来的线虫不久就会饿死。

下面哪项如果正确，则最能支持这个公司的计划将会成功？

(A)从囊中出来的线虫能被普通杀虫剂杀死。

(B)线虫只吃土豆的根。

(C)一些通常存在于土豆根里的细菌能消化那些导致线虫从囊中出来的化学物质。

(D)试验显示，在土豆田里喷洒少量的化学物质可以使存在的 9/10 的线虫从囊中出来。

(E)能使线虫从囊中出来的化学物质并不是在土豆生长的所有时间都能被释放出来的。

44. 军训的最后一天，一班学生进行实弹射击。几位教官在谈论一班的射击成绩。

张教官说："这次军训时间太短，这个班没有人的射击成绩会是优秀。"

孙教官说："不会吧，有几个人以前训练过，他们的射击成绩会是优秀。"

周教官说："我看班长或者体育委员能打出优秀成绩。"

结果证明，三位教官中只有一人说对了。由此可以推出以下哪一项肯定为真？

(A)全班所有人的射击成绩都不是优秀。　　(B)班里有人的射击成绩是优秀。

(C)班长的射击成绩是优秀。　　(D)体育委员的射击成绩不是优秀。

(E)体育委员的射击成绩是优秀。

45. 开展国际营销的企业一旦在某国外市场建立了一套广泛的销售网络并取得销售的显著增长，就应该在国外市场上采取与本国类似的营销策略。因此，在开创初期，或在才建立了销售代表处的国外市场上，需采取与本国不同的营销策略。

以下哪项如果为真，则最能支持上述结论？

(A)国外市场与本国市场上的销售网络可以完全相同。

(B)广泛的销售网要优于不发达的销售网。

(C)某些国家的经济比其他国家发展迅速。

(D)比较起来，大型的国外市场比小型的更能适应本国的营销策略。

(E)市场营销必须充分考虑不同市场对营销策略的适应能力。

46. 研究小组利用超级计算机模拟宇宙，并结合多种其他计算，证明了在我们这个加速膨胀的宇宙中，描述大尺度时空结构的因果关系网络曲线图，是一个具有显著聚类特征的幂函数曲线，和许多复杂网络如互联网、社交网、生物网络等惊人地相似。

如果以上信息为真，则最能推出以下哪项？

(A)人脑研究有助于了解宇宙的结构。

(B)宇宙就是一个大脑或一台计算机。

(C)宇宙万物的演化遵循同样的规律。

(D)复杂系统的演化存在某种相似法则。

(E)宇宙是一个复杂的系统，无法由人脑模拟。

47. 有一项实验的内容是：受试者被要求从一大堆抽象的图样中识别出一个样式，然后选择另一种图样来完善这个样式。实验的结果令人吃惊，在实验中表现最出色的受试者正是那些脑神经细胞耗能最少的人。

以下哪项如果为真，则最能对以上陈述中表面上的矛盾现象作出解释？

(A)运动员在休息时的能量消耗低于一般人的能量消耗，他们更适合完成给定的完善图样的任务。

(B)较善于识别抽象样式的人具备更有效能的脑神经联系。

(C)实验中在处理抽象样式时表现最佳的受试者比表现差一点的人享受了更多的满足感。

(D)当受试者尝试识别样式时，其脑神经细胞的反应比做其他类型的推理少。

(E)最初被要求识别的样式选定后，受试者大脑消耗的能量增加。

48. 经济学家：如果一个企业没有政府的帮助而能获得可接受的利润，那么它就有自生能力。如果一个企业在开放的竞争市场中没办法获得正常的利润，那么它就没有自生能力。除非一个企业有政策性负担，否则得不到政府的保护和补贴。由于国有企业拥有政府的保护和补贴，即使它没有自生能力，也能够赢利。

如果以上陈述为真，则以下哪项陈述也一定为真？

(A)如果一个企业没有自生能力，它就会在竞争中被淘汰。

(B)如果一个企业有政府的保护和补贴，它就会有政策性负担。

(C)如果一个企业有政策性负担，它就能得到政府的保护和补贴。

(D)在开放的竞争市场中，每个企业都是有自生能力的。

(E)如果一个企业能够获得利润，它就有自生能力。

49. A、B、C、D四人分别到甲、乙、丙、丁四个单位中的一个单位去办事。已知甲单位星期一不办公，乙单位星期三不办公，丙单位星期四不办公，丁单位星期二、星期四、星期六办公，星期日四个单位都不办公。一天，他们议论起哪天去办事：

A 说："你们可别像我前天那样，在人家不办公的日子去。"

B 说："我今天必须去，明天人家就不办公了。"

C 说："我和 B 正相反，今天不能去，明天去。"

D 说："我从今天起，连着四天哪天去都行。"

则这一天是星期几？

(A)星期一。　　　　　　(B)星期二。　　　　　　(C)星期三。

(D)星期四。　　　　　　(E)星期五。

50. 在过去五年里，新商品房的平均价格每平方米增加 25%。在同期的平均家庭预算中，购买商品房的费用所占的比例保持不变。所以，在过去五年里，平均家庭预算也一定增加了 25%。

以下哪项关于过去五年情况的陈述是上面的论述所依赖的假设？

(A)平均每个家庭所购买的新商品房的面积保持不变。

(B)用于食品和子女教育方面的费用在每个家庭预算中所占的比例保持不变。

(C)在全国范围内用来购买新商品房的费用的总量增加了 25%。

(D)所有与住房有关的花费在每个家庭预算中所占的比例保持不变。

(E)过去五年，除了住房以外的其他产品的价格平均增长了 25%。

51. 所有文学爱好者都爱好诗词，所有诗词爱好者对中国历史都有较深的了解。有些数学爱好者同时也爱好文学。所有痴迷于游戏机者对中国历史都不甚了解，有些未成年人痴迷于游戏机。

如果上述断定都是真的，则以下哪项也一定是真的？

(A)有些数学爱好者不了解中国历史。

(B)有些未成年人不是文学爱好者。

(C)有些数学爱好者是痴迷于游戏机者。

(D)有些痴迷于游戏机者可能爱好文学。

(E)有些文学爱好者不爱好数学。

52. 假期收入——一年中第四季度发生的总销售额，决定了许多零售行业经济上的成功或失败。C 公司——一家仅销售一种款式相机的零售商，就是一个很好的例子。C 公司的假期收入平均占到其每年总收入的 1/3 和其年利润的一半。

如果以上陈述为真，则以下哪项关于 C 公司的说法也必定是正确的？

(A)它在第四季度销售每台相机的固定成本高于其他三个季度中的任何一个季度。

(B)它在第一季度和第三季度获得的利润加起来比第四季度获得的利润高。

(C)平均而言，它在第四季度的每台相机零售价格比其他三个季度中的任何一个季度都低。

(D)对于一定金额的销售数量而言，它在第四季度平均获得的利润比前三个季度要多。

(E)平均而言，它在第四季度支付给批发商的每台相机价格比其他三个季度中的任何一个季度都高。

53. 中国传统节日，是中华民族悠久历史文化的重要组成部分，形式多样、内容丰富。传统节日的形成，是一个民族或国家的历史文化长期积淀凝聚的过程。A国也有自己的传统节日，已知该国有甲、乙、丙、丁、戊这五个节日，同时还已知以下几点：

(1)甲一定在夏天。

(2)如果丁不在春天，那么戊在夏天。

(3)如果乙、丙至少有一个在春天，则丁一定在秋天。

(4)甲、戊至少有一个在冬天。

根据以上信息，以下哪项是一定为假的？

(A)甲和乙在夏天。　　　　(B)乙和丁在春天。　　　　(C)丙或丁在夏天。

(D)丁或戊在冬天。　　　　(E)戊或乙在秋天。

54～55题基于以下题干：

环境督导组组长赵嘉负责在甲、乙、丙、丁、戊、己、庚7个城市巡回检查环境保护情况。根据上级指示，他每个月的巡回检查路线安排如下：

(1)如果去了己，那么就去乙或者丙。

(2)如果去戊，那么就要去丁。

(3)戊和丁不能都不去。

(4)只有去甲或者庚，才去丁。

(5)只有不去乙，才会去甲。

54. 根据以上巡回检查路线安排，以下哪项一定为假？

(A)某个月赵嘉乙和己都没有去。

(B)某个月赵嘉戊和丁都去了。

(C)某个月赵嘉甲和乙都没有去。

(D)某个月赵嘉甲和庚都没有去。

(E)某个月赵嘉戊和甲都没有去。

55. 若赵嘉某个月没有去庚，由此可以确定以下哪项为真？

(A)赵嘉该月去了丙。　　　　　　　　(B)赵嘉该月没有去己。

(C)赵嘉该月没有去乙。　　　　　　　(D)赵嘉该月去了戊。

(E)赵嘉该月没有去甲。

56. 论证有效性分析：分析下述论证中存在的缺陷和漏洞，选择若干要点，写一篇600字左右的文章，对该论证的有效性进行分析和评论。（论证有效性分析的一般要点是：概念特别是核心概念的界定和使用是否准确并前后一致，有无各种明显的逻辑错误，论证的论据是否成立并支持结论，结论成立的条件是否充分等。）

近日，贵州白酒交易所针对援鄂医护人员，推出"定向"福利：贵州省所有援鄂医务人员只要关注贵州白酒交易所官方微信，提供相关资料，经核实后，即可按1 499元/瓶的价格，在贵州白酒交易所，购买53度500ml的飞天茅台酒6瓶。不少人对贵州白酒交易所的行为表示赞同，也有媒体批驳这种行为厚颜无耻。以下是几种主要的网友观点：

支持者认为：

第一，这是商业营销行为，无可厚非。"天下熙熙，皆为利来"，正经的生意人抓住有利的机遇，蹭热点做点正经生意，没有错。

第二，相关企业的行为并没有突破底线，因此谈不上不道德。而且，使用"半卖半送"的方式给贵州援鄂医疗队提供福利，商家赚到了钱，医疗队员也获得了优惠，是双赢的行为。

反对者认为：

第一，贵州白酒交易所是"如意算盘"算尽。此次贵州省共派出9批医疗队，共计1 441人支援湖北抗击"新冠肺炎"疫情。每人购买6瓶茅台酒，可出货共计8 646瓶，每瓶1 499元，成交额将达12 960 354元。如此丰厚的利润，还要挂上"福利"的美名去宣传，是不道德的行为。

第二，如果卖的产品是米面粮油等日用品，反正老百姓生活中每天都需要，勉勉强强也就算了。然而，这家企业卖的却是白酒，而且是对医护人员卖酒。如果这些医护人员喝酒还好，可是对于不喝酒的医护人员来说，这一"福利"简直就是强迫别人消费。

第三，贵州白酒交易所要是真有诚意，真为了激励、关爱、关心广大医护人员，那何不每人送6瓶？否则的话，这到底是在"让英雄消费"，还是在"消费英雄"？

第四，疫情暴发以来，很多公司、企业长时间未能开工营业，面临不少困难。在困难面前，企业蹭蹭热点、搞搞营销，出奇制胜，只要不违反法律法规和公序良俗的原则，本来是市场鼓励的。然而，贵州白酒交易所显然不属于这类困难企业，其长期处于卖方市场的优势地位，"居高临下"惯了，以至于面对抗疫归来的英雄们，依然"目中无人"，做笔千万元的生意，还张口是"定向福利"。其实，说白了，贵州白酒交易所的"定向福利"是假，"蹭热点"忙着挣钱才是真。

（改编自　余响铃《做笔千万元的生意，还张口是"定向福利"》）

57. 论说文：根据下述材料，写一篇700字左右的论说文，题目自拟。

今年全国"两会"的会场中矿泉水瓶上多了一个环保小标签，印着中英文的"给水瓶做记号，并请喝完"的标语。参会委员们可以用笔在这个绿色标签上写下自己的名字，也可以用指甲直接划出标记。喝不完的矿泉水鼓励饮用者带走。

🔍 答案速查

题型		题号	答案				
一	问题求解	1～5	(B)	(B)	(A)	(A)	(D)
		6～10	(B)	(B)	(D)	(D)	(B)
		11～15	(B)	(C)	(E)	(E)	(C)
二	条件充分性判断	16～20	(E)	(B)	(B)	(D)	(A)
		21～25	(D)	(C)	(C)	(B)	(D)
三	逻辑推理	26～30	(D)	(E)	(C)	(C)	(D)
		31～35	(C)	(B)	(C)	(D)	(C)
		36～40	(E)	(B)	(E)	(A)	(A)
		41～45	(D)	(C)	(B)	(D)	(D)
		46～50	(D)	(B)	(B)	(C)	(A)
		51～55	(B)	(D)	(B)	(D)	(C)
四	写作		56. 略　57. 略				

全国硕士研究生招生考试
管理类综合能力试题
冲刺卷 7

(科目代码：199)
考试时间：8：30—11：30

考生注意事项

1. 答题前，考生须在试题册指定位置上填写考生姓名和考生编号；在答题卡指定位置上填写报考单位、考生姓名和考生编号，并涂写考生编号信息点。

2. 选择题的答案必须涂写在答题卡相应题号的选项上，非选择题的答案必须书写在答题卡指定位置的边框区域内。超出答题区域书写的答案无效；在草稿纸、试题册上答题无效。

3. 填(书)写部分必须使用黑色字迹签字笔或者钢笔书写，字迹工整、笔迹清楚；涂写部分必须使用 2B 铅笔填涂。

4. 考试结束，将答题卡和试题册按规定交回。

考生编号																
考生姓名																

1. 某种玩具去年的进价比今年便宜 12%，商店两年都采用 20% 的利润定价，今年每售出一件这种玩具比去年多赚 24 元，则去年玩具的定价为(   )元．

   (A)1 000   (B)1 056   (C)1 148   (D)1 256   (E)1 278

2. 甲种酒精 4 千克、乙种酒精 6 千克，混合成的酒精浓度为 62%，如果甲种酒精和乙种酒精一样多，混合成的酒精浓度为 61%，则甲、乙两种酒精浓度分别是(   )．

   (A)56%，64%   (B)56%，66%   (C)58%，4%   (D)59%，64%   (E)54%，68%

3. 有一项工程，甲单独做需要 36 天完成，乙单独做需要 30 天完成，丙单独做需要 48 天完成．现在由甲、乙、丙三人同时做，在工作期间，丙休息了整数天，而甲和乙一直工作至完成，最后完成这项工程也用了整数天．那么丙休息了(   )天．

   (A)4   (B)7   (C)11   (D)15   (E)9

4. 某市为了促进生活垃圾的分类处理，将垃圾分为厨余垃圾、可回收物和其他垃圾三类，并分别设置了相应的垃圾箱，其中居民的厨余垃圾投放情况见下表：

	"厨余垃圾"箱	"可回收物"箱	"其他垃圾"箱
厨余垃圾	a	b	c

   若 $a>0$，$a+b+c=600$，则当数据 a，b，c 的方差最大时，厨余垃圾投放正确的概率为(   )．

   (A)$\frac{2}{3}$ (B)$\frac{5}{8}$ (C)$\frac{1}{2}$ (D)$\frac{3}{4}$ (E)1

5. 若一元二次不等式 $ax^2+bx+c>0$ 的解集是 $(\alpha，\beta)(\alpha>0)$，则一元二次不等式 $cx^2+bx+a<0$ 的解集是(   )．

   (A)$\left(\frac{1}{\beta}，\frac{1}{\alpha}\right)$ (B)$\left(-\infty，\frac{1}{\beta}\right)\bigcup\left(\frac{1}{\alpha}，+\infty\right)$

   (C)$(\alpha，\beta)$ (D)$(-\infty，\alpha)\bigcup(\beta，+\infty)$

   (E)无解

6. 某公司有 46 名会计人员，对于他们是否拥有高级会计师证和注册会计师证，有以下调查结果：22 名人员有高级会计师证，14 名人员两种证书都没有，只有注册会计师证的与两种证书都有的人数之比为 5:3. 则只有高级会计师证的有(   )名．

   (A)16   (B)17   (C)18   (D)19   (E)20

7. 若 m，n 是两个不相等的实数，$m^2=n+2$，$n^2=m+2$，则 $m^3-2mn+n^3=($ $)$.

   (A)-2 (B)-1 (C)0 (D)1 (E)2

8. 一个盒子里装有 10 个小球，编号分别为 1～10，且 1～5 号为白球，6～10 号为黑球．若从盒子中任取 2 个球，则取到的都是白球，且都是奇数的概率为(   )．

   (A)$\dfrac{2}{9}$ (B)$\dfrac{1}{10}$ (C)$\dfrac{3}{20}$ (D)$\dfrac{1}{15}$ (E)$\dfrac{4}{35}$

9. 某研究所计划利用"神舟十四号"飞船进行新产品搭载试验，计划搭载若干件新产品 A、B，要根据产品的研制成本、产品重量、搭载试验费用和预计收益来决定具体安排，通过调查，搭载每件产品的有关数据见下表：

项目	产品 A	产品 B	备注
研制成本、搭载试验费用之和(万元)	20	30	计划最大投资金额 300 万元
产品重量(千克)	10	5	最大搭载重量 110 千克
预计收益(万元)	80	60	

本次搭载实验的最大利润是(   )万元．

   (A)930   (B)960   (C)600   (D)880   (E)940

10. 数列 $\{a_n\}$ 的通项公式为 $a_n=n^2+n$，则数列 $\left\{\dfrac{1}{a_n}\right\}$ 的前 10 项和为(   )．

   (A)$\dfrac{175}{132}$ (B)$\dfrac{10}{11}$ (C)$\dfrac{132}{175}$ (D)$\dfrac{264}{175}$ (E)$\dfrac{11}{10}$

11. 有两条绳子，他们的长度相等，但粗细不同．如果将两条绳子的一端点燃，细绳子 40 分钟燃尽，而粗绳子 120 分钟才燃尽．如果将两条绳子的一端同时点燃，经过一段时间后，同时把他们熄灭，这时细绳子还有 10 厘米没有燃尽，粗绳子还有 30 厘米没有燃尽，则这两条绳子原来的长度是(   )厘米．

   (A)35   (B)38   (C)40   (D)45   (E)60

12. 若数列 $\{a_n\}$ 是首项为 1、公比为 $a-\dfrac{3}{2}$ 的无穷等比数列，其所有项的和为 a，则 $a=($)．

   (A)$\dfrac{1}{2}$ (B)$-\dfrac{1}{2}$ 或 -2 (C)2

   (D)$\dfrac{3}{2}$ (E)$\dfrac{1}{2}$ 或 2

13. 在地铁站中，从站台(B1层)到地面(1层)有一架向上的自动扶梯．小强乘坐扶梯时，如果每秒向上迈一级台阶，那么他走过 20 级台阶后到达地面；如果每秒向上迈两级台阶，那么他走过 30 级台阶到达地面．则从站台到地面有(   )级台阶．

(A)80　　　　(B)40　　　　(C)46　　　　(D)50　　　　(E)60

14. 实数 x，y 满足 $y=-\sqrt{4-x^2-2x}$，则 $\dfrac{y+5}{x-4}$ 的最大值为(   )．

(A)$-\dfrac{1}{2}$　　　(B)-2　　　(C)$\dfrac{1}{2}$　　　(D)2　　　(E)$\sqrt{5}$

15. 等差数列 $\{a_n\}$ 的前 n 项和为 S_n，已知 $S_{12}>0$，$S_{13}<0$，则此数列中绝对值最小的项为第(   )项．

(A)5　　　　(B)6　　　　(C)7　　　　(D)12　　　　(E)13

二、**条件充分性判断**：第 16～25 小题，每小题 3 分，共 30 分．要求判断每题给出的条件(1)和条件(2)能否充分支持题干所陈述的结论．(A)、(B)、(C)、(D)、(E)五个选项为判断结果，请选择一项符合试题要求的判断，在答题卡上将所选项的字母涂黑。

(A)条件(1)充分，但条件(2)不充分．

(B)条件(2)充分，但条件(1)不充分．

(C)条件(1)和条件(2)单独都不充分，但条件(1)和条件(2)联合起来充分．

(D)条件(1)充分，条件(2)也充分．

(E)条件(1)和条件(2)单独都不充分，条件(1)和条件(2)联合起来也不充分．

16. 如图所示，向一个球形容器内注水．则能确定球形容器的容积．

(1)已知水深和水面的面积．

(2)已知水面与球形容器最高点的距离．

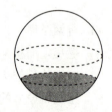

17. 可以确定 ab 的最大值．

(1)a，b 分别为直线 $(1-m)x+(1+m)y-2=0$ 在 x 轴正半轴、y 轴正半轴上的截距．

(2)直线 $ax-by+2=0$ 平分圆 $x^2+y^2+2x-2y+1=0$ 的周长．

18. 如右图所示，AD 与圆相切于点 D，AC 与圆相交于点 B，C．则能确定圆 O 的面积．

(1)已知 AB 和 AD．

(2)已知 BD 和 CD．

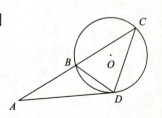

19. 将 4 个不同口味的蛋糕分给甲、乙、丙三人．则不同的分法有24种.

　　(1)每人至少分 1 个．

　　(2)甲恰好分到 1 个．

20. 现有一盒画笔分给几个小朋友，已知若每人分 9 支笔，则差 3 支．能确定小朋友的人数．

　　(1)若每人分 6 支，则这盒笔恰好能够分给 34 名小朋友．

　　(2)每人分 m 支，则多出 20 支．

21. 某种股票经历两次价格变动，价格保持不变．

　　(1)第一天跌了 20％，第二天上涨 20％．

　　(2)第一天上涨 25％，第二天跌了 20％．

22. 已知数列 $\{a_n\}$．则 $\{a_n\}$ 为等差数列．

　　(1)$a_n + a_{n+1} = 2n+1$.

　　(2)$a_3 - a_1 = 2$.

23. 动点 P 的轨迹是圆．

　　(1)动点 P 的轨迹方程是 $(x+y-1)\sqrt{x-1}=0$.

　　(2)动圆与圆 $(x+2)^2+y^2=4$ 相外切，且与直线 $x=2$ 相切，P 为动圆的圆心．

24. 在 $\triangle ABC$ 中，已知 $\angle B$，已知 c．则该三角形能唯一确定．

　　(1)已知 b.

　　(2)已知 $\angle C$.

25. 已知平面上点 $P \in \{(x,y) \mid (x-x_0)^2+(y-y_0)^2=4\}$．则所有满足条件的点 P 在平面上所组成图形的面积是 32π.

　　(1)$x_0^2 + y_0^2 = 16$.

　　(2)$\mid x_0 \mid + \mid y_0 \mid = 2$.

26. 工程数据是工程项目科学投资决策的重要依据，其类型可分为：通用型数据、设计型数据、工艺加工数据、管理信息数据。只有数据精准，才能避免造成不可估量的损失；只有数据真实，才能避免造成巨大的社会负面影响。

    由此可以推出：

    (A)只有数据真实时，才能保证数据的精准。

    (B)如果数据真实，就能避免造成巨大的社会负面影响。

    (C)除非数据不精准，否则能避免造成不可估量的损失。

    (D)造成不可估量的损失就会造成巨大的社会负面影响。

    (E)如果无法保证数据一定是真实的，那么很难能避免造成巨大的社会负面影响。

27. 海那幼儿园六一儿童汇演需要 5 名小朋友参加演出，现有甲、乙、丙、丁、戊、己、庚、辛、壬、癸共 10 名小朋友参加了排练，且已知条件如下：

    (1)甲、乙、丙至少有一人参加演出，则丁和戊不能参加演出。

    (2)如果己参加演出，那么乙也需要参加演出。

    (3)要么癸参加演出，要么庚参加演出。

    现已知领舞的小朋友丁必须参加演出，则下列哪项一定正确？

    (A)己参加演出。　　　　(B)丙参加演出。　　　　(C)癸参加演出。

    (D)辛参加演出。　　　　(E)庚参加演出。

28. 雪豹被誉为雪山之王，是青藏高原的旗舰物种，主要在雪线附近的高山裸岩等区域活动。针对目前青藏高原野生动物园雪豹因近交，而产生隐性基因重合进而引发疾病的情况，专家建议可以通过建立它的 DNA 条形码来避免。因为建成后，每一只雪豹将只对应一个特殊的 DNA 条形码，专家可以通过检查两只雪豹间的 DNA 条形码来确定是否算近交，提前避免风险。

    以下哪项如果为真，最能削弱上述结论？

    (A)科学家对斑马建立 DNA 条形码后发现，因近交产生的疾病依然广泛存在。

    (B)雪豹是一种比较特殊的猫科动物，近交在雪豹种群中发生的概率不算高。

    (C)雪豹在亚洲中部的高山地带均有分布，关于其繁育及保护研究工作还有很长的路要走。

    (D)雪豹的活动范围较大，建立 DNA 条形码只能覆盖本区域的部分雪豹。

    (E)建立 DNA 条形码耗费大量的人力和财力成本。

29. 喵汪大学小动物爱心学院组织同学们参观野生动物馆舍。其中有些人游览东北虎馆，而有些人游览北极熊馆，所有游览北极熊馆的人都游览东北虎馆，而所有没有游览东北虎馆的人都是喵星人。所有没有游览北极熊馆的人都不是新生。

根据上述陈述，以下哪项结论一定为真？

(A)有些喵星人游览北极熊馆。　　　　(B)有些新生没游览北极熊馆。

(C)有些喵星人游览东北虎馆。　　　　(D)所有的新生都去了东北虎馆。

(E)所有游览东北虎馆的人都游览北极熊馆。

30. 在某个航班的全体乘务员中，飞机驾驶员、副驾驶员和飞行工程师分别是余味、张刚和王飞中的某一位。已知：副驾驶员是个独生子，钱挣得最少；王飞与张刚的姐姐结了婚，钱挣得比驾驶员多。

从以上陈述可以推出下面哪一个选项为真？

(A)王飞是飞行工程师，张刚是驾驶员。　　(B)余味是副驾驶员，王飞是驾驶员。

(C)余味是驾驶员，张刚是飞行工程师。　　(D)张刚是驾驶员，余味是飞行工程师。

(E)余味是飞行工程师，王飞是驾驶员。

31. 尼禄是公元1世纪的罗马皇帝，每一位罗马皇帝都喝葡萄酒，且只用锡壶和锡高脚酒杯喝酒。无论是谁，只要使用锡器皿去饮酒，哪怕只用过一次，也会导致中毒，而中毒总是导致精神错乱。

如果以上陈述都是真的，则以下哪项陈述也一定为真？

(A)那些精神错乱的人至少用过一次锡器皿去饮葡萄酒。

(B)不管他别的方面怎么样，罗马皇帝肯定是精神错乱的。

(C)使用锡器皿是罗马皇帝的特权。

(D)在罗马王朝的臣民中，中毒是一种常见现象。

(E)在罗马王朝的臣民中，精神错乱是一种常见现象。

32. 澳大利亚箱形水母是世界上毒性最强的动物之一，蜇人后其毒素会使人皮肤坏死并伴随剧痛，还会侵入人的心脏，使人在短时间内因心脏停搏而死亡。一只箱形水母体内携带的毒液足以致60人死亡，目前还没有针对其毒液的特效药物。近日，研究人员通过全基因组筛查的方法发现，人体细胞内一种名为ATP2B1的蛋白质是箱形水母毒液发挥毒性的必要条件，研究人员据此认为，通过靶向治疗方法降低胆固醇可以对抗箱形水母的毒液。

以下哪项可以作为上述论证的前提？

(A)靶向治疗方法是一种安全可靠的方法。

(B)ATP2B1蛋白质发挥作用需要胆固醇。

(C)降低胆固醇后不会对人体产生副作用。

(D)已研制出降低胆固醇的靶向治疗药物。

(E)除了人以外，很多动物的细胞体内都含有ATP2B1蛋白质。

33. 伦敦某研究团队使用结构性磁共振成像技术，对18名16岁至21岁吸烟的青少年和此年龄段24名不吸烟的青少年的大脑进行了检测。结果发现，吸烟者的右脑岛体积比非吸烟者的右脑岛体积要小，脑岛周围被大脑皮层包裹，与大脑的记忆、意识和语言功能区彼此相连。研究者认为，吸烟改变了大脑的发育过程，这一改变将对青少年产生终身影响。

下列哪项最能质疑研究者的结论？

(A)右侧脑岛有大量尼古丁感受体，脑岛受到破坏后，烟瘾会戒除。

(B)吸烟的青少年其大脑发育明显受到激素水平的影响。

(C)先天右脑岛体积小的人，更容易对吸烟产生兴趣并导致依赖。

(D)青少年因好奇而吸烟，随着年龄增长会逐渐失去对烟草的兴趣。

(E)吸烟者对香烟产生的渴望程度与脑岛的活动情况之间有着强烈的关联。

34. 某企业秉持人才为上的理念，一直致力于专业技术人才队伍建设，十年来，该企业招聘的大部分机械工人来自甲职业技术学院，今年招聘的机械工人总数明显增加，但从该学院招聘的机械工人数量却大幅减少，而且招进来的很多人没有经过职业技术学院系统的学习。

以下哪项如果为真，最能解释该企业今年招聘情况的变化？

(A)该企业增设了技术培训部门，以培训底薪招聘进来的机械工人。

(B)三年前，该企业的管理层进行了重大重组，决定推广 AI 的应用。

(C)从去年开始，权威的职业技术学院排行榜上，甲学院落后于乙学院。

(D)很多没有上过职业技术学院的工人很有才华，只是没有机会上学。

(E)甲职业技术学院的学生在校期间得到了更高质量的教育。

35～36 题基于以下题干：

甲、乙、丙、丁、戊分别住在自左向右依次排列的 1 至 5 号房间。已知：

(1)如果甲住在 3 号房间，那么丙住在 1 号房间。

(2)如果乙既没有住在 1 号房间，也没有住在 2 号房间，则甲住在 3 号房间。

(3)如果甲住在 1 号或 5 号房间，那么甲与乙相邻。

(4)只有甲与丙不相邻，才甲与乙相邻。

35. 若已知"甲、丙二人的房间相邻"且"甲在丙的左边"，则可以得出以下哪项结论？

(A)甲住在 4 号房间。　　　　　　　(B)丙住在 2 号房间。

(C)丁不住在 2 号房间。　　　　　　(D)戊不住在 3 号房间。

(E)甲住 3 号房间。

36. 若已知"甲、丙二人的房间相邻"且"丙、丁二人的房间相邻"，则可以得出以下哪项结论？

(A)丙在 2 号房间。 　　　　　　(B)甲在 3 号房间。

(C)乙在 4 号房间。 　　　　　　(D)戊在 5 号房间。

(E)丁在 1 号房间。

37. 最新研究表明，在测谎时，被测试者是否出现行为失控，是一项有效的标准。这种行为失控，包括瞳孔放大，说明高度警觉；脸部肌肉的微小抽动，说明恐惧和慌乱。这种行为失控，只有通过排除而不是控制内心相关情绪才能消失。

以下哪项最有利于说明依照上述标准测谎可能不准确？

(A)一个回答谎言的被测试者可能意识到他或她正被测谎器仔细观测。

(B)一个回答真话的被测试者以前可能说过谎。

(C)一个老练的说谎者可能具有很强的控制情绪的能力。

(D)一个回答真话的被测试者的心理情绪可能在测谎环境的刺激下产生不良反应。

(E)一个回答谎言的被测试者可能是个盲人。

38. 仙客来是一种著名的观赏花卉，如果在气候炎热的地带，则仙客来很难生长。在干旱的地区很难种植水稻。在某个国家的大部分地区，或者仙客来很容易生长，或者很容易种植水稻。

如果以上陈述为真，则以下哪一项陈述一定为假？

(A)如果一个地区炎热，那么一定不干旱。

(B)这个国家大部分地区的气候是寒冷的。

(C)这个国家的某些地区既不炎热也不干旱。

(D)在这个国家里不可能种植仙客来。

(E)这个国家有一半的地区既干旱又炎热。

39. 酱心、酱油、酱宝、酱果、酱紫 5 人在一个游戏环节中需要共赴汉街。酱心到汉街后，已有 2 人先到，酱宝比酱油先到、比酱果后到，酱紫最后到达。

根据上述断定，5 人到达汉街由后到先的顺序是：

(A)酱紫、酱油、酱心、酱宝、酱果。

(B)酱紫、酱宝、酱心、酱油、酱果。

(C)酱紫、酱油、酱心、酱果、酱宝。

(D)酱紫、酱心、酱油、酱宝、酱果。

(E)酱紫、酱油、酱宝、酱心、酱果。

40. 实质上，所有租金管理政策都包含规定：限定一个房东可向房客索要的最高租金。租金管理的基本原理是在对房子的需求增加而房子的供给有限致使租金急剧增加的情况下，来保护房客的利益。然而，尽管租金管理从短期来看能帮助某些房客，但是从长期来看它会对出租房屋市场造成负面影响，这是因为房东将会不情愿维持他们现有房产的质量，甚至更不愿意额外再建一些供出租的房子。

下面哪一项如果正确，能最好地解释上面描述的房东的不情愿行为？

(A)房客喜欢租金管理下的低质量住宿设施，而不喜欢没有租金管理下的高质量的住宿设施。

(B)租金管理使房东很难从维护或建筑新房的任何投资中取得公正合理的收益。

(C)租金管理是一种常见的习惯做法，尽管它对缓和租房紧张毫无作用。

(D)租金管理一般是由于政治原因而被引进的，因此它需要政治行为来解除它。

(E)房客与房东在签订合同后，往往很难继续维护双方的关系。

41. 对于希望健身的人士来说，多种体育锻炼交替进行比单一项目的体育锻炼效果好。单一项目的体育锻炼使人的少数肌肉发达，而多种体育锻炼交替进行可以全面发展人体的肌肉群，后者比前者消耗更多的卡路里。

以下哪项陈述如果为真，则能最有力地加强上述论证？

(A)在健康人中，健康的增进与卡路里的消耗成正比。

(B)通过运动训练来健身是最有效的。

(C)那些大病初愈的人不适宜进行紧张的单一体育锻炼。

(D)全面发展人体的肌肉群比促进少数肌肉发达困难得多。

(E)极少数人能坚持每天进行体育锻炼。

42. 研究显示，在23点之后入睡，可以使患心血管疾病的风险增加。研究机构在2006年至2010年间招募了88 026位实验者，年龄范围为43～79岁。在平均5.7年的随访期间，研究人员发现入睡时间在23点之后的人心血管疾病发病率最高，而入睡时间在23点之前的人心血管疾病发病率最低。

以下哪项如果为真，最能支持上述发现？

(A)睡眠时长已成为一个潜在的心脏病风险因素。

(B)最佳睡眠时间是身体24小时周期中的某个特定时间点，在其他时间入睡对健康有害。

(C)研究结果表明，晚于23点入睡会扰乱生物钟，容易出现心力衰竭。

(D)长期睡眠不足会造成身体机能紊乱，从而引起心肌缺血、心律紊乱。

(E)在入睡时间晚于23点的人群中，年龄在60岁以下的人数多于60岁以上的。

43~45题基于以下题干：

某街道综合治理委员会共有6名委员：F、G、H、I、M和P。其中每一位委员，在综合治理委员会下属的3个分委会中，至少要担任其中一个分委会的委员。每个分委会由3位不同的委员组成。已知的信息如下：

①6名委员中有一位分别担任3个分委会的委员。

②F不和G在同一个分委会任委员。

③H不和I在同一个分委会任委员。

43. 根据以上论述可以推知，以下哪项陈述可能为真？

(A)F在3个分委会任委员。　　　　(B)H在3个分委会任委员。

(C)G在3个分委会任委员。　　　　(D)I任职的分委会中有P。

(E)H、P、I在同一个分委会任委员。

44. 如果在M任职的分委会中有I，则以下哪项陈述可能为真？

(A)M是每一个分委会的委员。　　　(B)I分别在2个分委会任委员。

(C)在P任职的分委会中都有I。　　　(D)F和M在同一个分委会任委员。

(E)G在3个分委会任委员。

45. 根据以上论述可以推知，以下哪项陈述必然为真？

(A)F或G有一个分别是3个分委会的委员。

(B)H或I有一个分别是3个分委会的委员。

(C)P或M只有一个在分委会中任委员。

(D)有一个委员恰好在2个分委会中任委员。

(E)M在3个分委会中任委员。

46. 在印刷术出现以前，人们只能以昂贵手抄本的形式购买书，而用印刷术制作的书比手抄本便宜得多；在印刷术出现后的第一年，公众对印刷版的书的需求量比对手抄书的大许多倍。这种增加表明，在出版商第一次使用印刷术的方法来制作书的那一年，学会读书的人的数量急剧增加。

以下哪项如果为真，则对上述论证提出了质疑？

(A)印刷术出现后的第一年里，人们在没有作家或职员帮助下所写的信的数量在急剧增加。

(B)印刷术制作的书的拥有者常常在书的空白处写上一些评论的话。

(C)印刷术出现后的第一年，印刷版图书的购买者主要是那些以前经常买昂贵手抄本的人，但是用同样多的钱，他们可以买许多印刷版的书。

(D)印刷术出现后的第一年，印刷版的书主要是在非正式的读书俱乐部或图书馆里的朋友之间相互传阅。

(E)印刷术发明后的第一年，印刷发行的书对不识字的人来说是无用的，因为那些书几乎没有插图。

47. 北星中学预备选拔 4 名学生参加全国中学生女排联赛，经过层层选拔，有 7 名学生进入备选，分别是，主攻组：那颖、宁晶、王星琳；副攻组：万芊、金橙；接应组：谭薇薇、黄灵。已知：

(1)每个组至少有一人入选。

(2)如果那颖、宁晶、王星琳至少一人入选，则金橙和黄灵也要入选。

(3)如果谭薇薇或者万芊入选，则金橙不能入选。

(4)除非谭薇薇入选，否则那颖不入选。

根据以上信息，可以得出以下哪项？

(A)那颖入选。　　　　　　　　　　(B)王星琳入选。

(C)谭薇薇入选。　　　　　　　　　　(D)万芊入选。

(E)宁晶不入选。

48. 如果人体缺碘，就会发生甲状腺肿大，俗称"大脖子病"。过去我国缺碘人口达 7 亿多，从 1994 年起我国实行食盐加碘政策。推行加碘盐十多年后，大脖子病的发病率直线下降，但在部分地区，甲亢、甲状腺炎等甲状腺疾病却明显增多。有人认为，食盐加碘是导致国内部分地区甲状腺疾病增多的原因。

如果以下陈述为真，则哪一项能给上述观点以最强的支持？

(A)某项调查表明，食盐加碘已有 8 年的乡镇与食盐未加碘的乡镇相比，其年均甲亢发病率明显增高。

(B)甲亢、甲状腺炎等甲状腺疾病患者应该禁食海产品、含碘药物和加碘食盐。

(C)目前，我国在绝大多数高碘地区已经停止供应加碘食盐。

(D)我国沿海地区居民常吃海鱼、海带、紫带等，这些海产品含有丰富的碘。

(E)专家认为，食盐加碘与甲状腺疾病的多发并无直接关系。

49. 某企业因业务发展，决定从甲、乙、丙、丁、戊、己共 6 名优秀员工中，挑选其中的 4 人参加岗位技能培训，结合各个员工的特点，现有如下要求：

(1)如果甲不参加该项培训，则乙需要参加培训。

(2)员工戊和员工己不能同时参加，不能都不参加。

(3)只有甲参加培训，丙才参加培训。

(4)如果丙不参加培训，那么乙也不参加培训。

(5)如果甲参加培训，那么丁也参加培训。

根据以上信息，下列哪项一定为真？

(A)己不参加培训。　　　　　　　　(B)甲不参加培训。

(C)丁不参加培训。　　　　　　　　(D)丙不参加培训。

(E)乙不参加培训。

50. 在南极海域冰冷的海水中，有一种独特的鱼类，它们的血液和体液中具有一种防冻蛋白，因为该蛋白它们才得以存活并演化至今。时至今日，该种鱼类的生存却面临巨大挑战。有人认为这是海水升温导致的。

以下哪项如果为真，则最能支持上述观点？

(A)南极海水中的含氧量随气温上升而下降，缺氧导致防冻蛋白变性，易沉积于血管，导致供血不足，从而缩短鱼的寿命。

(B)防冻蛋白能够防止水分子凝结，从而保证南极鱼类正常的活动，气候变暖使得该蛋白变得可有可无。

(C)南极鱼类在低温稳定的海水中能够持续地演化，而温暖的海水不利于南极鱼类的多样性。

(D)并非所有南极物种都具有防冻蛋白，某些生活于副极地的物种并没有这种蛋白。

(E)南极海域海水升温使得更多鱼类进入，有利于南极鱼类的多样性。

51. 研究发现，一些动作反应持续异常的宠物的大脑组织中铝含量比正常值高出不少。因为含硅的片剂能抑制铝的活性，阻止其影响大脑组织，因此，这种片剂可有效地用于治疗宠物的动作反应异常。

以下哪项如果为真，则最能削弱上述论证？

(A)动物的异常动作和反应如果一直持续，会导致大脑组织中铝含量的提升。

(B)大脑组织中铝含量的异常提升，会导致动物动作反应异常。

(C)含硅片剂对大脑组织不会产生其他副作用。

(D)正常大脑组织中不含铝。

(E)动物的动作反应是否异常，要经过专业的测试才能确定。

52. 一位妈妈准备在超市大减价活动日去购物，但她忘记了活动的具体日期，于是她分别询问了如下五人，他们的回答分别是：

爷爷："是周末。"

奶奶："是星期二、星期四或星期六中的一天。"

爸爸："不对，是星期一。"

儿子："是星期一、星期三、星期五或星期日中的一天。"

女儿："是星期五。"

如果这五个人中只有一个人说对了，那么超市大减价活动日可能是以下哪项？

(A)星期一。　　　　　　　　　(B)星期三。

(C)星期五。　　　　　　　　　(D)星期六。

(E)星期日。

53. 黎明对六年三班的课外活动情况进行调查，结果发现：如果不喜欢去天文馆，就不喜欢去图书馆；如果喜欢去科技馆，那么也喜欢去图书馆；只有喜欢去公园，才喜欢去美术馆。由此，黎明得出结论：如果不喜欢去天文馆，就一定喜欢去公园。

补充以下哪项作为前提，能合理得到黎明的上述结论？

(A)一定去美术馆。

(B)一定去科技馆。

(C)或者不喜欢去图书馆，或者不喜欢去科技。

(D)如果喜欢去天文馆，那么一定不喜欢去公园。

(E)如果不喜欢去科技馆，那么一定喜欢去美术馆。

54~55 题基于以下题干：

在赛马比赛中，共有 5 位骑手：甲、乙、丙、丁、戊，这 5 位骑手在各自的跑道上骑的赛马分别是 5 匹马之一：P、Q、R、S、T。

已知以下信息：

(1)甲不是最先，就是最后到达终点。

(2)丁总是先于戊到达终点。

(3)乙总是先于丙到达终点。

(4)P 总是最先到达终点。

(5)Q 总是第二个到达终点。

(6)没有并列名次出现。

54. 如果戊第二个且 S 第四个到达终点，那么以下哪项可能为假？

(A)丁骑的马是 P。　　　　　　(B)乙骑的马是 T。

(C)丙骑的马是 S。　　　　　　(D)甲最后到达终点。

(E)戊骑的马是 Q。

55. 以下哪项能够充分地确定骑手和赛马的准确顺序？

(A)乙骑 R 比丙骑 S 领先一个名次到达终点。

(B)乙骑 R 比戊骑 T 领先两个名次到达终点。

(C)丙骑 R 比戊骑 S 领先一个名次到达终点。

(D)丁骑 P 比戊骑 S 领先两个名次到达终点。

(E)丁骑 P 比乙骑 S 领先两个名次到达终点。

四、写作：第 56～57 小题，共 65 分。 其中论证有效性分析 30 分，论说文 35 分。 请答在答题纸相应的位置上。

56. 论证有效性分析：分析下述论证中存在的缺陷和漏洞，选择若干要点，写一篇 600 字左右的文章，对该论证的有效性进行分析和评论。（论证有效性分析的一般要点是：概念特别是核心概念的界定和使用是否准确并前后一致，有无各种明显的逻辑错误，论证的论据是否成立并支持结论，结论成立的条件是否充分等。）

一项针对 300 名 M 市广告公司高管的调查表明，睡眠越少的人，成功的概率越大。这些高管平均每天的睡眠时间不足 6 小时，无一例外，他们的事业都取得了成功。

世界上一些著名的成功人士，很多人的睡眠时间也很短，比如，比尔·盖茨每天的睡眠时间不足 6 小时，据说美国前任总统特朗普每天也只睡 4 个小时。胡润研究院曾发布过一个《中国千万富豪品牌倾向报告》，走访了逾 500 名至少是千万级别的富豪，其中显示这些富豪工作日平均睡眠 6.6 个小时，三成亿万富豪工作日睡眠不足 6 个小时。所以，要想成功，先要少睡觉。睡眠时间短，才能取得事业上的巨大成功。

2010 年，《哈佛商业评论》(Harvard Business Review) 曾发表过一份调查报告，其中援引生物学家克里斯托弗·兰德尔的研究称，早晨精力最充沛的人更能明确自己的长期目标，更有把握实现自己的目标。可见，少睡觉的人有一个精力更加充沛的早晨，更容易取得成功。

与此同时，睡眠时间少对身体健康同样也有帮助。北京朝阳医院睡眠医学中心主任郭恒分教授表示："一个人睡眠时间过长可能是因为患有嗜睡症或睡觉时出现了打鼾、呼吸暂停等症状。对于嗜睡症患者来说，由于睡眠质量低下，需要延长睡眠时间来满足其对睡眠的需要。而打鼾、呼吸暂停等疾病会直接影响人体的健康状况，造成心脑血管疾病、糖尿病、肾功能障碍、神经系统紊乱等，进而影响寿命。"

所以，少睡觉无论对事业还是对身体，都有巨大的好处，你又何苦每天长时间躺在床上浪费生命呢？

（改编自《每天睡多长时间最合适？》，科技日报，2014 年 10 月 8 日；《要想创业成功，就要每天凌晨 4 点起床？此话一点不夸张，看看这 11 个 IT 大佬的作息时间就知道了》，IT 时代，2014 年 3 月 24 日）

57. 论说文：根据下述材料，写一篇 700 字左右的论说文，题目自拟。

有一本书，名叫《别让猴子跳回背上》。这本书把工作责任比喻成猴子，例如：有位主管让自己的员工张三负责产品的包装设计，包装设计就是张三背上的猴子；有一天，这位员工对自己的主管说："这个包装设计我不会做。"此时，如果主管说："那我让李四帮你做吧。"猴子就跳到了李四的背上；如果主管说："那我帮你做吧"，猴子就跳到了主管自己的背上。

🔍 答案速查

题型		题号	答案
一	问题求解	1～5	(B) (B) (C) (E) (B)
		6～10	(A) (A) (D) (B) (B)
		11～15	(C) (C) (E) (A) (C)
二	条件充分性判断	16～20	(A) (B) (C) (C) (D)
		21～25	(B) (E) (E) (B) (A)
三	逻辑推理	26～30	(E) (D) (D) (D) (A)
		31～35	(B) (B) (C) (A) (A)
		36～40	(D) (D) (E) (A) (B)
		41～45	(A) (C) (D) (B) (D)
		46～50	(C) (B) (A) (E) (A)
		51～55	(A) (B) (E) (B) (B)
四	写作		56. 略 57. 略

全国硕士研究生招生考试
管理类综合能力试题
冲刺卷 8

（科目代码：199）

考试时间：8：30—11：30

考生注意事项

1. 答题前，考生须在试题册指定位置上填写考生姓名和考生编号；在答题卡指定位置上填写报考单位、考生姓名和考生编号，并涂写考生编号信息点。

2. 选择题的答案必须涂写在答题卡相应题号的选项上，非选择题的答案必须书写在答题卡指定位置的边框区域内。超出答题区域书写的答案无效；在草稿纸、试题册上答题无效。

3. 填（书）写部分必须使用黑色字迹签字笔或者钢笔书写，字迹工整、笔迹清楚；涂写部分必须使用 2B 铅笔填涂。

4. 考试结束，将答题卡和试题册按规定交回。

考生编号															
考生姓名															

1. 一列数共有七个，这些数的平均数是 49，其中前四个数的平均数是 30，后四个数的平均数是 60，则第四个数是（ ）.

   （A）7　　　　（B）7.5　　　　（C）8　　　　（D）15　　　　（E）17

2. 有一个球与棱长为 2 的正方体钢架的各条棱都相切，则该球的内接正方体的体积为（ ）.

   （A）$\dfrac{8\sqrt{3}}{9}$　　　　（B）$\dfrac{16\sqrt{3}}{9}$　　　　（C）8　　　　（D）$\dfrac{16\sqrt{6}}{9}$　　　　（E）$\dfrac{8\sqrt{6}}{9}$

3. 某超市经销甲、乙两种商品，甲种商品每件售价 30 元，乙种商品每件售价 48 元．在五一期间，该商场对甲、乙两种商品进行如下促销活动：

打折前一次性购物总金额	优惠措施
不超过 300 元	不优惠
超过 300 元但不超过 400 元	打八折
超过 400 元	打七折

   促销活动期间小颖去该超市购买甲种商品，小华去该超市购买乙种商品，分别付款 210 元与 268.8 元，若小明一次性购买商品的量是小颖、小华两人的和，则他需要付款（ ）元．

   （A）336　　　　（B）362.8　　　　（C）382.2　　　　（D）436.8　　　　（E）478.8

4. 现有三块质量相等的什锦糖，第一块所用甲、乙原料的质量比是 3：5，第二块所用甲、乙原料的质量比是 5：7，第三块所用甲、乙原料的质量比是 1：2. 如果把三块糖合成一块，则甲、乙原料的质量比是（ ）.

   （A）3：5　　　　（B）2：3　　　　（C）9：14　　　　（D）4：9　　　　（E）9：25

5. 若 $x^2+y^2+z^2-4x-6y-8z=-29$，则 $\dfrac{x^2-z^2}{xy-yz}=$（ ）.

   （A）$\dfrac{1}{2}$　　　　（B）1　　　　（C）$\dfrac{3}{2}$　　　　（D）2　　　　（E）3

6. 右图由边长分别为 10，14，16 的正方形拼成，线段 AB 将此图分成面积相等的两部分，则 AC 的长为（ ）.

   （A）7　　　　（B）7.5　　　　（C）8

   （D）8.5　　　　（E）9

7. 方程 $x^4 - y^4 - 4x^2 + 4y^2 = 0$ 所表示的图像是( ).

    (A)一个圆和一个半圆   (B)两条相交直线

    (C)两条平行直线和一个圆   (D)两条相交直线和一个圆

    (E)两个圆

8. A、B 两地相距 m 千米，甲、乙两车同时从 A 地出发，同向匀速行驶．甲车到 B 地即刻返回，在离 B 地相当于全程的 $\frac{1}{4}$ 处与乙车相遇，两车是午后 3 时相遇的，而发车是上午 7 时，则甲车往返 A、B 两地需要( )小时．

    (A)15   (B)13.8   (C)13   (D)12.8   (E)12

9. 在直角三角形 ABC 中，斜边 $c=5$，直角边 a，b 是方程 $x^2 - (2k+3)x + k^2 + 3k + 2 = 0$ 的两个实数根，则 $\triangle ABC$ 的面积为( ).

    (A)5   (B)6   (C)7   (D)8   (E)9

10. 圆 $(x-2)^2 + (y+1)^2 = 9$ 中所有长度为 2 的弦的中点的轨迹方程是( ).

    (A)$(x-2)^2 + (y+1)^2 = 8$ (B)$x^2 + y^2 = 8$

    (C)$(x+2)^2 + (y-1)^2 = 8$ (D)$(x-2)^2 + (y+1)^2 = 4$

    (E)$(x+2)^2 + (y-1)^2 = 4$

11. 直线 $x + y + 2 = 0$ 分别与 x 轴、y 轴交于 A、B 两点，点 P 在圆 $(x-2)^2 + y^2 = 2$ 上，则 $\triangle ABP$ 面积的取值范围是( ).

    (A)$[2, 6]$ (B)$[4, 8]$

    (C)$[\sqrt{2}, 3\sqrt{2}]$ (D)$[2\sqrt{2}, 3\sqrt{2}]$

    (E)$[2\sqrt{2}, 6\sqrt{2}]$

12. 甲、乙、丙、丁四人之间进行投票，每人只能投一票，且不能投给自己，投给另外三人的概率是相同的，则仅甲一人是得票最高者的概率为( ).

    (A)$\frac{1}{27}$ (B)$\frac{5}{27}$ (C)$\frac{1}{9}$ (D)$\frac{2}{9}$ (E)$\frac{1}{3}$

13. 某工厂每日需要消耗甲材料 5 吨，每吨价格 1 000 元，仓库储存 1 吨甲材料每日花费 4 元，购进甲材料每次需要花费运输费用 1 000 元．若要每天有关甲材料的花费最少，则应该每( )天购入一次．

    (A)7   (B)8   (C)9   (D)10   (E)12

14. 数列 1，2，2，3，3，3，4，4，4，4，…，$\underbrace{n, n, n, \cdots, n}_{n个}$ 的第 2 023 项的值是( ).

(A)61　　(B)62　　(C)63　　(D)64　　(E)65

15. 有一项特殊的工作必须日夜有人值守，如果每天安排 8 人轮流值班，每次值班人员为 3 人，那么平均每人每天工作( )小时.

(A)8　　(B)9　　(C)8.5　　(D)10　　(E)6

二、**条件充分性判断**：第 16～25 小题，每小题 3 分，共 30 分。 要求判断每题给出的条件(1)和条件(2)能否充分支持题干所陈述的结论。 (A)、(B)、(C)、(D)、(E)五个选项为判断结果，请选择一项符合试题要求的判断，在答题卡上将所选项的字母涂黑。

(A)条件(1)充分，但条件(2)不充分.

(B)条件(2)充分，但条件(1)不充分.

(C)条件(1)和条件(2)单独都不充分，但条件(1)和条件(2)联合起来充分.

(D)条件(1)充分，条件(2)也充分.

(E)条件(1)和条件(2)单独都不充分，条件(1)和条件(2)联合起来也不充分.

16. $\dfrac{5n}{27}$ 是整数.

(1)$m = \sqrt{5} + 1$，$m + \dfrac{1}{m}$ 的整数部分是 n.

(2)n 为整数，且 $\dfrac{21n}{27}$ 是整数.

17. 方程 $m \mid x \mid - x - m = 0 (m > 0$ 且 $m \neq 1)$ 有两个不同的根.

(1)$m < 1$.　　　　　　(2)$m > 1$.

18. 现有 5 张抽奖券，只有 1 张有奖，某人连续抽三次. 则中奖的概率比不中奖的概率大.

(1)每次抽完后将奖券放回.

(2)每次抽完后奖券不放回.

19. 已知二次函数 $f(x) = ax^2 + bx + c$. 则能确定 a，b，c 的值.

(1)曲线 $f(x)$ 过点 $(1,1)$ 且与 $y = a + b$ 相切.

(2)函数 $y = f(x)$ 与 $y = f[f(x)]$ 有相同的零点.

20. 甲、乙两企业每年缴纳的地税逐年增加．若这两家企业在 2013 年和 2019 年所缴地税分别相同．则预计在 2025 年甲企业缴纳地税多于乙企业．

    (1)甲企业的年增长数相同．

    (2)乙企业的年增长率相同．

21. 从 1 到 7 这 7 个自然数中，任取 3 个奇数，2 个偶数．则能组成 144 个无重复数字的五位数．

    (1)3 个奇数相邻．

    (2)2 个偶数相邻且位于 3 个奇数之前．

22. 已知点 $P(x，y)$ 在曲线 C 上．则 $\sqrt{(x-1)^2+(y-1)^2}$ 的最大值为 $\sqrt{2}+1$．

    (1)曲线 C：$x^2+y^2=1$．

    (2)曲线 C：$(x-2)^2+(y-2)^2=2$．

23. 已知数列 $\{a_n\}$，$\{b_n\}$ 为等差数列．则能确定 $\{c_n\}$ 为等差数列．

    (1)$c_n=pa_n+qb_n$，p，q 为常数．

    (2)$c_n=a_nb_n$．

24. 从两张 50 元，三张 20 元，五张 10 元共十张钞票中任取五张．则票面的总值小于 n 元的取法共有 126 种．

    (1)$n=100$．

    (2)$n=110$．

25. 能确定 $\dfrac{a^3}{a^6+1}$ 的值．

    (1)已知 $a+\dfrac{1}{a}$．

    (2)已知 $a^2+\dfrac{1}{a^2}$．

26. 根据科学家近期对世界各地冰川的观察，发现要控制冰川的退缩，一劳永逸的方法只有节能减排、减少温室气体排放、遏制地球气温升高。只有这样，冰川的加速退缩才能从根本上得到控制。而想要冰川的加速退缩从根本上得到控制，需要全人类的共同努力。如果人类不能做到减少温室气体的排放，冰川退缩的情况将愈演愈烈。

以上论述如果为真，则下列哪项陈述一定为真？

(A)如果节能减排、减少温室气体排放、遏制地球气温升高，就能够控制冰川的退缩。

(B)如果冰川退缩的情况将更加愈演愈烈，说明人类没做到减少温室气体的排放。

(C)除非节能减排、减少温室气体排放、遏制地球气温升高，否则冰川的退缩不会得到控制。

(D)冰川退缩的情况愈演愈烈说明人类对冰川的影响是巨大的。

(E)控制冰川的加速退缩对人类来说是一个巨大的考验。

27. 伯劳鸟长相美丽可爱，然而却性情凶猛，有"雀中猛禽"之称。常立于高处俯视，伺机而动，捕捉昆虫、蛙、蜥蜴、小鸟和鼠类等，有把尸体插在棘刺上撕食的习性，有时不全吃掉，用这种方式储存食物，因此英文中也称其为"butcher birds"。然而这几年，伯劳鸟数量逐年减少，有人认为，这是因为随着人类城市的扩建、牧场的机械化耕种，伯劳鸟赖以栖息的草原越来越少。

以下哪项如果为真，则最能削弱以上观点？

(A)伯劳鸟有着很强的母性，当有蛇之类的动物想攻击它的巢穴时，伯劳鸟会拼命保护它的幼鸟。

(B)产于美国圣克利门蒂岛的伯劳鸟属濒危动物，产于坦桑尼亚乌卢古鲁山的乌卢古鲁丛伯劳鸟也已濒临绝种的危险。

(C)百灵鸟是草原上的一种代表性鸟类，其数量没有明显的减少。

(D)杀虫剂的大量使用导致伯劳鸟赖以为食的昆虫、蛙等食物急剧减少。

(E)人口数量的急剧增加，使得人类的栖息地越来越大，以前一些没有人类生存的草原也出现了人类的身影。

28. 聪聪需要在自然生物、隶书书法、诗词鉴赏、中医基础、插花艺术这 5 门选修课中选择 3 门作为本学期的选修科目。聪聪对选修的科目有如下要求：

(1)如果选修隶书书法，就选修中医基础。

(2)如果选修插花艺术，就选修中医基础和自然生物。

根据上述信息，聪聪一定选修了如下哪个科目？

(A)自然生物。　　　　(B)隶书书法。　　　　(C)诗词鉴赏。

(D)中医基础。　　　　(E)插花艺术。

29. 阿根廷大学的一位老师让五位留学生看校史上的五位大数学家的画像，让每位学生任意挑选两幅画像说出名字。

张说："2 号是高斯，3 号是黎曼。"

倪说："1 号是希尔伯特，2 号是闵可夫斯基。"

朱说："3 号是闵可夫斯基，5 号是希尔伯特。"

韦说："2 号是高斯，4 号是外尔。"

方说："4 号是外尔，1 号是黎曼。"

老师发现每位学生都只说对了一半，那么 1 号画像是？

(A)黎曼。

(B)闵可夫斯基。

(C)希尔伯特。

(D)高斯。

(E)外尔。

30. 悉尼大学商学院的核心科目"商学的批判性思维"，期末考试有 1 200 名学生参加，却有 400 多人不及格，其中有八成是中国留学生。悉尼大学解释说："中国学生缺乏批判性思维，英语水平欠佳。"学生代表 L 对此申诉说："学校录取的学生，英语水平都是通过学校认可的，商学院入学考试要求雅思 7 分，我们都达到了这个水平。"

以下哪项陈述是学生代表 L 的申诉所依赖的假设？

(A)校方在为中国留学生评定入学成绩时可能存在不公正的歧视行为。

(B)校方对学生不及格有不可推卸的责任，重修费用应当减半。

(C)学校对学生入学英语水平的要求与入学后各科学习结业时的要求相同。

(D)每门课的重修费用是 5 000 澳元，如此高的不及格率是由于校方想赚取重修费。

(E)校方对入学学生的英语成绩要求很高。

31. 市面上的消炎药主要包括两大类：非甾体类抗炎药和甾体类抗炎药。有些消炎效果良好的药品是甾体抗炎药，而所有的甾体抗炎药都有糖皮质激素。所有有糖皮质激素的甾体抗炎药都是有副作用。

如果以上陈述为真，则以下各项基于上述的陈述都必然为真，除了：

(A)在消炎效果良好的药品中，有一些是有副作用。

(B)任何无副作用药品都不可能是甾体抗炎药。

(C)一些有糖皮质激素的药品是消炎效果良好的药品。

(D)所有有糖皮质激素的药品一定是有副作用。

(E)没有糖皮质激素的药品一定不是甾体抗炎药。

32. 积极的财政政策用发国债的办法来弥补财政赤字，旧债到期了，本息要还，发行的新债中有一部分要用来还旧债。随着时间的推移，旧债越来越多，新债中用来还旧债的也越来越多，用来投资的就越来越少，经济效益就越来越差。

以下哪项陈述是以上论证所依赖的假设？

(A)积极的财政政策所产生的经济效益是递减的。

(B)积极的财政政策所筹集的资金只能用于基础设施的建设。

(C)用发国债的办法来弥补财政赤字的做法不能长期使用。

(D)国债在到期之前，其投资回报不足以用来偿还债务。

(E)政府应该采用其他办法来弥补财政赤字。

33.《四书》又称四子书，是指《论语》《孟子》《大学》《中庸》，古汉语文学课上，老师安排甲、乙、丙、丁向全班同学分别讲解这四本书，且有要求如下：

(1)如果乙讲解《大学》，则甲讲解《论语》或者丙讲解《孟子》。

(2)只有丁讲解《中庸》，甲才讲解《论语》。

(3)或者乙不讲解《大学》，或者丁不讲解《中庸》。

(4)如果乙讲解《大学》或者乙讲解《论语》，那么丙不讲解《孟子》

(5)《大学》要么是乙讲解，要么是丁讲解。

根据上述信息，可以得出以下哪项？

(A)乙讲解《大学》。　　　　(B)甲讲解《大学》。　　　　(C)丙讲解《大学》。

(D)甲不讲解《论语》。　　　　(E)丁不讲解《大学》。

34. 该不该让小孩玩电脑游戏？这是很多家长的困扰，因为有太多的声音指责游戏正摧毁着下一代。不过一项新的研究显示，玩游戏有益于提高小孩的阅读能力，甚至可帮助他们克服阅读障碍。

以下哪项如果为真，则最不能支持上述结论？

(A)研究发现，如果让孩子们玩体感游戏，即依靠肢体动作变化来操作的游戏，累计超过12小时，孩子的阅读速度及认字准确率会显著提高。

(B)长期玩游戏的儿童阅读游戏规则更容易，还会对游戏中出现的画面变得敏感，但对周围的事物表现冷漠。

(C)相比玩单机版游戏的儿童，玩网络互动游戏的儿童会更加注重相互交流，因此他们的阅读能力提高得更快。

(D)儿童阅读障碍主要与神经发育迟缓或出现障碍有关，游戏只能暂时提高阅读速度，却无法克服阅读障碍。

(E)长期玩电脑游戏影响儿童视力发育，但有助于培养儿童阅读的兴趣。

35. 美元加息的预期使得黄金等贵金属的价格一直面临着下跌趋势。除了投资，黄金还用于装饰行业，黄金的下跌使得装饰行业的成本大大降低，然而，令人惊讶的是，装饰行业在黄金大跌的去年和今年，尽管装饰业务并没有明显降低，但是整个行业利润却显示为亏损。下面哪个选项，如果正确，能为上面的装饰行业的亏损提供合理解释。

(A)黄金仅仅是装饰行业消耗材料中的一小部分。

(B)由于黄金价格下跌，一些原本不用黄金进行装饰的客户，这两年也要求使用黄金进行装饰。

(C)装饰行业中的大多数企业将重要的贵金属原材料作为储备，不仅是为了生产也是一种投资。

(D)装饰行业使用的铂金、铜材等价格也随着黄金价格下跌而下跌。

(E)由于房地产行业的快速发展，房屋装修成为装饰行业重要的工作。

36. 一种理想的社会保障制度应该是：①能够保证大多数人达到基本生活水平；②不能加重大多数人的税收负担。有专家指出：目前国家的财政不足以满足第一条，只能提高税收，所以目前无法建立一种理想的社会保障制度。

以下哪项最能削弱专家的论证？

(A)可以建立一种比较理想的社会保障制度。

(B)理想的社会保障制度还需要其他条件。

(C)在理想的社会保障制度下，仍会有少数人达不到基本生活水平。

(D)为满足第一条所增加的税收，多数人可以接受。

(E)可以提高少数富人的税收来增加国家的财政收入。

37～38题基于以下题干：

甲、乙、丙、丁、戊、己六名同学报名参加学科竞赛，其中两人参加物理竞赛，两人参加化学竞赛，还有两人参加生物竞赛。有关他们具体参赛的情况还需满足以下条件：

(1)每名同学只能参加一项科目竞赛。

(2)甲参加物理竞赛，当且仅当乙和丁都参加化学竞赛。

(3)如果己不参加生物竞赛，那么戊参加化学竞赛。

(4)如果丙参加化学竞赛，那么丁不参加化学竞赛。

(5)丙和戊至少有一人不参加化学竞赛。

(6)要么乙参加物理，要么丁参加物理。

37. 下列选项中关于每名同学的参赛情况正确的是：

(A)物理竞赛：乙、戊；化学竞赛：甲、丁；生物竞赛：丙、己。

(B)物理竞赛：乙、己；化学竞赛：丙、戊；生物竞赛：甲、丁。

(C)物理竞赛：乙、戊；化学竞赛：丙、丁；生物竞赛：甲、己。

(D)物理竞赛：甲、丙；化学竞赛：乙、戊；生物竞赛：丁、己。

(E)物理竞赛：甲、戊；化学竞赛：丁、丙；生物竞赛：乙、己。

38. 如果丙参加化学竞赛，则一定可以推出哪项？

(A)乙参加物理竞赛。　　　　　　　　(B)己参加化学竞赛。

(C)戊参加物理竞赛。　　　　　　　　(D)丁参加生物竞赛。

(E)甲参加化学竞赛。

39. "有好消息，也有坏消息。"无论是谈起什么主题，这样的开场白都顿时让人觉得一丝寒意传遍全身。接着这句话，后边往往是这样一个问题：你想先听好消息还是坏消息？一项新的研究表明，你可能想先听坏消息。

如果以下各项为真，最能削弱上述论证的是：

(A)若消息是来自一个你信任的人，那么你想先听好坏消息的顺序会不同。

(B)研究发现，若由发布消息的人来决定，那么结果往往总是先说好消息。

(C)心理学家发现，发布好坏消息的先后顺序很可能改变人们对消息的感觉。

(D)心理评估结果证明先听到坏消息的学生比先听到好消息的学生焦虑要小。

(E)倾听者会因最后的好消息而为之一振，会更深刻地记住最后的好消息。

40. 一个传动变速箱有 1～6 号齿轮受电脑程序控制，自动啮合传动。这些齿轮在传动中的程序是：

(1)如果 1 号转动，那么 2 号转，但是 5 号停。

(2)如果 2 号或者 5 号转动，则 4 号停。

(3)3 号和 4 号可以同时转，不能同时停。

(4)只有 6 号转动，5 号才停。

现在 1 号转动了，则同时转动的 3 个齿轮是以下哪项？

(A)2 号、4 号和 6 号。　　　　　　　(B)2 号、3 号和 6 号。

(C)2 号、3 号和 4 号。　　　　　　　(D)3 号、4 号和 5 号。

(E)3 号、4 号和 6 号。

41. 在一项研究中，研究人员对 8 只成年小鼠进行了 2 周的后肢悬吊，借此模拟微重力的环境。他们发现，后肢悬吊后的小鼠在平衡木上的协调能力与之前相比更差了。与此同时，后肢悬吊后的小鼠的小脑中甲醛水平也更高。因此，研究人员认为小脑中过高的甲醛水平会降低小鼠在平衡木上的协调能力。

以下哪项如果为真，最能支持上述结论？

(A)未成年小鼠后肢悬吊后，在平衡木上的停留时间会比未悬吊的时间短。

(B)体内存在过量的甲醛会对小鼠的中枢神经系统产生影响。

(C)小脑中甲醛分解酶含量更高的小鼠的协调能力更差。

(D)后肢悬吊与小鼠在平衡木上的协调能力不存在任何关联。

(E)小脑中甲醛含量低的小鼠也有可能出现在平衡木上的协调问题。

42. 某艺术团开展青年教师弹琴、画画、跳舞、剪纸四项基本功大赛，由老师自行决定展示的基本功。已知：

(1)如果选择表演弹琴，就要表演剪纸。

(2)如果选择表演跳舞，就要表演弹琴。

(3)如果不选择表演画画，就要表演跳舞。

(4)如果不表演弹琴，就不表演画画。

最后比赛圆满落幕，一定有老师表演了以下哪项节目？

(A)弹琴、画画。　　　　(B)画画、跳舞。　　　　(C)跳舞、弹琴。

(D)剪纸、弹琴。　　　　(E)剪纸、画画。

43. 由于量子理论的结论违反直观，有些科学家对这一理论持不同看法。尽管他们试图严格地表明量子理论的断言是不精确的(即试图严格地证伪它)，但是发现，其误差在通常可接受的统计范围之内。量子理论的这些结果不同于与它相竞争的理论的结果，这表明接受量子理论是合理的。

以下哪一项原则最有助于表明上述推理的合理性？

(A)一个理论在被试图严格地证伪之前不应当被认为是合理的。

(B)只有一个理论的断言没有被实验所证伪，才可以接受这个理论。

(C)如果一个科学理论中违反直观的结论比与它相竞争的理论少，那么应该接受这个理论。

(D)如果试图严格地证伪一个理论，但该理论经受住了所有的考验，那么应该接受它。

(E)许多理论在被完全接受之前，都经历了漫长的被质疑的路程。

44. 甲、乙、丙、丁4位街道办事人员负责统计贤文社区、尚德社区、崇仁社区、敬业社区四个社区新冠疫苗的接种情况，每人负责统计四个社区中的两个，其中有一个社区只有一个人统计。并且：

(1)乙不负责尚德社区。

(2)甲和丙统计的社区不重复，乙和甲、乙和丙各有一个相同的社区。

(3)甲负责敬业社区，丁不负责敬业社区，甲和丁有相同的社区。

(4)乙和丁中只有一人负责尚德社区。

(5)没有人同时负责崇仁社区和敬业社区。

如果上述信息为真，则以下哪项不正确？

(A)甲负责敬业社区，也负责尚德社区。

(B)乙负责敬业社区，也负责贤文社区。

(C)丙负责崇仁社区，也负责贤文社区。

(D)丁负责崇仁社区，也负责贤文社区。

(E)贤文社区有三人负责。

45. 有研究人员认为，胶原蛋白保持皮肤年轻的说法并不科学，他们认为，皮肤得以保持年轻应归功于表皮干细胞。哺乳动物的表皮细胞会持续更新，细胞来源于表皮干细胞。这些干细胞会通过一种特定分化的多元蛋白结构——半桥粒附着在基膜上。表皮干细胞会不断复制分化，产生新细胞，取代受损的老细胞，这一更新有利于维持皮肤的年轻，因此，表皮干细胞的更新才是保持皮肤年轻的原因。

以下哪项如果为真，最能削弱上述结论？

(A)表皮干细胞的更新还需要其他化合物的促进。

(B)表皮干细胞的再生能力会随着年龄的增长而衰退。

(C)充足的睡眠和乐观的心态会影响人的生理机能，使皮肤显得年轻化。

(D)胶原蛋白的表达在不同干细胞之间存在很大差异。

(E)胶原带白对促进表皮干细胞的更新至关重要。

46. 任何一片水域能否保持生机，主要取决于它是否有能力保持一定量的溶解于其中的氧气。如果倒进水中的只是少量的污物，鱼类一般不会受到影响，水中的细菌仍能发挥作用，分解污物，因为该片水域能从空气和水中植物那里很快使氧气的消耗得到恢复。

以下哪项最可能是上述陈述得到的结论？

(A)充足的水中植物即可使水域保持生机。

(B)氧气在细菌分解污物的过程中被消耗。

(C)细菌在分解污物的过程中可以产生氧气。

(D)水中植物可以通过分解污物产生新的氧气。

(E)充足的水中植物不能使水域保持生机。

47~49 题基于以下题干：

4 位女士 H、N、J、K 在美发沙龙内坐成一排等着染头发。她们现在的头发颜色为棕色、金黄色、灰色、红色，想染的颜色为赤褐色、黑色、白色、红色。

已知以下条件：

(1) J 左边的女士的头发是棕色的。

(2) 一位女士想把头发染成白色，另一位女士现在的头发是金黄色，N 坐在她们两人之间。

(3) 坐在 1 号位置上的女士的头发是红色的。

(4) K 坐在想把头发染成黑色的女士旁边，而 H 坐在偶数位置上。

(5) 灰色头发的女士想把她的头发染成赤褐色，她不在 3 号位置上。

47. 1 号位置上的女士是谁？

(A)H。　　　(B)N。　　　(C)J。　　　(D)K。　　　(E)无法判断。

48. 女士 N 现在的头发是什么颜色？

(A)棕色。　　　(B)金黄色。　　　(C)灰色。　　　(D)红色。　　　(E)无法判断。

49. 下面关于四位女士的说法不正确的一项是：

(A) 四位女士按顺序依次为：K、N、J、H。

(B) N、H 两位女士想染的头发颜色分别为黑色和赤褐色。

(C) 四位女士想染的头发颜色按顺序依次为：白色、黑色、红色、赤褐色。

(D) 四位女士现在的头发颜色按顺序依次为：红色、金黄色、棕色、灰色。

(E) K、N 两位女士现在的头发颜色分别为红色和棕色。

50. 某单位组织职工分小组进行摘草莓趣味比赛，甲、乙、丙 3 人分属 3 个小组。3 人摘得的草莓数量情况如下：甲和属于第 3 小组的那位摘得的草莓数量不一样，丙比属于第 1 小组的那位摘得的草莓少，3 人中第 3 小组的那位比乙摘得的草莓多。

若将 3 人按摘得的草莓数量从多到少排列，正确的是：

(A) 甲、乙、丙。　　　　　　　　　(B) 甲、丙、乙。

(C) 乙、甲、丙。　　　　　　　　　(D) 丙、甲、乙。

(E) 乙、丙、甲。

51. 2022 年国际女排联赛总决赛在土耳其开幕，在比赛的备赛阶段，A 国的排球总教练对此次比赛的战术做了如下调整：

(1) 除非不使用近体快攻战术，否则使用背飞战术。

(2) 如果使用远网短平快战术，则不能使用近体快攻战术。

(3) 只有使用远网短平快战术，才能使用背飞战术。

如果以上信息为真，那么以下哪项也一定是真的？

(A) 使用远网短平快战术。　　　　　(B) 使用背飞战术。

(C) 不使用远网短平快战术。　　　　(D) 不使用背飞战术。

(E) 不使用近体快攻战术。

52. 为了深入研究和彻底解决目前地球表面臭氧层所受到的破坏问题，科学家在空间实验中使用了宇宙飞船。这一做法引来了环保主义者的批评。他们的理由是，发射一次宇宙飞船对地球臭氧层造成的破坏，等于目前一年地球臭氧层所受到的破坏。

以下哪项对上述环保主义者的批评的评价最为恰当？

(A) 上述环保主义者的批评是成立的。

(B) 上述环保主义者的批评有漏洞，这一漏洞也类似地存在于以下陈述中：试图考研究生是不值得的，因为有可能考不上。

(C) 上述环保主义者的批评有漏洞，这一漏洞也类似地存在于以下陈述中：父母养育儿女的巨大付出是不值得的，因为儿女长大后不一定孝敬父母。

(D) 上述环保主义者的批评有漏洞，这一漏洞也类似地存在于以下陈述中：某项目投资 30 亿，投产后第一年的收益不到投资额的十分之一，因此，这项投资是失败的。

(E) 上述环保主义者的批评有漏洞，这一漏洞也类似地存在于以下陈述中：一次银行持枪抢劫，劫犯劫走了 200 万现金，而警方侦破此案的支出还不止 200 万，因此，这一案件的侦破是得不偿失的。

53. 研究显示，在115摄氏度下，将甜玉米分别加热10分钟、25分钟和50分钟后发现，其抗自由基的活性分别升高了22％、44％和53％。因此，加热时间越长的玉米，抗衰老的作用越好。

以下各项如果为真，无法削弱上述结论的是：

(A)加热65分钟后，玉米抗自由基的活性反而降低了。

(B)与甜玉米相比，糯玉米在加热相同时间后，其抗自由基的活性增高的幅度很小。

(C)甜玉米是玉米中比较少见的一种，不具有代表性。

(D)对于玉米来说，并非是抗自由基的活性越高，其抗衰老的作用越好。

(E)加热时间越长的玉米，其抗衰老的作用变差了。

54～55 题基于以下题干：

张珊为了提高自己的中国传统文化素养，决定在2022年1—6月份读完8本书，分别为历史类书籍：《汉书》《史记》《资治通鉴》；诗歌类书籍：《诗经》《唐诗三百首》；小说类书籍：《西游记》《红楼梦》《水浒传》，阅读顺序必须满足以下条件：

(1)每本书只能在一个月内读完。

(2)每个月份最少读完1本书，并且不能读同类书籍。

(3)如果一个月读了诗歌类书籍，那么也必须要读历史类书籍。

(4)《资治通鉴》与《诗经》在相邻的两个月读。

(5)3月份要么只读《史记》，要么只读《汉书》。

54. 如果2月读了《资治通鉴》，并且三本小说均在第二季度读完，根据以上信息，以下哪项是必然为真？

(A)《史记》在1月读。

(B)《史记》在3月读。

(C)《红楼梦》在4月读。

(D)《唐诗三百首》在2月读。

(E)《汉书》在《唐诗三百首》之前的月份读。

55. 如果第一季度至少要读一本小说，并且《诗经》在偶数月读。根据以上信息，以下哪项必然为真？

(A)《唐诗三百首》在1月读。

(B)《汉书》在2月读。

(C)《唐诗三百首》在5月读。

(D)《汉书》在3月读。

(E)《资治通鉴》在4月读。

56. 论证有效性分析：分析下述论证中存在的缺陷和漏洞，选择若干要点，写一篇 600 字左右
的文章，对该论证的有效性进行分析和评论。（论证有效性分析的一般要点是：概念特别是
核心概念的界定和使用是否准确并前后一致，有无各种明显的逻辑错误，论证的论据是否
成立并支持结论，结论成立的条件是否充分等。）

　　2021 年，我国第七次人口普查结果公布。调查显示，我国男性人口比女性多 3 490 万，
这说明，我国男女人口数量差距持续扩大，单身将成为一种普遍现象。单身现象会对一个
国家的经济发展产生影响，势必会拉动消费的增长。

　　首先，单身人士会增加陪伴类消费。人一旦单身，就会变得需要陪伴和关爱，那么他
们就会花钱去消费，以便获得实际的或虚拟的陪伴，而宠物、游戏、动漫、直播等行业则
刚好符合这种陪伴属性。

　　其次，单身人士会增加悦己类消费。单身的人没有来自家庭、子女教育消费的压力，
一人吃饱全家不饿，因此其消费类型以个人消费为主。而目前适龄的单身人群中，许多均
为独生子女，独生子女的消费观念更个性化，这不就意味着他们更愿意为自己而消费吗？

　　再次，单身人士喜欢投身于懒人模式消费。单身人群出于方便省时的消费动机，往往
更喜欢吃些半成品加工的食物或外卖，因此单身人群更愿意线上购物，作为半成品食材的
速冻食品或外卖的销量会有很大的增速。

　　最后，单身人士喜欢投身于提升类消费。随着社会竞争日益激烈，为了有更好的职业
发展，单身人士热衷于自我提升，如职业技能培训、专业能力培训等，这就会提高其业务
能力从而使其被企业提拔。因此在未来，教培产品消费有望实现新一轮增长。

　　　　　　　　　　　　　　　（改编自《超两亿人单身，单身经济将为市场带来哪些商机?》，个人图书馆）

57. 论说文：根据下述材料，写一篇 700 字左右的论说文，题目自拟。

　　有人说，企业家应该知足常乐。也有人说，企业家要学会不知足。也有人说，企业家
既要知足，也要不知足。

🔍 答案速查

题型		题号	答案
一	问题求解	1～5	(E) (D) (C) (A) (D)
		6～10	(C) (D) (D) (B) (A)
		11～15	(A) (B) (D) (D) (B)
二	条件充分性判断	16～20	(E) (B) (B) (C) (E)
		21～25	(B) (A) (A) (B) (A)
三	逻辑推理	26～30	(C) (D) (D) (D) (C)
		31～35	(D) (D) (D) (D) (C)
		36～40	(E) (A) (C) (A) (B)
		41～45	(D) (D) (D) (D) (E)
		46～50	(B) (D) (A) (D) (B)
		51～55	(E) (E) (B) (D) (C)
四	写作		56. 略　57. 略

全国硕士研究生招生考试
管理类综合能力试题答案详解
冲刺卷 1

一、问题求解

1.（A）

【详细解析】

甲、乙两队相遇时，一共用了 $18÷(5+4)＝2$（小时），即骑自行车的同学行驶时间为 2 小时，因此骑自行车的同学一共行了 $15×2＝30$（千米）．

2.（E）

【详细解析】

使用十字交叉法，有

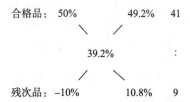

则合格品和残次品的比例为 41∶9．已知衣服总数为 500 件，故有合格品 $500×\dfrac{41}{50}＝410$（件）．

3.（C）

【详细解析】

22 位老人的年龄互不相同，且年龄和是 2 023 岁，要使得最年长的老人年龄最小，则应使得这 22 位老人的年龄尽可能接近．

假设 22 位老人的年龄是连续的，其中年龄最大的为 x 岁，则最小的为 $x-21$ 岁．

由已知条件，年龄和为 2 023 岁，根据等差数列求和公式，有

$$(x+x-21)×22÷2＝2\ 023,$$

解得 $x≈102.5$．

故最年长的老人年龄至少是 102.5 岁，因为年龄都是整数，且不能小于 102.5，所以至少是 103 岁．

【易错警示】

有学生在算出 $x≈102.5$ 后，觉得要求至少，所以选择 102 岁．此时不妨验证一下，若最年长的老人是 102 岁，剩余 21 人的年龄依次递减 1 岁，此时年龄和最大为 2 013 岁，小于 2 023，故一定不

符合题干；接着验证，若最年长的老人是 103 岁，此时年龄和最大为 2 035 岁，大于 2 023，只需部分人的年龄再次递减，即可满足题干要求.

4.（D）

【详细解析】

方法一：由 $a+b=7$，$c=5$ 可得 $p=\dfrac{1}{2}\cdot(a+b+c)=6$，则此三角形的面积

$$S=\sqrt{6(6-a)(6-b)}\leqslant\sqrt{6}\cdot\dfrac{6-a+6-b}{2}=\dfrac{5\sqrt{6}}{2},$$

当且仅当 $6-a=6-b$，即 $a=b=\dfrac{7}{2}$ 时，S 取得最大值 $\dfrac{5\sqrt{6}}{2}$.

方法二：将 $p=\dfrac{1}{2}\cdot(a+b+c)=6$，$b=7-a$ 代入面积公式中，可得

$$S=\sqrt{6(6-a)(6-b)}=\sqrt{6(6-a)(a-1)}=\sqrt{6(-a^2+7a-6)}.$$

由一元二次函数的最值公式可知，当 $a=\dfrac{7}{2}$ 时，$f(a)=-a^2+7a-6$ 取得最大值 $\dfrac{25}{4}$，故 S 取得最大值为 $\sqrt{6\times\dfrac{25}{4}}=\dfrac{5\sqrt{6}}{2}$.

5.（B）

【详细解析】

方法一：①当 $X=2$ 时，$(X_1,X_2)=(2,2)$，$(2,3)$，$(2,4)$，$(2,5)$，$(2,6)$，其中后四种可以调换位置，故共有 $1+4\times2=9$（种）情况；

②当 $X=3$ 时，$(X_1,X_2)=(3,3)$，$(3,4)$，$(3,5)$，$(3,6)$，其中后三种可以调换位置，故共有 $1+3\times2=7$（种）情况；

③当 $X=4$ 时，$(X_1,X_2)=(4,4)$，$(4,5)$，$(4,6)$，其中后两种可以调换位置，故共有 $1+2\times2=5$（种）情况.

投掷两枚骰子可能出现的情况一共有 $6\times6=36$（种）.

故 $P\{2\leqslant X\leqslant4\}=\dfrac{9+7+5}{36}=\dfrac{7}{12}$.

方法二：显然 X_1，X_2 都不会是点数1，均在 2～6 中取值，则情况有 $C_5^1\times C_5^1$，再减去 X_1，X_2 都在$\{5,6\}$中取值的情况，故满足条件的情况有 $C_5^1\times C_5^1-C_2^1\times C_2^1=21$（种）.

投掷两枚骰子可能出现的情况一共为 $6\times6=36$（种）.

故 $P\{2\leqslant X\leqslant4\}=\dfrac{21}{36}=\dfrac{7}{12}$.

6.（B）

【详细解析】

由题意，得

$$\begin{cases} a_2 = a_1 + d = 9, \\ S_4 = 4a_1 + \dfrac{4 \times 3}{2}d = 40 \end{cases} \Rightarrow \begin{cases} a_1 = 7, \\ d = 2. \end{cases}$$

则 $S_n = na_1 + \dfrac{n(n-1)}{2}d = 7n + \dfrac{n(n-1)}{2} \times 2 = n^2 + 6n$.

等差数列的通项公式形如一个一元一次函数，故若使数列 $\sqrt{S_n + c}$，即 $\sqrt{n^2 + 6n + c}$ 为等差数列，则 $n^2 + 6n + c$ 为完全平方式，所以 $c = 9$.

7. (D)

【详细解析】

设有 x 次取出 3 瓶啤酒，有 y 次取出 4 瓶啤酒，此时 24 瓶啤酒全部取完，则有

$$3x + 4y = 24 \Rightarrow y = \frac{24 - 3x}{4},$$

由于 $x, y \in \mathbf{Z}^+$，穷举可得 $(x, y) = (0, 6)$，$(4, 3)$，$(8, 0)$.

由上可知，取出酒瓶的方式有 3 类：

第一类：取 6 次，每次取出 4 瓶，只有 1 种方式；

第二类：取 8 次，每次取出 3 瓶，只有 1 种方式；

第三类：取 7 次，其中 4 次取出 3 瓶，3 次取出 4 瓶，有 $C_7^3 = 35$（种）方式.

共计 $1 + 1 + 35 = 37$（种）取法.

8. (B)

【详细解析】

第一步：分组，将 7 个班分成数量为 2、2、3 的三组，前两组均匀且小组无名字，需要消序，即 $\dfrac{C_7^2 C_5^2 C_3^3}{A_2^2}$.

第二步：分配，将三组班级分给三位教师，即 A_3^3.

故由分步乘法原理得，分配方法共有 $\dfrac{C_7^2 C_5^2 C_3^3}{A_2^2} \times A_3^3 = 630$（种）.

9. (A)

【详细解析】

设 2023 年 3 月起，人均月产值比 2022 年增长 x，由题干可得，2022 年的人均月产值为 1 万元，故每月总产值为 1 000 万元，则有

$$1\,000 \times 12 \times (1 + 10\%) = 1\,000 \times 2 + (1 + x) \times 1\,000 \times 10,$$

解得 $x = 12\%$. 故从 3 月份起，人均月产值比 2022 年增长 12%.

10. (A)

【详细解析】

1 号区域有 6 种不同的涂色方法；2 号区域不能和 1 号颜色相同，故有 5 种不同的涂色方法；3 号区域不能和 1、2 号颜色相同，故有 4 种不同的涂色方法；4 号区域不能和 1、2、3 号区域颜

色相同，故有 3 种不同的涂色方法；同理，5 号区域有 4 种不同的涂色方法，6 号区域有 3 种不同的涂色方法，所以不同的涂色方法共有 $6 \times 5 \times 4 \times 3 \times 4 \times 3 = 4\ 320$（种）.

11.（A）

【详细解析】

由题意可得

$$\begin{cases} x=1 \Rightarrow -1 = a_0 + a_1 + a_2 + \cdots + a_{2\,023}, \\ x=0 \Rightarrow 1 = a_0. \end{cases}$$

故有

$$(a_0 + a_1) + (a_0 + a_2) + (a_0 + a_3) + \cdots + (a_0 + a_{2\,023})$$
$$= 2\,022 a_0 + (a_0 + a_1 + \cdots + a_{2\,023})$$
$$= 2\,021.$$

12.（B）

【详细解析】

设此长方体的长、宽、高分别是 a 厘米、b 厘米、c 厘米，根据题意，可得 $\begin{cases} a^2 + b^2 + c^2 = 14, \\ 2ab + 2bc + 2ac = 22. \end{cases}$

故这个长方体所有的棱长之和为

$$4(a+b+c) = 4\sqrt{(a+b+c)^2}$$
$$= 4\sqrt{a^2 + b^2 + c^2 + 2ab + 2bc + 2ac}$$
$$= 4\sqrt{14 + 22}$$
$$= 24 \text{（厘米）}.$$

13.（C）

【详细解析】

设买 A 型彩电 m 台，买 B 型彩电 n 台.

根据题意，买 5 台 A 型彩电余 2 500 元，买 6 台 A 型彩电差 4 000 元，故一台 A 型彩电 6 500 元，则原有资金为 $5 \times 6\,500 + 2\,500 = 35\,000$（元）.

这笔钱正好可购 7 台 B 型彩电，故一台 B 型彩电 5 000 元.

追加资金后，现有资金 $35\,000 + 50\,000 = 85\,000$（元），用于购买这两种型号的彩电，则有

$$\begin{cases} 6\,500m + 5\,000n \leqslant 85\,000, \\ 2m \leqslant n \leqslant 3m \end{cases} \Rightarrow \begin{cases} 13m + 10n \leqslant 170, \\ 2m \leqslant n \leqslant 3m. \end{cases}$$

欲使购买的彩电数量最多，应尽量多买 B 型彩电，将不等式取等号，令 $n=3m$，代入 $13m + 10n = 170$ 中，解得 $m=3.95$，检验 $m=3$ 和 $m=4$：

当 $m=3$ 时，$n=3m=9$，此时 $13m + 10n < 170$，共购买 $3+9=12$（台）；

当 $m=4$ 时，代入 $13m + 10n \leqslant 170$ 中，解得 $n \leqslant 11.8$，所以 $n=11$，此时共 $4+11=15$（台）.

综上所述，采购部最多能购买 15 台彩电.

14. (**D**)

【详细解析】

由题意可得，一元二次函数恒大于 0，则有 $\Delta=(2m+1)^2-4(m+2)<0$，解得 $m^2<\dfrac{7}{4}$.

又因为 $m\in\mathbf{Z}$，故 m 可取 -1、0、1. 因此满足条件的所有整数 m 之和为 0.

15. (**E**)

【详细解析】

当 $n\geqslant 2$ 时，$\dfrac{2S_n^2}{2S_n-1}=a_n=S_n-S_{n-1}$，则

$$2S_n^2=(2S_n-1)(S_n-S_{n-1})=2S_n^2-2S_nS_{n-1}-S_n+S_{n-1}.$$

所以 $2S_nS_{n-1}=S_{n-1}-S_n$，即 $\dfrac{1}{S_n}-\dfrac{1}{S_{n-1}}=2$.

故数列 $\left\{\dfrac{1}{S_n}\right\}$ 是首项为 $\dfrac{1}{S_1}=\dfrac{1}{a_1}=1$、公差为 2 的等差数列，则

$$\dfrac{1}{S_n}=\dfrac{1}{S_1}+(n-1)\times 2=2n-1.$$

故 $S_n=\dfrac{1}{2n-1}$，所以 $S_{100}=\dfrac{1}{199}$.

二、条件充分性判断

16. (**A**)

【详细解析】

令 $t=x^2$，$t>0$，所以原方程化为 $t^2-2t+k=0$.

若使原方程有四个相异实根，则 $t^2-2t+k=0$ 有两个不相等的正实根，所以有

$$\begin{cases}\Delta=4-4k>0,\\ t_1+t_2=2>0,\\ t_1t_2=k>0\end{cases}\Rightarrow 0<k<1.$$

因为 $0<k<\dfrac{1}{2}$ 在 $0<k<1$ 范围内，故条件(1)充分. 条件(2)显然不充分.

17. (**D**)

【详细解析】

条件(1)：设 $AB=x$，由 $\angle C=90^\circ$ 可知，AB 为斜边，两直角边相等且为 $\dfrac{\sqrt{2}}{2}x$，故 $S_{\triangle ABC}=\dfrac{1}{2}\cdot$

$\dfrac{\sqrt{2}}{2}x\cdot\dfrac{\sqrt{2}}{2}x=\dfrac{1}{4}x^2$，能确定 $S_{\triangle ABC}$，故条件(1)充分.

条件(2)：过点 C 作 AB 的垂线交 AB 于点 D. 设点 C 到 AB 的距离为 h、$BC=x$，由 $x>h$ 可得，

$BD=\sqrt{x^2-h^2}$. 在直角 $\triangle ABC$ 中，由射影定理可得

$$BC^2 = BD \cdot AB \Rightarrow x^2 = \sqrt{x^2 - h^2} \cdot AB \Rightarrow AB = \frac{x^2}{\sqrt{x^2 - h^2}},$$

则 $S_{\triangle ABC} = \frac{1}{2} \cdot AB \cdot h = \frac{1}{2} \cdot \frac{x^2}{\sqrt{x^2 - h^2}} \cdot h$，能确定 $S_{\triangle ABC}$，故条件(2)充分.

18.（A）

【详细解析】

条件(1)：根据轮换对称性可知，若 $S_{45} = S_{55}$，则 $S_{45+55} = S_{100} = 0$，条件(1)充分.

条件(2)：由 $S_{2n} = n(a_n + a_{n+1})$，得 $S_{100} = 50(a_{50} + a_{51})$，已知 a_{50}，但 a_{51} 未知且无法求出，则无法确定 S_{100} 的值，条件(2)不充分.

19.（E）

【详细解析】

$80 \sim 90$ 与 $90 \sim 100$ 分数段的人数分别为 $60 \times 10 \times 0.025 = 15$（人），$60 \times 10 \times 0.005 = 3$（人）.

条件(1)：当 $m = 2$ 时，要使他们不都在同一分数段，应在 $80 \sim 90$ 和 $90 \sim 100$ 两个分数段各选 1 人，即 $C_{15}^1 C_3^1$；从 80 分以上的学生中选 2 人共有 C_{18}^2 种情况.

故 2 名学生不都在同一分数段的概率为 $\dfrac{C_{15}^1 C_3^1}{C_{18}^2} = \dfrac{5}{17} < \dfrac{1}{2}$，条件(1)不充分.

条件(2)：当 $m = 3$ 时，要使他们不都在同一分数段，有两种情况：①在 $80 \sim 90$ 分数段选 2 人，在 $90 \sim 100$ 分数段选 1 人，即 $C_{15}^2 C_3^1$；②在 $80 \sim 90$ 分数段选 1 人，在 $90 \sim 100$ 分数段选 2 人，即 $C_{15}^1 C_3^2$；从 80 分以上的学生中选 3 人共有 C_{18}^3 种情况.

故 3 名学生不都在同一分数段的概率为 $\dfrac{C_{15}^2 C_3^1 + C_{15}^1 C_3^2}{C_{18}^3} = \dfrac{15}{34} < \dfrac{1}{2}$，条件(2)不充分.

显然，两个条件无法联立，故选（E）.

20.（E）

【详细解析】

条件(1)和条件(2)中只知道两个水管同时打开注满水池的时间，缺少条件，故两个条件单独都不充分，联立之.

举反例，假设甲单独注水，10 小时能注满，根据条件(1)可知，乙的效率为 $\dfrac{1}{5} - \dfrac{1}{10} = \dfrac{1}{10}$；

根据条件(2)可知，丙的效率为 $\dfrac{1}{6} - \dfrac{1}{10} = \dfrac{1}{15}$，则甲、乙、丙三个水管的效率之和为 $\dfrac{1}{10} + \dfrac{1}{10} + \dfrac{1}{15} = \dfrac{4}{15} < \dfrac{1}{3}$，即三个水管同时打开，效率和低于 $\dfrac{1}{3}$，即不能在 3 小时内注满. 联立也不充分.

21.（E）

【详细解析】

题干和条件所涉及的都是百分比，不涉及具体的量，故无法求出任何销售额的值.

条件(1)和条件(2)显然单独都不充分，联立也不充分.

22. (C)

【详细解析】

两个条件显然单独都不充分，故需要联立．

由条件(1)和条件(2)可得 $\begin{cases} n=153k_1+75, \\ n=154k_2+40 \end{cases}$ 且 $k_1 \geqslant k_2$．

故 $n=153k_1+75=154k_2+40$，即

$$153k_1+35=154k_2=153k_2+k_2 \Rightarrow 153(k_1-k_2)=k_2-35.$$

①当 $k_1-k_2=0$ 时，$k_2-35=0$，$k_2=35$．此时 $n=154\times35+40=5\,430$，符合题意．

②当 $k_1-k_2=1$ 时，$k_2-35=153$，$k_2=188$．此时 $n=154\times188+40=28\,992$，不是四位数，应舍去．

③当 $k_1-k_2>1$ 时，n 的值更大，皆不符合题意．

因此，$k_1=k_2=35$，$n=5\,430$，各位数字之和为 12，两个条件联立充分．

23. (D)

【详细解析】

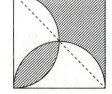

如图所示，连接正方形对角线，易知，阴影部分面积为正方形面积的一半．

条件(1)：设正方形边长为 x，则 $S_{阴}=\dfrac{1}{2}x^2$，条件(1)充分．

条件(2)：阴影部分面积和空白部分面积相等，故条件(2)充分．

【易错警示】

对带有图像的题，一定要先分析图像性质，找到隐含在图像中的等量关系，结合条件进行判断，不能为了快速解题，发现联立显然充分而跳过单独分析的过程．

24. (A)

【详细解析】

条件(1)：点 $M(x,y)$ 在第二象限，有 $x<0$，$y>0$，根据绝对值的代数意义可知，此时 $|x+y|=||x|-|y||$，$|x-y|=|x|+|y|$（三角不等式取等的情况）．

由于 $||x|-|y||<|x|+|y|$，故有 $|x+y|<|x-y|$，条件(1)充分．

条件(2)：点 $M(x,y)$ 在第三象限，有 $x<0$，$y<0$，根据绝对值的代数意义可知，此时 $|x+y|=|x|+|y|$，$|x-y|=||x|-|y||$（三角不等式取等的情况）．

由于 $||x|-|y||<|x|+|y|$，故有 $|x+y|>|x-y|$，条件(2)不充分．

25. (D)

【详细解析】

条件(1)：因为点 P 和其对称点均在圆上，故圆心 C 一定在对称直线 $x+y-1=0$ 上．由圆的方程可知，圆心 C 的纵坐标 $y_c=1$，代入直线 $x+y-1=0$ 中，解得圆心 C 的横坐标 $x_c=0$，即 C 的坐标为 $C(0,1)$．又因为点 $P(2,1)$ 在圆上，故圆的半径为 $CP=\sqrt{(0-2)^2+(1-1)^2}=2$，条件(1)充分．

条件(2)：由圆的方程可知，圆心 C 的纵坐标 $y_c=1$，由圆 C 与两坐标轴均相切，可知半径为 1，条件(2)充分．

三、逻辑推理

26.（D）

【论证结构】

题干：我国的佛教寺庙→分布于全国各地，普济寺→我国的佛教寺庙，所以，普济寺→分布于各地。

第一个"我国的佛教寺庙"是集合概念，第二个"我国的佛教寺庙"是类概念，题干推理犯了偷换概念的逻辑错误。

【选项详解】

(A)项，父母酗酒的孩子→爱冒险，小华→爱冒险，所以，小华→父母酗酒的孩子，此项误把必要条件当做充分条件，犯了混用充分必要条件的逻辑错误，与题干所犯的逻辑错误不一致。

(B)项，文明公民→遵纪守法，有些大学生→遵纪守法，所以，有些大学生→文明公民，此项误把必要条件当做充分条件，犯了混用充分必要条件的逻辑错误，与题干所犯的逻辑错误不一致。

(C)项，寒门学子→上大学的机会减少，小飞→¬寒门学子，所以，小飞→¬上大学的机会减少，此项误把充分条件当做必要条件，犯了混用充分必要条件的逻辑错误，与题干所犯的逻辑错误不一致。

(D)项，可理解为"现在的独生子女娇生惯养，他是三代单传的独生子女，所以，他娇生惯养"，即：独生子女→娇生惯养，他→独生子女(三代单传的独苗)，所以，他→娇生惯养。前后两个"独生子女"的概念性质不同，第一个是集合概念，第二个是类概念，犯了偷换概念的逻辑错误，故与题干所犯的逻辑错误相同。

(E)项，现在的农民→能接受新科技，能接受新科技→积极向上，所以，现在的农民→积极向上，无逻辑错误。

27.（D）

【论证结构】

题干：研究人员借助功能性磁共振成像技术观察志愿者的大脑活动，结果发现他们对分手等社会拒绝行为产生反应的大脑部位与对躯体疼痛产生反应的部位重合，因此，分手这类社会拒绝行为会引起他们的躯体疼痛。

【模型识别】

研究人员通过"大脑部位与对躯体疼痛产生反应的部位重合"的反应判断志愿者会引起"躯体疼痛"，二者明显不一致，故本题为拆桥搭桥模型。

【选项详解】

(A)项，题干只讨论了"分手这类社会拒绝行为"，并不涉及"社会应激事件"。（干扰项·转移论题）

(B)项，无关选项，题干论证不涉及大脑定位常用的方法。

(C)项，题干论证要想成立，只需说明生理反应与心理反应具备相关性即可，不必假设心理过程

的改变"一定会"影响其生理反应。（干扰项·程度不同）

(D)项，此项指出"大脑部位"是生理反应与心理反应的中间媒介，即：建立了"部位重合"与"躯体疼痛"之间的联系，搭桥法，必须假设。

(E)项，题干中的论证只需论证分手等心理活动与生理上的疼痛具备相关性即可，不需要假设生理痛苦"总是"通过心理活动来体现。（干扰项·假设过度）

28.（B）

【详细解析】

先考虑不把说话者计算在内的情况，这时讲师和教授共有 15 名。

首先由条件(1)可知，则教授至少应有 8 名。

再由条件(3)可知，则男教授至少有 5 名。

接着由条件(2)可知，男讲师至少有 6 名。

结合条件(4)可知，讲师至少有 7 名，则教授至多有 8 名。所以，要满足条件，只能是教授 8 名，其中男教授 5 名，女教授 3 名，讲师 7 名，其中男讲师 6 名，女讲师 1 名。

若说话者是男讲师，则教授人数＝讲师人数，与条件(1)矛盾。

若说话者是女教授，与题干不矛盾。

若说话者是男教授，则男讲师人数＝男教授人数，与条件(2)矛盾。

若说话者是女讲师，则教授人数＝讲师人数，与条件(1)矛盾。

故答案为(B)项。

29.（D）

【论证结构】

直接定位"制造商的预测"：尽管非处方购买的皮肤贴并不比使用处方购买的皮肤贴更有效，而且二者价格同样昂贵，但是非处方购买皮肤贴销量将会大增。

【模型识别】

锁定关键词"预计"，可知此题是预测结果模型。

【选项详解】

(A)项，大多数想戒烟并发现尼古丁皮肤贴有助于戒烟的人已经成功戒烟，那么就不需要尼古丁皮肤贴，因此，尼古丁皮肤贴的销量未必会大增，削弱制造商的预测。

(B)项，此项指出尼古丁皮肤贴通常比其他戒烟手段昂贵，那么人们可能会选择其他戒烟手段去戒烟，因此，尼古丁皮肤贴的销量未必会大增，削弱制造商的预测。

(C)项，此项说明有其他手段帮助人们戒烟，那么人们未必会选择尼古丁皮肤贴，因此，尼古丁皮肤贴的销量未必会大增，削弱制造商的预测。

(D)项，此项指出获取处方购买尼古丁皮肤贴有困难，那么非处方购买的方式会刺激销量增加，支持制造商的预测。

(E)项，此项说明尼古丁皮肤贴并无明显的优势，因此，尼古丁皮肤贴的销量未必会大增，削弱制造商的预测。

30.（C）

【模型识别】

本题存在"人"和"科目"的一一匹配关系，故为两组元素的定量匹配模型。

【详细解析】

由题干条件②、③可知，张老师不是外语老师，也不是数学老师，故张老师是语文老师。

由题干条件①可知，李老师不是外语老师，故李老师是数学老师。

因此，王老师是外语老师。

故（C）项正确。

31.（B）

【题干信息】

题干：短时间内，人的审美判断是主观的，所以对当代艺术作品的评价就经常出现较大分歧；长时间后，审美中的主观因素逐渐消失，人的审美判断就相当客观了，就可以客观地评价出伟大的作品。

【模型识别】

题干的提问方式为"最好地支持了以下哪项"，且题干中没有典型的形式逻辑关键词，故本题属于推论题。

【选项详解】

(A)、(C)、(E)三项，题干均未提及。

(B)项，由题干信息可得，对于当代艺术作品价值的判断，会受到主观因素的影响。故此项可以被推出。

(D)项，与题意不符。题干表明，一件艺术作品是否为伟大的作品需要经过长时间后，审美中的主观因素逐渐消失，才能被客观评价，而非由批评家的态度来评价。

32.（A）

【模型识别】

本题的已知条件为数量关系(7选4)和假言命题构成，故此题为数量假言模型。

【详细解析】

题干无确定事实，观察题干发现：条件(3)中的人均为重复元素，故优先分析。

若条件(3)前件为真，根据口诀"肯前必肯后"可得：陈被评为优秀。

若条件(3)前件为假，结合条件(2)可得：李、肖2人被评为优秀。

由二难推理得，陈和李中至少有一人被评为优秀、陈和肖中至少有一人被评为优秀。

故（A）项正确。

33.（B）

【论证结构】

题干：在石器附近的沙地中发现了一些已经成为化石的动物骨骼，上面布满了划痕，但并不是牙印(现象)。当用类似石器的工具磨划这些骨头时，所产生的划痕和化石里的划痕很相似。因此，也许对于那些目前已成为化石的动物们，在它们活着时，人们已经开始使用石器来对付它们了(原因)。

【模型识别】

题干先描述了一种现象，然后对现象的原因进行分析，故此题为**现象原因模型**。

【选项详解】

(A)项，无关选项，题干的论证不涉及化石骨骼古老程度的比较。(干扰项·无关新比较)

(B)项，此项说明骨骼上的划痕可能是被踩所致，另有他因，可以削弱。

(C)项，无关选项，题干仅仅是在求证这些化石骨骼上出现划痕的原因，但并不代表有石器的地区一定会在骨骼上留下划痕。

(D)项，无关选项，题干讨论的是骨骼上的划痕，不是石器上的划痕。(干扰项·偷换论证对象)

(E)项，支持题干，补充论据说明化石骨骼上的划痕不是牙印。

34.(C)

【模型识别】

此题比较游泳速度的快慢，显然是**排序模型**。

【详细解析】

从事实"R 是第一名"出发，由条件(3)可得：T 为最后一名。

由条件(1)、(2)可知，V、P、Q 三人的相对关系为：V＞P＞Q。

故 V 后面至少有 P、Q、T 三人，即 V 最差为第四名。

35.(D)

【详细解析】

从事实"S 是第六名，Q 是第五名"出发，由条件(3)可得：R 第一名，T 最后一名。

其余 V、P、U 分别在二、三、四名。故排除(B)、(E)。

由条件(1)得：V＞P。故 V 只能是第二名或者第三名；P 只能是第三名或者第四名。

故排除(A)、(C)。即(D)项正确。

36.(C)

【论证结构】

题干：北京凯华出租汽车公司接到的乘客投诉电话的数量是北京安达出租汽车公司的 2 倍(现象)，这说明(其原因是)，安达出租汽车公司比凯华出租汽车公司的管理更规范，服务质量更高(原因)。

【模型识别】

题干先描述了一种现象，然后对现象的原因进行分析，故此题为**现象原因模型**。

【选项详解】

(A)项，安达出租汽车公司接到的投诉电话少是因为电话号码数多，另有他因，削弱题干。

(B)项，无关选项，题干的论证只涉及电话总数的比较，不涉及上升速度的比较。(干扰项·无关新比较)

（C）项，支持题干，安达出租汽车公司的在运营车辆多于凯华出租汽车公司，但是投诉电话的数量却低于凯华出租汽车公司，补充论据说明安达出租汽车公司的管理更规范。

（D）项，无关选项，题干的论证只涉及电话总数的比较，不涉及投诉电话时间长短的比较。（干扰项·无关新比较）

（E）项，说明投诉少的不一定服务质量好，可能是顾客不投诉，但"有的"是弱化词，故削弱力度较小。

37.（D）

【模型识别】

题干中出现四个性质命题，这些性质命题中存在重复元素，故此题为**性质串联模型**。

【详细解析】

题干有以下论断：

①有些人游览中国西部。

②有些人游览中国东北。

③游览中国东北→游览中国西部，等价于：没有游览中国西部→没有游览中国东北。

④没有游览中国西部→新加坡人。

由题干信息④可得：有的没有游览中国西部→新加坡人，等价于：有的新加坡人→没有游览中国西部。

再与题干信息③串联得：有的新加坡人→没有游览中国西部→没有游览中国东北。

故（D）项"有些新加坡人没有游览中国东北"为真。

其余各项均不正确。

38.（E）

【论证结构】

题干：东山市肝病发生率和人口死亡率都很高（两个现象同时出现）。所以，肝病的高发导致人口死亡率很高（因果关系）。

【模型识别】

题干通过两个现象同时出现，从而说明这两个现象中有因果关系，故此题为**共变法模型**。

【选项详解】

Ⅰ项，有因无果，说明肝病发病率高，但人口死亡率低，可以削弱。

Ⅱ项，说明滥用药品是导致人口死亡率高的原因，因果无关，削弱题干。

Ⅲ项，另有他因，说明吸毒是导致人口死亡率高的原因，可以削弱。

故（E）项正确。

39.（A）

【模型识别】

题干已知"四个判断只有一假"，故此题为**真假话问题**。优先找矛盾关系。如果题干中没有矛盾，则根据"只有一假"，可以找反对关系。

【详细解析】

题干均为复言命题,整理一下有利于解题。

甲:①保持政治稳定∧实现经济发展。

乙:②保持政治稳定∀实现经济发展。

丙:③实现经济发展→生活改善,等价于:¬实现经济发展∨生活改善。

丁:④¬生活改善。

第1步:找矛盾。

题干中无明显矛盾关系。

第2步,找反对关系。

①和②为反对关系,至少一假;再结合"只有一假"可知,③和④均为真。

第3步,推出结论。

由④为真可得:¬生活改善;再结合③可得:¬实现经济发展。

由"¬实现经济发展"可知,甲的猜测为假。故(A)项正确。

40. (C)

【题干现象】

待解释的现象:许多主要吃玉米的欧洲人得了糙皮病,而主要吃玉米的美洲人没有得糙皮病。

【选项详解】

(A)项,无关选项,题干的论证不涉及玉米成为欧洲南部主要流行食物的原因。

(B)项,美洲玉米中的烟酸含量较欧洲更多,但美洲却无人患糙皮病,加剧题干的现象。

(C)项,此项说明美洲人与欧洲人在吃玉米时烹饪方法可能不同,美洲人所用的烹饪方式将烟酸转换成人体可用形式,从而避免了患糙皮病,可以解释。

(D)项,无关选项,题干的论证对象是"玉米",此项的论证对象为"其他烟酸丰富的食物"。(干扰项·偷换论证对象)

(E)项,无关选项,题干的论证不涉及糙皮病的传染方式。(干扰项·转移论题)

41. (E)

【模型识别】

题干由事实和假言(选言可转化为假言)构成,故此题为<u>事实假言模型</u>。"从事实出发做串联"即可秒杀。

【详细解析】

从事实出发,由"不选马原"可知,条件(4)后件为假,根据口诀"否后必否前",可得:不选财务会计理论研究。

再结合条件(1)"计量经济学和财务会计理论研究至少要选一个"可得:选计量经济学。

由"选计量经济学"可知,条件(2)后件为假,根据口诀"否后必否前",可得:选会计理论研究∧选现代经济学。

由推出的事实无法联合条件(3),因此,无法确定英语是否能选。

故(E)项正确。

42. (C)

【论证结构】

题干：①从地球到火星和"火卫一"的飞行时间差不多。

②完成登陆探测"火卫一"所需的燃料，只是完成登陆探测火星所需的一半。

因此，下一个外太空的登陆目标应该是火星的卫星"火卫一"而不是火星。

【模型识别】

题干中无明显模型，故直接分析选项。

【选项详解】

(A)项，题干的论证不涉及从火星到"火卫一"的空间距离。（干扰项·转移论题）

(B)项，提出反面论据，说明登陆探测火星的设备要求不会更高，削弱题干。

(C)项，补充新的论据，说明无论是登陆还是离开火星所需的燃料都比"火卫一"多，支持题干。

(D)项，题干的论证不涉及大、小飞行器的燃料消耗比较。（干扰项·无关新比较）

(E)项，专家的个人观点未必为真，诉诸权威。（干扰项·诉诸主观）

43. (A)

【秒杀思路】

题干由事实和假言命题构成，故此题为事实假言模型。"从事实出发做串联"即可秒杀。

【详细解析】

从事实出发，由"乙和丙参与研发的芯片不能相同"可知"甲和丁参与研发的芯片不能相同"。

结合条件(2)可知：甲不参与光子芯片研发。

再结合条件(4)可知，甲参与研发射频芯片和NPU芯片。故(A)项为真。

44. (B)

【详细解析】

从事实出发，由"乙不参与光子芯片研发"可得：乙在射频芯片、叠加芯片和NPU芯片三种芯片中选择两种。故(B)项正确。

45. (C)

【论证结构】

题干：常年打太极拳和从不打太极拳的人平均寿命相同（现象），由此可见（其原因是），打太极拳并不能强身健体、延长寿命（排除"太极拳"这个原因）。

【模型识别】

题干根据打太极拳和从不打太极拳的人平均寿命相同，排除"太极拳"这个原因，故此题为剩余法模型。

【选项详解】

(A)项，无关选项，题干的论证对象是"坚持常年打太极拳的人"，此项的论证对象为"有些运动员"。（干扰项·偷换论证对象）

(B)项，可以削弱题干，但不涉及论据与论点间的关系，故削弱力度不大。

(C)项，此项指出打太极拳的人与从不打太极拳的人本质上有差异。体弱多病者一般寿命低于平均寿命，但坚持常年打太极拳后其平均寿命和普通人相同，说明打太极拳确实可以延长寿命，题干的排除无效，削弱题干。

(D)项，题干的论证不涉及"打太极拳对场地的要求"。（干扰项·转移论题）

(E)项，广大年老体弱者的认可无法说明太极拳实际上是否具有强身健体的作用。（干扰项·诉诸众人）

46.（E)

【模型识别】

题干中出现相邻关系，显然为相邻与不相邻模型。

【详细解析】

由条件(2)可知，李雷在 3 号或 6 号，再结合条件(3)可知，李雷只能在 3 号。因此，2 号和 4 号均为中场球员，且 6 号为后卫球员李伟。

再结合条件(1)可知，5 号和 7 号均不是中场，也均不是后卫。因此，这两个位置只能是前锋或守门员。已知守门员只有 1 位，故场上至少还存在另一位前锋。

故(E)项正确。

47.（C)

【模型识别】

本题的已知条件为数量关系(7 选 4)和假言命题构成，故此题为数量假言模型。

【详细解析】

从 7 人中选 4 人，即有 3 人不选。

由题干条件(3)可得：甲、乙中有一人不参加。

由题干条件(4)可得：戊、己中有一人不参加。

因此，丙、丁、庚三人中只有一人不参加，所以从这三人中任意选择两人，都至少有一人参加。

故(C)项正确。

48.（A)

【题干现象】

锁定"尽管"一词，观察其后两个现象的看似矛盾之处：对于备办酒宴机构的卫生检查程序要比普通餐厅的检查程序严格得多，但在报到市卫生主管部门的食品中毒案件中，还是来自酒宴服务的比来自普通餐厅的多。

【选项详解】

(A)项，此项说明只有在影响到一个相互联系的群体，人们才会在吃一顿饭和随之而来的疾病之间建立关联。而普通餐厅一般没有相互联系的群体，但是参加酒宴的一般都是相互联系的群体，可以解释。

(B)项，备办酒宴的餐厅剩余食物（食品中毒的一个主要来源）更少，则中毒的现象应该也更少，加剧题干的矛盾。

(C)项，不能解释，是否同时提供两种服务与食品中毒的差异无关。

(D)项，无关选项，二者食品中毒的差异与其他场所和服务无关。

(E)项，不能解释，此项并未指出未上报的中毒案件是发生在备办酒宴机构还是普通餐厅。

49. (B)

【模型识别】

题干出现7个评委和2种态度的匹配，但具体匹配数量并不确定，故此题为<u>不定量匹配模型</u>。此题的提问方式为"下列哪项可能是真的"，故优先考虑选项排除法。

【选项详解】

(A)项，将此项带入条件(1)可知，B组评委全部投反对票，与本题条件"B组两个评委的投票结果不同"矛盾，此项不可能为真。

(B)项，不与题干信息矛盾，此项可能为真。

(C)项，由"C组评委全部投同意票"结合条件(2)，可知，A组评委应全部投反对票，此项不可能为真。

(D)项，"A组评委全部投同意票"与条件(5)矛盾，此项不可能为真。

(E)项，"A组评委全部投同意票"与条件(5)矛盾，此项不可能为真。

50. (B)

【详细解析】

由条件(5)可知，至少有一个A组评委投反对票。

假设另外一个A组评委也投反对票。由条件(1)可知，如果至少有一个C组评委投反对票，则B组两人均投反对票。此时，反对票至少有5票，由条件(3)可知，C组的另外两人投同意票；如果C组评委都不投反对票，则C组三个评委均投同意票。

假设另外一个A组评委投同意票。则A组评委中既有同意票，也有反对票，故不论C组评委怎么投票，A组中均有评委的投票结果与C组相同，故由条件(2)逆否可得，C组三个评委的投票结果并不相同，故至少有人投同意票有人投反对票。

综上所述，不论哪种情况，C组均有评委投同意票，故(B)项为真。

51. (E)

【论证结构】

题干：①联苯化合物对人体有害。②许多牧民饲养的荷兰奶牛的饲料中有联苯残留物。

因此，在动物饲料中添加作为催长素的联苯化合物，对人体有害。

【模型识别】

题干中无明显模型，故直接分析选项。

【选项详解】

(A)项，无关选项，题干的论证不涉及荷兰奶牛乳制品与其他地区奶牛乳制品"营养含量"的比较。(干扰项·无关新比较)

(B)项，荷兰奶牛的"血液"和"尿液"并不被人食用，因此，在这些地方发现了联苯残留物，无法确定是否对人体有害，故此项不能支持。

(C)项，因为荷兰奶牛乳制品的"生产地区"，未必是荷兰奶牛乳制品的"消费地区"，因此，当地的癌症发病率未必与荷兰奶牛相关，故此项不能支持。

(D)项，无关选项，题干讨论的是联苯残留物对人的影响，而不是对奶牛的影响。

(E)项，补充论据，说明荷兰奶牛乳制品确实对人体有害。

52.（D)

【模型识别】

题干中出现三个假言命题，这些命题中有重复元素"保持自尊""问心无愧"，故此题为假言串联模型。

【详细解析】

第1步：画箭头。

①受人尊敬→保持自尊。

②保持自尊→问心无愧。

③﹁恪尽操守→﹁问心无愧，等价于：问心无愧→恪尽操守。

第2步：串联。

由①、②、③串联可得：④受人尊敬→保持自尊→问心无愧→恪尽操守。

第3步：逆否。

由④逆否可得：⑤﹁恪尽操守→﹁问心无愧→﹁保持自尊→﹁受人尊敬。

第4步：根据"箭头指向原则"找答案。

Ⅰ项，受人尊敬→恪尽操守，由④可知，此项为真。

Ⅱ项，﹁问心无愧→﹁受人尊敬，由⑤可知，此项为真。

Ⅲ项，恪尽操守→保持自尊，由④可知，"恪尽操守"后无箭头指向，此项可真可假。

综上所述，只有Ⅰ项和Ⅱ项能从题干中推出。故(D)项正确。

53.（E)

【题干信息】

①任何一个人的身体感染了X病毒，一周以后就会产生抵抗这种病毒的抗体。

②这些抗体的数量在接下来大约一年的时间内都会增加。

③抗体测试可以估计感染X病毒的时间，估计误差在一个月之内。

【模型识别】

题干的提问方式为"能被上面的论述最有力地支持"，且题干中没有典型的形式逻辑关键词，故本题属于推论题。

【选项详解】

(A)项，不能推出，由题干信息②可知，抗体数量会在感染X病毒一年内增加，但无法确定是否会增加到它们击败病毒。

(B)项，不能推出，题干仅阐述了测试对于判断感染X病毒时间的作用，无法得出该测试是判断是否感染的唯一途径。

(C)项，不能推出，题干不涉及"被身体防御系统所抵抗"。

(D)项，不能推出，由题干可知，抗体数量会在感染 X 病毒一年内增加，感染超过一年的情况并未可知。

(E)项，可以推出，由题干信息①知，任何人感染此病毒后，一周内是没有产生抗体的，因此，该测试在感染 X 病毒的一周内是无效的。

54.（D）

【模型识别】

题干中(1)、(2)、(3)、(4)、(5)均为假言命题，"每趟车所停靠站台的名称与车名称的第一个字不相同"是事实，故此题为事实假言模型。"从事实出发做串联"即可秒杀。

【详细解析】

从事实出发，由"每趟车所停靠站台的名称与车名称的第一个字不相同"可知，"中兴号"不停靠"中丘"，"东升号"不停靠"东沟"，"北上号"不停靠"北阳"，"西进号"不停靠"西山"，"南天号"不停靠"南镇"。

因此，条件(1)、(5)后件均为假，根据口诀"否后必否前"可得："中兴号"不停靠"西山"，也不停靠"北阳"，"北上号"不停靠"南镇"。

因此，"西山""北阳""中丘"三站"中兴号"均不停靠。结合"每趟车至少停靠两个站台"可得："中兴号"停靠"东沟""南镇"两个车站。

由"中兴号"停靠"东沟"可知，条件(2)后件为假；根据口诀"否后必否前"可得："西进号"不停靠"南镇"。

综上，"北上号""西进号""南天号"均不停靠"南镇"。再结合"每站恰好有 3 趟车停靠"可知，"东升号""中兴号""复兴号"均停靠"南镇"。故(D)项正确。

55.（C）

【详细解析】

本题新补充事实：(6)"北上号"停靠了"东沟"，并且它和"复兴号"只停靠了其中两个站台。

由"北上号"停靠了"东沟"可知，条件(3)前件为真，根据口诀"肯前必肯后"可得："北上号"不停靠"中丘"。

再结合上题推理结果可得下表：

	东升号	西进号	南天号	北上号	中兴号	复兴号
东沟	×			√	√	
西山		×			×	
南镇	√	×	×	×	√	√
北阳				×	×	
中丘				×	×	

由"每趟车至少停靠两个站台"结合上表可知，"北上号"停靠"西山"。因此，"北上号""中兴号""复兴号"均只停靠两个站台。

若(4)的前件为真，根据口诀"肯前必肯后"可得："西进号"不停靠"北阳"；结合上表可知，"西进号"至多停靠1个站台；与"每趟车至少停靠两个站台"矛盾；因此，(4)的前件为假，故，"西进号"停靠"东沟"。

由"西进号"停靠"东沟"可知，条件(3)前件为真；根据口诀"肯前必肯后"可得："西进号"不停靠"中丘"。结合"每趟车至少停靠两个站台"可得："西进号"停靠"北阳"。

综上，可得下表：

	东升号	西进号	南天号	北上号	中兴号	复兴号
东沟	×	√		√	√	
西山		×		√	×	
南镇	√	×	×	×	√	√
北阳		√		×	×	
中丘				×	×	

由上表，结合"每站恰好有3趟车停靠"可知，"东升号"、"南天号"、"复兴号"均在中丘停靠。故(C)项正确。

四、写作

56. 论证有效性分析

【谬误分析】

①"20～29岁的青年人"样本过于单一，并不一定能代表所有年龄段的情况。

②通过一个专家的观点而得出结论，犯了诉诸权威的错误。

③古人说"日出而作，日落而息"未必是因为认识到了"早睡早起对于健康的作用"，也可能是因为古代自然条件有限，日落之后不具备工作的条件。

④由对"动物"的研究推出"人类晚睡也会影响健康"，有不当类比之嫌。人与动物虽然具有一定的相似之处，但人类的思考方式、适应能力与能动性都与动物有本质区别，故并不能必然推出晚睡晚起影响身体健康。

⑤"为了减缓压力，应该早睡早起"有因果倒置之嫌。前文提到，因为"压力大"导致"晚睡"这一结果，所以，"减缓压力"应是实现早睡早起的原因，而并非是因为"早睡早起"才缓解了压力。

早睡早起更有利于健康吗?

老吕助教　港姐

材料通过一系列论证试图说明早睡早起比晚睡晚起更健康,但其论证过程存在多处逻辑谬误,故其观点难以成立。

首先,材料通过对"20～29岁的青年人"的调查,得出"早睡早起比晚睡晚起更健康"的结论,有以偏概全之嫌。这些样本在年龄段上过于单一,并不一定能代表所有年龄段的情况。

其次,文章通过一个专家的观点就认为"CRY1所制造的蛋白质的活跃影响了人的睡眠周期,从而伤害了人体的健康。"过于绝对,有诉诸权威的嫌疑。而且,其调查对象是"38位患者",同样存在样本过少的问题,说服力不强。

再次,古人说"日出而作,日落而息"未必是因为认识到了"早睡早起对于健康的作用",也有可能是因为古代自然条件有限,日落之后不具备工作的条件。

另外,材料由对"动物"的研究推出"人类晚睡也会影响健康",有不当类比之嫌。人与动物虽然具有一定的相似之处,但人类的思考方式、适应能力与能动性都与动物有本质区别,故并不能必然推出晚睡晚起影响身体健康。

最后,"为了减缓压力,应该早睡早起"有因果倒置之嫌。前文提到,因为"压力大"导致"晚睡"这一结果,所以,"减缓压力"应是实现早睡早起的原因,而并非是因为"早睡早起"才缓解了压力。

综上,材料的论证中存在多处逻辑漏洞,"早睡早起更有利于健康"这一结论的正确性有待商榷。

(全文共545字)

57. 论说文

如此"伯乐",有辱其名

老吕学员　周嘉瑜

赵人卖马,无人问津;求诸伯乐,生意火爆。这则故事中拿钱办事的"伯乐",令我唏嘘:如此"伯乐",有辱其名!

"千里马常有,而伯乐不常有",伯乐本是慧眼识宝、任人唯贤的"火眼金睛","千里马"都渴望得到伯乐的赏识,伯乐的认可也自然成为普罗大众的"风向标"。然而,倘若伯乐皆如"赵人卖马"中的假伯乐那般,我倒宁可"伯乐不常有"。

但事与愿违，如今的"假伯乐"并非"不常有"，倒是"常常有"。家喻户晓的各路明星代言商品，要么广告内容虚假，要么效用夸大其实，甚至产品本身质量令人担忧，违禁成分、致癌物质不一而足……沐猴而冠的各种"砖家"口吐莲花、天花乱坠，各种"灵丹妙药"在他们的鼓吹中粉墨登场，唬得老头儿、老太太们趋之若鹜地掏钱抢购。从明星到专家，这些具有一定社会号召力的公众人物就如同"赵人卖马"中的假伯乐，利用自身的"名人效应"，将未加鉴别的"好马"向消费者推荐，却不料这匹"马儿"根本不会跑，更可能跑得不稳而让"买马人"跌了个大跟头。

"伯乐"拿人钱财，替人广而告之，既可提高自身曝光度，也可有所收益，看起来无可厚非。然而这一切都应建立在"责任"二字的基础之上。上述"假伯乐"对自己代言的商品，不亲身试用、鉴定真伪好坏，便不顾后果地任由其泛滥，使消费者受到蒙骗，都是因为心中缺失了"责任"二字，他们心中没有大众的利益，只有自己的利益。

殊不知，如果"伯乐"都变成只为自身利益而"推磨"的"魔鬼"，不但伤害大众，必然也将反过来折煞自己，形象受损、名誉扫地、公信力再无，那么再也不会有"赵人"求诸你，更不会有消费者信任你。身为"伯乐"，有多大的光环，就有多重的责任，消费者选择相信你，就不该让他们失望，这样，才不辱"伯乐"之名。

莫做如此"假伯乐"，须将责任放心间，便能名利自绽放。

（全文共 744 字）

全国硕士研究生招生考试
管理类综合能力试题答案详解
冲刺卷 2

一、问题求解

1. (D)

【详细解析】

根据题意可设需增加 x 人，每人的工作效率为 1，原计划 15 个人需 20 天完成任务，则现在 $15+x$ 个人需要 15 天完成任务．因为工作总量一定，则有 $15 \times 20 \times 1 = (15+x) \times 15 \times 1 \Rightarrow x = 5$，故需要增加 5 人才能按时完成任务．

2. (D)

【详细解析】

方法一：设原有 x 辆车，则共有 $28x+1$ 人．

设减少一辆汽车后，每辆车坐 n 个人，则有 $n(x-1) = 28x+1$，且 $28 < n \leqslant 35$．

整理得 $x = \dfrac{n+1}{n-28} = \dfrac{n-28+29}{n-28} = 1 + \dfrac{29}{n-28}$．

因为 x 是整数，则 $\dfrac{29}{n-28}$ 是整数，又因为 29 为质数，所以 $n-28 = 29$ 或 1，解得 $n = 57$（舍）或 $n = 29$，因此 $x = 30$．故汽车共有 30 辆．

方法二：在原来每辆汽车乘坐 28 人的前提下，如果减少一辆汽车，此时有 29 人未上车．但减少一辆汽车，游客正好平均分乘到各辆汽车上，所以将 29 人平分到其他车上，恰好分完，只能每辆车分到 1 人，故现有 29 辆车，因此原有 30 辆车．

3. (C)

【详细解析】

原来计算过程中，总分少算了 $87-78 = 9$（分），而平均分少算了 $85.31 - 85.13 = 0.18$（分），即每个人都少算了 0.18 分，故一共有 $9 \div 0.18 = 50$（名）学生．

4. (E)

【详细解析】

由非负性可得

$$(x+3)^2 + |3x+y+m| = 0 \Rightarrow \begin{cases} x+3 = 0, \\ 3x+y+m = 0 \end{cases} \Rightarrow y = 9-m.$$

因为 y 为负数，所以 $9-m<0$，$m>9$.

5. (C)

【详细解析】

设 A、B 两城相距 s 千米，甲车速度为 $v_甲$ 千米/小时，乙车速度为 $v_乙$ 千米/小时.

两车速度保持不变，行驶时间相同，故有

$$\frac{v_甲}{v_乙}=\frac{s_甲}{s_乙}=\frac{50}{s-50}=\frac{s-50+60}{50+s-60},$$

解得 $s=90$. 故 A、B 两城相距 90 千米.

6. (D)

【详细解析】

由 $\frac{1}{x}=\frac{3}{x+z}$ 可得 $z=2x$，又由 $\frac{1}{x}=\frac{2}{y-z}$ 可得 $y=4x$，代入所求式子可得

$$\frac{3x+2y+z}{x+2y+3z}=\frac{3x+8x+2x}{x+8x+6x}=\frac{13}{15}.$$

【秒杀技巧】

齐次分式求值必可用赋值法.

令 $x=1$，$y=4$，$z=2$，则 $\frac{3x+2y+z}{x+2y+3z}=\frac{3+8+2}{1+8+6}=\frac{13}{15}$.

7. (B)

【详细解析】

设 $x+y=c$，即 $y=-x+c$，则求 $x+y$ 的最大值转化为求直线纵截距的最大值. 如图所示，当直线 $y=-x+c$ 与阴影部分的右上方相切时，c 取到最大值. 右上方半圆所在的小圆方程为 $x^2+(y-1)^2=1$，圆心坐标为 $(0,1)$、半径为 1，直线 $x+y=c$ 与圆 $x^2+(y-1)^2=1$ 相切，故有 $\frac{|1-c|}{\sqrt{2}}=1$，解得 $c=1\pm\sqrt{2}$.

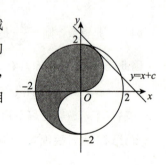

由图可知，$c>0$，故 $c_{\max}=1+\sqrt{2}$，即 $(x+y)_{\max}=1+\sqrt{2}$.

8. (E)

【详细解析】

已知 $\frac{S_4}{S_8}=\frac{1}{3}$，可令 $S_4=1$，$S_8=3$. 由于 $\{a_n\}$ 是等差数列，故其连续等长片段和 S_4，S_8-S_4，

$S_{12}-S_8$，$S_{16}-S_{12}$ 也成等差数列，首项为 1、公差为 1. 由此可知

$$S_{16}=S_4+(S_8-S_4)+(S_{12}-S_8)+(S_{16}-S_{12})=1+2+3+4=10.$$

故 $\frac{S_8}{S_{16}}=\frac{3}{10}$.

9.（B）

【详细解析】

由题意可知，能锯下的最大正方体的棱长为 10 厘米．

故表面积减少的是 4 个边长为 10 厘米的正方形的面积，即 $4 \times 10^2 = 400$（平方厘米）．

10.（A）

【详细解析】

因为甲、乙、丙都没有得到冠军，所以从丁、戊、己中选一个为冠军，有 C_3^1 种可能．因为丙不是最后一名，乙的名次又在丙前，且冠军已定，所以最后一名有 C_3^1 种可能．此时还剩下 4 个位置，4 名同学全排列，因此有 A_4^4 种可能．又因为乙、丙定序，所以有 $\dfrac{A_4^4}{A_2^2} = 12$（种）可能．

故总的排列情况有 $C_3^1 C_3^1 \times 12 = 108$（种）．

11.（E）

【详细解析】

因为 $\{a_n\}$ 是等差数列，由求和公式，可知 $S_9 = 9a_5$，$S_{11} = 11a_6$．

又由题干易知，$\dfrac{S_9}{S_{11}} = \dfrac{9^2 - 2 \times 9}{11^2 - 2 \times 11} = \dfrac{7}{11}$，因此 $\dfrac{9a_5}{11a_6} = \dfrac{7}{11}$，则 $\dfrac{a_5}{a_6} = \dfrac{7}{9}$．

12.（E）

【详细解析】

设圆的半径为 r，则有

$$S_1 = \frac{1}{6}\pi r^2,\quad S_2 = \frac{\sqrt{3}}{4}r^2,\quad S_3 = \frac{1}{3}\pi r^2 - \frac{\sqrt{3}}{4}r^2.$$

因此，$2S_1 = S_2 + S_3$，$S_1 > S_2$，可得 $S_3 > S_1$．故有 $S_3 > S_1 > S_2$．

【秒杀技巧】

显然 S_1 占了半圆的三分之一，S_3 和 S_2 共占半圆的三分之二，但 S_3 比 S_2 大，所以，S_3 大于半圆的三分之一，S_2 小于半圆的三分之一，故 $S_3 > S_1 > S_2$．

13.（C）

【详细解析】

分两种情况进行讨论：

①不取红色卡片．除红色外，任意抽取 3 张卡片，有 C_{12}^3 种取法；若 3 张为同色，则可能同为黄色、蓝色、绿色，即 $3C_4^3$．故 3 张卡片不同色的取法有 $C_{12}^3 - 3C_4^3 = 208$（种）．

②取 1 张红色卡片．红色卡片只能抽取 1 张，即 C_4^1；此时已经可以保证 3 张不同色，故在除红色以外的 12 张卡片中抽取 2 张，即 C_{12}^2．由乘法原理得，取法共有 $C_4^1 C_{12}^2 = 264$（种）．

所以，不同的取法共有 $208 + 264 = 472$（种）．

14. (C)

根据韦达定理得 $\alpha+\beta=p$①，$\alpha\beta=q$②，$\alpha^2+\beta^2=p$③，$\alpha^2\beta^2=q$④.

由式②、④得 $\alpha^2\beta^2-\alpha\beta=0$，解得 $\alpha\beta=1$ 或 $\alpha\beta=0$，即 $q=1$ 或 $q=0$.

由式①、②、③得 $\alpha^2+\beta^2=(\alpha+\beta)^2-2\alpha\beta=p^2-2q=p$，即 $p^2-2q-p=0$.

当 $q=0$ 时，$p^2-p=0$，解得 $p=1$ 或 $p=0$，即 $\begin{cases}q=0,\\p=1\end{cases}$ 或 $\begin{cases}q=0,\\p=0.\end{cases}$ 将这两组解代入原方程中，验证可知符合题意.

当 $q=1$ 时，$p^2-p-2=0$，解得 $p=-1$ 或 $p=2$，即 $\begin{cases}q=1,\\p=-1\end{cases}$ 或 $\begin{cases}q=1,\\p=2.\end{cases}$ 将这两组解代入原方程中，验证可知 $\begin{cases}q=1,\\p=-1\end{cases}$ 不符合题意，舍去.

所以数对 (p,q) 的个数是 3.

15. (C)

由题中右图可知，当 $x=3$ 时，$CP=3$，$y=\dfrac{1}{2}CP\cdot CD=3$，即 $\dfrac{1}{2}\times 3CD=3$，解得 $CD=2$. 因为 D 是 BC 中点，所以 $BC=4$.

当 $x=8$ 时，面积发生转折，此时点 P 和点 A 重合，所以 $AC=8$.

在 Rt$\triangle ABC$ 中，$\angle C=90°$，$BC=4$，$AC=8$，故 $AB=\sqrt{AC^2+BC^2}=4\sqrt{5}$.

二、条件充分性判断

16. (B)

两人破解密码的结果相互独立. 设甲、乙单独成功破解密码的概率分别为 P_1，P_2.

若甲、乙两人至少有一人成功破解，则该密码能被成功破解，其反面为甲、乙两人都不能成功破解，故所求概率为 $1-(1-P_1)(1-P_2)=P_1+P_2-P_1P_2$.

条件(1)：甲、乙至多一人能够成功破解的概率为 $1-P_1P_2$；而甲、乙都能成功破解的概率为 P_1P_2，两个都是只能求出 P_1P_2，得不出 P_1+P_2，故条件(1)不充分.

条件(2)：甲、乙都不能破解的概率为 $(1-P_1)(1-P_2)$，那么密码能成功破解的概率为 $1-(1-P_1)(1-P_2)$，故条件(2)充分.

17. (C)

设商店有冰墩墩挂件 x 个，单价为 m 元；雪容融挂件有 $200-x$ 个，单价为 n 元.

由题意可知，售出的冰墩墩为 $\dfrac{5}{6}x\cdot m$ 元，售出的雪容融为 $(200-x)\cdot n$ 元，故一共售出了

$$\frac{5}{6}xm+(200-x)n=\left(\frac{5}{6}m-n\right)x+200n \text{ 元}.$$

条件(1)：只知 m，无法得出 $\left(\frac{5}{6}m-n\right)x+200n$ 的值，不充分．

条件(2)：已知 $n=\frac{5}{6}m$，则 $\left(\frac{5}{6}m-n\right)x+200n=200n$，但不知道 n 的值，故条件(2)不充分．

联立两个条件，知道 m 的值，且 $n=\frac{5}{6}m$，故可求得 n 的值，即可求得 $200n$ 的值，因此能确定售出两种挂件的总金额，故联立两个条件充分．

18.（D）

【详细解析】

条件(1)：因为 $\dfrac{9^a 3^b}{\sqrt{3^a}}=3$，故 $3^{\frac{3a}{2}+b}=3$，即 $\frac{3a}{2}+b=1 \Rightarrow b=1-\frac{3a}{2}$，则

$$ab=a\left(1-\frac{3a}{2}\right)=-\frac{3}{2}a^2+a=-\frac{3}{2}\left(a-\frac{1}{3}\right)^2+\frac{1}{6},$$

故当 $a=\frac{1}{3}$ 时，ab 存在最大值 $\frac{1}{6}$，条件(1)充分．

条件(2)：根据题意，可得 $\Delta \geqslant 0$，即 $4m-4m(m^2-4)\geqslant 0 \Rightarrow m(m+\sqrt{5})(m-\sqrt{5})\leqslant 0$，由穿线法解得 $m\leqslant -\sqrt{5}$ 或 $0\leqslant m\leqslant\sqrt{5}$．由 $\sqrt{m}$ 可知，$m\geqslant 0$，且由一元二次方程，可知 $m\neq 0$，故 $0<m\leqslant\sqrt{5}$．

由韦达定理可知，$ab=\dfrac{m^2-4}{m}=m-\dfrac{4}{m}$，因为 $m>0$，故 m 越大，$-\dfrac{4}{m}$ 越大，$ab=m-\dfrac{4}{m}$ 越大，故当 $m=\sqrt{5}$ 时，ab 存在最大值 $\sqrt{5}-\dfrac{4}{\sqrt{5}}$．条件(2)充分．

19.（D）

【详细解析】

设 d 为圆心到直线的距离，则直线被圆截得的弦长为 $l=2\sqrt{r^2-d^2}$．

由点到直线的距离公式得 $d=\dfrac{|a\cdot 0+b\cdot 0-c|}{\sqrt{a^2+b^2}}=\dfrac{|c|}{\sqrt{a^2+b^2}}$，故 $l=2\sqrt{2-\dfrac{c^2}{a^2+b^2}}$．

条件(1)：根据勾股定理，得 $a^2+b^2=c^2$，故 $l=2\sqrt{2-\dfrac{c^2}{c^2}}=2$，条件(1)充分．

条件(2)：由等差数列中项公式，得 $a^2+b^2=2c^2$，故 $l=2\sqrt{2-\dfrac{c^2}{2c^2}}=\sqrt{6}$，条件(2)充分．

20.（D）

【详细解析】

条件(1)：能构成直角三角形的有 2 种情况，即 $\{3,4,5\}$，$\{6,8,10\}$．

所以，任取三个元素，能构成直角三角形三边长的概率为 $\dfrac{2}{C_6^3}=\dfrac{1}{10}$，故条件(1)充分．

条件(2)：能构成直角三角形的有 2 种情况，即 {6，8，10}，{5，12，13}.

所以，任取三个元素，能构成直角三角形三边长的概率为 $\dfrac{2}{C_6^3}=\dfrac{1}{10}$，故条件(2)也充分.

21. (B)

【详细解析】

设 $\dfrac{a}{b}=k$，即 $a=kb$，则甲的成绩为 $\dfrac{93kb+89b}{2}$，乙的成绩为 $\dfrac{90kb+95b}{2}$，丙的成绩为 $\dfrac{88kb+96b}{2}$.

要使得甲的成绩最高，则须满足

$$\begin{cases} \dfrac{93kb+89b}{2}>\dfrac{90kb+95b}{2}, \\ \dfrac{93kb+89b}{2}>\dfrac{88kb+96b}{2} \end{cases} \Rightarrow \begin{cases} k>2, \\ k>\dfrac{7}{5}. \end{cases}$$

综上，$k>2$，即 $\dfrac{a}{b}>2$. 故条件(1)不充分，条件(2)充分.

22. (C)

【详细解析】

条件(1)：显然不充分.

条件(2)：由 $a_{n+1}=S_{n+1}-S_n$ 及 $a_{n+1}=\dfrac{n+2}{n}S_n$，可得

$$nS_{n+1}-nS_n=(n+2)S_n \Rightarrow \dfrac{S_{n+1}}{n+1}=2\cdot\dfrac{S_n}{n}.$$

但不能排除数列 $\left\{\dfrac{S_n}{n}\right\}$ 首项为 0 的情况，故条件(2)不充分.

在条件(2)的基础上联立条件(1)，$a_1=1$，排除首项为 0 的情况，则数列 $\left\{\dfrac{S_n}{n}\right\}$ 是公比为 2 的等比

数列. 故条件(1)和条件(2)联立充分.

23. (D)

【详细解析】

如下图所示，因为 $\triangle DGE \backsim \triangle EHF$，所以 $\dfrac{DG}{EH}=\dfrac{EG}{FH}$，即 $\dfrac{a-b}{b-c}=\dfrac{b}{c}$.

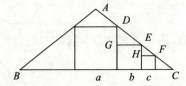

因此

$$b(b-c)=c(a-b) \Rightarrow b^2-bc=ac-bc \Rightarrow b^2=ac \Rightarrow b^2-ac=0.$$

由上可知，b^2-ac 恒等于 0，与 $\angle A$ 和 $\angle B$ 的大小无关，故两个条件都充分.

24. (C)

【详细解析】

显然条件(1)和条件(2)单独都不充分，故考虑联立.

①当 $(a+b)(a-b)\geqslant 0$ 时，$|a+b|+|a-b|=|(a+b)+(a-b)|=2|a|\leqslant 2$；

②当 $(a+b)(a-b)<0$ 时，$|a+b|+|a-b|=|(a+b)-(a-b)|=2|b|\leqslant 2$.

因为①②所包含的情况为全集，故 $|a-b|+|a+b|\leqslant 2$ 恒成立，故联立两个条件充分.

25. (D)

【详细解析】

方法一：

条件(1)：设所持股份最多者的股份占比为 x，其余 9 人所持股份占比分别为 x_1，x_2，…，x_9，则有

$$x_1+x_2+x_3+x_4+x_5+x_6\geqslant 50\%；x_2+x_3+x_4+x_5+x_6+x_7\geqslant 50\%；$$
$$x_3+x_4+x_5+x_6+x_7+x_8\geqslant 50\%；x_4+x_5+x_6+x_7+x_8+x_9\geqslant 50\%；$$
$$x_5+x_6+x_7+x_8+x_9+x_1\geqslant 50\%；x_6+x_7+x_8+x_9+x_1+x_2\geqslant 50\%；$$
$$x_7+x_8+x_9+x_1+x_2+x_3\geqslant 50\%；x_8+x_9+x_1+x_2+x_3+x_4\geqslant 50\%；$$
$$x_9+x_1+x_2+x_3+x_4+x_5\geqslant 50\%.$$

叠加，得 $6(x_1+x_2+\cdots+x_9)\geqslant 50\%\times 9$，即

$$x_1+x_2+\cdots+x_9\geqslant 75\%，$$

则 $x\leqslant 25\%$，故条件(1)充分.

条件(2)：同理，可得 $x\leqslant 25\%$，条件(2)也充分.

方法二： 设所持股份最多者的股份占比为 x，其余 9 人所持的股份占比分别为 x_1，x_2，…，x_9，且存在等量关系 $x_1\leqslant x_2\leqslant\cdots\leqslant x_9$.

令 $A=x_1+x_2+x_3$，$B=x_4+x_5+x_6$，$C=x_7+x_8+x_9$，且 $A+B+C+x=100\%$.

条件(1)：已知 $A+B=x_1+x_2+\cdots+x_6\geqslant 50\%$，$C\geqslant B\geqslant A$，故 $C\geqslant\dfrac{B+A}{2}\geqslant 25\%$. 由此可得

$$A+B+C=x_1+x_2+\cdots+x_9\geqslant 75\%，$$

则 $x\leqslant 25\%$，条件(1)充分.

条件(2)：已知 $A\geqslant 25\%$，$B\geqslant 25\%$，$C\geqslant 25\%$，故

$$A+B+C=x_1+x_2+\cdots+x_9\geqslant 75\%，$$

则 $x\leqslant 25\%$，条件(2)充分.

三、逻辑推理

26. (E)

扫码领

逻辑秒杀技
与干扰项总结

【模型识别】

题干中出现必要条件关联词"只有……才……"，且提问方式为"以下哪项不可能为真"，故此题考查的是假言命题的负命题。

题干：

进入国家排球队→具有足够的身高∧排球技术好，等价于：┐具有足够的身高∨┐排球技术好→┐进入国家排球队。

其矛盾命题为：(┐具有足够的身高∨┐排球技术)∧进入国家排球队。

(A)项，具有足够的身高∧┐排球技术好∧┐进入国家排球队，为真。

(B)项，┐具有足够的身高∧排球技术好∧┐进入国家排球队，为真。

(C)项，具有足够的身高∧排球技术好∧┐进入国家排球队，此项可真可假。

(D)项，具有足够的身高∧排球技术好∧进入国家排球队，此项可真可假。

(E)项，┐具有足够的身高∧┐排球技术好∧进入国家排球队，不符合题干。

因此，(E)项不可能为真。

27. (D)

【模型识别】

题干中出现三个假言命题，且这些命题有重复元素"外汇储备增长""外汇储备投资"，故此题为假言串联模型。

【详细解析】

第1步：画箭头。

①┐外汇储备增长→┐国际影响力，等价于：国际影响力→外汇储备增长。

②┐外汇储备投资→┐外汇储备增长，等价于：外汇储备增长→外汇储备投资。

③外汇储备投资→承担风险。

第2步：串联。

由①、②、③串联可得：④国际影响力→外汇储备增长→外汇储备投资→承担风险。

第3步：逆否。

由④逆否得：⑤┐承担风险→┐外汇储备投资→┐外汇储备增长→┐国际影响力。

第4步：根据"箭头指向原则"找答案。

(A)项，承担风险→外汇增长，由④可知，"承担风险"后面没有箭头指向"外汇增长"，此项可真可假，故排除。

(B)项，┐外汇储备投资→┐承担风险，由⑤可知，"┐外汇储备投资"后面没有箭头指向"┐承担风险"，此项可真可假，故排除。

(C)项，外汇储备投资→国际影响力，由④可知，"外汇储备投资"后面没有箭头指向"国际影响力"，此项可真可假，故排除。

(D)项，等价于：┐承担风险→┐国际影响力，由⑤可知，此项为真，故正确。

(E)项，题干论证不涉及"科学投资"，故排除。

28. (C)

【论证结构】

题干："美国所有州"禁止使用不合格的车辆，所以，旧式美国汽车对"全球"大气污染的危害在未来将会消失。

【模型识别】

锁定关键词"在未来将会"，可知此题为预测结果模型。

此外，本题的论据中涉及的区域是"美国所有州"，论点中涉及的区域是"全球"，前者是后者的子集，故本题也为归纳论证模型。

【选项详解】

(A)项，无关选项，此项仅说明空气污染是个全球问题，但未说明这种污染是否会在将来消失。

(B)项，无关选项，题干的论证不涉及"新车开旧后"与"以前的旧车"产生污染的严重程度的比较。（干扰项·无关新比较）

(C)项，旧式美国汽车会被出口到没有尾气排放限制的国家，说明美国的政策不能代表全球，所以"旧式美国汽车"对空气的污染可能依然存在，只不过是在其他国家而非美国，削弱题干。

(D)项，美国个别州的执行情况不尽如人意，依然可能目前仍然存在旧式美国汽车造成的大气污染；但这种不尽如人意的情况是否会延续无从得知，故此项无法有效削弱题干。

(E)项，无关选项，题干的论证不涉及"汽车数量"与"空气污染严重"关系的讨论。（干扰项·转移论题）

29.（C）

【模型识别】

已知条件由假言命题和选言命题（可转化为假言）组成，且选项均为事实。故此题为假言事实模型。

【详细解析】

题干有如下信息：

①丙∀丁。

②丁→乙。

③甲、丙和己三人只有一个不能入选。

④¬甲→乙。

⑤己∨丁。

条件①可看作半事实，该条件成立只有两种情况，故可以由此出发进行讨论。

情况一：丙∧¬丁。

由"¬丁"结合条件⑤可知：己入选。故丙、己均入选，结合条件③可知：¬甲。

由"¬甲"可知，条件④前件为真，根据口诀"肯前必肯后"，可得：乙。

情况二：¬丙∧丁。

由"丁"可知，条件②前件为真，根据口诀"肯前必肯后"，可得：乙。

综上所述，乙一定入选。故（C）项正确。

30.（D）

【论证结构】

科学家观察到，用含 P-脂肪低的配方奶粉喂养的婴儿比母乳喂养的婴儿视力要差，而母乳中 P-脂肪的含量高（两组对比）。此外还发现，早产 5～6 周的婴儿比足月出生的婴儿视力要差。科学家假设，一种特殊的脂肪，"即 P-脂肪"，是视力发育形成过程中所必需的（论点）。

【模型识别】

科学家的发现①：

配方奶粉(P-脂肪含量低)喂养的婴儿：视力差；

母乳(P-脂肪含量高)喂养的婴儿：视力好；

故：P-脂肪，是视力发育形成过程中所必需的。

科学家的发现②：足月出生的婴儿比早产 5～6 周的婴儿视力好。

本题论点由两组对比实验得出，故此题为<u>求异法模型</u>。

【选项详解】

(A)、(B)项，均指出父母的视力差不会影响婴儿视力，但题干讨论的是"P-脂肪"与"婴儿"视力之间的关系。（干扰项·转移论题）

(C)项，无关选项，题干论证不涉及"饮食中缺乏 P-脂肪的成年人"和"饮食中富含 P-脂肪的成年人"视力间的比较。（干扰项·偷换论证对象、无关新比较）

(D)项，此项结合"足月出生的婴儿比早产 5～6 周的婴儿视力好"可得如下求异结构：

足月的婴儿(P-脂肪获取多)：视力相对较好；

早产 5～6 周的婴儿(P-脂肪获取少)：视力相对较差；

根据求异法原理，可得：P-脂肪会影响视力。

支持科学家的假设。

(E)项，无关选项，题干论证不涉及胎儿视力形成的时间。

31.（D）

【论证结构】

题干：每天的钠摄入量超过 4 克的高钠饮食组（合 10 克食盐），与每天钠摄入量小于 1.5 克的低钠饮食组（合 4 克食盐）人相比，高钠饮食组患高血压的风险明显高于低钠饮食组（两组对比）。而且，每天钠摄入量每增加 0.5 克（合 1.3 克食盐），高血压的风险就增加 17%。因此，研究人员因此得出结论，食盐摄入量高增加患高血压的风险（论点）。

【模型识别】

题干存在两组对象的对比：

第一组：每天的钠摄入量超过 4 克，患高血压的风险高；

第二组：每天钠摄入量小于 1.5 克，患高血压的风险低；

故：食盐摄入量高增加患高血压的风险。

此题为<u>求异法模型</u>。

此外，高血压的风险随着钠摄入量增加而增加，题干同时使用了<u>共变法</u>得出结论。

【选项详解】

(A)项，题干的论证不涉及食盐摄入量与慢性肾病、高血脂等疾病间的关系。（干扰项·转移论题）

(B)项，无关选项，题干的论证不涉及高血压发病的其他原因。

(C)项，无关选项，题干的论证不涉及食盐摄入量过低对身体的影响。

(D)项，高钠饮食组在减少食盐摄入之后(无因)，血压会明显降低(无果)，支持题干。

(E)项，不能支持，此项只能说明高血压和吃含盐量高的食物相关，但无法说明二者的因果关系。

32.（B）

【模型识别】

题干由两个性质命题的前提和一个性质命题的结论组成，要求补充使论证成立的前提，故此题为<u>隐含三段论模型</u>。

【详细解析】

第1步：将题干中的前提符号化。

前提①：学术水平突出的教授→深受爱戴。

前提②：学术水平突出的教授→注重专业基础。

第2步：如果有多个前提，将前提串联。

本题两个前提中有重复元素，但无法实现串联。

第3步：将题干中的结论符号化。

结论：③有的深受爱戴→不主张只关注学术前沿问题。

第4步：补充从前提到结论的箭头，从而得到结论。

由前提①可以推出：有的学术水平突出的教授→深受爱戴，根据"'有的'互换原则"，可得：④有的深受爱戴→学术水平突出的教授。

易知补充前提：学业水平突出→不主张只关注学术前沿问题，即可得到：有的深受爱戴→学术水平突出的教授→不主张只关注学术前沿问题。从而得到题干的结论。

故(B)项正确。

33.（C）

【模型识别】

题干中出现必要条件关联词"只有……才……"，且提问方式为"以下哪项陈述能构成对上文观点的反驳"，故此题考查的是<u>假言命题的负命题</u>。

【详细解析】

题干：

①对普通人而言，那一点雄心，是把自己拉出庸常生活的坚定动力。

②没有那一点雄心的→无力地被庸常的生活所淹没。

③在变革时代，那一点雄心或许能导致波澜壮阔的结果。

(A)、(D)、(E)项，均是有雄心的成功例子，符合题干①，支持题干。

(B)项，根据题干①和③可知，有雄心，只是成功的动力，导致波澜壮阔的结果是可能的，而非必然的，所以此项与题干并不矛盾，不能反驳题干。

(C)项，柳琴并无雄心∧做成了很多事情，即：没有雄心的∧¬无力地被庸常的生活所淹没，是题干②的矛盾命题，削弱题干。

34.(B)

【题干信息】

①美国的医院以前主要依靠从付款的病人那里取得的收入来弥补未付款治疗的损失。

②几乎所有付款的病人现在都依靠政府或私人的医疗保险来支付医院账单。

③最近，保险公司一直把他们为投保病人的治疗所进行的支付限制在等于或低于真实费用的水平。

【选项详解】

根据题干信息①和②可知，付款病人依靠政府或保险支付的医院账单中包含了未付款病人的费用，故付款病人支付的比实际费用要高。又由题干③可知，最近付款病人的医院账单中不再包含未付款病人的费用。如果没有别的方式弥补未付款治疗的损失，医院就会蒙受损失。故(B)项正确。

(A)项，无关选项，题干的论证对象为"病人"，此项的论证对象为"富人"和"低收入病人"。(干扰项·偷换论证对象)

(C)项，无关选项，题干不涉及是否所有病人都参加保险。

(D)项，推理过度，医院是否会降低成本题干中并不涉及，故无法由此出发进行推理。

(E)项，无关选项，题干并不涉及"捐款情况"。

35.(B)

【模型识别】

题干中的已知条件由假言命题和选言命题(选言命题可转化为假言命题)组成，选项均为事实，故此题为假言事实模型。

【详细解析】

第1步：将题干符号化。

①辛∨丁，等价于：¬丁→辛。

②¬戊→庚，等价于：¬庚→戊。

③丁→乙，等价于：¬乙→¬丁。

④¬乙∨¬庚，等价于：乙→¬庚。

⑤己→¬乙，等价于：乙→¬己。

⑥丙→甲。

⑦己∀甲，等价于：¬己→甲。

第2步：找二难推理。

条件中重复次数最多的元素为"乙"，故由相关条件入手。

条件④、②串联可得：乙→¬庚→戊。

条件③、①串联可得：¬乙→¬丁→辛。

根据二难推理公式可得：戊∨辛。

故(B)项正确。

36.（B）

【模型识别】

本题中新补充了事实，故为<u>事实假言模型</u>。"从事实出发做串联"即可秒杀。

【详细解析】

由本题新补充的事实"丁"出发，串联条件③、⑤和⑦可得：丁→乙→¬己→甲。

则一定会选择甲，故(B)项正确。

37.（C）

【论证结构】

锁定关键词"这项调查表明"，可知此前是论据，此后是论点。

题干：对1.9万名美国人的调查结果显示网恋的离婚率远低于平均离婚率，因此，<u>网恋在成就稳定的婚姻方面是很靠谱的</u>。

【模型识别】

论据中的对象是"参与调查的1.9万美国人"，论点是一个普遍性的结论，故此题为<u>归纳论证模型</u>。

【选项详解】

(A)项，无关选项，题干的论证不涉及"遵循传统的线下约会方式的人的年龄"。（干扰项·转移论题）

(B)项，调查机构不中立，可以质疑题干，但难以确定这种不中立是不是一定造成结果的不正确，削弱力度较小。

(C)项，此项指出被调查者均是结婚时间较短的人，不能代表所有已婚者，样本没有代表性，削弱力度大。

(D)项，无关选项，题干的论证不涉及不同"觅得配偶"的途径的普遍性的比较。（干扰项·无关新比较）

(E)项，无关选项，题干的论证不涉及"离婚的原因"。（干扰项·转移论题）

38.（E）

【模型识别】

题干已知"五个人的断定中有两个断定为真"，故此题为<u>真假话问题</u>，首先找矛盾关系。

【详细解析】

将题干信息符号化：

男生甲：男生甲∨男生丙。

男生乙：女生戊→男生丙。

男生丙：┐女生丁→男生乙。

女生丁：┐女生丁∧┐男生乙。

女生戊：┐男生丙∧┐男生甲。

第1步：找矛盾。

由于"A∨B"与"┐A∧┐B"矛盾，故男生甲和女生戊的预测相互矛盾，必为一真一假。

由于"A→B"与"A∧┐B"矛盾，故男生丙和女生丁的预测相互矛盾，必为一真一假。

第2步：推真假。

根据"五个判断中两个为真"可知，男生乙的预测为假，则其矛盾命题一定为真。

即：┐（女生戊→男生丙）＝女生戊∧┐男生丙。

故(E)项正确。

39. (D)

【论证结构】

论据：全球绿色植物每年释放的甲烷量为0.6亿～2.4亿吨，占全球甲烷年总排放量的10%～40%，其中2/3左右来自植被丰富的热带地区。

论点：能够吸收二氧化碳的绿色植物也会释放甲烷。

【模型识别】

题干中无明显模型，故直接分析选项。

【选项详解】

(A)项，可以支持，采用剩余法说明绿色植物是无法解释的大量甲烷的来源。

(B)项，可以支持，采用剩余法说明热带雨林上空出现的甲烷云层与热带雨林有关系。

(C)项，可以支持，采用例证法说明植被能够释放甲烷。

(D)项，削弱题干，说明植物与甲烷含量的增加无关。

(E)项，可以支持，提出新论据，说明绿色植物确实能够释放甲烷。

40. (C)

【模型识别】

已知条件由假言命题和选言命题（可转化为假言）组成，选项均为事实。故此题为假言事实模型。

【详细解析】

第1步：将题干符号化。

①甲天→丙地∧丁宙。

②庚宇 ←→┐丙地，等价于：┐庚宇 ←→丙地。

③乙荒→庚玄。

④甲天∀乙荒。

⑤丁宙∨丁宇→戊洪。

第 2 步：找二难推理。

条件④为半事实，该条件成立只有两种情况故由此出发进行讨论。

甲天为真时，条件①前件为真，根据口诀"肯前必肯后"可知：丙地。

乙荒为真时，条件③前件为真，根据口诀"肯前必肯后"可知：庚玄，即￢庚宇。再结合条件②的等价命题可知：丙地。

由二难推理公式易知：

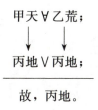

综上，(C)项正确。

41.（D）

【详细解析】

由本题条件可知：￢乙荒，由条件④可知：甲天。故条件①前件为真，根据口诀"肯前必肯后"可知：丙地∧丁宙。

丙地为真，结合条件②可知：￢庚宇。

丁宙为真，则条件⑤的前件为真，根据口诀"肯前必肯后"可知：戊洪。

综上可得：甲天、丙地、丁宙、戊洪。且已知乙和辛分别住在玄字斋和黄字斋中的某一个。

剩余己、庚两人和宇、荒两斋进行匹配。由上述推理可知：￢庚宇，则己一定在宇字斋。

故(D)项一定为真。

42.（A）

【论证结构】

张教授：强迫一个人帮助另一个人是不道德的，因此，<u>政府没有权力通过税收来进行利益和资源的再分配</u>。

李研究员：如果这个政府允许人民自由地选择居留还是离开它所管理的国家，那么<u>政府就有权力这么做</u>。

【模型识别】

本题出现两个人的争论，故为<u>争议焦点模型</u>。

张教授认为，政府没有权力通过税收来进行利益和资源的再分配；李教授认为，政府有权利这么做。故二人的争论焦点为：政府是否有权力通过税收来进行利益和资源的再分配，即（A）项正确。

【选项详解】

(B)、(C)项，无关选项，题干不涉及"政府通过税收进行利益和资源的再分配是否道德"的问题。

(D)项，只有张教授提及"强迫一部分公民帮助另一部分公民"，李研究员没有，违反双方表态原则，排除。

(E)项，只有李研究员提及"允许人民自由地选择居留还是离开它所管理的国家"，张教授没有，违反双方表态原则，排除。

43.（D）

【模型识别】

题干中出现三个性质命题，这三个性质命题中存在重复元素，故此题为<u>性质串联模型</u>。

【详细解析】

第1步：画箭头。

①有的秋季入学的学生→免费师范生。

②免费师范生→家境贫寒。

③家境贫寒→参加勤工助学。

第2步：串联。

由①、②、③串联可得：④有的秋季入学的学生→免费师范生→家境贫寒→参加勤工助学。

第3步：逆否，但要注意带"有的"的词项不逆否。

由④逆否得：⑤￢参加勤工助学→￢家境贫寒→￢免费师范生。

第4步：根据"箭头指向原则"和"'有的'互换原则"找答案。

(A)项，有的秋季入学的学生→家境贫寒，由④可知，为真。

(B)项，￢参加勤工助学→￢免费师范生，由⑤可知，为真。

(C)项，有的参加勤工助学→秋季入学的学生，根据"'有的'互换原则"可知，此项等价于：有的秋季入学的学生→参加勤工助学，由④可知，为真。

(D)项，有的参加勤工助学→￢免费师范生，由④可知：有的参加勤工助学→免费师范生，与此项为下反对关系，一真另不定，故此项可真可假。

(E)项，有的家境贫寒→秋季入学的学生，根据"'有的'互换原则"可知，此项等价于：有的秋季入学的学生→家境贫寒，由④可知，为真。

44.（E）

【论证结构】

题干：学生上了两天的射箭技能培训课后准确率提高了30％（前后对比），因此，培训课对于提高人们的射靶准确率是十分有效的（论点）。

【模型识别】

本题由前后对比的实验，得出一个因果关系，故此题为<u>求异法模型</u>。

【选项详解】

(A)项，无关选项，无法体现学生在上课前后的差异。

(B)项，无关选项，参与测试的人数与准确率无关。

(C)、(D)项，无关选项，无法体现学生在上课前后的差异。

(E)项，无因无果，没有上培训课，准确度没有提高，提供对照组来支持题干。

45. （C）

【模型识别】

本题无明显模型，故直接进行分析。

【详细解析】

假设右边箱子的话为真，那么左边箱子的话为假，那么由此可知申请表在左边的箱子中。

假设右边箱子的话为假，即两句话都为真或者都为假。

若两句话都为真，那么与"右边箱子的话为假"矛盾，故两句话都为假，即左边箱子的话为假，那么由此可知申请表在左边的箱子中。

因此，无论右边箱子的话为真或者为假，左边箱子的话均为假，故申请表在左边的箱子中。

综上，（C）项正确。

46. （D）

【论证结构】

题干：对从已灭绝的一种恐鸟骨骼化石中提取的 DNA 进行遗传物质衰变速率分析发现，虽然短 DNA 片段可能存在 100 万年，但 30 个或者更多碱基对序列在确定条件下的半衰期只有大约 15.8 万年。因此，不可能利用古代 DNA 再造恐龙。

【模型识别】

题干论据中的对象为"恐鸟"，论点中的论证对象为"恐龙"，二者不同，故此题为拆桥搭桥模型。

【选项详解】

（A）项，《侏罗纪公园》仅仅是为了让论点更通俗易懂所举的例子，与题干的论证的成立性无关。

（B）项，无法确定"受到污染"对研究结论有什么影响，故此项不能很好地削弱题干。

（C）项，指出环境因素会影响 DNA 的衰变速率，但无法确定这种影响会使衰变速率变长还是变短，故此项不能很好地削弱题干。

（D）项，此项指出题干的论据中的对象"恐鸟"和论点中的对象"恐龙"本质上有差异，不具备相似性（拆桥法），削弱题干。

（E）项，无关选项，该国际小组曾经的成就与本次发现无关。

47. （D）

【论证结构】

题干：牛奶中含有一种名为色氨酸的氨基酸能够穿过血脑屏障，制造诱发睡眠的荷尔蒙5-羟色胺，因此，人们认为睡前喝牛奶（措施）是促进睡眠非常有效的方法（目的）。

【模型识别】

锁定关键词"有效方法"，可知此题为措施目的模型。

【选项详解】

（A）项，支持题干，此项说明喝牛奶确实能够促进睡眠。

（B）项，不能削弱，题干中不涉及喝牛奶的量的多少。

（C）项，无关选项，题干不涉及"喝牛奶"与"吃米饭等碳水化合物"的助眠效果的比较。（干扰项·无关新比较）

(D)项，削弱题干，此项说明其他氨基酸会降低色氨酸穿过血脑屏障的能力，即措施达不到目的。

(E)项，此项说明喝牛奶会产生副作用，但该副作用只在部分人身上产生，故削弱力度弱。

48.（B）

【模型识别】

本题是对假言推理、排序模型等知识点的综合考查。

【详细解析】

由题干条件可知，密码中有"2"，故条件(3)前件为真。根据口诀"肯前必肯后"可知：2需要出现两次以上。故另外一个数字必定是2。

故(B)项正确。

49.（B）

【详细解析】

由条件(2)可知，不可能是111。

由条件(4)可知，不可能是333。

由条件(6)：￢这个密码数字中有2→5不可能是最后一个数字，逆否得：5是最后一个数字→这个密码数字中有2，故不可能是555。

因此，还有两种可能：222、444。

故(B)项正确。

50.（C）

【题干现象】

待解释的现象：小儿哮喘发病率上升的同时却伴随着气管炎在儿童中发病率的下降。

【选项详解】

(A)项，不能解释，此项只能说明遗传因素会影响气管炎的发病率，但无法解释题干中共变的现象。

(B)项，不能解释，其他国家是否发现了类似的情况，与该情况发生的原因无关。

(C)项，可以解释，小儿哮喘发病被误诊为细菌感染导致抗生素用的错用，而抗生素能降低气管炎(细菌感染的一种)的发病率。

(D)项，无关选项，题干待解释的现象是"儿童中气管炎发病率的下降"，不涉及成年以后的情况。

(E)项，不能解释，题干仅涉及哮喘对气管炎的影响，不涉及气管炎对哮喘的影响。

51.（C）

【模型识别】

已知条件由假言命题和选言命题(可转化为假言命题)组成，而选项为事实。故此题为假言事实模型。

【详细解析】

第1步：将题干符号化。

①薇甘菊∨银胶菊∨豚草。

②银胶菊、千屈菜和刺苋至少灭杀两种。

③千屈菜→¬豚草。

④¬薇甘菊∨¬千屈菜。

第2步：串联。

条件②、③、④均出现"千屈菜"，故由重复元素"千屈菜"开始分析。

由条件③、④可知：⑤千屈菜→¬豚草∧¬薇甘菊，结合条件①可知：灭杀银胶菊。

由条件②可知：⑥¬千屈菜→银胶菊∧刺苋。

此时⑤、⑥构成二难推理，故一定灭杀银胶菊。

故薇甘菊和银胶菊至少灭杀一种，即(C)项正确。

52.（A）

【论证结构】

题干：对某大都市青少年犯罪情况的调查中，发现失足青少年中24%都是离异家庭的子女(含有百分比的现象)。因此，离婚率的提高是造成青少年犯罪的重要原因(原因分析)。

【模型识别】

题干的论据含有百分比，题干的论点是原因分析，题干的选项也含有百分比，故此题为百分比对比模型。

【选项详解】

(A)项，此项与题干形成对比：

题干：失足青少年，来自离异家庭的占24%；

（A)项：所有人，离婚率接近1/4；
_____
说明所有家庭的离婚率与失足青少年的家庭的离婚率没有差异。

故削弱离婚率的提高是青少年犯罪的重要原因(同比削弱)。

(B)项，无关选项，此项指出离婚率相较于以往有所下降，但并未指出离婚率的具体数值，故该项不能削弱。(干扰项·无关新比较)

(C)项，无法削弱，离异家庭子女走上犯罪道路的是少数，无法削弱失足青少年中有24%来自离异家庭。

(D)项，无关选项，题干不涉及"社会的稳定"。

(E)项，题干论证不涉及青少年犯罪行为中"性犯罪"的比例。(干扰项·无关比例)

53.（B）

【模型识别】

题干中出现匹配关系(7个学生和3种房间)，但具体匹配数量并不确定，故此题为不定量匹配模型。

【详细解析】

使用选项排除法：

(A)项，如果有2个三人间，则四年级的2个人至少得有1个人住三人间，与"四年级学生都不分到三人间"矛盾，故排除。

(B)项，无矛盾，可以为真。

(C)项，"K和P分到同一宿舍"，所以只能分到三人间，K是四年级学生，与"四年级学生都不分到三人间"矛盾，故排除。

(D)项，"K和P分到同一宿舍"，占据1个双人间，则仅余1个双人间和3个单人间。二年级的学生有3人，最多只有2人住双人间，余下1人住单人间，与"二年级学生都不分到单人间"矛盾，故排除。

(E)项，"K和P分到同一宿舍"，占据1个双人间，其他人只能住单人间，与"二年级学生都不分到单人间"矛盾，故排除。

54.（B）

【详细解析】

根据条件(2)、(4)可知，K和P住同一宿舍，K不住三人间，所以，K和P住双人间，排除(D)项、(E)项。

又知R住单人间，K和P住双人间，故还有L、S、T和V这4人未安排。

根据条件(3)可知，S、T和V不住单人间；根据条件(2)可知，L不住三人间。故有：

情况1：S、T和V中的两人合住1个双人间，余下1人和L一起住1个双人间。

情况2：S、T和V合住三人间，L住单人间。

可排除(A)项、(C)项。

根据情况2可知，L有可能住单人间，故(B)项正确。

55.（A）

【详细解析】

根据条件(2)、(4)可知，K和P住同一宿舍，K不住三人间，所以，K和P住双人间。

又由T和V分别住不同的双人间可知，有3个双人间和1个单人间。

所以恰有1个单人间住学生，(A)项正确。

四、写作

56. 论证有效性分析

【谬误分析】

①材料由"大众运动健身的理念逐渐普及，加之国家相继出台了一些有利于体育产品发展的政策"，推出"中国体育产业的发展将变得势不可挡"，存在不妥。事实上，"中国体育产业的发展"不仅受到"大众理念"和"国家政策"两个因素的影响，可能还受到其他比如"经济环境""产业规模""行业前景"等因素的影响。因此，"大众运动健身理念的普及"和"国家政策的相继出台"未必就会使"中

国体育产业的发展变得势不可挡"。

②材料仅通过 2015 年和 2016 年的体育产业发展情况，就断定"中国体育产业的总规模呈持续发展趋势"，有以偏概全之嫌。这两年的体育产业发展情况未必能代表其他年份的情况。

③材料由"中国体育产业占 GDP 的比重远远小于美国等西方国家"，推出"中国体育的未来前景不可限量"，存在不妥。"体育产业占 GDP 的比重小"，仅能说明中国体育产业的发展空间较大，但"发展空间大"并不等于"前景不可限量"。中国体育产业的前景是否广阔，不仅仅取决于体育产业占 GDP 的比重，还取决于社会经济环境、市场需求等其他影响因素。

④材料由"中国经济的发展使消费者消费能力提高"，推出"消费者在体育、健身等领域的消费需求也会扩大"，存在不妥。随着经济的发展，消费者可能会在教育、医疗、娱乐等领域扩大消费，未必就会在体育领域扩大消费。

⑤"上海市民的篮球、足球运动的参与程度很高"，可能仅为地域性现象，不具有全国普遍代表性，因此，上海的这种情况未必会普及全国各地，也就无法得出"体育产业的市场无疑更加光明"的结论。

⑥"奥运会的举办"未必一定会"带来新一轮的运动热潮"，人们可能会观看赛事，但未必亲身参与到运动中。

⑦即使体育产业有良好的市场前景，但也不一定能够"获得丰厚的利润回报"。利润回报是否丰厚还取决于其他影响因素，比如成本、市场竞争等。

 参考范文

投资体育产业能获利吗?

吕建刚

上述论证存在多处逻辑谬误，分析如下：

首先，材料由"大众运动理念的普及"和"国家政策的出台"，推出"中国体育产业的发展将变得势不可挡"，存在不妥。事实上，"中国体育产业的发展"可能还受到其他因素的影响，比如，"消费者的消费热情""产业基础能力"等。因此，"理念的普及"和"政策的出台"未必就会使"中国体育产业的发展势不可挡"。

其次，材料由"中国体育产业占 GDP 的比重远远小于美国等西方国家"，推出"中国体育的未来前景不可限量"，存在不妥。"体育产业占 GDP 的比重小"，仅能说明中国体育产业的发展空间较大，但"发展空间大"并不等于"前景不可限量"。中国体育产业的前景是否广阔，不仅仅取决于体育产业占 GDP 的比重，还取决于社会经济环境、市场需求等其他影响因素。

再次，材料由"经济发展使消费者消费能力提高"，推出"消费者在体育领域的消费需求扩大"，存在不妥。消费者消费能力提高，未必会在体育领域扩大消费，他们也可能扩大教育、医疗、娱乐等领域的消费。此外，"上海市民的篮球、足球运动的参与程度很高"，可能仅为地域性现象，不具有全国普遍代表性。因此，无法得出"体育产业的市场无疑更加光明"的结论。

最后，"奥运会的举办"未必一定会"带来新一轮的运动热潮"。人们可能会观看赛事，但未必亲身参与到运动中。此外，即使体育产业前景广阔，也未必能够"获得丰厚的利润回报"。利润回报还受其他因素影响，比如，经济成本、市场竞争等。

综上所述，"此时投资体育产业，一定能获利颇丰"的结论难以成立。

（全文共 641 字）

57. 论说文

人才任用，切莫"套娃"

老吕写作特训营学员　小越

人人皆知人才可贵，可真正能做到赏识人才、重用人才的管理者却并不多见。人才任用中，我们常见"套娃现象"。

什么是"套娃现象"？

第一，能力比我强的我不用，专用那些平平凡凡甚至庸庸碌碌的下属。他们害怕下属能力比自己强，害怕下属功高震主，从而威胁到自己的饭碗。结果人越招越差，组织就失去了竞争力。

第二，个性与我相异的我不用，专用与我气味相投甚至唯命是从的下属。那些有才华而且有个性、能创新的人才，被他们认为"不听话"，必除之而后快。结果真正的人才不断流失，留下的只是一群"马屁精"。

要解决"套娃现象"，无非要做到以下两点：

首先，要敢于任用比自己优秀的人才。"尺有所短，寸有所长。"管理者也不可能是全才，面对自己所用的人才在很多方面比自己突出，某些领域的见识、能力和威望甚至超过了自己，特别是双方意见不一致而事实证明自己错了的时候，是妒忌打击还是点赞笑纳，考量的正是管理者的胸襟和远见。刘邦曾用三个"吾不如"表达对张良、萧何、韩信三位人才的赞赏，他容人所长、用人所长的风格与智慧，使得他聚集了各种不同类型的优秀人才，成就了统一大业。

其次，要敢于任用与自己不同的人才。每个人在成长过程中会逐渐形成自己独有的阅历、专长、性格、价值观念和思维方式等，特别是在前沿领域学习成长的各类人才，一般都比较有个性，特别是想法、看法甚至做法往往标新立异，但只要他的确有才华，我们就应该包容他、鼓励他、任用他。第二次世界大战时期，艾森豪威尔经常顶撞麦克阿瑟，麦克阿瑟的妻子建议把他撤职，麦克阿瑟则说："人才难用有作用，奴才好用没有用。"所以，把有个性的人才看成是难得的财富，倍加珍惜，才能让人才归心，为我所用。

孙中山先生曾说："治国经邦，人才为急。"而用人之道，则在于纳贤用长，切莫"套娃"！

（全文共 741 字）

全国硕士研究生招生考试
管理类综合能力试题答案详解
冲刺卷 3

一、问题求解

1. (B)

【详细解析】

根据三集合非标准型公式 $A \cup B \cup C = A + B + C -$ 只满足两个条件的 $-2 \times$ 满足三个条件的，可得 $100 \times 3 - S_{阴影} - 2 \times 42 = 144$，解得 $S_{阴影} = 72$.

2. (C)

【详细解析】

$\log_2 [\log_3 (\log_4 x)] = 0 \Rightarrow \log_3 (\log_4 x) = 1 \Rightarrow \log_4 x = 3 \Rightarrow x = 4^3 = 64$；

$\log_3 [\log_4 (\log_2 y)] = 0 \Rightarrow \log_4 (\log_2 y) = 1 \Rightarrow \log_2 y = 4 \Rightarrow y = 2^4 = 16$；

$\log_4 [\log_2 (\log_3 z)] = 0 \Rightarrow \log_2 (\log_3 z) = 1 \Rightarrow \log_3 z = 2 \Rightarrow z = 3^2 = 9$.

故 $x + y + z = 64 + 16 + 9 = 89$.

3. (B)

【详细解析】

令工程量为 1，合做后，甲的效率为 $\frac{1}{10} \times (1 - 20\%) = \frac{2}{25}$，乙的效率为 $\frac{1}{15} \times (1 - 10\%) = \frac{3}{50}$.

为了使合做天数最少，应该让效率更高的甲尽可能多的工作，故设两人合做 x 天，甲单独做 $8 - x$ 天，则有 $\left(\frac{2}{25} + \frac{3}{50}\right) x + \frac{1}{10} (8 - x) = 1$，解得 $x = 5$，故两人最少要合做 5 天.

4. (C)

【详细解析】

设公鸡、母鸡、雏鸡分别买了 x 只、y 只、z 只，且 $0 \leqslant x, y, z \leqslant 100$.

本题可转化为求下列不定方程组的非负整数解.

$$\begin{cases} x + y + z = 100 ①, \\ 5x + 3y + \frac{1}{3} z = 100 ②, \end{cases}$$

式②×3－式①，得 $7x + 4y = 100$，即 $y = \frac{100 - 7x}{4} = 25 - \frac{7x}{4} ③$.

因为 $0 \leqslant x, y, z \leqslant 100$，$x, y, z \in \mathbf{N}$，且由式②可知，$z$ 是 3 的倍数，由式③可知，x 是 4 的倍数. 穷举可解出四组整数解，即

$$\begin{cases}x=0,\\y=25,\\z=75.\end{cases} \text{或} \begin{cases}x=4,\\y=18,\\z=78.\end{cases} \text{或} \begin{cases}x=8,\\y=11,\\z=81.\end{cases} \text{或} \begin{cases}x=12,\\y=4,\\z=84.\end{cases}$$

故共有 4 种购买方式.

5.（C）

【详细解析】

$|2x+5|+|2x-1|=6$，即 $\left|x+\dfrac{5}{2}\right|+\left|x-\dfrac{1}{2}\right|=3$.

画出 $f(x)=\left|x+\dfrac{5}{2}\right|+\left|x-\dfrac{1}{2}\right|$ 的图像，如下图所示.

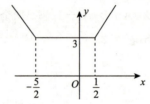

显然当 $-\dfrac{5}{2}\leqslant x\leqslant\dfrac{1}{2}$ 且 $x\in\mathbf{Z}$ 时，符合题干，即 x 的取值为 -2，-1，0，共三个整数解.

6.（B）

【详细解析】

因为 $a_4=-3$，$S_{12}=24$，则有

$$\begin{cases}a_1+3d=-3,\\12a_1+\dfrac{12\times11}{2}d=24\end{cases}\Rightarrow a_1=-9,\ d=2\Rightarrow a_n=2n-11.$$

若 $a_i+a_j=0$，则 $a_i+a_j=2i-11+2j-11=0\Rightarrow i+j=11$，结合 $1\leqslant i\leqslant j$，穷举可得

$$\begin{cases}i=1,\\j=10\end{cases} \text{或} \begin{cases}i=2,\\j=9\end{cases} \text{或} \begin{cases}i=3,\\j=8\end{cases} \text{或} \begin{cases}i=4,\\j=7\end{cases} \text{或} \begin{cases}i=5,\\j=6.\end{cases}$$

综上所述，i 的取值集合是 $\{1,2,3,4,5\}$.

7.（D）

【详细解析】

如图所示，阴影部分的面积＝扇形面积(S_1+S_2)＋旋转后的半圆面积－空白的半圆面积＝扇形面积$(S_1+S_2)=\dfrac{1}{8}\pi\times4^2=2\pi.$

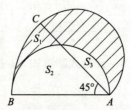

8.（D）

【详细解析】

将 $x=yz$ 代入 $\frac{1}{x}+\frac{1}{y}=\frac{1}{z}$，得 $\frac{1}{yz}+\frac{1}{y}=\frac{1}{z}$，通分得 $\frac{1}{yz}+\frac{z}{yz}=\frac{y}{yz}$，故有 $y-z=1$.

又因为 y 和 z 均为质数，差为 1 的两个质数只有 2 和 3. 故 $x=yz=6$.

9.（E）

【详细解析】

设该等比数列公比为 q，则 $q=\frac{a_2-a_4}{a_1-a_3}=3$，故 $a_1-a_3=a_1-9a_1=-8a_1=-\frac{8}{27}\Rightarrow a_1=\frac{1}{27}$，有

$$a_2=\frac{1}{9}，a_3=\frac{1}{3}，a_4=1，a_5=3，\cdots.$$

故当 $n=3$ 或 4 时，$a_1\cdot a_2\cdots\cdots a_n$ 取得最小值.

10.（B）

【详细解析】

当 $0\leqslant t\leqslant 200$ 时，$49+3\times(54-50)=61\neq 69$，此时不存在符合条件的 t；

当 $200<t\leqslant 250$ 时，$49+0.2(t-200)+3\times(54-50)=69$，解得 $t=240$；

当 $t>250$ 时，$49+0.2(t-200)+3\times(54-50)=69+0.15(t-250)$，解得 $t=210$，不在取值范围内，舍去.

综上所述，当 $t=240$ 时，套餐 1 和套餐 2 计费相等.

11.（E）

【详细解析】

方程左侧显然不能写成三个完全平方式之和，可将方程中的 y 视为已知数，把方程整理为关于 x 的一元二次方程，则有

$$2x^2+(2y-10)x+(7y^2-18y+19)=0.$$

由于 x 是实数，则上述方程必有实数根，即 $\Delta=(2y-10)^2-4\times 2\times(7y^2-18y+19)\geqslant 0$，化简得 $(y-1)^2\leqslant 0$，所以 $y=1$，代入原方程，解得 $x=2$，故 $x+y=3$.

12.（C）

【详细解析】

设各加入 x 克水，可使两个酒精溶液的浓度一样，则由题干得

$$\frac{200\times 25\%}{200+x}=\frac{500\times 16\%}{500+x},$$

解得 $x=300$. 故每个烧杯中加入 300 克水，可使得甲、乙酒精浓度一样.

13.（A）

【详细解析】

设正项等比数列 $\{a_n\}$ 的公比为 $q(q>0)$，由 $a_7=a_6+2a_5$，得 $q^2-q-2=0$，解得 $q=2$.

由 $\sqrt{a_m a_n} = 4a_1$，得 $\sqrt{a_1^2 q^{m-1} q^{n-1}} = 4a_1 \Rightarrow a_1 q^{\frac{m+n-2}{2}} = 4a_1$，则有

$$q^{\frac{m+n-2}{2}} = 4 \Rightarrow 2^{\frac{m+n-2}{2}} = 4 \Rightarrow m+n=6,$$

故 $\dfrac{1}{m} + \dfrac{4}{n} = \dfrac{1}{6}(m+n)\left(\dfrac{1}{m} + \dfrac{4}{n}\right) = \dfrac{1}{6}\left(1 + \dfrac{4m}{n} + \dfrac{n}{m} + 4\right) \geqslant \dfrac{1}{6}\left(5 + 2\sqrt{\dfrac{4m}{n} \cdot \dfrac{n}{m}}\right) = \dfrac{3}{2}$，当且仅当

$\dfrac{4m}{n} = \dfrac{n}{m}$，即 $m=2$，$n=4$ 时，等号成立，即 $\dfrac{1}{m} + \dfrac{4}{n}$ 取得最小值 $\dfrac{3}{2}$.

14.（D）

【详细解析】

由题意可知，当甲下载了一半，即下载 50M 时，乙下载了 10M；

甲的网络恢复正常后，甲继续下载了 49M，这段时间里，乙下载了 9.8M.

故甲断网期间乙下载了 $100 - 10 - 9.8 = 80.2$M.

15.（E）

【详细解析】

如下图所示，截面的面积为图中阴影部分的面积，由题意可知 $AD = 2\sqrt{2}$，$AB = 2$，圆的半径为

1，故阴影部分的面积为 $2\sqrt{2} \times 2 - \pi \times 1^2 = 4\sqrt{2} - \pi$.

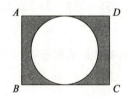

二、条件充分性判断

16.（C）

【详细解析】

条件(1)：已知三条棱长之比，不知具体的长度，不能确定体积，条件(1)不充分.

条件(2)：已知表面积，不知三条棱的具体长度，不能确定体积，条件(2)不充分.

联立两个条件，长方体的长、宽、高三条棱长之比为 $a:b:c$（已知），设三条棱长分别为 ax，bx，$cx(x>0)$. 长方体的表面积 $S = 2(ax \cdot bx + ax \cdot cx + bx \cdot cx) = 2x^2(ab + ac + bc)$，因为 S 已知，$2(ab + ac + bc)$ 已知，故能确定 x 的值. 而长方体的体积 $V = ax \cdot bx \cdot cx = abcx^3$，已知 x 的值，故能确定 V 的值，因此联立充分.

17.（A）

【详细解析】

根据题意，可设男生的平均身高为 a，女生的平均身高为 b，该中学的平均身高为 x.

条件(1)：设该中学的男、女人数之比为 m，由十字交叉法，可得

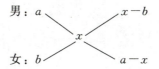

男：a $x-b$

x

女：b $a-x$

则有 $\dfrac{x-b}{a-x}=m$，此时只有 x 是未知数，可以求出 x，即该中学的平均身高，条件(1)充分．

条件(2)：已知该中学的身高总和，但学校总人数无法确定，故不能确定该中学的平均身高，条件(2)不充分．

18.（D）

【详细解析】

条件(1)：由射影定理，可得 $BC^2=BD\cdot AB=BD\cdot(AD+BD)$，则 $BC=\sqrt{BD\cdot(AD+BD)}$，故条件(1)充分．

条件(2)：由射影定理，可得 $CD^2=AD\cdot BD$，因为 AD 和 CD 已知，故能确定 BD．

BD 能确定，此时和条件(1)等价，故条件(2)充分．

注意：如果不记得射影定理，也可以用三角形相似进行求解．

19.（A）

【详细解析】

设从袋中取一个球是黑球的概率为 P，则取一个球是白球的概率为 $1-P$．

$S_6=2$，说明取了 6 次球，取到了 2 黑 4 白，根据伯努利概型公式有 $P_6(2)=C_6^2\cdot P^2\cdot(1-P)^4$．

条件(1)：易知 $P=\dfrac{2}{3}$，则 $P_6(2)=C_6^2\cdot P^2\cdot(1-P)^4=\dfrac{20}{243}$，故条件(1)充分．

条件(2)：易知 $P=\dfrac{1}{3}$，则 $P_6(2)=C_6^2\cdot P^2\cdot(1-P)^4=\dfrac{80}{243}$，故条件(2)不充分．

20.（C）

【详细解析】

条件(1)：将"正正"和"正"往 3 次"反"中插空，一共有 4 个空，"正正"和"正"可换位置，故共有 $A_4^2=12$（种）情况．条件(1)不充分．

条件(2)：同上，将"反反"和"反"往 3 次"正"中插空，也有 $A_4^2=12$（种）情况．条件(2)不充分．

联立两个条件：将"正正"和"正"向"反反"和"反"中插空，只能插左边两个或右边两个空，共两种情况；而"正正"和"正"可换位置，"反反"和"反"也可换位置，故共有 $2\times2\times2=8$（种）情况．因此两个条件联立充分．

21.（D）

【详细解析】

直线方程可化为 $(2x-8)m-(y+3)=0$，可知直线恒过定点 $(4，-3)$．

圆 C 的圆心坐标为 $(3，-6)$，半径为 5．

定点到圆心的距离为 $\sqrt{(4-3)^2+(-3+6)^2}=\sqrt{10}<5$，故定点在圆内．

所以，无论 m 取何值，直线都与圆相交，故两个条件单独均充分．

22.（D）

【详细解析】

条件(1)：设有 a 个球队．

由于实行主客场制，任意两个球队会进行 2 场比赛，则总的比赛场次为 $C_a^2 \times 2 = a(a-1)$ 场，相邻两数之积必然是偶数，故条件(1)充分．

条件(2)：每支球队都与其他球队恰好比赛一局，故每支球队比 $x-1$ 次，次数为奇数，即 $x-1$ 为奇数，所以 x 是偶数．故条件(2)充分．

23.（B）

【详细解析】

由两个条件均可知，$x \neq 0$，$y \neq 0$，故 $xy \neq 0$，若分式方程成立，可将分子分母同时除以 xy，得

$$\frac{2x-3xy-2y}{x-2xy-y} = \frac{2\frac{1}{y}-3-2\frac{1}{x}}{\frac{1}{y}-2-\frac{1}{x}} = \frac{2\left(\frac{1}{y}-\frac{1}{x}\right)-3}{\left(\frac{1}{y}-\frac{1}{x}\right)-2} = 3,$$

解得 $\frac{1}{y}-\frac{1}{x}=3$．故条件(1)不充分，条件(2)充分．

24.（B）

【详细解析】

条件(1)：三个人每人分得的套数都不同，只有一种情况，即三个人分别分得 1 套、2 套、3 套．先分组，有 $C_6^1 C_5^2 C_3^3 = 60$（种）分法；再分配，即 A_3^3．故共有 $60 \times A_3^3 = 360$（种）分法，条件(1)不充分．

条件(2)：至少有两人分得的套数相同，有以下两种情况：

①只有两人套数相同，即三个人分别分得 1 套、1 套、4 套．先分组，平均分组需要消序，有 $\frac{C_6^1 C_5^1 C_4^4}{A_2^2} = 15$（种）分法；再分配，即 A_3^3．故共有 $15 \times A_3^3 = 90$（种）分法．

②三人的套数都相同，即三个人每人分得 2 套．可直接分组，有 $C_6^2 C_4^2 C_2^2 = 90$（种）分法．

综上所述，一共有 $90+90=180$（种）分法，条件(2)充分．

25.（D）

【详细解析】

根据题意，可设该校文科人数为 $3x$ 人，理科人数为 $7x$ 人，则男生为 $5x$ 人，女生为 $5x$ 人．

学校情况	文科 $3x$ 人	理科 $7x$ 人
男生 $5x$ 人	a	c
女生 $5x$ 人	b	d

条件(1)：$\frac{3}{4}$ 的文科生是女生，即 $b = 3x \cdot \frac{3}{4} = \frac{9}{4}x$，故 $d = 5x - b = \frac{11}{4}x$，$c = 7x - d = \frac{17}{4}x$，故

$c : d = 17 : 11$，条件(1)充分．

条件(2)：$\frac{3}{20}$ 的男生是文科生，即 $a = 5x \cdot \frac{3}{20} = \frac{3}{4}x$，故 $c = 5x - a = \frac{17}{4}x$，$d = 7x - c = \frac{11}{4}x$，故

$c : d = 17 : 11$，条件(2)充分．

三、逻辑推理

26.（C）

扫码领>>>
逻辑秒杀技
与干扰项总结

【模型识别】

题干出现多个假言命题，且这些假言命题中没有重复元素，故本题为<u>假言无串联</u>
<u>模型</u>。

【详细解析】

第1步：画箭头。

①父母感情不好 ∨ 缺乏亲密朋友 → 产生抑郁情绪。

②¬ 有其他症状 → ¬ 抑郁症。

③家长不重视 ∧ 把抑郁情绪归结为孩子的品行或意志力问题 → 抑郁情绪变为抑郁症。

第2步：逆否。

④¬ 产生抑郁情绪 → ¬ 父母感情不好 ∧ ¬ 缺乏亲密朋友。

⑤抑郁症 → 有其他症状。

⑥¬ 抑郁情绪变为抑郁症 → ¬ 家长不重视 ∨ ¬ 把抑郁情绪归结为孩子的品行或意志力问题。

第3步：找答案。

(A)项，有其他症状 → 抑郁症，由⑤可知，"有其他症状"后无箭头指向，故其推不出任何结论。

(B)项，家长不重视 → 抑郁情绪会变为抑郁症，条件③的前件为且关系，且关系肯定一项并不等
于肯定全部，无法推出结论。

(C)项，¬ 抑郁情绪 → 父母感情好 ∧ 有亲密朋友，等价于④，可以推出结论。

(D)项，¬ 抑郁症 → ¬ 抑郁情绪，由②可知，"¬ 抑郁症"后无箭头指向，故其推不出任何结论。

(E)项，抑郁情绪变为抑郁症 → 家长不重视孩子的问题，由③可知，"抑郁情绪变为抑郁症"后无
箭头指向，故其推不出任何结论。

故正确答案为(C)项。

27.（C）

【模型识别】

题干已知条件由假言命题组成，而选项为事实。故此题为<u>假言事实模型</u>。

【详细解析】

第1步：画箭头。

①张珊 → 李思 ∧ ¬ 王伍。

②李思 ∨ 王伍 → ¬ 赵柳。

③¬ 张珊→王伍。

④¬（¬ 孙琪 ∧¬ 赵柳），等价于：孙琪 ∨ 赵柳，即，¬ 赵柳→孙琪。

⑤¬ 赵柳→¬ 张珊。

第 2 步：串联找矛盾。

找到重复元素"张珊"，故优先分析重复元素"张珊"。

由①、②、⑤串联可得：张珊→李思→¬ 赵柳→¬ 张珊。

如果"张珊"为真，则推出矛盾，因此"张珊"为假，"¬ 张珊"为真。

第 3 步：推出答案。

由"¬ 张珊"可知，条件③前件为真，根据口诀"肯前必肯后"，可得：王伍。

由"王伍"可知，条件②前件为真，根据口诀"肯前必肯后"，可得：¬ 赵柳。

由"¬ 赵柳"结合条件④可知，¬ 赵柳→孙琪，故孙琪当选。

综上可得，王伍和孙琪一起去。故(C)项正确。

28. (D)

【论证结构】

题干：一项调查结果显示：78％的儿童中耳炎患者均来自二手烟家庭。研究人员表示，二手烟环境会增加空气中的不健康颗粒，其中包括尼古丁和其他有毒物质。与居住在无烟环境中的孩子相比，居住在二手烟环境中的孩子患中耳炎的概率更大（现象）。因此，医学专家表示，父母等家人吸烟是造成儿童罹患中耳炎的重要原因（原因）。

【模型识别】

(1)题干先描述了一种现象，然后分析了这种现象的原因，故此题为现象原因模型。

(2)论据中出现百分比，论点中出现因果关系，选项中出现百分比，故此题也为百分比对比模型。

【选项详解】

(A)项，无关选项，题干不涉及无烟家庭占比的变化趋势。

(B)项，无关选项，题干不涉及哪种家庭的儿童治愈率较高的问题。

(C)项，无关选项，题干不涉及儿童中耳炎就诊人数的占比情况。

(D)项，所有被调查儿童：80％的儿童来自吸烟家庭（只有 20％的儿童来自无烟家庭）。可削弱"父母等家人吸烟是造成儿童罹患中耳炎的重要原因"（同比削弱）。

(E)项，无关选项，题干论证的对象是儿童患者，此项说的是成年患者，论证对象不一致。（干扰项·偷换论证对象）

29. (A)

【模型识别】

题干已知"五个人的预测中有 2 句假话"，故为真假话问题，首先找矛盾关系。

【详细解析】

题干：

①¬ 中国 ∧¬ 美国。

②¬ 美国 ∧ 法国。

③￢美国→￢法国，等价于：美国∨￢法国。

④中国∧法国。

⑤中国∨美国。

第1步：找矛盾。

观察可知：预测①和预测⑤为矛盾关系，预测②和预测③为矛盾关系。

第2步：推真假。

根据题干"五个人的预测中有2句假话"，可知这2句假话一定出现在预测①、⑤和预测②、③中。

因此，预测④一定是真话。

第3步：推出结论。

由预测④一定是真话可知，中国和法国均进入前三名，故美国没能进入前三名。

因此，预测①、③一定为假话，小赵和小孙预测错误。故(A)项正确。

30.（C）

【模型识别】

题干中出现匹配关系(7个人去2个国家)，但具体匹配数量并不确定，故此题为<u>不定量匹配模型</u>。

【详细解析】

题干：

(1)G英国→H美国，等价于：H英国→G美国。

(2)L英国→M美国∧U美国，等价于：M英国∨U英国→L美国。

(3)W≠Z。

(4)U≠G。

(5)Z英国→H英国，等价于：H美国→Z美国。

由于H不能既去英国又去美国，所以根据题干条件(1)和(5)可知，G和Z只有一个可以去英国。

①如果G去英国，根据题干条件(1)可知，H去美国；根据题干条件(5)可知，Z去美国；根据题干条件(3)可知，W去英国；根据题干条件(4)可知，U去美国。剩下L、M不确定。假设L去英国，则根据题干条件(2)可知，M去美国，此时最多有3个学生(G、W、L)一起去英国；假设M去英国，则根据题干条件(2)可知，L去美国，此时最多也是3个学生(G、W、M)一起去英国。

②如果Z去英国，根据题干条件(5)可知，H去美国；根据题干条件(1)可知，G去美国；根据题干条件(4)可知，U去英国；根据题干条件(2)可知，L去美国；根据题干条件(3)可知，W去美国。剩下的M去哪个国家都可以。故此时最多有4个学生(Z、H、U、M)一起去英国。

所以，最多可以有4个学生去英国。

故(C)项正确。

31.（D）

【模型识别】

本题的选项看起来像排列组合，可以考虑选项排除法。

【选项详解】

(A)项，根据题干条件(2)可知，L去英国，则M要去美国，与题干矛盾，不可能为真。

(B)项，与题干条件(4)"U所去的国家与G所去的国家不同"矛盾，不可能为真。

(C)项，结合题干给出的事实，若W和Z都去英国，则与题干条件(3)"W所去的国家与Z所去的国家不同"矛盾，不可能为真。

(E)项，根据题干条件(2)可知，L去英国，则M要去美国，与题干矛盾，不可能为真。

故(D)项正确。

32.（C）

【论证结构】

题干：研究人员在正常的海水和包含两倍二氧化碳浓度的海水中分别培育了某种鱼苗，每当遇到障碍物时，在正常海水中孵化的鱼都会选择正确的方向避开。然而那些在二氧化碳浓度高的环境中孵化的鱼却会随机地选择向左转或向右转，这样，这种鱼遇到天敌时生存机会减少（两组对比）。因此，研究人员认为在二氧化碳浓度高的环境中孵化的鱼，生存能力将会减弱（论点）。

【模型识别】

题干存在两组对象的对比：

第一组：正常的海水，选择正确的方向避开；

第二组：包含两倍二氧化碳浓度的海水，随机地选择向左转或向右转；

故：二氧化碳浓度高的环境中孵化的鱼，生存能力将会减弱。

故此题为**求异法模型**。

【选项详解】

(C)项，题干的论证对象是"海水中的动物"，而此项的论证对象是"海洋植物"，论证对象不一致。（干扰项·偷换论证对象）

(A)、(B)、(D)、(E)项，均补充论据，说明二氧化碳对于海洋生物的生存具有一定的坏处，支持题干。

33.（A）

【题干现象】

待解释的现象：几乎没有动物能受得住撒哈拉沙漠中午的高温，但银蚁却选择在中午时段觅食。

【选项详解】

(A)项，不能解释，"信息素在烈日下也不会挥发"只能说明银蚁具备中午出去觅食的基本条件，但不能说明银蚁有中午出去觅食的动机。

(B)项，可以解释，说明银蚁冒着高温去觅食是担心食物被其他觅食动物搬走。

(C)项，可以解释，说明银蚁冒着高温去觅食是为了躲避天敌。

(D)项，可以解释，说明银蚁冒着高温去觅食是因为此时巢穴内的温度更高，出去觅食反而可以更凉快些。

(E)项，可以解释，说明银蚁冒着高温去觅食，是因为此时辨别外界信息的能力最灵敏，利于觅食。

34.（C）

【模型识别】

本题的选项看起来像排列组合，可以考虑选项排除法。

【详细解析】

根据题干条件(1)，排除(D)项。

根据题干条件(2)，排除(A)项。

根据题干条件(3)，排除(B)、(E)项。

故(C)项正确。

35.（B）

【模型识别】

题干中出现四个假言命题，这些命题包含重复元素"禁止粮食出口"，故此题为假言串联模型。

【详细解析】

第1步：画箭头。

①想维持国内粮食价格稳定→禁止粮食出口。

②禁止粮食出口→俄罗斯的出口商将避免损失。

③在粮价大幅上涨时履行合同→会亏本。

④禁止粮食出口→国际市场将被美国和法国所占有。

第2步：串联。

由①、②串联可得：⑤想维持国内粮食价格稳定→禁止粮食出口→俄罗斯的出口商将避免损失。

由①、④串联可得：⑥想维持国内粮食价格稳定→禁止粮食出口→国际市场将被美国和法国所占有。

第3步：逆否。

由⑤逆否可得：⑦¬俄罗斯的出口商将避免损失→¬禁止粮食出口→¬想维持国内粮食价格稳定。

由⑥逆否可得：⑧¬国际市场将被美国和法国所占有→¬禁止粮食出口→¬想维持国内粮食价格稳定。

第4步：根据"箭头指向原则"找答案。

(A)项，题干不涉及不遭遇干旱和森林大火的情况，不能推出，此项可真可假。

(B)项，想维持国内粮食价格稳定→失去它的国际粮食市场（即国际市场将被美国和法国所占有），由⑥可知，此项为真。

(C)项，题干并不涉及出口商的行为，推理过度。

(D)项，禁止粮食出口→国内粮食价格稳定，由条件①可知"国内粮食价格稳定"后无箭头指向，此项可真可假。

(E)项，国际市场将被美国和法国所占有→禁止粮食出口，由条件④可知"国际市场将被美国和法国所占有"后无箭头指向，此项可真可假。

36.（D）

【论证结构】

题干：同一间办公室里，女性穿着毛衣，而男性吹着空调穿着短袖（现象）。一种新的进化论解释：许多雌性动物（鸟类和哺乳动物）比雄性更喜欢较高的温度是因为二者对温度的感觉不同，这是两性热敏系统在进化上的内在差异，与生殖过程和照顾后代有关（原因）。

【模型识别】

题干先描述了一种现象，然后分析原因，故此题为现象原因模型。

【选项详解】

(A)项，无关选项，题干不涉及雄性和雌性动物在生活场所上的差别。

(B)项，无关选项，题干不涉及哺乳动物与卵生动物对温暖环境喜欢程度的比较。（干扰项·无关新比较）

(C)项，此项支持在重复题干的论据，并没有指出雌性喜欢温暖环境的原因，故无法支持题干。

(D)项，支持题干，此项说明雌性动物确实是为了保护后代而偏好相对温暖的气候，解释了为什么雌性动物更喜欢较高的温度，是与生殖过程和照顾后代有关，说明因果相关。

(E)项，无关选项，题干不涉及是否存在雄性动物负责孵化或者照顾幼崽生长的情况。

37.（A）

【论证结构】

题干：大学排名不像企业排名那样容易（论据①）。大学排名还必须具有的前提：(1)成熟的市场经济体制、(2)稳定的制度、(3)公认的公证排名机构（论据②）。在我国，大学排名的前提条件远不具备，公认的大学排名机构还未产生（论据③）。因此，我国目前不宜进行大学排名（论点）。

【模型识别】

题干的论据②是个一般性前提，结论是个别化的结论，故此题为演绎论证模型。

【选项详解】

(A)项，无关选项，题干讨论大学排名的可行性，而此项讨论的是大学排名的影响。

(B)项，削弱题干中的论据②中的前提(1)：否定了大学排名与成熟的市场经济体制的关系。

(C)项，削弱题干中的论据①，说明企业排名也不容易，企业排名也不准确。

(D)项，削弱题干中的论据③，说明公认的大学排名机构需要从排名实践中产生。

(E)项，削弱题干中的论据②中的前提(2)：否定了大学排名与稳定的制度之间的关系。

38.（C）

【模型识别】

题干中(1)、(2)均为假言命题，提问新补充事实，故此题为事实假言模型。"从事实出发做串联"即可秒杀。

【详细解析】

从事实出发：乙购买了苹果。

由"乙购买了苹果"结合"每种水果都只有两人购买"可知，甲和丁不能都购买苹果。

由"甲和丁不能都购买苹果"可知，条件(2)后件为假，根据口诀"否后必否前"可得：乙和丙两人都购买了葡萄。

由于每种水果都只有两人购买，且乙、丙都购买了葡萄，因此，丁只能从"苹果、橘子和香蕉"三种水果中选择两种，故丁至少购买了橘子和香蕉中的一种。

由"丁至少购买了橘子和香蕉中的一种"可知，条件(1)前件为真，根据口诀"肯前必肯后"可得：乙购买了苹果而丙不购买橘子。

由"乙购买了葡萄和苹果"结合"每个人都购买了两种水果"可得：乙不购买橘子和香蕉。

由丙不购买橘子、乙不购买橘子，结合"每种水果都只有两人购买"可得：甲、丁购买橘子，故(C)项正确。

39.（C）

【论证结构】

题干：为了躲避严酷的自然环境，它们努力地向下挖洞，同时为保证前肢的挖掘动作足够有力，身体需要一个稳定的支撑，从而导致了肋骨不断加宽(前提)。由此可知，乌龟有壳是适应环境的表现(结论)，只不过不是为了保护自己，而是为了向地下挖洞。

【模型识别】

论据中的论证对象是"肋骨不断加宽"，论点中的论证对象是"乌龟有壳"，二者不一致，故此题为拆桥搭桥模型。此题是假设题，使用搭桥法即可秒杀。

【选项详解】

(A)项，不必假设，正南龟是现代乌龟的祖先，不代表正南龟的习性也会遗传给现代乌龟。

(B)项，不必假设，正南龟通过挖洞幸存下来，但不代表只有挖洞这种方式才可以幸存。

(C)项，搭桥法，将论据中的"肋骨加宽"和论点中的"乌龟有壳"联系起来，否则就不能由挖洞导致了肋骨加宽得到乌龟有壳是为了向地下挖洞的结论，必须假设。

(D)项，提出了新论据，说明乌龟有壳不是为了保护自己，支持题干的论点，但不是题干成立的前提，不必假设。

(E)项，削弱题干的论点，说明乌龟有壳是为了保护自己。

40.（E）

【模型识别】

已知条件由假言命题组成，而选项为事实。故此题为假言事实模型。

【详细解析】

第1步：画箭头。

①A→B。

②¬F→B∨D。

③¬A∧C→E，等价于：¬E→A∨¬C。

④E↔¬F，等价于：F↔¬E。

⑤¬C→D。

第 2 步：找重复元素。

找到重复元素"E 和 F"，故优先分析重复元素"E 和 F"。

第 3 步：找二难推理。

由④、③串联可得：⑥F↔¬E→A∨¬C。

由⑥、①、⑤，根据二难推理公式易知：

$$
\begin{array}{c}
F \to A \lor \neg C; \\
\downarrow \qquad \downarrow \\
\underline{B \qquad D;} \\
F \to B \lor D.
\end{array}
$$

又由条件②可知：¬F→B∨D。

根据二难推理公式易知："B∨D"为真。

第 4 步：推出答案。

所以"B 或 D 入选"一定可以由题干推出，(E)项正确。

41.（A）

【论证结构】

题干：传统灯泡与节能灯泡相比所需电量大、寿命短，在旧灯泡坏掉的时候换上这种节能灯泡（措施），高塔公司可以大大降低其总体照明的成本（目的）。

【模型识别】

"更换节能灯泡"可视为是一种措施，"降低照明成本"可视为是一种目的，故此题为<u>措施目的模型</u>。

【选项详解】

(A)项，要想衡量传统灯泡和节能灯泡哪个更省钱，不仅要衡量用电量，还要衡量购买灯泡的价格，因此，如果(A)项为真，那么在节能灯泡的价格与传统灯泡相当的情况下，用节能灯泡的总成本要低于传统灯泡，可以支持题干。

(B)项，此项只能说明耗电量大的公司用电可以获得折扣，但是这部分的优惠与题干的措施没有关系。

(C)项，无关选项，题干的论证不涉及高塔公司是否租赁新的办公室。

(D)项，无关选项，题干的论证不涉及员工的行为。

(E)项，题干论证的是该种节能灯泡是否可以起到节能的作用，与销售灯泡的公司无关。

42.（D）

【模型识别】

题干中出现相邻关系，显然为<u>相邻与不相邻模型</u>。

【详细解析】

由条件(3)可知，若 6 号区域种月季，那么 5 号区域也要种月季，此时 5 号、6 号均种植月季，与"同种类的花不能相邻"矛盾，故"6号区域种月季"为假，"6号区域不种月季"为真。

由条件(4)可知，2号和8号种的是玫瑰和牡丹，结合"同种类的花不能相邻"，可得：5号种植月季。

由"5号种植月季"可知，条件(2)后件为假，根据口诀"否后必否前"，可得：4号区域不种牡丹。

由"4号区域不种牡丹"可得：4号区域种月季或者玫瑰，分两种情况讨论。

情况一：4号区域种月季。

若4号区域种月季，由"同种类的花不能相邻"可知，1、3、7号位置均不能种植月季，结合2、6、8号位置均不能种植月季，可得：只有4号、5号种植月季，与"3种月季"矛盾。故该种情况必然不能成立。

由于情况一不成立，故情况二：4号区域种玫瑰一定成立。故(D)项正确。

43.（E）

【详细解析】

将已知信息填入表格，可得：

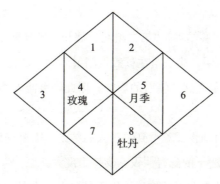

由图可知，7号既与"4号玫瑰"相邻，又与"8号牡丹"相邻，结合"同种类的花不能相邻"，可得：7号种植月季，故(E)项正确。

44.（D）

【模型识别】

此题要求往表格里填字，显然是<u>数独模型</u>。

【详细解析】

观察方阵发现，第三列中的已知信息最多而未知信息最少，故先填第三列。

根据"每行、每列及每个粗线条围住的五个小方格组成的区域中的5个词均不能重复"可知，第二行第三列（从左至右）为"华山"。进而可得：第五行第三列为"泰山"。

根据"每行、每列及每个粗线条围住的五个小方格组成的区域中的5个词均不能重复"可知，③、④均不能是"泰山"，因此，可排除(A)、(B)、(C)、(E)项。

因此，(D)项正确。

45.(B)

【论证结构】

题干：把第一组放在与核武器基地具有同等程度的辐射状态中，给它喝清水；把第二组放在没有核武器辐射的环境中，但给它喝污染的泰勒斯威尔地区的水（两组对比）。结果发现：第二组在致癌和生理缺陷上受到的危害比正常情况高10倍，比第一组高6倍。现在有证据表明，镇上的水源受到了附近一家塑料工厂排出物的污染，它被指责与镇上居民的健康问题相关（论点）。

【模型识别】

题干存在两组对象的对比：

第一组"害虫和家畜"：在辐射环境下喝清水；

第二组"害虫和家畜"：在没有辐射的环境下喝污染的泰勒斯威尔地区的水；

实验结果：第二组在致癌和生理缺陷上受到的危害比正常情况高10倍，比第一组高6倍。

实验想说明的结论：是水污染，而非核辐射导致"孩子"的生理缺陷和癌症。

故此题为<u>求异法模型</u>。

【选项详解】

(A)项，干扰项，题干中的实验结果是"第二组在致癌和生理缺陷上受到的危害比正常情况高10倍，比第一组高6倍"，这说明，第一组在核武器辐射环境下的害虫和家畜受到的危害是正常情况的接近2倍，说明实验对象受到了辐射的影响，因此，可能人类也会受核辐射的影响，因此，此项与实验结论冲突。

(B)项，支持题干，题干是由动物试验得到关于人的结论，需要保证有害物质对动物和人的影响是类似的，所以此项补充了题干的隐含假设，支持力度大。

(C)项，不能支持题干，此项是题干的推论，而不是题干的论据。

(D)项，无关选项，题干未涉及毒素是否长期暴露在饮用水中。

(E)项，说明毒素有好处，削弱题干。

46.(D)

【模型识别】

题干中出现三个假言命题，这些命题有重复元素"乐于奉献"，故此题为<u>假言串联模型</u>。

【详细解析】

第1步：画箭头。

①乐于奉献→有一颗善良的心∨有高度的社会责任感。

②从不计较个人得失→乐于奉献。

③永无止境的快乐→乐于奉献。

第2步：串联。

由②、①串联可得：④从不计较个人得失→乐于奉献→有一颗善良的心∨有高度的社会责任感。

由③、①串联可得：⑤永无止境的快乐→乐于奉献→有一颗善良的心 ∨ 有高度的社会责任感。

第3步：逆否。

由④逆否可得：⑥﹁有高度的社会责任感 ∧ ﹁有一颗善良的心→﹁乐于奉献→﹁从不计较个人得失。

由⑤逆否可得：⑦﹁有高度的社会责任感 ∧ ﹁有一颗善良的心→﹁乐于奉献→﹁永无止境的快乐。

第4步：根据"箭头指向原则"找答案。

Ⅰ. 永无止境的快乐→有高度的社会责任感，由⑤知，此项可真可假。

Ⅱ. 从不计较个人得失→乐于奉献，由②知，为真。

Ⅲ. 乐于奉献的人→不计较个人得失的人，由②知，无箭头指向，此项可真可假。

故此题选择(D)项。

47.（A)

【论证结构】

题干：只要信用卡被盗刷时使用了密码，银行均视为持卡人本人所为，对所发生的损失概不负责。因此，为了使自己的信用卡更安全(目的)，应当不设密码(措施)。

【模型识别】

"不设密码"可看作措施，"使自己的信用卡更安全"看作目的，故此题为<u>措施目的模型</u>。

【选项详解】

(A)项，此项试图通过质疑专家的话反驳题干的结论，但是专家的话究竟对不对，对多少都不知道。（干扰项·诉诸无知）

(B)项，可以削弱，犯罪分子伪造设有密码的信用卡时，如果不能获取密码就无法盗刷，说明还是设密码更安全。

(C)项，可以削弱，说明设了密码的信用卡在遗失时更不容易被盗刷。

(D)项，可以削弱，说明不设密码有坏处，会使卡主承担损失，因此还是应该设置密码。

(E)项，可以削弱，说明不设密码更容易被盗刷，因此还是应该设置密码。

48.（D)

【模型识别】

此题有两类已知条件，一是排序(前四名)，二是匹配(人与队伍)，故此题为<u>排序匹配模型</u>。

【详细解析】

由题干信息③、④结合"前4名的运动员各发一个奖牌"可知，前4名中，省队的只有1人，且为女性。

根据题干信息⑦、⑤可知，李肯定在前4名中，且是省队的，故李是女性。

根据题干信息⑤可知，赵、孙肯定在前4名中。又根据题干信息④可知，赵、孙是市队的。

假设吴在前4名中，根据题干信息⑦可知，前4名中有2名省队的，不符合题干信息④，故吴不在前4名中。

因此，钱和周有1人在前4名中，根据题干信息④可知，钱和周至少有1人是市队的。

故(D)项正确。

49. (B)

【详细解析】

根据上题分析可知，李是省队的女运动员，在前4名中。

由题干信息③、④可知，进入前4名的省队运动员只有1人，即进入前4名的省队女性运动员是李。

根据题干信息⑤可知，李的排名在第3名或者第3名以后，故女性省队运动员不可能得第2名。

故(B)项为正确答案。

50. (D)

【模型识别】

题干中①、②、③、④均为假言命题，提问新补充事实，故此题为**事实假言模型**。"从事实出发做串联"即可秒杀。

【详细解析】

题干：

①张乙∨王乙→¬杨丙。

②¬王甲→赵丁。

③¬李戊→¬赵丁。

④杨丙∨¬王甲，等价于：¬杨丙→¬王甲。

⑤张乙。

从事实出发：张去乙村，即：⑤张乙。

由"张乙"可知，条件①前件为真，根据口诀"肯前必肯后"可得：杨不去丙村。

由"杨不去丙村"，结合条件④可得：王不去甲村。

由"王不去甲村"可知，条件②前件为真，根据口诀"肯前必肯后"可得：赵去丁村。

由"赵去丁村"可知，条件③后件为假，根据口诀"否后必否前"可得：李去戊村。

综上，张去乙村、李去戊村、赵去丁村、杨去甲村、王去丙村。故(D)项正确。

51. (E)

【论证结构】

题干：学生们通过网络即可免费获取类型丰富的课程资源，可以登录各大高校网站下载，也可以通过 MOOC(慕课)网等网站搜索并学习喜欢的高校课程(原因)。网络公开课程的出现和发展将会激发国内大学生学习网络课程的热情(对结果的预测)。

【模型识别】

锁定关键词"将会"，可知此题是**预测结果模型**。

【选项详解】

(A)项，此项说明部分网络公开课程是付费课程，收费可能会影响学生观看网课，且课程类型也相对比较单一，可以削弱专家的观点，但是"部分"属于弱化词，削弱力度较弱。

(B)项，无关选项，此项只能说明大学生不能快速下载国外的公开课程，但是这并不确定是否会影响国内大学生学习网络课程的热情。（干扰项·偷换论证对象）

(C)项，此项说明一些不喜欢学习的大学生可能不会受到网课吸引而学习，可以削弱专家的观点，但是"一些""可能"均属于弱化词，削弱力度较弱。

(D)项，无关选项，此项只是说大学生觉得网络课程与传统课程不同，但这是否会影响国内大学生学习网络课程的热情，并不确定。

(E)项，削弱题干，此项说明大学生的课余时间都用来参加考试培训，因此没有时间去学习感兴趣的网课，说明预测的结果不会发生，削弱力度强。

52.（D）

【模型识别】

此题已知"7名学生中挑选3名"，故此题为**选多模型**。

【详细解析】

由条件(2)结合条件(1)可知，丙、己、庚三人中只有一人当选。

由于7名学生选择3名，因此条件(3)的前件为真，根据口诀"肯前必肯后"可得：乙、丙至少有一人当选。

由"乙、丙至少有一人当选"可知，条件(5)的后件为假，根据口诀"否后必否前"可得：丁当选。

由条件(4)可知，甲、戊必定有一人当选。

故丁、甲/戊可以确定2个名额，剩余的一个名额在乙、丙中产生。

若乙当选，则丙不能当选，同时己、庚也不能当选，与条件(2)矛盾，故乙不当选，丙当选。

综上，当选的人为丁、丙、甲/戊。故(D)项正确。

53.（D）

【论证结构】

心理医生所处置的大多数失眠者的症状都是由精神压力引起的 ——证明→ 失眠者需要的是缓解他们精神压力的心理治疗，而不是会改变他们生化机能的给失眠者开镇静剂。

【选项详解】

(A)项，指出题干犯了以偏概全的逻辑错误，说明有可能有的失眠者需要药物治疗。

(B)项，指出对于有的失眠者，心理治疗无效，那就需要药物治疗，从而削弱题干的结论。

(C)项，指出题干的样本没有代表性，可以削弱题干。

(D)项，无关选项，不同的失眠者因而需要不同的"心理治疗"，但这仍然是"心理治疗"的范围，因此无法削弱题干。

(E)项，说明有的失眠者需要药物治疗，可以削弱题干。

54.（C）

题干中出现匹配关系(3 天做 8 项训练)，但具体匹配数量并不确定，故此题为不定量匹配模型。

【详细解析】

第 1 步：数量匹配先计算。

3 天完成 8 项训练，且每天至少完成 2 项，因此可以是 4+2+2，也可以是 3+3+2。

又由条件(1)可知，周三＜周一，周三＜周二，因此，周三训练量只能是 2，周一、周二训练量为 3。

第 2 步：事实/重复元素是关键。

提问补充条件"丙在周一完成"为事实，但推不出其他信息。

观察条件，"甲、己"是重复元素，故分析条件(2)和(3)。

第 3 步：数量可能有矛盾。

由条件(2)可知，若甲在周三训练，则戊和己两项训练也要在周三完成，此时周三需要完成 3 项训练，与数量关系矛盾，因此"甲在周三训练"为假，故甲只能在周一或周二训练。

又由条件(3)可知，若甲在周二训练，则不论己在哪天训练，甲和己要么重合要么相邻，与条件(3)矛盾，故甲只能在周一训练，己只能在周三训练。

结合"丙在周一完成"可得下表：

	周一(3 个训练)	周二(3 个训练)	周三(2 个训练)
训练项目	甲、丙		己

由条件(4)可知，丁与庚在同一天完成，因此只剩下周二可以满足同时完成丁与庚。故(C)项正确。

55.（E）

【详细解析】

将上题整理的确定信息汇总如下表：

	周一(3 个训练)	周二(3 个训练)	周三(2 个训练)
训练项目	甲		己

由"乙与戊在不相邻的两天完成"可知，乙与戊均不能在周二完成，故乙和戊分别在周一或者周三完成。因此，周一安排了 2 项训练，周三安排了 2 项训练。

由"乙不能在周二完成"可知，条件(2)前件为真，根据口诀"肯前必肯后"可得：周三完成戊和己两项训练。故乙在周一完成。

又由"丁与庚在同一天完成"，因此只剩下周二可以满足同时完成丁与庚。

整理以上信息，可得下表：

	周一(3个训练)	周二(3个训练)	周三(2个训练)
训练项目	甲、乙	丁、庚	戊、己

故(E)项不可能为真。

四、写作

56. 论证有效性分析

【谬误分析】

①"近30岁才开始工作"不能推出"无法收获事业上的成功",因为一个人可能工作到五六十岁,其职业生涯时间可以是很长的,其工作的起点不能说明工作的终点。

②事业的成功与否受到多种因素的影响,诸如学识、机遇、经验等等,投入精力的多少并不是决定事业成功与否的唯一标准。

③"缩短学制"与"选到心仪的工作"不存在必然联系。缩短学制的确能够降低研究生的试错成本,让他们多一些选择和熟悉工作的机会,增加其获得事业上成功的可能性,但选择的结果如何,究竟能否选到心仪的岗位尚未可知。

④创新能力受政府政策、社会意识、市场体制等多重因素的影响,仅凭劳动力数量减少未必能推得社会创新能力下降。同理,仅仅靠增加劳动者的数量也未必能够提升创新能力。

⑤"只有年轻、专业、'廉价'的劳动力,才是企业真正希望招募的"有强置必要条件的嫌疑。许多职业是需要长期积累经验的,如教师、医生等,并不是所有企业都只需要年轻、廉价的劳动力。

⑥"现代人读研的原因并不是热爱本专业"过于绝对,选择读研的人群中不乏潜心研究、对科研有热情有激情的人,也有许多人选择跨专业读研,把考研作为高考之后第二次选择专业和未来的机会,很多人会选择自己喜欢的专业进行学习,所以未必不会选择本专业来工作。

 参考范文

压缩学制能焕发劳动力活力?

老吕助教 江 徕

上述材料试图通过一系列论证说明"压缩研究生教育学制,将会焕发劳动力活力",然而其论证过程存在多处谬误,分析如下:

首先,"近30岁才开始工作"不能推出"无法收获事业上的成功",因为一个人可能工作到五六十岁,其职业生涯时间可以是很长的,其工作的起点不能说明工作的终点。此外,事业的成功与否受到多种因素的影响,诸如学识、机遇、经验等等,投入精力的多少并不是决定事业成功与否的唯一标准。

其次，"缩短学制"与"选到心仪的工作"不存在必然联系。缩短学制的确能够降低研究生的试错成本，让他们多一些选择和熟悉工作的机会，增加其获得事业上成功的可能性，但选择的结果如何，究竟能否选到心仪的岗位尚未可知。

再次，"适龄劳动力数量减少"导致"社会整体创新能力下降"，过于绝对。创新能力受政府政策、社会意识、市场体制等多重因素的影响，仅凭劳动力数量减少未必能推得社会创新能力下降。同理，仅仅靠增加劳动者的数量也未必能够提升创新能力。

最后，"只有年轻、专业、'廉价'的劳动力，才是企业真正希望招募的"有强置必要条件的嫌疑。许多职业是需要长期积累经验的，如教师、医生等，并不是所有企业都只需要年轻、廉价的劳动力。

综上，由于材料存在多处逻辑谬误，通过压缩研究生教育学制来焕发劳动力活力的建议未必可行。

（全文共 533 字）

57. 论说文

管理者应跳出思维定势

吕建刚　娜 爷

砌匠主张砖块抗敌，木匠主张木头抗敌，皮匠主张用皮抗敌。但是，他们所提出的抗敌材料都是局限于自己的领域，从自身的角度去想问题，所提出的主张并不是最科学的。这提醒管理者，应跳出自己的思维定势，才能更加全面地看问题。

跳出思维定势是科学决策的客观要求。很多决策都是在"信息不完整""信息不对称"的情况下做出的。由于位置不同、视角不同，管理者可能很难站在其他角度想问题，更不可能掌握所有决策相关信息。这个时候，跳出思维定势，才能做出科学决策。在材料中，砌匠、木匠、皮匠如果能站在其他人的角度去想办法，想到用砖砌墙，用木头支撑和加固城墙，用皮做护甲等，集众人之所长去御敌，岂不是更好吗？

跳出思维定势是管理者自身的主观需要。"尺有所短，寸有所长"，管理者不可能是全才，多数管理者仅仅是某一领域或某个方面的行家里手，在其他方面一定有其短处。因此，管理者要跳出自己的思维，多听听别人的意见和建议，吸取别人的长处。

然而，有些管理者很难跳出思维定势。这是因为，任何人都存在一定的路径依赖，管理者也不例外。一旦管理者做出某种决策，他就会倾向于认为这种决策是正确的，思维定势的力量会使得这种决策不断强化。

因此，要跳出思维定势，做好以下两点非常重要。

首先，要有改变自我的胸襟。管理者要克服自己的路径依赖，养成从不同的角度思考问题的习惯。不要太局限在自己的思维里，不要"固执己见"和"专断独行"，否则只能走向失败。

其次，多角度思考问题后，要客观地了解和掌握各方面情况，理性分析原有路径与不同的思路到底孰好孰坏，根据分析的结果进行决策。

司汤达说："一个具有天才的禀赋的人，绝不遵循常人的思维途径。"管理者也应不走寻常路，跳出自己的思维定势，以成大业。

（全文共 709 字）

全国硕士研究生招生考试
管理类综合能力试题答案详解
冲刺卷 4

一、问题求解

1.（B）

【详细解析】

设原销售量为 1，成本为 1，则原售价为 $1+\dfrac{1}{3}=\dfrac{4}{3}$，总利润为 $\dfrac{1}{3}$.

打九折后的价格为 $\dfrac{4}{3}\times 90\%=\dfrac{6}{5}$，打折后的单件利润为 $\dfrac{6}{5}-1=\dfrac{1}{5}$，打折后销售量为 2，总利润为

$2\times\dfrac{1}{5}=\dfrac{2}{5}$.

故打折后比打折前的总利润增加了 $\dfrac{\dfrac{2}{5}-\dfrac{1}{3}}{\dfrac{1}{3}}\times 100\%=20\%$.

2.（E）

【详细解析】

方法一：令总工程量为 1，设甲、乙两个工程队单独修建完成这条公路分别需要 x 天、y 天．由题干得

$$\begin{cases}6\left(\dfrac{1}{x}+\dfrac{1}{y}\right)=1-\dfrac{1}{6},\\[2mm]\dfrac{x}{3}=\dfrac{y}{2}\end{cases}\Rightarrow\begin{cases}x=18,\\y=12.\end{cases}$$

所以，$x-y=18-12=6$.

故甲工程队单独修建这条公路比乙工程队单独修建这条公路多耗费 6 天．

方法二：工作量等比例代换．

根据题意可知，甲完成 $\dfrac{1}{3}$ 的工程和乙完成 $\dfrac{1}{2}$ 的工程所需时间相同，因为 $\dfrac{1}{3}+\dfrac{1}{2}=\dfrac{5}{6}$，恰好符合题

目中的剩余 $\dfrac{1}{6}$ 未完成，故这 6 天中，甲完成了总工程的 $\dfrac{1}{3}$，乙完成总工程的 $\dfrac{1}{2}$．所以甲单独完成

需要 $6\div\dfrac{1}{3}=18$（天），乙单独完成需要 $6\div\dfrac{1}{2}=12$（天），甲比乙多耗费 6 天．

3.（C）

【详细解析】

根据换底公式，有

$$2\log_5 6\times\log_6 12\times\log_{12}6\times\log_{36}P=2\frac{\lg 6}{\lg 5}\times\frac{\lg 12}{\lg 6}\times\frac{\lg 6}{\lg 12}\times\frac{\lg P}{2\lg 6}=\frac{\lg P}{\lg 5}=\log_5 P,$$

即 $\log_5 P=3$，解得 $P=125$.

4.（B）

【详细解析】

已知 p 为质数，$3p+5$ 也为质数且显然大于 2，则其必为奇数，根据奇偶性分析，5 为奇数，故 $3p$ 只能为偶数，则 p 只能是偶质数，即为 2.

将 $p=2$ 代入原式，即求 $y=|x-2|+|x-4|+|x-6|$ 的最小值.

形如 $y=|x-a|+|x-b|+|x-c|$ $(a<b<c)$ 的绝对值问题，当 $x=b$ 时 y 有最小值 $|a-c|$.

故本题中当 $x=4$ 时，$y=|x-2|+|x-4|+|x-6|$ 取最小值，最小值为 $y=|2-6|=4$.

5.（D）

【详细解析】

设该队胜 x 场、平 y 场，则负 $10-x-y$ 场.

根据题干，可得 $9x+5y+2(10-x-y)=61$，化简得

$$7x+3y=41\Rightarrow x=\frac{41-3y}{7}.$$

又因为 x，y，$10-x-y$ 均为正整数，所以当 $y=2$ 时，x 取得最大值 $\frac{41-6}{7}=5$. 故该队最多胜 5 场.

6.（D）

【详细解析】

设所成等差数列的公差为 d. $a_1=10$，$a_{52}=100$，则 $d=\dfrac{a_{52}-a_1}{52-1}=\dfrac{30}{17}$，故 $a_n=10+\dfrac{30}{17}(n-1)$.

要使 a_n 为整数，则 $n-1$ 必是 17 的倍数且 $1\leqslant n\leqslant 52$，所以 $n-1$ 可取 0，17，34，51，即整数项为 a_1，a_{18}，a_{35}，a_{52}，插入的整数项为 a_{18} 和 a_{35} 两项，则插入的整数之和为 $a_{18}+a_{35}=40+70=110$.

【易错警示】

有些同学忽略了题干中"整数"这个前提条件，直接求插入的 50 个数之和，解得 $\dfrac{50\times(10+100)}{2}=2\,750$，错选（B）项.

7.（B）

【详细解析】

由平移的原则"左加右减"，可知直线 $2x-y+m=0$ 右移一个单位的方程为 $2(x-1)-y+m=0$，即 $2x-y+m-2=0$.

圆的方程可化为 $(x-1)^2+(y+2)^2=5$，圆心为 $(1,-2)$，半径为 $\sqrt{5}$．

直线与圆相切，即圆心到直线的距离等于半径，则有 $\dfrac{|2-(-2)+m-2|}{\sqrt{2^2+(-1)^2}}=\sqrt{5}$，解得 $m=3$ 或 -7．

8.（C）

【详细解析】

根据题意可知，甲、乙两人获胜的概率都是 $\dfrac{1}{2}$，甲以 $4:2$ 获胜，则甲在第 6 局取得胜利，在前 5 局中取胜 3 局，故所求概率为 $C_5^3\times\left(\dfrac{1}{2}\right)^3\times\left(\dfrac{1}{2}\right)^2\times\dfrac{1}{2}=\dfrac{5}{32}$．

【易错警示】

"甲以 $4:2$ 获胜"不能认为是"6 局比赛中，甲赢了 4 局"，因为如果前 4 局甲连胜，则比赛结束，不会开始第 5 局比赛．

9.（E）

【详细解析】

如图所示，连接 DE．

由于 D 是 AB 的中点，则 $S_{\triangle ADC}=S_{\triangle CDB}=\dfrac{1}{2}S_{\triangle ABC}=\dfrac{1}{2}\times24=12$．

又因为 $BE=2EC$，则 $S_{\triangle DEB}=2S_{\triangle DEC}$，可得 $S_{\triangle DEB}=8$，$S_{\triangle DEC}=4$．

已知 F 是 CD 的中点，则 $S_{\triangle DEF}=\dfrac{1}{2}S_{\triangle DEC}=2$，故

$$S_{阴影}=S_{\triangle DEF}+S_{\triangle DEB}=2+8=10.$$

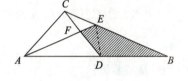

10.（A）

【详细解析】

方法一：将 1，2，3，4，5 这五个数按除以 3 所得的余数分组，可分为三组，即：
①余 1 的有 1，4；②余 2 的有 2，5；③能被 3 整除的只有 3．
故取出的两个数必有一个取自①组，另一个取自②组，共有 $2\times2=4$（种）可能．

方法二：穷举可知，两数之和是 3 的倍数只有 4 种情况，为 $(1,2)$，$(1,5)$，$(2,4)$，$(4,5)$．

五个数中任取两个，共有 C_5^2 种可能．所以，两数之和是 3 的倍数的概率为 $\dfrac{4}{C_5^2}=\dfrac{2}{5}$．

11.（C）

【详细解析】

根据题意，有 $a_n-a_{n-1}=2^{n-1}$，$a_{n-1}-a_{n-2}=2^{n-2}$，$\cdots$，$a_2-a_1=2$，累加可得

$$(a_n-a_{n-1})+(a_{n-1}-a_{n-2})+\cdots+(a_2-a_1)=2^{n-1}+2^{n-2}+\cdots+2^2+2,$$

整理得 $a_n-a_1=\dfrac{2(1-2^{n-1})}{1-2}=2^n-2\Rightarrow a_n=2^n$，由此可知数列 $\{a_n\}$ 是首项为 2、公比为 2 的等比数列．

由等比数列求和公式，可知 $S_n=\dfrac{2(1-2^n)}{1-2}=2^{n+1}-2$，故 $S_{10}=2^{11}-2$.

12.（D）

【详细解析】

设使用 n 年报废，则第 n 年的维修费为 $0.2n$ 万元，故年平均费用为

$$\bar{x}=\dfrac{10+0.9n+0.2+0.4+0.6+\cdots+0.2n}{n}=\dfrac{10}{n}+0.9+\dfrac{\dfrac{(0.2+0.2n)n}{2}}{n}$$

$$=\dfrac{10}{n}+0.9+0.1+0.1n=\dfrac{10}{n}+0.1n+1\geqslant 3.$$

根据均值不等式取等号的条件，当 $\dfrac{10}{n}=0.1n$，即 $n=10$ 时，$\bar{x}$ 取得最小值．

所以，这种汽车使用 10 年以后报废最合算．

13.（D）

【详细解析】

所有基本事件为 $(1,1)$，$(1,2)$，$(1,3)$，$(2,1)$，$(2,2)$，$(2,3)$ 共 6 个．

已知 $x+y=n$，故 $2\leqslant n\leqslant 5$，$n\in\mathbf{N}$，$P(C_2)=\dfrac{1}{6}$，$P(C_3)=\dfrac{2}{6}$，$P(C_4)=\dfrac{2}{6}$，$P(C_5)=\dfrac{1}{6}$，由此可得，$P(C_n)$ 最大时 n 的值为 3 或 4.

14.（E）

【详细解析】

如图所示，由大正方体的棱长为 10，可以得出中正方体的棱长为 $5\sqrt{2}$，小正方体的棱长为 5，几何体的表面积为 3 个正方体表面积之和减去 4 个接触面的面积（2 个小正方形的底面和 2 个中正方形的底面），即

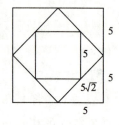

$$S_{\text{表}}=6\times 10^2+6\times(5\sqrt{2})^2+6\times 5^2-2\times 5^2-2\times(5\sqrt{2})^2=900.$$

15.（A）

【详细解析】

如图所示，设小正方形纸片的边长为 a，大正方形和小正方形纸片的边长差为 b，则

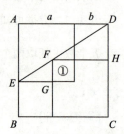

$$EG=b,\quad FG=a-b,\quad FH=a,\quad DH=b.$$

$$\triangle EGF\backsim\triangle FHD\Rightarrow\dfrac{EG}{FH}=\dfrac{GF}{HD}\Rightarrow\dfrac{b}{a}=\dfrac{a-b}{b}\Rightarrow a^2-ab-b^2=0,$$

等式两端同时除以 b^2，得 $\left(\dfrac{a}{b}\right)^2-\dfrac{a}{b}-1=0$，解得 $\dfrac{a}{b}=\dfrac{1+\sqrt{5}}{2}$ 或 $\dfrac{a}{b}=\dfrac{1-\sqrt{5}}{2}$（小于 0，舍去）．

正方形 $ABCD$ 与①的面积比为 $\dfrac{(a+b)^2}{(a-b)^2}=\left|\dfrac{\frac{a}{b}+1}{\frac{a}{b}-1}\right|^2$，将 $\dfrac{a}{b}=\dfrac{1+\sqrt{5}}{2}$ 代入，得

$$\dfrac{S_{正方形ABCD}}{S_①}=\left|\dfrac{\frac{1+\sqrt{5}}{2}+1}{\frac{1+\sqrt{5}}{2}-1}\right|^2=\left(\dfrac{3+\sqrt{5}}{\sqrt{5}-1}\right)^2=(\sqrt{5}+2)^2=9+4\sqrt{5}.$$

二、条件充分性判断

16.（B）

【详细解析】

等差数列的 S_n 有最大值的条件是 $a_1>0$，$d<0$.

条件（1）：因为 $\{a_n\}$ 为等差数列，首项 $a_1=13>0$，$d<0$，则 S_n 有最大值，但由于 d 的值不确定，故最大值无法确定. 所以条件（1）不充分.

条件（2）：因为 $S_5=S_9$，由于 $S_n=\dfrac{d}{2}n^2+\left(a_1-\dfrac{d}{2}\right)n$ 是关于 n 的一元二次函数，对称轴为 $\dfrac{5+9}{2}=7$，则 $\dfrac{1}{2}-\dfrac{a_1}{d}=7 \Rightarrow d=-2$，满足 $a_1>0$，$d<0$，故 S_n 有最大值，且最大值可唯一确定，条件（2）充分.

17.（D）

【详细解析】

由 $\dfrac{1}{x}:\dfrac{1}{y}:\dfrac{1}{z}=4:5:6$，可得 $x:y:z=\dfrac{1}{4}:\dfrac{1}{5}:\dfrac{1}{6}=15:12:10$. 故可设 $x=15k$，$y=12k$，$z=10k$.

条件（1）：由 $x=15k=30$，得 $k=2$. 故 $y=12k=24$，$z=10k=20$.

所以，$x+y+z=74$，条件（1）充分.

条件（2）：由 $x-y=15k-12k=3$，得 $k=1$. 故 $x=15$，$y=12$，$z=10$.

所以，$x+y+z=37$，条件（2）充分.

18.（C）

【详细解析】

条件（1）：由 $|x+2|\leqslant 3$，可解得 $-5\leqslant x\leqslant 1$，故 $-4\leqslant x+1\leqslant 2$，由此可得 $|x+1|\leqslant 4$，条件（1）不充分.

条件（2）：由 $|x-1|\leqslant 2$ 可解得 $-1\leqslant x\leqslant 3$，故 $0\leqslant x+1\leqslant 4$，由此可得 $|x+1|\leqslant 4$，条件（2）不充分.

联立两个条件，对两个解集求交集，可得 $0\leqslant x+1\leqslant 2$，所以 $|x+1|\leqslant 2$，可推出 $|x+1|\leqslant 3$，故联立两个条件充分.

19. (A)

【详细解析】

根据题意，圆 O 是 $\triangle ABC$ 的内切圆，则有 $AE=AF$，$CD=CE$，$BD=BF$．圆 O 的半径 $r=3$，

$S_{\triangle ABC}=rp=3\times\dfrac{1}{2}(AB+BC+AC)$，由此可得，若能确定 $\triangle ABC$ 的周长，即可确定 $\triangle ABC$ 的面积．

条件(1)：$AF=AE$，$BC=CD+BD=CE+BF$，故 $\triangle ABC$ 的周长 $=2(AE+BC)$，则能确定 $\triangle ABC$ 的面积，条件(1)充分．

条件(2)：只知 CE，无法确定 $\triangle ABC$ 的周长，故无法确定 $\triangle ABC$ 的面积，条件(2)不充分．

20. (C)

【详细解析】

条件(1)：2 和 4 不相邻，故使用插空法．

先选个位数，必须为奇数，即 C_3^1；除 2、4 和选出的奇数外，将剩下的 3 个数全排列，即 A_3^3；这三个数之间有 4 个空，将 2、4 有序插入其中 2 个空，即 A_4^2．

由乘法原理得，不同的奇数共有 $C_3^1A_3^3A_4^2=216$(个)，故条件(1)不充分．

条件(2)：同理，条件(2)不充分．

联立两个条件，4 既不与 2 相邻，也不与 6 相邻，且个位数为奇数，分为两种情况讨论：

①2 与 6 也不相邻，将所有的奇数全排列，即 A_3^3；剩余的偶数有序插入前三个间隔中，即 A_3^3．故不同的奇数共有 $A_3^3A_3^3$ 个；

②2 与 6 相邻，所有的奇数全排列 A_3^3；将 2、6 捆绑在一起，与 4 一起在前三个空中选择其中两个位置插空，即 A_3^2，2 和 6 需考虑顺序，即 A_2^2．故不同的奇数共有 $A_3^3A_3^2A_2^2$ 个．

所以，共有 $A_3^3A_3^3+A_3^3A_3^2A_2^2=108$(个)不同的奇数，两个条件联立起来充分．

21. (A)

【详细解析】

若一元二次方程的根一正一负，则要满足 $\Delta>0$ 且 $x_1x_2<0$．

条件(1)：$c<0$，则 $\Delta=b^2-4c$ 必然大于 0，且 $x_1x_2=c<0$，故两个根一正一负，条件(1)充分．

条件(2)：$b^2-4c>0$ 只能证明方程有两个不相等的实根，但是无法确定是否为一正一负，故条件(2)不充分．

22. (A)

【详细解析】

整理直线方程，可得 $mx-y-2m-1=0\Rightarrow m(x-2)-y-1=0$，则其过定点 $A(2，-1)$，斜率为 m．

条件(1)：

方法一：画图易知，当定点 A 为切点，即 AC 与直线 $mx-y-2m-1=0$ 垂直时，圆 C 的半径

取得最大值 $r=AC=\sqrt{2}$，AC 所在直线的斜率为 $k=\dfrac{-1-0}{2-1}=-1$，故直线 $mx-y-2m-1=0$ 的

斜率为 1，即 $m=1$，条件(1)充分．

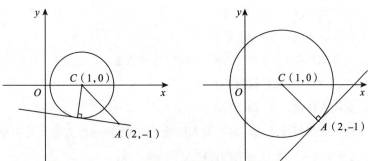

方法二： 已知圆 C 与直线相切，则圆心到该直线的距离等于半径，即 $r=d=\dfrac{|m-2m-1|}{\sqrt{m^2+(-1)^2}}=$

$\dfrac{|m+1|}{\sqrt{m^2+1}}$．圆 C 的半径最大，则 d 最大，即 d^2 最大．

因为 $d^2=\dfrac{(m+1)^2}{m^2+1}=1+\dfrac{2}{m+\dfrac{1}{m}}$，当 $m<0$ 时，显然取不到最大值；当 $m=0$ 时，$r=d=1$；当

$m>0$ 时，$m+\dfrac{1}{m}\geqslant 2$，则 $d^2\leqslant 2\Rightarrow d\leqslant\sqrt{2}$，当 $m=1$ 时，取到最值．

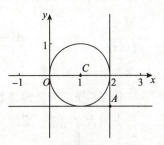

综上可知，若圆 C 的半径最大，则 $m=1$，故条件(1)充分．

条件(2)：如右图所示，当圆 C 的半径为 1 时，过定点 A 的切线有两

条，其中一条直线为 $y=-1$，此时 $m=0$，另一条直线为 $x=2$，此时

m 为无穷大(不存在具体的值)，故无法确定 m 的值．条件(2)不充分．

23.（E）

【详细解析】

两个条件显然单独都不充分，考虑联立．

由方差的性质：$D(ax+b)=a^2D(x)$，可得 $S_2^2=(\sqrt{2\,023})^2 S_1^2=2\,023S_1^2$，所以 $S_2=\sqrt{2\,023}S_1$.

故两个条件联立也不充分．

24.（B）

【详细解析】

特值法．设去年上半年利税额为 100，员工人数为 100 人，则人均利税为 1.

条件(1)：今年上半年利税额为 140，今年员工人数为 80 人，人均利税为 $\dfrac{140}{80}=1.75$，相较去年

同期增长了 75%，故条件(1)不充分．

条件(2)：今年上半年利税额为 90，今年员工人数为 60 人，人均利税为 $\dfrac{90}{60}=1.5$，相较去年同期

增长了 50%，故条件(2)充分．

25.（B）

【详细解析】

条件（1）：可分为以下两种情况进行讨论．

①由 1 名组长 4 名组员构成，有 $C_2^1 C_8^4$ 种；

②由 2 名组长 3 名组员构成，有 $C_2^2 C_8^3$ 种．

由分类加法原理，可知共有 $C_2^1 C_8^4 + C_2^2 C_8^3 = 196$（种）选派方案，故条件（1）不充分．

条件（2）：可分为以下两种情况进行讨论．

①女组长入选，其他人任选，共有 C_9^4 种；

②女组长没有入选，则男组长入选，剩下的人任选，有 C_9^4 种选派方案，其中没有女性员工的选法共有 C_5^4 种，故至少有一名女性员工的选法为 $C_8^4 - C_5^4$ 种．

所以，不同的选派方案共有 $C_9^4 + C_8^4 - C_5^4 = 191$（种），故条件（2）充分．

三、逻辑推理

26.（B）

【模型识别】

题干出现多个假言命题，且这些假言命题中没有重复元素，故此题为<u>假言无串联</u>
<u>模型</u>。

【详细解析】

第1步：画箭头。

①能激活蚕的味觉神经系统→须形外颚叶感受到高浓度的糖溶液。

②开始大肆咀嚼→蚕的神经系统确认是桑叶后。

第2步：逆否。

④¬ 须形外颚叶感受到高浓度的糖溶液→¬ 能激活蚕的味觉神经系统。

⑤¬ 蚕的神经系统确认是桑叶后→¬ 开始大肆咀嚼。

第3步：找答案。

(A)项，须形外颚叶感受到高浓度的糖溶液→味觉神经系统就可以被激活，根据箭头指向原则、①可知，"须形外颚叶感受到高浓度的糖溶液"后无箭头指向，故此项可真可假。

(B)项，蚕开始咀嚼桑叶→神经系统已经确定桑叶，等价于②，故此项一定为真。

(D)项，蚕开始咀嚼桑叶→须形外颚叶感受到高浓度的糖溶液，题干论证并不涉及"蚕开始咀嚼桑叶"与"须形外颚叶感受到高浓度的糖溶液"二者之间的关系，故此项可真可假。

(C)、(E)两项均不在题干论证的范围内，排除。

27.（D）

【模型识别】

题干中(1)、(2)、(3)、(4)均为假言命题，题干问题又补充事实，故此题为<u>事实假言模型</u>。"从事实出发做串联"即可秒杀。

【详细解析】

从事实出发，已知丁上场，根据"丁和戊至多有一个上场"，可知：戊不能上场。

由"戊不能上场"结合"除非戊上场，否则乙不上场"，可知：乙不上场。

由"乙不上场"结合"要么甲上场，要么乙上场"，可知：甲上场。

由"甲上场"结合"如果甲上场，则丙也会上场"，可知：丙也上场。

综上，甲、丙、丁一定上场；乙、戊一定不上场；己、庚一人上场，另一人不上场，但不确定谁上场。故(D)项正确。

28.（E）

【论证结构】

题干：近年来在西南地区所进行的研究发现，在被观察的哮喘病人中，有1/5的人在服用该药后产生了严重的副作用。一些医生据此建议，应该禁止使用哮喘灵作为治疗哮喘的药物(措施)。

【模型识别】

锁定关键词"建议""应该"，可知此题是措施目的模型。专家是通过比较的利弊从而提出建议，这种题也可以认为是利弊分析模型。

【选项详解】

(A)项，无关选项，死亡人数是否增加与哮喘灵是否有严重的副作用无关。

(B)项，无关选项，以前是否服用过哮喘灵与哮喘灵是否有严重的副作用无关。

(C)项，无关选项，事实情况与解决方式无关。

(D)项，支持题干，说明哮喘灵的副作用是破坏心脏组织。

(E)项，削弱题干，说明胆固醇含量不高的患者可以服用哮喘灵，那么不应该绝对禁止哮喘灵。

29.（A）

【模型识别】

题干已知"三个人的断定中只有一个断定为真"故此题为真假话问题。但本题提问方式为"下列可能正确的是"，且选项看起来像排列组合，可以考虑选项排除法。

【详细解析】

若(A)项为真，则张琴、李萌猜错，王良猜对，符合"只有一人猜对"，当选。

若(B)项为真，则李萌猜错，张琴、王良猜对，不符合"只有一人猜对"，排除。

若(C)项为真，则张琴猜错，李萌、王良猜对，不符合"只有一人猜对"，排除。

若(D)项为真，则李萌、张琴、王良3人均猜对，不符合"只有一人猜对"，排除。

若(E)项为真，则李萌猜错，张琴、王良猜对，不符合"只有一人猜对"，排除。

故正确答案为(A)项。

30.（E）

【论证结构】

后来的随访调查表明，那些手术前持有严重担忧情绪的人手术后复发率高于其他人(两组对比)。

研究人员因此认为，担忧情绪不利于心脏病的康复(因果关系)。

【模型识别】

题干对手术前有担忧情绪和没有担忧情绪的患者术后恢复情况进行对比，得出一个因果关系，故此题为求异法模型。

【选项详解】

(A)项，无关选项，题干论证的是担忧情绪对心脏病的康复的影响，而此项论证的是对大脑的影响。（干扰项·转移论题）

(B)项，此项说明有担忧情绪的患者更加关注自身的心脏健康，但是对于自身心脏健康问题的关注与是否有利于心脏病康复的关系并不明确。

(C)项，无关选项，题干论证的是担忧情绪对心脏病的康复的影响，而此项论证的是对其他疾病的影响。（干扰项·转移论题）

(D)项，无关选项，此项未表明这种担忧对于心脏病恢复的影响是怎么样的。

(E)项，支持题干，此项说明没有担忧（无因）就对心脏病康复有一定帮助（无果）。

31. (A)

【论证结构】

题干：

①避免空间灾难的最好方法是使行星的运行轨道发生偏斜。

②使行星的运行轨道发生偏斜的唯一方法是使用储存在空间站中的核武器对行星进行袭击。

【选项详解】

Ⅰ项，由②中的"使用储存在空间站中的核武器对行星进行袭击"显然可以推出。

Ⅱ项，不正确，因为核技术只是避免行星撞击地球的唯一方法，而"空间灾难"并不是只有"行星撞地球"这一种，因此不代表是"防止空间灾难"的唯一方法。

Ⅲ项，题干的背景是尽其所能来减小行星与地球碰撞的概率，并没有提及是否已经发生碰撞。

故(A)项正确。

32. (A)

【模型识别】

本题存在"老师""科目""省份"的一一匹配关系，故为三组元素的定量匹配模型。

【详细解析】

第1步：事实/问题优先看。

根据条件Ⅵ可知，广西的老师既不是乙也不是丙，故甲是广西的老师。

第2步：重复元素是关键。

观察题干，"逻辑助教"多次出现，故优先分析。

根据条件Ⅱ和Ⅳ可知，逻辑助教既不是江西的老师，也不是广西的老师，故逻辑助教是山西的老师。

根据"甲是广西的老师"和Ⅴ可知，乙不是山西的老师，故乙是江西的老师，丙是山西的老师。

由"逻辑助教是山西的老师"和"丙是山西的老师"可知，丙是逻辑助教，是山西的老师。

由"甲是广西的老师"、"丙是逻辑助教，是山西的老师"、结合Ⅲ可知，甲不是写作名师，不是逻辑助教，故甲是数学教研员，乙是写作名师。

即：甲是数学教研员，是广西的老师；乙是写作名师，是江西的老师；丙是逻辑助教，是山西的老师。

因此，(A)项正确。

33.（B）

【论证结构】

题干：A国是当今世界上最贫穷的国家（论据），所以每一个A国人都是穷人（论点）。

【模型识别】

此题问的是"假设以下哪项，能使上述论证成立"，要求补充一个选项作为条件，联立题干中的条件，能使题干的结论成立。故此题虽然带有"假设"二字，但实际上是补充条件题。

【选项详解】

Ⅰ项，"人均收入"最低，不能说明每个人都是穷人，故排除此项。

Ⅱ项，最贫穷的国家→每个国民都是穷人，与题干的前提串联可得：A国→最贫穷的国家→每个国民都是穷人，故可得题干的结论：每一个A国人都是穷人。所以，此项正确。

Ⅲ项，"没有超级富豪"不能说明每个人都是穷人，可能有较为富有但未达到超级富豪的程度的人，故排除此项。

故仅有Ⅱ可以使题干成立，(B)项正确。

34.（D）

【论证结构】

题干：A国是当今世界上最贫穷的国家（论据），所以每一个A国人都是穷人（论点）。

【模型识别】

此题问的是"为使上述论证成立，以下哪项必须假设"，"必须假设"的意思就是找必要条件，即没它不行的项。因此，选择否定正确的选项，会使题干不成立的项（取非法）。

【选项详解】

Ⅰ项，不必假设，题干没有提及"人均收入"。

Ⅱ项，必须假设，否则，如果世界上最贫穷的国家不是每个国民都是穷人，就无法得到题干的结论"每个A国人都是穷人"。

Ⅲ项，必须假设，否则，如果世界上最贫穷的国家中有超级富豪，就无法得到题干的结论"每个A国人都是穷人"。

故(D)项正确。

35.（A）

【论证结构】

题干：谷爱凌在分享自己的成功秘诀时曾表示"秘密武器是每天睡10个小时"。因此，有人表示，长时间的睡眠是迈向成功的路上不可或缺的因素之一（论点）。

本题有两个命题模型：

模型(1)：论据中的对象是"谷爱凌的成功秘诀"，论点中的对象是"人们的成功秘诀"，前者是后者的子集，即：

故此题为<u>归纳论证</u>模型。

模型(2)：题干的论点为绝对化结论："长时间的睡眠是迈向成功的路上不可或缺的因素之一"。这一论点是必要条件，即：¬ 长时间的睡眠→¬ 成功，等价于：成功→长时间的睡眠。其矛盾命题为：成功∧¬ 长时间的睡眠。找到这一矛盾即可削弱题干。

【选项详解】

(A)项，此项举出反例：成功∧¬ 长时间的睡眠，故最能削弱题干。

(B)项，无关选项，题干论证的是充足的睡眠对成功的影响，而此项说的是睡眠与死亡率的关系。（干扰项·转移论题）

(C)项，无关选项，题干论证的是充足的睡眠对成功的影响，而此项说的是睡眠与健康的关系。（干扰项·转移论题）

(D)项，无关选项，此项说明良好的睡眠有助于缓解压力，但是这对于成功的帮助并不明确。

(E)项，无关选项，题干论证的是充足的睡眠对成功的影响，而此项说的是睡眠对大脑的影响。（干扰项·转移论题）

36. (C)

【论证结构】

题干：月球对地球的影响远远大于太阳；孕育地球生命的力量，来自月球而非太阳(论点)。

【模型识别】

从论证结构来看，题干为<u>人丑模型</u>，即：很多人认为"万物生长靠太阳"，这种观点不成立，因为……，故我们需要说明：月球对地球的影响确实远远大于太阳。

【选项详解】

(A)、(B)、(D)、(E)项，四项均涉及月光对于地球及地球上的生物生长繁殖等方面的积极的影响，均可以支持题干中的论点。

(C)项，此项指出太阳光对于动、植物的存活都起到了作用，那么孕育地球的生命的力量至少有一部分来自太阳，削弱题干论点。

37. (C)

【模型识别】

此题题干中出现相邻关系，显然为<u>相邻与不相邻模型</u>。

【详细解析】

题干：

(1)法 1∨法 7。

(2)马＜经。

(3)经管与公管间隔三个学院。

(4)新传与马院间隔两个学院，并且新传需最后入场。

(5)⟨经土⟩（此处使用圆捆绑法，即：相邻且先后位置不确定的关系）

从事实出发，已知新闻与传播学院在第 7 个入场，由条件(4)可知：马克思主义学院在第 4 个入场。

由"马克思主义学院在第 4 个入场"，结合条件(2)、(5)可知：土木水利学院、经济管理学院在第 5 个和第 6 个入场。

故由条件(3)可知，公共管理学院只能选择在第 1 或第 2 个入场。

由"新闻与传播学院在第 7 个入场"结合条件(1)可知：法学院在第 1 个入场。

因此，公共管理学院只能选第 2 个入场，故经济管理学院在第 6 个入场。(C)项正确。

38.（B）

【模型识别】

已知条件均由假言命题组成，且选项均为事实。故此题为假言事实模型。常用串联找矛盾法或二难推理法解题。

【详细解析】

第 1 步：将题干符号化。

①兴建葡萄庄园∨修建民宿→开发乡村旅游。

②发展水产养殖∨开发乡村旅游→修建民宿。

③¬兴建葡萄庄园→发展水产养殖。

④开发乡村旅游→改造村容村貌。

第 2 步：串联找矛盾。

观察题干信息，找到重复元素"开发乡村旅游"，优先分析。

条件①等价于：¬开发乡村旅游→¬兴建葡萄庄园∧¬修建民宿，与条件③、②串联可得：

¬开发乡村旅游→¬兴建葡萄庄园→发展水产养殖→修建民宿→开发乡村旅游。

故由"¬开发乡村旅游"出发，推出矛盾，则"¬开发乡村旅游"为假，"开发乡村旅游"为真。

第 3 步：推出答案。

由"开发乡村旅游"可知，条件②前件为真，根据口诀"肯前必肯后"可得：修建民宿。

由"开发乡村旅游"可知，条件④前件为真，根据口诀"肯前必肯后"可得：改造村容村貌。

综上，(B)项正确。

39.（B）

【模型识别】

题干由两个假言命题的前提和一个联言命题的结论组成，要求"最能反驳上述结论"，故此题为反驳三段论模型。

【详细解析】

第1步：将题干中的前提符号化。

前提①：原油上涨→石油上涨。

前提②：股票不变→￢石油上涨，等价于：石油上涨→￢股票不变。

第2步：如果有多个前提，将前提串联。

由前提①、②串联可得：③原油上涨→石油上涨→￢股票不变。

第3步：将结论的矛盾命题符号化。

小酱的爸爸的结论为：原油上涨∧￢人民币贬值，其矛盾命题为：￢原油上涨∨人民币贬值，等价于：原油上涨→人民币贬值。

第4步：补充从前提到结论的箭头，从而得到结论。

易知，补充前提④：￢股票不变→人民币贬值。

即，与③串联可得：原油上涨→石油上涨→￢股票不变→人民币贬值，从而得到：原油上涨→人民币贬值。

故补充的前提④就是答案，即：如果能源板块的股票发生波动，那么人民币将会随之贬值，（B）项正确。

40.（A）

【论证结构】

题干：他们发现，在青年时期就有中度到重度抑郁症状的人，在老年时认知障碍的发生概率提高了73％，远高于那些到老年后患抑郁症的人（两组对比）。研究者据此认为，青年时期有中度到重度抑郁会增加老年时发生认知障碍的风险（因果关系）。

【模型识别】

题干中存在两组对比，得出一个因果关系，故此题为**求异法模型**。

【选项详解】

（A）项，支持题干，此项补充新的论据，说明抑郁症确实会引起认知障碍。

（B）项，无关选项，题干论证的是青年时期患抑郁症对老年时患认知障碍的影响，而此项通过列举抑郁症患者与认知障碍患者的数据，强调找出"找出二者的关系"的重要性。（干扰项·转移论题）

（C）项，无关选项，题干论证讨不涉及"中年抑郁（即：老年痴呆早期）"大脑毒性蛋白质是否会发生变化，也不涉及焦虑症状和认知下降程度的比较。（干扰项·转移论题）

（D）项，无关选项，此项说明青年时期抑郁症状的严重程度会影响老年患上阿尔兹海默症后认知衰退的速度，但并未指出青年时期抑郁症的严重程度是否会增加老年时患认知障碍的风险。（干扰项·转移论题）

（E）项，无关选项，此项指出了抑郁症患者语言表达能力下降的原因，与题干论证的话题不一致。（干扰项·转移论题）

41.（D）

本题存在"三门学科"与"九位老师"的一对三匹配关系，故为两组元素的定量匹配模型。

【详细解析】

由第一轮参与游戏的人是乙、丙、丁和第二轮参与游戏的人是丙、丁、己，可知：丙、丁在这两局游戏中没有变，只有乙与己发生了改变，由于一个学科的老师不能同时参加游戏，因此，若丙来自 A 科目，丁来自 B 科目，则乙与己均来自 C 科目，因此乙与己同科目。

同理，由条件(5)、(6)可得：丙与庚来自同科目。

由"丙与庚来自同科目"可知，条件(2)前件为真，根据口诀"肯前必肯后"可得：丙与辛也教同一个学科。故丙、辛与庚三人教同一科目；乙与己教同一科目；甲与丁教同一科目。

综上，排除(A)、(B)、(C)、(E)项，则(D)项可能为真。

42.（B）

【详细解析】

整理上题的已知信息如下：

丙、辛与庚三人教同一科目；乙与己教同一科目；甲与丁教同一科目。

方法一：选项代入法。

代入(A)项可得：丙、辛与庚三人教写作；乙与己教数学；甲与丁教逻辑。由于戊与壬不知道分别属于乙与己还是甲与丁，故无法确定，排除。

代入(B)项可得：乙、己与壬教数学；辛不教逻辑，则辛教写作，故丙、辛与庚三人教写作；因此，剩余的甲、丁与戊均教逻辑。故(B)项可以得出结论戊教逻辑。

此时已经得出正确答案无需继续代入其他选项分析。

方法二：直接判断。

已知丙、辛与庚三人教同一科目；乙与己教同一科目；甲与丁教同一科目。在不知道戊与壬分组的情况下，无法直接得到戊的科目，故要想得到戊的科目，必须知道戊与壬其中一个人的分组情况，(A)、(C)、(D)、(E)项均不涉及戊与壬，故一定无法得出结论戊教逻辑，排除。

43.（D）

【题干现象】

待解释的现象：在爱尔兰一半人口的死亡或移民的情况下，在接下来的 10 年中，爱尔兰的平均工资并没有明显的上升。

【选项详解】

(A)项，此项说明由于医疗条件的改进，爱尔兰的劳动力实际上并未减少，因此平均工资没有上升，另有他因。

(B)项，此项说明由于大量廉价的非洲劳动力，爱尔兰的劳动者数量实际上没有下降，因此平均工资没有上升，另有他因。

(C)项，技术发展提高了工业生产效率，使得市场对于人工劳动力的需求减小，进而不需要提高工资水平，另有他因。

(D)项，10年内的出生率再高，他们依旧还只是个孩子，不能成为劳动力，无法解释题干的矛盾。

(E)项，人为立法导致平均工资水平没有提高，另有他因。

44. (D)

【论证结构】

捷克官员：签署协议可以使捷克联合北约盟友，借助最好的技术设备，确保本国的安全。

【模型识别】

题干中"签署协议"可视为一种措施，"确保本国的安全"可视为一种目的，可知此题是<u>措施目的模型</u>。

【选项详解】

(A)项，无关选项，题干不涉及美国是否对捷克境内的基地有指导权和管理权。

(B)、(C)项，捷克大部分民众反对签署协议，不代表此措施达不到保护本国安全的目的。（干扰项·诉诸众人）

(D)项，可以削弱，说明签署协议会威胁到捷克的安全，措施达不到目的。

(E)项，支持题干，说明签署协议会拥有更多的武器，以保障本国的安全。

45. (E)

【模型识别】

题干中的条件由假言命题和事实构成，故此题为<u>事实假言模型</u>。"从事实出发做串联"即可秒杀。

【详细解析】

题干：一定能在法律上支持安乐死→具备剥夺人生命的权利。

从事实出发，由"事实上，法律对这样的权利是无法保障的"可得：不具备剥夺人生命的权利。

故题干条件后件为假，根据口诀"否后必否前"，可得：可能不能在法律上支持安乐死。

故(E)项为真。

46. (B)

【论证结构】

题干："好奇号"火星探测器在火星上探测到一些岩石，其碳中含有大量的轻碳同位素（碳-12）（论据），因此，人们推测火星上是有生命的（论点）。

【模型识别】

题干的论据为"火星含有轻碳同位素"，论点为"火星有生命"，二者不同。故此题为<u>拆桥搭桥模型</u>。

【选项详解】

(A)项，无关选项，题干不涉及样本中碳-12的含量与地球的参考标准的比较。（干扰项·无关新比较）

(B)项，削弱题干，此项说明火星上的碳-12是由紫外线同二氧化碳结合形成的，与生命无关，因此无法通过碳-12证明火星上有生命，拆桥法，切断论点和论据的联系。

(C)项，无关选项，此项试图通过说明火星可能曾穿过含有碳的星际云，来说明火星上的碳可能来自星际云，但火星上的碳来自哪里，与火星上是否有生命无关。

(D)项，无关选项，题干不涉及地球上的碳-12的来源问题。（干扰项·转移论题）

(E)项，无关选项，题干不涉及植物身上是否含有轻碳同位素。（干扰项·转移论题）

47.（E）

【模型识别】

题干存在匹配关系（上菜顺序与8道菜品），8道菜又可以分为三类。故此题为分类匹配模型。题干中有先后顺序，故可以用不等式表示题干的信息。同时，由于(A)、(B)、(C)项均为事实，而(D)、(E)项为假言，故此题也为选项事实假言模型。优先看(D)、(E)项。

【详细解析】

题干：

①M、N相邻。

②H、I、J与X、Y、Z交替。

③N的前面不是果盘，也不是肉菜，则果盘顺序为NM。

④Y≠3。

代入(D)项，若H在第4个上，存在如下表一种可能，符合题干的条件：

1	2	3	4	5	6	7	8
N	M	X	H	Y	J	Z	I

此时，I在第8个上，与(D)项的后件不符，故此项不必然为真。

代入(E)项，若Z在第1个上，由条件②可知第2个一定是素菜，以此类推，第3个是肉菜，第4个是素菜，第5个是肉菜，第6个是素菜。

又由条件③和条件②可知，N要么在第1个上，要么在素菜之后上；又已知"Z在第1个上"，故N只能在素菜之后上，因此，N只能在第7个上；结合条件①，可得：M在第8个上。

由"第3个是肉菜"结合条件④可知：X在第3个上，Y在第5个上。

故，若Z在第1个上，则Y一定在第5个上，(E)项一定为真。

48.（A）

【论证结构】

题干：①外科医生的数量比手术数量增加得快②不开刀的药物治疗在越来越多地代替外科手术 —导致→ 近年来每个外科医生的年平均手术量下降了1/4 —导致→ 如果这种趋势持续下去，外科医生的水平就会发生大幅度下降。

【模型识别】

根据题干中的"将会"一词，可知此题为预测结果模型。

(A)项，搭桥法，题干中的论证要想成立，必须建立"手术量"与"医生的水平"之间的关系。此项说明，如果外科医生不能以一定的频率做手术，水平就会下降，必须假设。

(B)项，无关选项，此项没有涉及外科医生的手术水平。

(C)项，另有他因，说明外科医生水平下降的原因可能是受先前接受的训练的影响，削弱题干。

(D)项，假设过度，不必假设"每一个"医生水平下降。

(E)项，不必假设，题干讨论的是外科医生"平均手术量"，而不是"某些经验丰富的外科医生"的情况。

49.（D）

【模型识别】

已知条件中，有假言命题和选言命题（可转化为选言）组成，而选项为事实。故此题为**假言事实模型**。常用串联找矛盾法或二难推理法解题。

同时本题存在"人"与"位置"的一一匹配关系，故也为两组元素的**定量匹配模型**。

【详细解析】

题干：

(1)┐山东右↔山西右，等价于：山东右↔┐山西右。

(2)河南上→山西上。

(3)┐山西下 ∨ ┐山西右→┐山西上。

(4)河北上 ∨ 河北下→上、下和左最多一个山东。

由条件(3)逆否可知，若"山西上"，则"山西下 ∧ 山西右"，此时需要有 3 个山西人，与题干中"2 个山西人"矛盾，故"山西上"不可能为真。即，"┐山西上"。

由"┐山西上"可知，条件(2)后件为假，根据口诀"否后必否前"，可得：┐河南上。

此时，山西人和河南人均不在上侧，由于桌子的每侧都有 2 个人，故山东人和河北人均在上侧。

由"河北人在上"可知，条件(4)前件为真，根据口诀"肯前必肯后"可得：上侧、下侧和左侧最多有一个山东人；又由"山东人在上侧"，故山东人不能在下侧和左侧，故另一个山东人只能在右侧。

由"山东人在右"结合条件(1)，可得：山西人不在右侧。

综上，桌子的上侧有：山东人和河北人；右侧有：山东人。

由题干中条件(5)可知，河北人不能在右侧，又由于山西人也不在右侧，故只能是河南人在右侧。

综上，(D)项正确。

50.（A）

【详细解析】

整理上题的推理结果及本题的已知条件，可知如下结果：

上侧：山东人、河北人。

右侧：山东人、河南人。

下侧：河北人、山西人。

左侧：山西人、河南人。

根据"任意两个籍贯相同的人不能同坐 1 号位，也不能同坐 2 号位"，若想求得河南人坐"右 1"，可先求得河南人坐"左 2"。

若想求得河南人坐"左 2"，可先求得山西人坐"左 1"。故（A）项正确。

同时可使用选项代入法。

将（A）项代入，由"左 1 坐山西人"可知，河南坐"左 2"。再结合"任意两个籍贯相同的人不能同坐 1 号位，也不能同坐 2 号位"可以推出河南一个坐"左 2"，则另一个坐"右 1"，故（A）项正确。

51.（A）

【模型识别】

本题存在"人"与"值班时间"的一一对应关系，故为两组元素的定量匹配模型。

【详细解析】

①丙≠2。

②甲丁。

③丙<4。

④己＝4∨己＝5。

第 1 步：事实/问题优先看。

题干给出事实"周三是戊值班"，故优先分析。

由于周三已经有安排，因此，丁不能在周三，则甲不能在周二或周三；故甲丁要么在周一、周二，要么在周四、周五或周五、周六。

第 2 步：重复元素是关键。

条件①、③均涉及丙，故优先分析丙的值班时间。

由条件③知丙在周一、周二或周三，又由"周三是戊值班"和条件①可得：丙在周一值班。

由"丙在周一值班"可知，甲丁只能在周四、周五或周五、周六值班。故周五一定是甲或丁值班，再结合条件④可知，己在周四值班。因此，甲在周五值班。故（A）项正确。

52.（D）

【模型识别】

题干出现多个假言命题(性质命题可看作假言命题)，而且这些命题中没有重复元素，故此题为假言无串联模型。

【详细解析】

第 1 步：画箭头。

①生物抗性→生物的解毒能力。

②解毒能力强的生物→具有抗性。

③解毒能力不是抗性的全部，即：有的抗性不是解毒能力。

④抗性强的生物不一定解毒能力就强，即：有的抗性强的生物可能解毒能力不强。

第2步：逆否。

⑤¬生物的解毒能力→¬生物抗性。

⑥¬具有抗性→¬解毒能力强的生物。

第3步：找答案。

(A)项，¬解毒能力强的生物→¬具有抗性，根据箭头指向原则、⑥可知："¬解毒能力强的生物"后无箭头指向，故此项可真可假。

(B)项，具有抗性的生物→有较强的解毒能力，根据箭头指向原则、②可知："具有抗性"后无箭头指向，故此项可真可假。

(C)项，题干没有指出生物在污染环境下是否能生存，故此项可真可假。

(D)项，¬具有抗性→¬解毒能力强的生物，等价于⑥，故此项正确。

(E)项，由②可知，此项错误。

53. **(D)**

【论证结构】

题干：他们发现，在上私立学校且父母收入较高的青少年中，牙齿磨损似乎要严重得多(现象)。因此，研究人员认为，对于青少年而言，富易伤牙(原因)。

【模型识别】

题干先描述了一种现象，然后分析了这种现象的原因，故此题为现象原因模型。

【选项详解】

(A)项，无关选项，此说明孩子"龋齿、智齿、牙周病"并非是由遗传导致的；但"牙齿磨损程度"与"龋齿、智齿、牙周病"并非同一概念。(干扰项·转移论题)

(B)项，此项指出有些普通家庭孩子的牙齿比富裕家庭孩子保护得好，但并未说明富与牙齿磨损之间的联系。

(C)项，无关选项，题干的论证对象是"青少年"，此项的论证对象是"成年人"，论证对象不一致；此外，题干讨论的是孩子"易伤牙"的原因，而此项说的成年人"不愿意花钱去牙科诊所看牙"患病的原因。(干扰项·偷换论证对象、转移论题)

(D)项，支持题干，此项说明富确实会增加牙齿的磨损程度，因果相关。

(E)项，无关选项，题干不涉及"肉食性动物"和"素食性动物"牙齿损伤程度的比较。(干扰项·无关新比较)

54. **(A)**

【模型识别】

题干中出现匹配关系(5个护士负责7个病房)，但具体匹配数量并不确定，故此题为不定量匹配模型。

【详细解析】

数量匹配先计算：

5个人负责7个病房，且已知有人护理2个病房，可知5个人负责病房的情况为：2间、2间、1间、1间、1间。

使用表格法，将题干中的已知信息整理，可得下表：

护士＼病房	1号	2号	3号	4号	5号	6号	7号
甲	√	√	×	×	×	×	×
乙	×	×				×	×
丙	×	×				×	×
丁	×	×					×
戊	×	×	×	×	×	×	√

"每间病房只由 1 位护士来护理"，根据上表可知丁护理 6 号病房。

由条件(3)知，乙护理 3 号病房。

由条件(2)知，乙不护理 6 号病房。

由条件(4)逆否可得：丙不护理 4 号病房。

综上所述，可得下表：

护士＼病房	1号	2号	3号	4号	5号	6号	7号
甲	√	√	×	×	×	×	×
乙	×	×	√		×	×	×
丙	×	×	×	×	√	×	×
丁	×	×	×	×	×	√	×
戊	×	×	×	×	×	×	√

因此，(A)项"乙护理 3 号病房"为真。

55.（E）

【详细解析】

结合上题分析和本题条件可知，丁只护理 6 号病房。故可得下表：

护士＼病房	1号	2号	3号	4号	5号	6号	7号
甲	√	√	×	×	×	×	×
乙	×	×	√	√	×	×	×
丙	×	×	×	×	√	×	×
丁	×	×	×	×	×	√	×
戊	×	×	×	×	×	×	√

综上，(E)项"乙护理 5 号病房"为假。

四、写作

56. 论证有效性分析

【谬误分析】

正方的观点主要存在以下逻辑漏洞：

①由"专车的司机很多都是以前的黑车车主"不能推出专车就是黑车。

②就算确实有私家车混入专车，也不能说明专车全部都是黑车。

③"私家车"上的保险普遍较低，不代表"专车"上的保险也较低，当然也就无法证明发生事故时专车无法保障乘客的权益。就算专车上的保险确实较低，也可以要求其上更高的保险，而不是一味地取缔。

④"根据《北京市出租汽车管理条例》，除了正规出租车之外，任何单位和个人不能提供出租车服务。"何为"正规出租车"，材料并未界定。专车经过规范性的认证之后，是否也可以是正规出租车？

反方的观点主要存在以下逻辑漏洞：

①专车是否符合消费者的需求，与其是否违法无关。正如毒品也符合吸毒者的需求，但毒品是违法的。

②专车是否能整合、优化、盘活传统汽车租赁市场，与其是否违法也无关。

③仅仅因为专车公司与专车司机签订了合同，无法证明专车是合法的。专车可能违反了其他方面的法律规定。

 参考范文

无效的专车之争

针对专车是不是黑车的问题，正反双方进行了激烈的辩论。然而，双方的论证都存在诸多逻辑问题，分析如下：

首先，正方因为"专车的司机很多都是以前的黑车车主"，就认为专车是黑车，这并不妥当。难道以前犯过罪的人就永远是罪犯了吗？专车司机之前是黑车车主，而现在不开黑车了，这反而可能减少黑车数量。而且，也不能因为有私家车混入专车，就认为所有的专车都是黑车，难道有一个人是坏人，所有人就都是坏人了吗？

其次，由"私家车"上的保险普遍较低，无法推出"专车"上的保险也较低，这二者显然是不同的概念，因此，也无法推出发生事故时专车无法保障乘客的权益。退一步讲，就算专车上的保险确实较低，也可以要求其上更高的保险，而不是一味地取缔。

再次，反方提出了专车的种种优势，比如，专车是市场所需，可以满足差异化出行市场需求，可以盘活传统汽车租赁市场，等等。但这些其实与专车是否违法并不相关。比如，毒品也满足了市场的需求，难道毒品就是合法的吗？

最后，反方仅仅因为专车公司与专车司机签订了合同，无法证明专车的合法性。就如同，两个人签订了毒品交易合同，并不能说明毒品交易的合法性。而且，专车运营也不仅仅是公司和司机两方的事情，还涉及消费者、保险公司等多方的利益。

综上所述，专车到底是不是黑车的问题，不是仅仅靠争论就可以断定的，还应该拿出相关法律依据，才能作出更为准确的判断。

(全文共 574 字)

参考范文

企业经营应"遵道秉义"

吕建刚　港姐

古人有训："得道多助，失道寡助"，然而当今社会竟有企业一味追求利益，弃"道"于不顾，此举短期看来似乎有效。但企业若想长远发展，必然要遵道秉义。

企业违背职业道德经营的例子并不罕见：瑞幸公司、"獐子岛"、康美药业等企业财务造假层出不穷；三鹿奶粉、"瘦肉精"、假疫苗等假冒伪劣产品比比皆是。

此类现象的根源是利益。追求利益是企业的天性：动动手指改改数字，就能够得到漂亮的业绩数据，从而拉升股价、提高市值，或者逃避所得税；偷工减料、制假售假若不被发现，则能使企业赚得更多利润，而一旦被发现，往往也是简单处罚警告就草草了事，这就使企业产生了违背职业道德经营的天然动机。

然而，常在河边走，哪能不湿鞋？墨菲定律告诉我们，一个恶果若有发生的可能性，那么它早晚有一天会发生。企业违背道义经营不可能一直不被发现，终有一天会给企业带来严重的后果。而真正具有责任和担当的企业往往能铸就品牌价值，能获得更长久的利益。

要想做到遵道秉义，需要企业和政府协同作用。

企业家要注重自身的道德修养，学习优秀的传统文化，正所谓"成性存存，道义之门"，个人只有秉持正确的思想，才能够领导出有道义的企业。

政府要建立和完善企业经营机制。一方面，要加强市场引导，让遵道秉义者能够通过品牌和创新持续获益；另一方面，打造和完善企业征信系统，建立违规企业黑名单，打造"一处失信、寸步难行"的失信惩戒格局，从而形成诚信经营的长效机制。

傅玄曾说：势利之交出乎情，道义之交出乎理，情易变，理难忘。企业经营何尝不是如此？见利思义、遵道秉义，企业才能行稳致远。

（全文共 656 字）

全国硕士研究生招生考试
管理类综合能力试题答案详解
冲刺卷 5

一、问题求解

1.（C）

【详细解析】

方法一：如下图所示，长和宽同时增加后，增加的面积比原来只增加长或宽后增加的面积和多一个边长为 2 的小正方形的面积．故总面积增加 $16+10+2\times2=30$（平方厘米）.

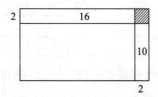

方法二：由"宽增加 2 厘米，长方形面积增加 16 厘米"可知，该长方形的长 $=16\div2=8$（厘米）. 同理，宽 $=10\div2=5$（厘米）.

故长方形长和宽都增加 2 厘米后，面积增加 $(8+2)\times(5+2)-8\times5=30$（平方厘米）.

2.（D）

【详细解析】

由题可知，修这段路共用了 $5\,600\div7=8$（天）.

设这几天中坏天气有 x 天，则好天气有 $8-x$ 天．根据题意，可得

$$1\,000(8-x)+600x=5\,600,$$

解得 $x=6$. 所以，这几天中坏天气有 6 天．

3.（B）

【详细解析】

使用待定系数法，设 $x^3-3mx+2n=(x^2+2ax+a^2)(x+b)$，展开得

$$x^3-3mx+2n=x^3+(2a+b)x^2+(2ab+a^2)x+a^2b.$$

由对应项相等，可得

$$\begin{cases}2a+b=0,\\2ab+a^2=-3m,\\a^2b=2n,\end{cases}\Rightarrow\begin{cases}m=a^2,\\n=-a^3.\end{cases}$$

故有 $m^3=n^2$.

4.（E）

【详细解析】

方法一：设甲的速度为 $v_{甲}$ 千米/小时，乙的速度为 $v_{乙}$ 千米/小时，两城相距 s 千米．根据题意，得

$$\begin{cases} v_{甲}=\dfrac{11}{9}v_{乙}, \\ s=7v_{甲}+6v_{乙}, \\ s-5=6.5(v_{甲}+v_{乙}), \end{cases}$$

解得 $s=655$．所以，甲、乙所在的城市相距 655 千米．

方法二：设甲的速度为 $v_{甲}$ 千米/小时，乙的速度为 $v_{乙}$ 千米/小时，两城相距 s 千米．

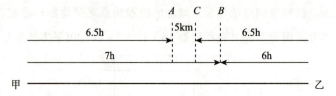

由上图可知，AB 为甲行驶 0.5 小时的路程，BC 为乙行驶 0.5 小时的路程，且 $AB-BC=AC$，故可以得出 $0.5(v_{甲}-v_{乙})=5$，则 $v_{甲}-v_{乙}=10$．

由题干可知，$v_{甲}:v_{乙}=11:9$，根据比例关系，可解得 $v_{甲}=55$，$v_{乙}=45$，因此甲、乙所在的城市相距 $s=7v_{甲}+6v_{乙}=655$ 千米．

5.（D）

【详细解析】

五名同学的总分为 $5\times88=440$．每答对一题得 4 分，不答或者答错得 0 分，故每名同学之间的分数间隔是 4 的整数倍．求第三名同学的最少分数，在总分固定的情况下，应使其余四名同学分数尽可能高．因此，第一名为 100 分，第二名为 96 分．

设第三名的成绩为 x 分，则第四名为 $x-4$ 分，第五名为 $x-8$ 分，故

$$100+96+x+(x-4)+(x-8)=440,$$

解得 $x\approx85.3$，也就是第三名得到的最少分数是 85.3 分，即 $x\geqslant85.3$，又由于每题 4 分，故第三名的分值为 4 的整数倍，因此第三名的得分最少为 88 分．

【易错警示】

有同学由 $x\geqslant85.3$，直接取整数得 86，错选（C）项，忽略了隐藏条件：得分是 4 的倍数．

6.（D）

【详细解析】

第一步，将 4 个项目分成"2 项、1 项、1 项"3 组，其中两组需消序，则共有 $\dfrac{C_4^2 C_2^1 C_1^1}{A_2^2}$ 种分法；

第二步，将 3 组项目分配给 3 名志愿者，共有 A_3^3 种分配方法．

故共有 $\dfrac{C_4^2 C_2^1 C_1^1}{A_2^2} A_3^3 = 36$(种)分配方案.

7. (C)

【详细解析】

设有 x 个凳子，y 把椅子．坐上人后，每个凳子共有 5 条腿，每把椅子共有 6 条腿，则有

$$5x + 6y = 43 \Rightarrow x = \dfrac{43 - 6y}{5},$$

由于 x，y 均为非负整数，所以只有当 $x = 5$，$y = 3$ 时，上式才成立．

故椅子和凳子的总数为 8.

8. (E)

【详细解析】

根据函数的对应关系，可得

$$a_1 = 4,\ a_2 = f(a_1) = f(4) = 1,\ a_3 = f(1) = 5,\ a_4 = f(5) = 2,\ a_5 = f(2) = 4,\ \cdots,$$

观察每项，找规律，易知数列 $\{a_n\}$ 为 4 个一循环的周期数列，$a_{2\,023} = a_{505 \times 4 + 3} = a_3 = 5$.

9. (C)

【详细解析】

根据题意，每个人都只报考 2 门，有 $C_3^2 = 3$(种)，故三个人一共有 $3^3 = 27$(种)报考方式．

从三个人中选两人报考相同科目，为 C_3^2；每人选两门报考的方式有 3 种，这两人选 1 种，为 C_3^1；

剩下的一人就只剩下 2 种报考方式，由乘法原理得，满足条件的事件数为 $C_3^2 C_3^1 \times 2 = 18$.

故有且只有两名同学报考的科目完全相同的概率为 $P = \dfrac{18}{27} = \dfrac{2}{3}$.

10. (B)

【详细解析】

因为 α，1，β 成等差数列，由等差数列的中项公式，可得 $\alpha + \beta = 2$.

因为 $\dfrac{1}{\alpha^2}$，1，$\dfrac{1}{\beta^2}$ 成等比数列，由等比数列的中项公式，可得 $\dfrac{1}{\alpha^2 \beta^2} = 1$，则 $\alpha\beta = 1$ 或 -1.

验证 $\alpha\beta$ 的值：若 $\alpha + \beta = 2$ 和 $\alpha\beta = 1$ 同时成立，则逆用韦达定理得，α，β 一定为方程 $x^2 - 2x + 1 = 0$ 的两个根，又因为该方程有解，则当 $\alpha + \beta = 2$ 时，$\alpha\beta$ 可以为 1；同理当 $\alpha + \beta = 2$ 时，$\alpha\beta$ 可以为 -1.

由上可得 $\dfrac{\alpha^2 + \beta^2}{\alpha\beta(\alpha + \beta)} = \dfrac{(\alpha + \beta)^2 - 2\alpha\beta}{\alpha\beta(\alpha + \beta)} = 1$ 或 -3.

11. (E)

【详细解析】

由勾股定理，可得 $AD^2 = AC^2 + CD^2 = AC^2 + \dfrac{BC^2}{4}$，$BE^2 = BC^2 + CE^2 = BC^2 + \dfrac{AC^2}{4}$.

因此，$AD^2+BE^2=\dfrac{5}{4}(AC^2+BC^2)$，又因为 $AB^2=AC^2+BC^2$，所以 $AD^2+BE^2=\dfrac{5}{4}AB^2$.

由 $AD=7$，$BE=4$，可得 $AB=2\sqrt{13}$.

12.（A）

【详细解析】

集合 A、B 分别表示两个圆上的点，圆的方程分别为 $x^2+y^2=1$ 和 $(x-5)^2+(y-5)^2=4$，半径分别为 1 和 2.

两圆的圆心距 $d=\sqrt{(5-0)^2+(5-0)^2}=5\sqrt{2}>1+2$，故两圆相离，没有交点．所以 $A\cap B=\varnothing$.

13.（C）

【详细解析】

（A）项：根据三角不等式可知，$|a-b|=|(a-c)-(b-c)|\leqslant|a-c|+|b-c|$ 恒成立．

（B）项：令 $a+\dfrac{1}{a}=t$，由于 a 为正数，由均值不等式，得 $a+\dfrac{1}{a}=t\geqslant2$，则 $a^2+\dfrac{1}{a^2}-\left(a+\dfrac{1}{a}\right)=$

$t^2-2-t=(t-2)(t+1)\geqslant0$，故 $a^2+\dfrac{1}{a^2}\geqslant a+\dfrac{1}{a}$ 恒成立．

（C）项：由均值不等式可知，$|a-b|+\dfrac{1}{a-b}\geqslant2$ 在 $a-b>0$ 时才成立，故（C）项并非恒成立．

（D）项：$\sqrt{a+3}-\sqrt{a+1}=\dfrac{2}{\sqrt{a+3}+\sqrt{a+1}}$，$\sqrt{a+2}-\sqrt{a}=\dfrac{2}{\sqrt{a+2}+\sqrt{a}}$.

由 $\sqrt{a+3}+\sqrt{a+1}>\sqrt{a+2}+\sqrt{a}$ 可推出 $\sqrt{a+3}-\sqrt{a+1}<\sqrt{a+2}-\sqrt{a}$ 恒成立．

（E）项：$a^2+b^2+c^2-ab-bc-ac=\dfrac{1}{2}\left[(a-b)^2+(b-c)^2+(a-c)^2\right]\geqslant0$，故 $a^2+b^2+c^2\geqslant ab+$

$bc+ac$ 恒成立．

14.（A）

【详细解析】

易知，过点（3，5）的最长弦为直径，最短弦为与最长弦垂直的弦，如图所示，$AC\perp BD$.

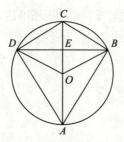

圆的标准方程为 $(x-3)^2+(y-4)^2=25$，可知圆心 O 的坐标为（3，4）、半径为 5. 故圆心与点 E（3，5）的距离为 $OE=1$.

在 $\mathrm{Rt}\triangle OBE$ 中，由勾股定理可得，$BE=\sqrt{OB^2-OE^2}=\sqrt{5^2-1^2}=2\sqrt{6}\Rightarrow BD=4\sqrt{6}$.

故 $S_{四边形ABCD}=\dfrac{1}{2}AC\cdot BD=\dfrac{1}{2}\times10\times4\sqrt{6}=20\sqrt{6}$.

注意：对角线互相垂直的四边形的面积 $S=\dfrac{1}{2}\times$ 对角线 $\times$ 对角线.

15.（A）

【详细解析】

第一排的顺序为 J、Q、K 的全排列，共有 A_3^3 种.

假设第一排顺序为 J、Q、K，则相对应的第二排只可能为 Q、K、J 或 K、J、Q，共 2 种可能.

所以，不同的排列方法共有 $2A_3^3=12$（种）.

【秒杀技巧】

第一排顺序确定之后，第二排也可以使用不对号入座的结论：3 人不对号入座有 2 种方法.

二、条件充分性判断

16.（A）

【详细解析】

已知方程有实根，则 $\Delta=4^2-4(m-1)\geqslant0$，解得 $m\leqslant5$.

根据韦达定理，有 $a+b=-4$，$ab=m-1$.

条件（1）：$|a-b|=\sqrt{(a+b)^2-4ab}=\sqrt{16-4(m-1)}=2\sqrt{2}$，解得 $m=3$，满足 $m\leqslant5$，故条件（1）充分.

条件（2）：$a^2+ab+b^2=(a+b)^2-ab=16-(m-1)=1$，解得 $m=16$，与 $m\leqslant5$ 矛盾，不符合题干要求，故条件（2）不充分.

【易错警示】

求 m 的值一定注意前提条件：方程有两个实根，需要通过判别式确定 m 的取值范围，否则会误选（D）项.

17.（A）

【详细解析】

条件（1）：设购买甲股票 a 股、乙股票 b 股. 将所有资产分为等额两份，则甲、乙股票数量之比等于股价的反比，即 $a:b=10:8=5:4$，故条件（1）充分.

条件（2）：不知道两种股票每股的价格和投入资产，无法确定股数之比，故条件（2）不充分.

18.（C）

【详细解析】

条件（1）：举反例，令 $m=0$，$n=-1$，无法推出结论，条件（1）不充分.

条件（2）：举反例，令 $m-2n=0$，且 $m<0$，无法推出结论，条件（2）不充分.

联立两个条件得 $\begin{cases}m<0,\\m-2n>0,\end{cases}$ 即不等式左边大于 0，右边小于 0，不等式成立.

故两个条件联立充分.

19.（A）

【详细解析】

条件(1)：a，b，c 中最大的数为 12. 故符合条件的三个数只能为 3，6，12. 所以，$abc=216$，条件(1)充分.

条件(2)：a，b，c 中最小的数为 3，故符合条件的三个数可以为 3，6，12 或 3，9，27，有两种情况，故不能确定 abc 的值，条件(2)不充分.

20.（D）

【详细解析】

条件(1)：已知 a，b 的算术平均值 $\frac{a+b}{2}$，即可确定 $a+b$ 的值.

由均值不等式，可得 $\frac{1}{a}+\frac{1}{b}=\frac{a+b}{ab}\geqslant\frac{a+b}{\left(\frac{a+b}{2}\right)^2}=\frac{4}{a+b}$，故 $\frac{1}{a}+\frac{1}{b}$ 的最小值为 $\frac{4}{a+b}$，条件(1)充分.

条件(2)：已知 a^2，b^2 的几何平均值 $\sqrt{a^2b^2}=|ab|$，由于 $a>0$，$b>0$，则可确定 ab 的值.

由均值不等式，可得 $\frac{1}{a}+\frac{1}{b}=\frac{a+b}{ab}\geqslant\frac{2\sqrt{ab}}{ab}$，故 $\frac{1}{a}+\frac{1}{b}$ 的最小值为 $\frac{2\sqrt{ab}}{ab}$，条件(2)充分.

21.（C）

【详细解析】

设事件 A 发生的概率为 P_A，事件 B 发生的概率为 P_B，则事件 A 和事件 B 同时发生的概率为 P_AP_B.

条件(1)：事件 A 和事件 B 至少发生一个的概率为 $1-(1-P_A)(1-P_B)=P_A+P_B-P_AP_B=p_1$，因为 P_A+P_B 未知，故无法确定 P_AP_B，因此条件(1)不充分.

条件(2)：事件 A 和事件 B 仅有一个发生的概率为 $P_A(1-P_B)+P_B(1-P_A)=P_A+P_B-2P_AP_B=p_2$，因为 P_A+P_B 未知，故无法确定 P_AP_B，因此条件(2)不充分.

联立两个条件：$\begin{cases}P_A+P_B-P_AP_B=p_1 ①，\\ P_A+P_B-2P_AP_B=p_2 ②.\end{cases}$

由式①－式②，解得 $P_AP_B=p_1-p_2$，故能确定事件 A 和事件 B 同时发生的概率，联立充分.

22.（A）

【详细解析】

圆的方程可化为 $(x-2)^2+(y-1)^2=2$，圆心为 $(2，1)$，半径为 $\sqrt{2}$.

条件(1)：直线被圆截得的弦长为 $2\sqrt{2}$，等于直径，故直线过圆心 $(2，1)$. 又因为直线经过点 $(1，0)$，则可得该直线方程为 $y=x-1$，其在 y 轴上的截距为 -1，故条件(1)充分.

条件(2)：点 $(1，0)$ 在圆上，故其为直线与圆的切点. 圆心 $(2，1)$ 与点 $(1，0)$ 所在直线方程的斜率为 $\frac{1-0}{2-1}=1$，故过点 $(1，0)$ 且与圆相切的直线的斜率为 -1，可得直线方程为 $y=-x+1$，其在 y 轴上的截距为 1，条件(2)不充分.

23.（D）

【详细解析】

设两个圆柱的底面半径分别为 r_1、r_2，高分别为 h_1、h_2，体积分别为 V_1、V_2.

两个圆柱的侧面积相等，则 $2\pi r_1 h_1 = 2\pi r_2 h_2 \Rightarrow r_1 h_1 = r_2 h_2 \Rightarrow \dfrac{r_1}{r_2} = \dfrac{h_2}{h_1}$，它们的体积之比为

$$\frac{V_1}{V_2} = \frac{\pi r_1^2 h_1}{\pi r_2^2 h_2} = \left(\frac{r_1}{r_2}\right)^2 \cdot \frac{h_1}{h_2} = \frac{r_1}{r_2} = \frac{h_2}{h_1}.$$

条件(1)：已知 $\dfrac{r_1}{r_2}$，因为 $\dfrac{V_1}{V_2} = \dfrac{r_1}{r_2}$，故能确定它们的体积之比，条件(1)充分.

条件(2)：已知 $\dfrac{h_1}{h_2}$，因为 $\dfrac{V_1}{V_2} = \dfrac{h_2}{h_1}$，故能确定它们的体积之比，条件(2)充分.

24.（B）

【详细解析】

条件(1)：$f(x) = \lg(ax^2 + 2x + 1)$ 的定义域是 **R**，说明对于任意 $x \in \mathbf{R}$，$g(x) = ax^2 + 2x + 1 > 0$ 恒成立.

当 $a = 0$ 时，$g(x) = 2x + 1$ 不恒大于 0，舍去；

当 $a \neq 0$ 时，$g(x) > 0$ 恒成立，则 $\begin{cases} a > 0, \\ \Delta < 0, \end{cases} \Rightarrow \begin{cases} a > 0, \\ 4 - 4a < 0, \end{cases}$ 解得 $a > 1$.

所以，实数 a 的取值范围是 $a > 1$，条件(1)不充分.

条件(2)：$f(x) = \lg(ax^2 + 2x + 1)$ 的值域是 **R**，说明 $g(x) = ax^2 + 2x + 1$ 能取到 $(0, +\infty)$ 中的所有值，即 $g(x) = ax^2 + 2x + 1$ 的值域包含 $(0, +\infty)$.

当 $a = 0$ 时，$g(x) = 2x + 1$，$g(x)$ 的值域是 **R**，能取到 $(0, +\infty)$ 中的所有值；

当 $a \neq 0$ 时，$g(x)$ 的值域包含 $(0, +\infty)$，则 $g(x)$ 有零解且开口向上，即 $\begin{cases} a > 0, \\ \Delta \geq 0 \end{cases} \Rightarrow \begin{cases} a > 0, \\ 4 - 4a \geq 0, \end{cases}$ 解得 $0 < a \leq 1$.

综上，$0 \leq a \leq 1$. 条件(2)充分.

25.（D）

【详细解析】

条件(1)：圆心 $(1, 1)$ 到直线 l 的距离 $d = \dfrac{|a + 1 - 2|}{\sqrt{a^2 + 1}} = \dfrac{|a - 1|}{\sqrt{a^2 + 1}}$.

由弦长公式，可得 $AB = 2\sqrt{r^2 - d^2} = 2\sqrt{4 - d^2} = 2\sqrt{2} \Rightarrow d^2 = 2$，故有 $d^2 = \dfrac{(a - 1)^2}{a^2 + 1} = 2$，解得 $a = -1$，能确定 a 的值，故条件(1)充分.

条件(2)：因为点 C 是圆心，点 A、B 在圆上，所以一定有 $AC = BC = r = 2$. 已知 $\triangle ABC$ 为等腰直角三角形，则 AB 为斜边，故 $AB = \sqrt{2}r = 2\sqrt{2}$，此时等同于条件(1)，因此可解得 $a = -1$，故条件(2)充分.

扫码领>>

逻辑秒杀技
与干扰项总结

26.（B）

【论证结构】

锁定关键词"因此"，可知此前为论据，此后为论点。

题干：专家所研究的壁画颜色很可能<u>不同于最初的颜色</u>，因此，专家担心对敦煌壁画的研究<u>结论是否恰当</u>。

【模型识别】

题干中论据与论点的话题不一致，故为<u>拆桥搭桥模型</u>。只有（B）项涉及"壁画颜色"和"结论的恰当性"的关系，可迅速选择（B）项。

【选项详解】

（A）项，题干不涉及"结论的历史阶段"。（干扰项·转移论题）

（B）项，搭桥法，指出颜色与研究结论的恰当性相关，支持题干。

（C）项，题干不涉及"原作者"的想法。（干扰项·转移论题）

（D）项，敦煌壁画的专家具备权威性无法说明题干的论证是否成立。（干扰项·诉诸权威）

（E）项，无关选项，题干不涉及"审美"问题。

27.（D）

【模型识别】

题干出现多个假言命题，而且这些假言命题中没有重复元素，故此题为<u>假言无串联模型</u>。可使用选项排除法。

【选项详解】

（A）项，找关键词"处置不当"，锁定"只要处置得当，就可化'危'为'机'"，根据口诀"否后必否前"和"箭头指向原则"可知，"处置不当"后无箭头指向，故此项可真可假。

（B）项，找关键词"化'危'为'机'"，锁定"只要处置得当，就可化'危'为'机'"，根据口诀"充分条件 A 推 B"可知，"化'危'为'机'"后无箭头指向，故此项可真可假。

（C）项，找关键词"包容异见和反对"，锁定"只有能够包容异见和反对，才是真正的和谐"，根据口诀"必要条件 B 推 A"可知，"包容异见和反对"后无箭头指向，故此项可真可假。

（D）项，找关键词"包容异见和反对"，锁定"只有能够包容异见和反对，才是真正的和谐"，则，由"不能包容异见和反对"，"必要条件 B 推 A"可得"不能达成真正的和谐"。故此项为真。故此题选择（D）项。

（E）项，找关键词"处置得当"，锁定"只要处置得当，就可化'危'为'机'"，由"否后必否前"和"箭头指向原则"可知，"非处置得当"后无箭头指向，故此项可真可假。

28.（A）

【论证结构】

题干：当代亚洲女性<u>在网购服饰、化妆品方面的决定权为 88%</u>，<u>在网购家居用品方面的决定权为 85%</u>，因此，那些喜爱网购的亚洲女性在<u>家庭中拥有更大的控制权</u>。

题干的论据中的核心话题是"网购支出方面的决定权",论点中的核心话题是"家庭中的控制权",二者不同,故本题为拆桥搭桥模型。

题干暗含了一个假设:网购支出方面的决定权能代表家庭中的控制权。

【选项详解】

(A)项,网购支出仅占家庭消费支出的25%,占比较小,女性仅通过控制网购支出起不到在家庭中拥有更大的控制权的作用,即:切断了题干的隐含假设,拆桥法,削弱题干。

(B)项,题干的论证对象是"喜爱网购的亚洲女性",此项的论证对象为"亚洲女性"。(干扰项·偷换论证对象)

(C)项,购买贵重商品由夫妻双方共同决定,无法说明谁的控制权更大,不能削弱题干。

(D)项,无关选项,题干论证不涉及经济是否独立及对家庭的贡献。

(E)项,无关选项,题干讨论的是决定权与控制权,不涉及购物时考虑的因素。

29.(E)

【题干现象】

待解释的现象:服务性企业数量的迅速增加,以及美国劳动力中被这种公司雇用的劳动力的比例升高导致美国超过一半的工作超出40小时/周的标准工作时间。

【选项详解】

(A)项,一小部分其他经济部门的工人也从事了一些服务性行业的工作,无法解释该行业导致全美超过一半的工作超出40小时/周的标准工作时间。

(B)项,许多新服务性公司的出现是为了满足白天看护小孩的需求,但此项并未说明这种需求是否超出"早九晚五"的标准工作时间,故无法解释题干。

(C)项,此项说明传统职业中兼职工作的机会更多,但兼职工作未必超出早九晚五的标准工作时间。此外,"传统职业"与题干的论证对象"服务型行业"并不一致。故无法解释题干。

(D)项,无关选项,题干的论证对象是"服务性企业",此项的论证对象是"制造性企业和其他非服务性行业"。(干扰项·偷换论证对象)

(E)项,说明服务性行业在标准工作日以外提供服务,则服务性行业的从业人员就需要在标准工作时间之外工作,能够说明服务性企业数量及从业人员增加导致工作时间超出标准时间这一现象。

30.(D)

【模型识别】

题干已知"四个断定中只有一个为假",故此题为真假话问题,首先找矛盾关系。

【详细解析】

第1步,找矛盾。

由于"A∨B"与"A↔B"矛盾,可知甲、乙的意见矛盾。

第2步,推真假。

根据题干"四个断定只有一个为假",可知丙、丁的意见均为真。

第3步，推出结论。

由丙、丁的意见为真，可知：王勇参加，张华不参加，李成参加。

故甲的意见为真，乙的意见为假。故(D)项正确。

31.(C)

【论证结构】

题干：为了保护该物种(目的)，应把现存的野生大熊猫捕捉起来，并放到世界各地的动物园里去(措施)。

【模型识别】

锁定"为了""应"等关键词，可知此题为措施目的模型。

【选项详解】

(A)项，此项说明把野生大熊猫捕捉起来有助于增加大熊猫的数量，从而保护了该物种，即：措施能达到目的，支持题干。

(B)项，此项说明动物园里的大熊猫可避免其生下的大熊猫死于传染病，从而保护了该物种，即：措施有必要，支持题干。

(C)项，野生大熊猫在栖息地以外很难弄到大熊猫唯一的食物，说明题干中的措施会使大熊猫面临食物危机，可能会造成大熊猫数量的进一步减少，即：措施达不到目的，削弱题干。

(D)项，此项说明将大熊猫放到动物园并不能提高其后代的存活量，但判断该措施是否有效的数据标准应为"存活率"，由存活量无法确定该措施是否有效，故不能削弱题干。

(E)项，无关选项，题干的论证对象是"野生大熊猫"，此项的论证对象是"北极狐"。(干扰项·偷换论证对象)

32.(D)

【模型识别】

题干的提问方式为"得出以下哪项结论"，且出现了"只要……就……"等典型的形式逻辑关键词，故本题属于推理题。

【详细解析】

第1步，画箭头。

①即便罪犯有罪，也要为其辩护，以维护法律赋予被告的合法权利。

②法律公正→维护被告(包括真正的罪犯)的合法权利。

第2步，逆否。

②的逆否命题为：③¬ 维护被告(包括真正的罪犯)的合法权利→¬ 法律公正。

第3步，找答案。

Ⅰ项，由①可知，为真。

Ⅱ项，维护被告的合法权利(包括真正的罪犯)→法律公正，由②可知，可真可假。

Ⅲ项，剥夺罪犯的合法权利→¬ 法律公正，由③可知，为真。

故(D)项正确。

33.（C）

【模型识别】

题干中①、②、③均为假言命题，④是事实，故此题为**事实假言模型**。"从事实出发做串联"即可秒杀。

【详细解析】

从事实出发，由"丁不做研发"可知，条件③后件为假，根据口诀"否后必否前"，可得：甲做研发。

由"甲做研发"可知，条件①后件为假，根据口诀"否后必否前"，可得：乙、丙均不做运营。结合"每人负责一项工作"可知，丁做运营。

若"乙做策划"，结合②可得：乙、丙人均负责策划，与题干矛盾。因此，乙不做策划，丙做策划。

综上，甲做研发、乙做行政、丙做策划、丁做运营。故（C）项正确。

34.（B）

【论证结构】

题干：牛顿从事过一些炼金术实验，但没有成功（论据）。如果17世纪的炼金术士们将他们的实验结果都发表出来的话，18世纪的化学研究就会得到更加长足的发展（论点）。

【模型识别】

锁定关键词"就会得到"，可知此题是**预测结果模型**。

【选项详解】

(A)项，题干的论证不涉及"阻碍科学的进步"。（干扰项·转移论题）

(B)项，必须假设，如果此项不成立，那么就无法由牛顿未成功的实验得出公布实验结果能得到更长足发展的论点。

(C)项，无关选项，题干论证不涉及牛顿从事炼金术的实验也被公之于众后会产生的后果。

(D)项，无关选项，题干论证不涉及科学家理解另一个领域的科学原则的难易程度。

(E)项，无关选项，题干论证不涉及炼金术士如何做才能取得实验成功。

35.（C）

【模型识别】

题干出现摄影师与投放照片的匹配，但具体匹配数量并不确定，故此题为**不定量匹配模型**。

【详细解析】

本题新补充事实：(5)家庭板块的两张照片都是丙拍的。

根据题干条件(2)可知，都市板块中至少有一张照片是丙拍的。因为三个板块中每个板块有2张照片，根据题干条件(1)、(4)，乙的照片只出现在都市板块中，且只有一张。

故（C）项正确。

36.（E）

【详细解析】

本题新补充事实：(5)有一个板块的两张照片都是乙拍的。

由事实出发，结合条件(4)可知，乙拍的两张照片要么是在都市板块要么是在家庭板块。情况较少，故可进行分类讨论。

①都市板块的照片均为乙拍的。

由条件(2)可知，家庭板块中至少有一张照片是由乙拍摄的；再结合条件(1)"不能超过三张"可知，家庭板块中有且仅有一张照片是由乙拍摄的。故可得下表：

	都市	家庭	体育
照片1	乙	乙	
照片2	乙		

则家庭板块的另外一张照片是甲或丙拍的，由条件(2)可知，甲或丙在都市板块至少有一张照片。故该情况不能成立。

②家庭板块的照片均为乙拍的。

由条件(2)可知，都市板块中至少有一张照片是由乙拍摄的；再结合条件(1)"不能超过三张"可知，都市板块中有且仅有一张照片是由乙拍摄的。故可得下表：

	都市	家庭	体育
照片1	乙	乙	
照片2		乙	

由上表可知，丙在家庭板块的照片数量为0。结合条件(3)可知，甲在体育板块登报的照片数量为0；再结合条件(1)可知，体育板块的照片均为丙拍摄，家庭板块的另一张照片为甲拍摄的。故(E)项可能为真。

37. (C)

【论证结构】

题干：最好的晶体管扩音机与最好的电子管扩音机在通常测量评价扩音机的音乐再现质量方面的性能是一样的，因此，那些坚持认为录制的音乐在最好的电子管扩音机里播放时要比在最好的晶体管扩音机里播放时听起来好的音乐爱好者，一定是在想象他们声称听到的质量上的差异。即题干认为，两种扩音机在<u>测量中</u>显示出来的性能相同，<u>实际上</u>它们的性能也是相同的。

【模型识别】

题干论据是"测量中显示的结果"，论点是"实际上的结果"，二者不同，故本题为<u>拆桥搭桥模型</u>。

【选项详解】

(A)项，仅凭耳听不能区分正在播放的音乐是在好的晶体管扩音机里播放还是在好的电子管扩音机里播放。即：这说明题干中音乐爱好者听到的音质的差异不是事实而是想象，支持题干。

(B)项，题干只比较"最好的晶体管扩音机与最好的电子管扩音机音乐再现质量方面的性能"，没有涉及"音乐再现质量的变化范围"的比较。（干扰项·无关新比较）

(C)项，说明题干中的两种扩音机在音乐质量方面，可能存在不能被检测出来但是能被音乐爱好者听出来的差异，削弱题干。

(D)项，题干只比较"音效"，不涉及"用电量"和"热量"的比较。（干扰项·无关新比较）

(E)项，题干中的比较对象是"最好的晶体管扩音机与最好的电子管扩音机"，而此项的比较对象是"有些"电子管扩音机与晶体管扩音机，故此项不能削弱题干。

38.（C）

【模型识别】

观察选项，发现 5 个选项中，有的选项是事实，有的选项是假言（选言可视为假言），故此题为选项事实假言模型。优先代入含假言的选项验证。

【详细解析】

(C)项，等价于：董事会主席不会在公司高层中引发"换届"想法→董事会主席得罪并且失去"顽固派"董事们的支持。

假设其前件为真，则"如果董事会主席动用一票否决权，阻止并购 B 公司，则会在公司高层中引发'换届'想法"后件为假，根据口诀"否后必否前"可得：董事会主席不会动用一票否决权。

再结合"如果董事会主席不动用一票否决权，则会得罪'顽固派'董事并且失去他们的支持"可得：会得罪"顽固派"董事并且失去他们的支持。

可见，由(C)项的前件可以推出(C)项的后件，故(C)项正确。

39.（B）

【模型识别】

题干中出现三个假言命题，包含重复元素"谦虚""认识到自己的不足"，故此题为假言串联模型。

【详细解析】

第 1 步：画箭头。

①智者→谦虚。

②谦虚→认识到自己的不足。

③￢ 听进别人的意见→￢ 认识到自己的不足，等价于：认识到自己的不足→听进别人的意见。

第 2 步：串联。

由①、②、③串联可得：④智者→谦虚→认识到自己的不足→听进别人的意见。

第 3 步：逆否。

由④逆否可得：⑤￢ 听进别人的意见→￢ 认识到自己的不足→￢ 谦虚→￢ 智者。

故可知(B)项：￢ 听进别人的意见→￢ 智者，正确。

40.（E）

【模型识别】

题干中条件(1)、(3)均为假言命题，条件(2)为半事实条件，但可得出其他事实，故此题为事实假言模型。"从事实出发做串联"即可秒杀。

【详细解析】

从事实出发，由条件(2)可知，丁选择金骏眉或西湖龙井，因此，丁不选择大麦茶。

由"丁不选择大麦茶"可知，条件(1)前件为真，根据"肯前必肯后"，可知：戊选择乌龙茶。

由"戊选择乌龙茶"结合"只有戊选西湖龙井，乙才会选金骏眉"可知，乙不选择金骏眉。

由"乙不选择金骏眉"结合条件(2)可知，乙选择西湖龙井、丁选择金骏眉。故(E)项正确。

41.（B）

【论证结构】

题干：中国自周朝开始便实行"同姓不婚"的礼制（现象），由此看来，我国古人早就懂得现代遗传学中"优生优育"的原理（原因）。

【模型识别】

题干的论据是一种现象，结论是对现象原因的分析，故此题为现象原因模型。

【选项详解】

(A)项，此项强调的是异族通婚礼制所产生的作用，与题干论证无关。

(B)项，此项说明是为了国家发展而制定"同姓不婚"的礼制，另有他因，削弱作者对"同姓不婚"的解释。

(C)项，无关选项，"秦晋之好"是"同姓不婚"的楷模，与"同姓不婚"的原因无关。

(D)项，无关选项，题干论证不涉及各朝各代的官员是否重视"同姓不婚"的礼制。

(E)项，不能削弱，存在同姓通婚的情况无法反驳题干中的因果关系。

42.（C）

【模型识别】

题干由多个性质命题的前提和一个性质命题构成的结论组成，提问方式为"以下哪一项为真，可以削弱该网站的调查结论?"，故此题为反驳三段论模型。

【详细解析】

第1步：将题干的前提符号化。

前提①：亏损超过 10 万→新股民。

前提②：有的男性股民→创业板股票。

前提③：创业板股票→有融资经验。

第2步：如果有多个前提，将前提串联。

由前提②和③串联可得：④有的男性股民→创业板股票→有融资经验

根据"有的互换原则"得：⑤有的有融资经验→男性股民。

第3步：写题干结论的矛盾命题。

题干的结论为：新股民都没有融资经验。

结论的矛盾命题为：有的新股民有融资经验。

即：⑥有的新股民→有融资经验。

第4步：补充从前提到结论矛盾命题的箭头，从而反驳题干的结论。

观察①、⑤和⑥，易知补充前提：男性股民→亏损超过10万。

可得：有的有融资经验→男性股民→亏损超过10万→新股民。

从而根据"有的互换原则"可得：有的新股民→有融资经验。

故补充的条件"男性股民→亏损超过10万"就是答案，即男性股民亏损都超过10万。

故(C)项正确。

43.（C）

【详细解析】

将手表与挂钟比较时，"三分钟"指的是挂钟的三分钟，由于挂钟的时间有误差，这个"三分钟"并不是"标准的三分钟"；将挂钟与电台标准时间比较时，这个"三分钟"是标准的三分钟。

故前后两个"三分钟"的概念是不一致的，(C)项正确。

44.（D）

【模型识别】

此题有三类已知条件：一是传统文化艺术；二是匹配（人与性别）；三是展演顺序。故此题属于排序匹配模型。

【详细解析】

第1步：事实/问题优先看。

题干中无确定事实，故进入下一步。

第2步：重复信息是关键。

(1)和(4)中有重复信息"丁"，故可优先分析。

第3步：互斥关系是题眼。

由(4)可知，乙>丁、昆曲。故乙、丁均不展演昆曲。昆曲的展演者只能是甲或丙。

分析"昆曲"，由(2)可知，甲不展演昆曲，因此，丙展演昆曲。

由(1)可知，丁不展演剪纸，也不展演苏绣，并且剪纸、苏绣>丁。因此，丁展演京剧。

再结合(3)可知，丙(昆曲)>剪纸>丁(京剧)。

再结合(4)可得：乙>丙(昆曲)>剪纸>丁(京剧)。因此，乙表演苏绣，甲表演剪纸。

综上，乙(苏绣)>丙(昆曲)>甲(剪纸)>丁(京剧)。故(D)项正确。

45.（C）

【论证结构】

题干：对患有早期阿尔茨海默症的小白鼠大脑进行光感刺激能够帮其找回失去的记忆（现象），他们指出，光感刺激有助于早期阿尔茨海默症的治疗（原因）。

题干先描述了一个现象，又分析了产生这一现象的原因，故此题为现象原因模型。

【选项详解】

(A)项，题干不涉及"生活在日照时间长的地区"与"接受光感刺激的实验室小白鼠"患病比例的比较。（干扰项·无关新比较）

(B)项，无关选项，题干论证的是已经患上了早期阿尔茨海默症的小白鼠，而非通过光刺激患病的小白鼠。

(C)项，终止光感刺激（无因），患早期阿尔茨海默症的小白鼠症状会加重（无果）。

此项与题干形成如下对比：

接受光感刺激：能够帮其找回失去的记忆（缓解阿尔茨海默症的症状）；

终止光感刺激：患早期阿尔茨海默症的小白鼠症状会加重；

根据求异法原理，可知：光感刺激有助于早期阿尔茨海默症的治疗。

故此项支持题干。

(D)项，无关选项，题干论证不涉及"患上了早期阿尔茨海默症"的比例。

(E)项，卫生部门（权威）不建议采用，无法说明该方法无效。（干扰项·诉诸权威）

46.（B）

【模型识别】

题干中存在课程和时间之间的匹配关系，匹配的数量是不确定的（不确定哪一门课程开设两次），故此题属于不定量匹配模型。由于本题的提问方式为"以下哪门课程安排在任意一天都有可能"，优先考虑选项排除法。

【详细解析】

由条件(2)可知，数学课程不能安排在第1天，故排除(A)项。

由条件(3)可知，若统计课程只安排1次统计课程，则安排在第1天或者第2天。若统计课程安排2次，根据题干条件(5)可知，第二次须安排在第4天。故排除(C)项。

再由条件(1)和条件(5)中"开设两次的课程也不能安排在第3天"可知，艺术课程只能开设一次，并且安排在第3天。故排除(D)、(E)项。

综上，(B)项正确。

47.（A）

【详细解析】

由上题分析可知，艺术课程安排在第3天（确定事实）。

找重复信息"艺术"，由条件(4)可知，与哲学课程的搭配有如下两种可能：哲学和艺术、哲学和数学。

若哲学课程和艺术课程安排在同一天（即：第3天），结合条件(5)可知，哲学课程不开设两次。

若哲学课程和数学课程安排在同一天，则只有数学课程安排两次，哲学课程才能安排两次。与题干"除一门课程可以开设两次之外"矛盾。

综上，哲学课程不能开设两次。故(A)项正确。

48.（B）

【题干信息】

题干：某官方调查机构向 4 家不同的基因测试公司递送了 5 个人的 DNA 样本。对于同一受检者患前列腺癌的风险，一家公司称他的风险高于平均水平，另一家公司则称他的风险低于平均水平，其他两家公司都说他的风险处于平均水平。其中一家公司告知另外一位装有心脏起搏器的受检者，他患心脏病的概率很低。

【选项详解】

(A)项，只是陈述了实验结果，并不是题干的引申，排除此项。

(B)项，由题干的例证可知，基因检测技术还很不成熟，不宜过早投入市场运作，正确。

(C)项，推理过度，由题干无法判定这些公司是否存在欺诈行为。

(D)项，无关选项，题干不涉及出现不同检测结果的原因。

(E)项，无关选项，题干并不涉及装有心脏起搏器的人是否患有心脏病。

49.（D）

【模型识别】

题干中出现相邻关系，显然为相邻与不相邻模型。

【详细解析】

条件(4)为包含先后顺序的间隔信息，可优先考虑。

由条件(4)可知，乙可以在一、二、三这三个位置上。若乙在三，则丁在六；此时无法满足条件(2)。因此，乙只能在一、二位置上。情况较少，可分类讨论。

情况①：若乙在一，则丁在四。位置如下所示：

一	二	三	四	五	六
乙			丁		

由条件(2)可知，甲只能在五或者六。

若甲在五，结合条件(3)和(1)可知，戊在二、己在三。进而可知，丙在六。

若甲在六，结合条件(3)和(1)可知，戊在三、己在二。进而可知，丙在五。

情况②：若乙在二，则丁在五。位置如下所示：

一	二	三	四	五	六
	乙			丁	

由条件（2）可知，甲只能在六。结合条件（3）和（1）可知，戊在三、己在四。进而可知，丙在一。

综上所述，丙和己之间隔着两个人。

故(D)项正确。

50. （B）

【详细解析】

正常周的定义：如果一个医院一周出生的婴儿中有45%～55%是女婴，则属于正常周。

由定义可知，正常周中的男婴与女婴比例应尽量接近。

若该周出生的婴儿数为5，比例最接近时为2∶3，此时，占比分别为40%、60%；故一定为非正常周。

若该周出生的婴儿数为6，当男婴或女婴数均等于3时，比例为50%；属于正常周，满足题干。

若该周出生的婴儿数为9，比例最接近时为4∶5，此时，占比分别为44.4%、55.6%；故一定为非正常周。

若该周出生的婴儿数为10，那么当男婴或女婴数均等于5时，比例为50%；属于正常周，满足题干。

若该周出生的婴儿数为19，那么当男婴或女婴数为9或10时，比例在45%～55%之间；属于正常周，满足题干。

故(B)项正确。

51. （A）

【详细解析】

题干：

胡品：疫病传播→¬挽回损失。

吴艳：阻止疫病传播→挽回损失。

(A)项，阻止疫病传播∧¬挽回损失，与胡品的不矛盾而与吴艳的断言矛盾，正确。

(B)项，疫病传播∧¬挽回损失，与吴艳的断言不矛盾，不正确。

(C)项，阻止疫病传播∧挽回损失，与吴艳的断言不矛盾，不正确。

(D)项，疫病控制∧挽回损失，与吴艳的断言不矛盾，不正确。

(E)项，疫病传播∧挽回损失，与胡品的断言矛盾而与吴艳的断言不矛盾，不正确。

52. （E）

【模型识别】

题干已知"四人中只有两人说真话"，故此题为真假话问题。首先找矛盾关系。

【详细解析】

将题干信息符号化：

甲说：①乙挂坠→甲挂坠，等价于：¬乙挂坠∨甲挂坠。

丁说：②¬丙礼服→¬丁礼服，等价于：丙礼服∨¬丁礼服。

乙说：③乙挂坠∧¬甲挂坠。

丙说：④¬丙礼服∧¬丁礼服。

第1步：找矛盾。

①和③为矛盾关系，故两者一真一假；结合题干"四人中只有两人说真话"可知，②和④一真一假。

第2步，找推理关系。

若④为真，则②为真，与"②和④一真一假"矛盾。因此，④为假，②为真。

第3步，推出结论。

由④为假可得：⑤丙礼服∨丁礼服，等价于：¬丁礼服→丙礼服。

由②可得：丁礼服→丙礼服。

根据二难推理知识，可得：丙礼服。故(E)项正确。

53.（B）

【论证结构】

题干第一句话有所断定，是论点。后面的实验是论据。

题干：与没有喝绿茶习惯者相比，有喝绿茶习惯者患心脏病和中风的风险低，死于心脏病和中风的风险低(两组对比)，因此，常喝绿茶有益于预防心脑血管疾病(因果关系)。

【模型识别】

题干通过两组对象的对比，得到一个因果关系，故此题为<u>求异法模型</u>。

【选项详解】

(A)项，题干不涉及"从不吸烟者"与"常喝绿茶的人"之间患心脏病和中风的风险的比较。(干扰项·无关新比较)

(B)项，支持题干，此项说明绿茶具有预防血液凝块及血小板成团的作用，因果相关。

(C)项，题干论证强调的是绿茶对于预防心脑血管疾病的作用，并不涉及延缓衰老、预防癌症。(干扰项·转移论题)

(D)项，削弱题干，此项指出两组对象在年龄上有差异(另有差因)，而年龄的大小会影响心血管疾病的发病率。

(E)项，无关选项，题干论证不涉及"不喝绿茶的人"是否会忽视其对心脑血管疾病的影响。

54.（A）

【模型识别】

题干中条件(2)、(3)均为假言命题，条件(4)是半事实，条件(1)是事实，故此题为<u>事实假言模型</u>。

【详细解析】

由"周选择的是北方的城市"可知：周不选择海南，故条件(2)的后件为假，根据口诀"否后必否前"可得：吴选择南京且郑选择桂林。

由"吴选择南京"可知，条件(3)的前件为真，根据口诀"肯前必肯后"可得：钱和李只能在昆明和北京中各选一个城市。

此时剩余的城市只有哈尔滨、上海和海南。结合条件(4)可知，周只能选择哈尔滨。

故(A)项正确。

55. (E)

【详细解析】

由上题分析可知，钱和李只能在昆明和北京中各选一个城市。

又结合"赵和钱只能在海南和北京中任选一个"可知，钱选择北京。进而可知：李选择昆明，赵选择海南。

结合上题分析可得：吴选择南京，郑选择桂林，周选择哈尔滨。

再结合条件(1)，可知：王选择上海。

故(E)项正确。

四、写作

56. 论证有效性分析

【谬误分析】

①材料将职业划分为自己当老板和给老板打工两种，有失偏颇。因为除此之外，还有许多自由职业者，比如作家。

②社会关系资源的数量和质量的确与个人的成功与否有关，但未必成正比。影响个人成功的因素有很多，比如时代的机遇、个人的能力和平台的优势，等等。

③材料将比尔·盖茨的成功简单地归因于其父母的人际关系，有些极端。人际关系并非成功的唯一条件，比如刘备的儿子阿斗人际关系不可谓不广，家里还有皇位继承，一样没有取得事业的成功。

④"平台越大，施展才能的舞台就越大，成功的概率就越高"，过于绝对。大平台往往意味着更多的人参与竞争，意味着很大可能被淘汰。可以看到，在大平台、大公司终生碌碌无为的人也有很多。

⑤唐骏的例子未必有普遍的代表性。而且，平台也仅是他成功的因素之一，而非唯一因素。

⑥学历高不代表能力高，高分低能者并不少见。同时，学历高也不代表社会关系资源好。比如，同样是北大毕业，有人能利用上好的校友资源，有人却不能。

⑦应试能力确实重要，但是并不能决定一个人能力的全部。

学历就是能力吗？

上述材料通过一系列论证，试图说明"学历就是能力，有了学历就能成功"。其论证过程中存在诸多漏洞，分析如下：

首先，社会关系资源的数量和质量的确与个人的成功与否有关，但未必成正比，也有很多社会关系并不多的平民子弟取得了事业上的成功。而且，影响个人成功的因素有很多，比如时代的机遇、个人的能力和平台的优势等。

其次，材料将比尔·盖茨的成功简单地归因于其父母的人际关系，有些极端。人际关系并非成功的唯一条件，比如刘备的儿子阿斗人际关系不可谓不广，家里还有皇位继承，一样没有取得事业的成功。

再次，不可否认，大平台的确能提供更多的机会，从而提高成功的概率，但二者不一定成正比，个人的能力、时代的机遇也是决定成败的关键因素。正如材料中提及的唐骏，如果仅因平台大就使其走向成功，那微软公司的员工不就都应该走向成功吗？然而事实并非如此。

而且，学历高不代表能力高，高分低能者并不少见。同时，学历高也不代表社会关系资源好。比如，同样是北大毕业，有人能利用上好的校友资源，有人却不能。

最后，"没有通过应试，也就无所谓素质了"，过于绝对。应试能力确实是人的重要能力之一，但并不是一个人能力的全部。想象力、记忆力、观察力、组织能力、沟通能力、领导能力、创新能力、适应能力等都影响一个人的素质。

综上所述，"学历就是能力，有了学历就能成功"的结论有失偏颇，让人难以信服。

（全文共567字）

57. 论说文

核心技术应着力攻克

老吕集训营学员　陈孟潇

正如材料所言，"核心技术是最大的'命门'"，面对如今风云突变的国际形势，我们应着力攻克核心技术，主动掌握"命门"。

首先，核心技术事关国家经济发展。随着通信技术、新能源、生物医药等领域技术快速发展，世界经济格局也正在重塑，要想在新一轮的科技竞争中占据优势，必须将核心技术掌握在自己手中。只有这样，才能摆脱被"卡脖"的处境，掌握制定规则的话语权，从而助力经济崛起、实现转型升级。

其次，核心技术与国家安全息息相关。从以前的原子弹、导弹到现在的光刻机、芯片等，每一项被"卡脖子"的核心技术都有可能成为威胁国家安全的"定时炸弹"。核心技术的攻克不仅是经济发展的需要，更是对国家安全的捍卫。

诚然，核心技术的攻克不是一蹴而就的，这一过程必定布满荆棘、困难重重。由于许多核心技术的根是在理论研究上，这就要求我们要把根源和底层的东西搞清楚。而且，从理论到实用性的技术突破也有很长的路要走，这一过程不仅要投入大量财力，也是对我国人才培养与储备的考验，甚至还需要与时间赛跑。

当然发展核心技术，要解决很多困难，这需要政府和企业协同用力。

首先，政府应当大力加强基础研究。鼓励、引导人才选择基础学科，解决基础学科人才短缺难题。

其次，充分发挥企业家的作用。企业家要勇于创新、重视技术研发，维护积极的市场环境和良好的创新条件。同时，还应保持开放、包容的胸怀，引进具有高水平的科技人才，并保持高质量的国际合作。

总而言之，为了真正成为科技强国、实现民族复兴，我们必须着力攻克核心技术。

（全文共 625 字）

全国硕士研究生招生考试
管理类综合能力试题答案详解
冲刺卷 6

一、问题求解

1.（B）

【详细解析】

在 20 以内的质数中，列举可知，减去 4 仍然是质数的数只有 7（减去 4 为 3），11（减去 4 为 7），17（减去 4 为 13）. 因此，今年甲 17 岁，乙 11 岁，丙 7 岁. 五年后，乙的年龄是 16 岁.

2.（B）

【详细解析】

$$原式 = \frac{2^2}{1\times 3} \times \frac{3^2}{2\times 4} \times \frac{4^2}{3\times 5} \times \frac{5^2}{4\times 6} \times \cdots \times \frac{49^2}{48\times 50} \times \frac{50^2}{49\times 51}$$

$$= \frac{2^2 \times 3^2 \times 4^2 \times 5^2 \times \cdots \times 49^2 \times 50^2}{1\times 2 \times 3^2 \times 4^2 \times \cdots \times 49^2 \times 50 \times 51}$$

$$= \frac{2\times 50}{1\times 51} = \frac{100}{51}.$$

3.（A）

【详细解析】

两个长方体拼接，减少的表面积为 2 倍的接触面面积.

设小长方体的长、宽、高分别为 a 厘米、b 厘米、c 厘米（令 $a > b > c$），可知

$$ab = 90, \quad ac = 30, \quad bc = 12.$$

则小长方体的体积为 $V = abc = \sqrt{(abc)^2} = \sqrt{90 \times 30 \times 12} = 180$（立方厘米）.

4.（A）

【详细解析】

特殊值法. 设原来西瓜进价为 100，售价为 x，则现在的进价为 95. 根据题意，列出表格如下.

项目	进价	售价	利润率
原来	100	x	$\dfrac{x-100}{100}$
现在	95	x	$\dfrac{x-95}{95}$

故有 $\dfrac{x-95}{95}-\dfrac{x-100}{100}=\dfrac{6}{100}$，解得 $x=114$．故原来的利润率为 $\dfrac{x-100}{100}\times100\%=14\%$．

5.（D）

【详细解析】

方法一：设甲工程队每天修 x 千米，则乙工程队每天修 $x-3$ 千米，这段公路共有 s 千米，根据题意得

$$s=9(x+x-3)=13x+3(x-3)，$$

解得 $x=9$，$s=135$，故这段公路共有 135 千米．

方法二：逻辑推理可得，甲、乙合作 6 天的工作量＝甲单独工作 10 天的工作量，进而可得，乙工作 6 天的工作量＝甲工作 4 天的工作量，因此甲、乙每天的工作效率之比为 $3:2$．又因为甲每天比乙多修 3 千米，根据比例，可知甲每天修 9 千米，乙每天修 6 千米．

故这段公路有 $9\times(9+6)=135$（千米）．

6.（B）

【详细解析】

设圆心为 $P(x_0，y_0)$，半径为 r，因为圆与两坐标轴都相切，故 $|x_0|=|y_0|=r$．又因为圆经过点 $(2，1)$，故圆心一定在第一象限，则 $x_0=y_0=r$ 且 $(2-x_0)^2+(1-y_0)^2=r^2$，即

$$(2-r)^2+(1-r)^2=r^2\Rightarrow r=1\text{ 或 }5.$$

当 $r=1$ 时，圆心 $P(1，1)$ 到直线的距离为 $\dfrac{|2-1-3|}{\sqrt{5}}=\dfrac{2\sqrt{5}}{5}$；

当 $r=5$ 时，圆心 $P(5，5)$ 到直线的距离为 $\dfrac{|10-5-3|}{\sqrt{5}}=\dfrac{2\sqrt{5}}{5}$．

综上，圆心到直线 $2x-y-3=0$ 的距离为 $\dfrac{2\sqrt{5}}{5}$．

7.（B）

【详细解析】

连接 BD，阴影部分面积可看作关于 BD 对称的两部分，则有

左上角的空白面积＝正方形 $AEOG$ 的面积－扇形 EOG 的面积

$$=4\times4-\dfrac{1}{4}\pi\times4^2=16-4\pi\text{（平方厘米）}；$$

上半部分中间空白面积＝扇形 BCD 的面积－三角形 BCD 的面积

$$=\dfrac{1}{4}\pi\times8^2-\dfrac{1}{2}\times8^2=16\pi-32\text{（平方厘米）}；$$

所以上半部分阴影面积＝三角形 ABD 的面积－左上角的空白面积－上半部分中间空白面积＝ $\dfrac{1}{2}\times8^2-(16-4\pi)-(16\pi-32)=48-12\pi$（平方厘米）．

故阴影部分的面积＝ $2\times(48-12\pi)=96-24\pi$（平方厘米）．

8.（D）

【详细解析】

方法一：利用三角不等式，可得

$$|2x-3|-|2x+6| \leqslant ||2x-3|-|2x+6|| \leqslant |2x-3-(2x+6)| = 9.$$

故当 $Y \geqslant 9$ 时，原不等式恒成立.

方法二：令 $f(x) = |2x-3|-|2x+6| = 2\left(\left|x-\dfrac{3}{2}\right|-|x+3|\right)$，根据线性差最值问题的求解，

可知 $f(x)_{\max} = 2 \times \left[\dfrac{3}{2}-(-3)\right] = 9$，故 $Y \geqslant 9$.

9.（D）

【详细解析】

根据题意，可得 $(1+p)(1+q)(1+r) = (1+x)^3$.

由均值不等式，得 $1+x = \sqrt[3]{(1+p)(1+q)(1+r)} \leqslant \dfrac{(1+p)+(1+q)+(1+r)}{3}$，化简得

$x \leqslant \dfrac{p+q+r}{3}$.

10.（B）

【详细解析】

由题可知，取书的情况一共有 $C_4^2 C_2^2 = 6$(种). 甲同学拿到一本自己的书一本乙同学的书的情况有

$C_2^1 C_2^1 = 4$(种)，故所求概率为 $P = \dfrac{4}{6} = \dfrac{2}{3}$.

11.（B）

【详细解析】

$$(n+1)a_{n+1}^2 - na_n^2 + a_{n+1}a_n$$
$$= na_{n+1}^2 - na_n^2 + a_{n+1}^2 + a_{n+1}a_n$$
$$= n(a_{n+1}+a_n)(a_{n+1}-a_n) + a_{n+1}(a_{n+1}+a_n)$$
$$= (a_{n+1}+a_n)[n(a_{n+1}-a_n) + a_{n+1}]$$
$$= (a_{n+1}+a_n)[(n+1)a_{n+1} - na_n]$$
$$= 0.$$

由 $\{a_n\}$ 为正项数列，可知 $a_{n+1}+a_n \neq 0$，故 $(n+1)a_{n+1} - na_n = 0$，即 $\dfrac{a_{n+1}}{a_n} = \dfrac{n}{n+1}$.

使用叠乘法，则有

$$a_n = \dfrac{a_n}{a_{n-1}} \times \dfrac{a_{n-1}}{a_{n-2}} \times \cdots \times \dfrac{a_3}{a_2} \times \dfrac{a_2}{a_1} \times a_1 = \dfrac{n-1}{n} \times \dfrac{n-2}{n-1} \times \cdots \times \dfrac{2}{3} \times \dfrac{1}{2} \times 1 = \dfrac{1}{n}.$$

故 $a_{99} = \dfrac{1}{99}$.

对 $(n+1)a_{n+1}^2 - na_n^2 + a_{n+1}a_n = 0$ 也可以使用十字相乘法进行因式分解，如下.

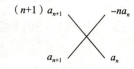

结果为 $(a_{n+1} + a_n)[(n+1)a_{n+1} - na_n] = 0$.

12. (C)

【详细解析】

方法一：设去年甲仓库有存货 x，乙仓库有存货 y. 根据题干，得 $\dfrac{1.8x}{0.9y} = \dfrac{4}{1}$，整理得 $x = 2y$.

故总存货今年与去年之比为 $\dfrac{1.8x + 0.9y}{x + y} = \dfrac{3.6y + 0.9y}{2y + y} = \dfrac{3}{2}$，增长了 $\dfrac{3-2}{2} \times 100\% = 50\%$.

所以，今年的总存货比去年增加 50%.

方法二：设今年甲仓库有存货 4，乙仓库有存货 1，则去年甲仓库有存货 $\dfrac{4}{1 + \dfrac{4}{5}} = \dfrac{20}{9}$，乙仓库有存

货 $\dfrac{1}{1 - \dfrac{1}{10}} = \dfrac{10}{9}$，$\dfrac{4+1}{\dfrac{20}{9} + \dfrac{10}{9}} \times 100\% = 150\%$，故今年的总存货比去年增加 50%.

13. (E)

【详细解析】

如下图所示，延长 AB、DF，相交于点 E.

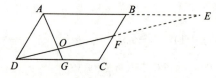

由四边形 $ABCD$ 是平行四边形，可得 $BE \parallel DC$，故 $\angle EBF = \angle C$，$\angle E = \angle FDC$. 又因为 F 是中点，所以 $BF = CF$，由此可得 $\triangle BEF \cong \triangle CDF$，故 $AB = CD = BE = 2DG$. 由 $AE \parallel DC$，可得 $\triangle AEO \backsim \triangle GDO$，所以

$$AO : OG = AE : DG = (AB + BE) : DG = (2DG + 2DG) : DG = 4 : 1.$$

14. (E)

【详细解析】

根据题意，不等式组所确定的范围如图中阴影部分所示. 设 $d^2 = (x-1)^2 + (y-1)^2$，d^2 即点 $(1, 1)$ 到阴影区域中的点的距离的平方. 由下图可知，最短距离为点 $(1, 1)$ 到直线 $y = x - 1$ 的距

离，即 $d_{min} = \dfrac{|1 - 1 - 1|}{\sqrt{1^2 + (-1)^2}} = \dfrac{\sqrt{2}}{2}$；最长距离为点 $(1, 1)$ 到点 $(2, 0)$ 的距离，即 $d_{max} =$

$\sqrt{(1-2)^2 + (1-0)^2} = \sqrt{2}$. 故 $\dfrac{1}{2} \leqslant d^2 \leqslant 2$.

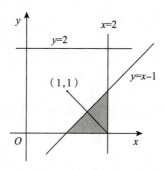

15. (C)

【详细解析】

当小方与小何相遇时，小江与相遇点的距离为 $(70+50)\times3=360$(米)，即小方比小江多走了 360 米．故小方与小何的相遇时间为 $360\div(60-50)=36$(分钟)，则甲、乙两地相距

$$36\times(60+70)=4\,680(\text{米}).$$

二、条件充分性判断

16. (E)

【详细解析】

若 $\dfrac{x+8}{x^2+2x-3}<2$ 恒成立，则移项可得 $\dfrac{x+8}{x^2+2x-3}-2\times\dfrac{x^2+2x-3}{x^2+2x-3}<0$，化简得

$$\frac{(2x+7)(x-2)}{(x+3)(x-1)}>0,$$

即 $(2x+7)(x-2)(x+3)(x-1)>0(x\neq-3$ 且 $x\neq1)$．

用穿线法求解，从右上方开始，依次去穿每个零点，如下图所示：

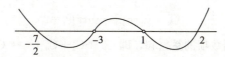

可得该不等式的解集为 $\left(-\infty,-\dfrac{7}{2}\right)\cup(-3,1)\cup(2,+\infty)$．

所以，条件(1)和条件(2)单独都不充分，联立也不充分．

17. (B)

【详细解析】

条件(1)：办公室需要三个不同类型的翻译值班，即只能在英语、法语、德语翻译中各选一人，所有的情况为 $C_6^1C_3^1C_2^1=36<100$，故条件(1)不充分．

条件(2)：正难则反．在 11 人中任选 3 人，总共有 C_{11}^3 种选法；若均为同一类翻译人员，则从英语或者法语中选 3 人，有 $C_6^3+C_3^3$ 种选法．因此不是同一类翻译人员的情况为 $C_{11}^3-(C_6^3+C_3^3)=144>100$，故条件(2)充分．

18.（B）

【详细解析】

$$\frac{a_4+a_5+a_6}{a_1+a_2+a_3}=\frac{(a_1+a_2+a_3)q^3}{a_1+a_2+a_3}=q^3.$$

条件(1)：若 $q=1$，$\dfrac{S_4}{S_2}=\dfrac{4a_1}{2a_1}=2\neq5$，故 $q\neq1$；若 $q=-1$，则 $S_2=S_4=0$，故 $q\neq-1$.

$$\frac{S_4}{S_2}=\frac{\dfrac{a_1(1-q^4)}{1-q}}{\dfrac{a_1(1-q^2)}{1-q}}=\frac{1-q^4}{1-q^2}=\frac{(1+q^2)(1-q^2)}{1-q^2}=1+q^2=5\Rightarrow q^2=4\Rightarrow q=\pm2.$$

$(a_4+a_5+a_6):(a_1+a_2+a_3)=q^3:1=\pm8:1$，不能确定比值，故条件(1)不充分.

条件(2)：$q=2$，则 $(a_4+a_5+a_6):(a_1+a_2+a_3)=q^3:1=8:1$，故条件(2)充分.

19.（D）

【详细解析】

条件(1)：同时抛 15 枚质地均匀的硬币为 n 重伯努利试验，出现奇数枚反面向上，即出现 1 枚、3 枚、……、15 枚反面向上，依据伯努利概型公式得 $P=(C_{15}^1+C_{15}^3+\cdots+C_{15}^{15})\times\left(\dfrac{1}{2}\right)^{15}$.

由二项式展开定理，可知 $C_{15}^1+C_{15}^3+\cdots+C_{15}^{15}=2^{14}$，所以 $P=\dfrac{1}{2}$，条件(1)充分.

条件(2)：同理，依据伯努利概型公式得 $P=(C_{14}^1+C_{14}^3+\cdots+C_{14}^{13})\times\left(\dfrac{1}{2}\right)^{14}$.

由二项式展开定理，可知 $C_{14}^1+C_{14}^3+\cdots+C_{14}^{13}=2^{13}$，所以 $P=\dfrac{1}{2}$，条件(2)充分.

注意：$(a+b)^n$ 的展开式中，令 $a=b=1$，可求得，各项系数的和为 2^n，即

$$C_n^0+C_n^1+C_n^2+\cdots+C_n^n=2^n.$$

其中奇数项的系数和等于偶数项的系数和，即 $C_n^1+C_n^3+C_n^5+\cdots=C_n^0+C_n^2+C_n^4+\cdots=2^{n-1}$.

故 $C_{15}^1+C_{15}^3+\cdots+C_{15}^{15}=2^{14}$，$C_{14}^1+C_{14}^3+\cdots+C_{14}^{13}=2^{13}$. 故在这个的前提下，显然可得条件(1)和条件(2)的概率都是 $\dfrac{1}{2}$.

20.（A）

【详细解析】

方法一：根据题意，甲、乙两瓶酒精浓度相等，则有

$$\frac{20-x-\dfrac{20-x}{20}\cdot x+\dfrac{x}{60}\cdot x}{20}=\frac{x+\dfrac{20-x}{20}\cdot x-\dfrac{x}{60}\cdot x}{60},$$

整理得 $x^2-30x+225=0$，解得 $x=15$.

故条件(1)充分，条件(2)不充分.

方法二：两次交换后，甲、乙两瓶的酒精浓度相等，此时将甲、乙两瓶溶液混合，浓度不变，为 $\frac{20}{20+60}=\frac{1}{4}$. 由此可知，最后甲瓶中的酒精剩余 5 千克，乙瓶中的酒精有 15 千克.

条件(1)：当 $x=15$ 时，第一次交换就使得甲、乙浓度相等，此后再交换浓度也不会改变，故条件(1)充分.

条件(2)：当 $x=12$ 时，第一次交换后，甲的酒精剩余 8 千克，乙的酒精有 12 千克，此时浓度不相等. 再次交换，相当于甲的酒精要交换出去 $12\times\frac{8}{20}=\frac{24}{5}$（千克）；乙的酒精要交换出去 $12\times\frac{1}{5}=\frac{12}{5}$（千克）. 此时，甲的酒精为 $8-\frac{24}{5}+\frac{12}{5}\neq 5$，故两次交换后，甲、乙浓度不相等，条件(2)不充分.

21.（D）

【详细解析】

条件(1)：联立 $\begin{cases} S_3=3a_1+3d, \\ S_9=9a_1+36d, \end{cases}$ 能解出 a_1 和 d，故能确定 a_3，条件(1)充分.

条件(2)：由 $S_{2n-1}=(2n-1)a_n$，得 $S_5=5a_3$，故能确定 a_3，条件(2)充分.

22.（C）

【详细解析】

条件(1)：由 $f(x+1)=f(1-x)$ 可知，$x=\frac{(x+1)+(1-x)}{2}=1$ 是函数 $f(x)=ax^2+bx+c$ 图像的对称轴，则 $\frac{b}{-2a}=1$，即 $b=-2a$.

故 $\frac{f(-1)}{f(1)}=\frac{a-b+c}{a+b+c}=\frac{3a+c}{-a+c}$，$c$ 和 a 的关系不确定，条件(1)不充分.

条件(2)：将 $(2,0)$ 代入方程，可得 $4a+2b+c=0$，显然也不充分.

联立两个条件，得

$$\begin{cases} b=-2a, \\ 4a+2b+c=0 \end{cases} \Rightarrow \begin{cases} c=0, \\ b=-2a. \end{cases}$$

则 $f(x)=ax^2+bx+c=ax^2-2ax$.

所以 $\frac{f(-1)}{f(1)}=\frac{3a+c}{-a+c}=\frac{3a}{-a}=-3$，故两个条件联立充分.

23.（C）

【详细解析】

条件(1)：$\overline{A}B=\varnothing$，即 $\overline{A}$ 与 B 不相交，故有 $B\subseteq A$.

如图所示.

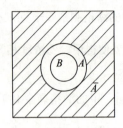

故条件(1)单独不充分.

条件(2)：$A\bar{B}=\varnothing$，同理可得 $A\subseteq B$，故条件(2)单独也不充分.

两个条件联立可得，$B\subseteq A$ 且 $A\subseteq B$，故 $A=B$，两个条件联立充分.

24.（B）

【详细解析】

条件(1)：如左图所示，当点 A 和点 B 关于直线 $y=\sqrt{3}x$ 对称时，有无数个点 C，无法确定点 C 的坐标，故条件(1)不充分.

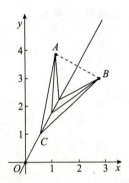 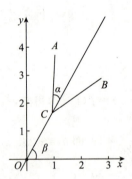

条件(2)：因为直线 $y=\sqrt{3}x$ 的斜率为 $\sqrt{3}=\tan 60°$，故直线 $y=\sqrt{3}x$ 的倾斜角 $\beta=60°$，如右图所示.又因为 $\angle ACB=60°$，故 $\alpha=30°$，于是直线 AC 的倾斜角为 $30°+60°=90°$，即直线 $AC\perp x$ 轴，$x_C=x_A$.

将点 A 的横坐标代入直线 $y=\sqrt{3}x$，可求得点 C 的纵坐标.故能确定点 C 的坐标.条件(2)充分.

25.（D）

【详细解析】

条件(1)：$x+\dfrac{1}{x}=-2$，可得 $\left(x+\dfrac{1}{x}\right)^2=x^2+\dfrac{1}{x^2}+2=4$，即 $x^2+\dfrac{1}{x^2}=2$.

$\left(x^2+\dfrac{1}{x^2}\right)^2=x^4+\dfrac{1}{x^4}+2=4$，即 $x^4+\dfrac{1}{x^4}=2$.

$\left(x^4+\dfrac{1}{x^4}\right)^3=x^{12}+3x^4+\dfrac{3}{x^4}+\dfrac{1}{x^{12}}=8$，解得 $x^{12}+\dfrac{1}{x^{12}}=2$，故条件(1)充分.

同理，条件(2)也充分.

三、逻辑推理

26.（D）

【模型识别】

题干中出现三个性质命题，这三个性质命题中存在重复元素，故此题为<u>性质串联</u><u>模型</u>。

【详细解析】

第1步：画箭头。

①有的成功→专业学习，等价于：有的专业学习→成功。

②有的没专业学习→向同行学习。

③忽视大众心理需求→¬ 成功，等价于：成功→¬ 忽视大众心理需求。

第2步：串联。

由①、③串联可得：④有的专业学习→成功→¬ 忽视大众心理需求。

第3步：逆否。

逆否这一步非必须，可以优先分析选项，找答案。

第4步：根据"箭头指向原则"和"'有的'的互换原则"找答案。

(A)项，¬ 忽视大众心理需求→越有可能获得成功，由④可知，"¬ 忽视大众心理需求"后无箭头指向，故此项可真可假。

(B)项，等价于"所有向同行学习的影视导演都没有忽视大众的心理需求"，由②可知，"向同行学习的影视导演"后无箭头指向，故此项可真可假。

(C)项，¬ 成功→忽视大众心理需求，由③可知，"¬ 成功"后无箭头指向，故此项可真可假。

(D)项，等价于"有的经过正规专业学习的影视导演没有忽视大众的心理需求"，由④可知，此项为真。

(E)项，有的忽视大众心理需求的影视导演获得了成功，与③矛盾，故此项为假。

27.（E）

【论证结构】

题干：尽管中学招生人数持续下降，但是小学招生人数却在大幅增加。

校务委员会：建造一所新的小学。

李思：将一些中学教室临时改为小学学生教室。

【模型识别】

锁定关键词"提出""方案可以是"，可知此题为<u>措施目的模型</u>。

【选项详解】

(A)项，"一些"中学教室不能被改造为适合小学学生使用的教室，并不能说明所有中学教室均不可以被改为小学教室，无法说明措施不可行。（干扰项·不当反例）

(B)项，题干不涉及建造中学和建造小学的成本的比较。（干扰项·无关新比较）

(C)项，此项显然是无关选项。

(D)项，此项说明改造中学教室会对危及小学学生的安全和自信，即：措施有副作用，削弱李思的可替换方案。

(E)项，此项说明"改造教室"的方案是可行的，支持李思的可替换方案。

28. (C)

【论证结构】

题干中的论据：

①1990 年到 2005 年，中国的男性超重比例从 4％上升到 15％（即上升 11 个百分点），女性超重比例从 11％上升到 20％（即上升 9 个百分点）。

②1990 年到 2005 年，墨西哥的男性超重比例从 35％上升到 68％（即上升 33 个百分点），女性超重比例从 43％上升到 70％（即上升 27 个百分点）。

题干中的论点：无论在中国还是在墨西哥，女性超重的增长速度都高于男性超重的增长速度。

【模型识别】

题型：此题的问题是"以下哪项陈述最为准确地描述了上述论证的缺陷"，故此题为逻辑漏洞题。

【选项详解】

(A)项，无关选项，题干不涉及个体特征与个体组成的群体特征之间的关系。

(B)项，无关选项，题干比较的是比例的变化量，与起点值无关。

(C)项，由题干中的论据得出：在中国和墨西哥，男性超重比例增长速度都比女性超重比例增长速度快，与题干中的论点矛盾，故本题犯了自相矛盾的逻辑错误。此项准确地描述了上述论证的缺陷。

(D)项，题干比较的是同一时间段、同一个人口基数下，男性和女性超重比例的增长速度，所以不涉及基数、百分比、绝对值的变动。

(E)项，无关选项，题干不涉及美国与中国超重比例的比较。

29. (C)

【模型识别】

题干中出现五个性质命题，这五个性质命题中存在重复元素，故此题为性质串联模型。

【详细解析】

第 1 步：画箭头。

①沙特馆→ㄱ德国馆，等价于：德国馆→ㄱ沙特馆。

②沙特馆→ㄱ日本馆，等价于：日本馆→ㄱ沙特馆。

③有的丹麦馆→德国馆。

④有的丹麦馆→日本馆。

⑤有的丹麦馆→沙特馆。

第 2 步：从"有的"开始做串联。

由题干信息③、①串联可得：⑥有的丹麦馆→德国馆→ㄱ沙特馆。

由题干信息④、②串联可得：⑦有的丹麦馆→日本馆→ㄱ沙特馆。

由题干信息⑤、①串联可得：⑧有的丹麦馆→沙特馆→¬德国馆。

由题干信息⑤、②串联可得：⑨有的丹麦馆→沙特馆→¬日本馆。

第3步：逆否，但要注意带"有的"的词项不逆否。

逆否这一步非必须，可以优先分析选项，找答案。

第4步：根据"箭头指向原则"和"'有的'互换原则"找答案。

(A)项，"日本馆"和"德国馆"之间没有箭头指向，故此项可真可假。

(B)项，前半句中"日本馆"和"德国馆"之间没有箭头指向，可真可假。后半句中根据"'有的'互换原则"，由③可知，有的德国馆→丹麦馆。根据口诀"下反对关系，至少一真，一真另不定"可知，"有的德国馆→¬丹麦馆"可真可假。

(C)项，由⑧、⑨可知，有的丹麦馆→沙特馆→¬德国馆∧¬日本馆，为真。

(D)项，由③、④、⑤可知，有的丹麦馆→德国馆，有的丹麦馆→日本馆，有的丹麦馆→沙特馆，根据口诀"下假上不定"可知，此项可真可假。

(E)项，当"有的"为真时，"所有"可真可假，故由③可知，此项可真可假。

30.（D）

【题型识别】

题干由三个前提和一个结论构成，要求找到"最能反驳上述结论"的项，且题干的前提能进行串联，故此题考察的是反驳三段论模型。

【详细解析】

第1步：将题干中的前提符号化。

前提①：选择《春秋》→不选择《大学》。

前提②：选择《水经注》∀选择《大学》，即：不选择《大学》→选择《水经注》。

前提③：不选择《中庸》→不选择《水经注》，即：选择《水经注》→选择《中庸》。

第2步：如果有多个前提，将前提串联。

由前提①、②和③串联可得：④选择《春秋》→不选择《大学》→选择《水经注》→选择《中庸》。

第3步：写题干结论的矛盾命题。

题干的结论为：选择《春秋》∧不选择《山海经》。

结论的矛盾命题为：⑤选择《春秋》→选择《山海经》。

第4步：补充从前提到结论的矛盾命题的箭头，从而反驳题干的结论。

观察④和⑤，易知补充前提：选择《中庸》→选择《山海经》。

可得：选择《春秋》→不选择《大学》→选择《水经注》→选择《中庸》→选择《山海经》，从而得到：选择《春秋》→选择《山海经》。

故补充的条件"选择《中庸》→选择《山海经》"就是答案，(D)项正确。

31.（C）

【论证结构】

题干：第一种情况下病人的焦虑程度下降了24％，第二种情况下病人的焦虑程度只下降了10％，第三种情况下病人的焦虑程度仍保持原来的水平(三组对比)。因此科学家认为，狗能帮助心脏病人降低焦虑情绪(因果关系)。

【模型识别】

题干通过三组对象的对比实验，得到一个因果关系。需要注意的是，三组对象实际上形成了两两对比，故本题属于求异法模型。

【选项详解】

(A)项，此项并未言明不同时间段探视是否会影响心脏病人的焦虑情绪，故不能削弱。

(B)项，无关选项，志愿者是否喜欢狗与题干论证无关。

(C)项，指出样本之间不具备代表性，无法说明狗是否可以帮助心脏病人降低焦虑情绪，削弱题干。

(D)项、(E)项，无关选项，"狗是否温顺"与"狗是否可以帮助心脏病人降低焦虑情绪"无关。

32. (B)

【模型识别】

本题存在"6个网名"和"6位网友"的一一匹配关系，故此题为定量匹配模型。

【选项详解】

题干年龄和性别的信息整合如下：

女性：甲、乙、戊；男性：丙、丁、己。

超过30周岁：乙、丙、戊；未超过30周岁：甲、丁、己。

由⑥可知，仙人掌是小于30岁的女性，再结合性别和年龄分析可知，仙人掌是甲。

由③可知，佐罗小于30且不是丁，再结合"仙人掌是甲"可得：佐罗是己。

由①可知，白雪公主是甲、丁、己三人中的一人，再结合"仙人掌是甲""佐罗是己"，可得：白雪公主是丁。

由④可知：石头是丙、丁、己三人中的一人，再结合"白雪公主是丁""佐罗是己"，可得：石头是丙。

综上，(B)项正确。

33. (C)

【论证结构】

题干：①一个人的年龄越大，体内积累的自由基会越多，氧化造成的伤害就越大，最后就会衰老死亡。②葡萄籽提取物中含有的原花青素能有效清除体内自由基，保护人体细胞组织免受自由基的氧化损伤。因此，多吃葡萄籽提取物(措施)可以抗氧化防衰老(目的)。

【模型识别】

锁定关键词"可以"，可知此题为措施目的模型。

【选项详解】

(A)项，题干的论证不涉及"葡萄籽提取物"和"肝脏健康"的关系。(干扰项·转移论题)

(B)项，不能削弱，日常食物中也含有抗氧化物质，不能说明葡萄籽提取物不可以抗氧化防衰老。

(C)项，提出反面论据，说明年龄与体内自由基浓度无关，削弱题干论据①。

(D)项，题干的论证对象是"葡萄籽提取物"，此项的论证对象为"歧化酶"。（干扰项·偷换论证对象）

(E)项，尚未有实验证明葡萄籽的功效，并不能说明葡萄籽没有功效。（干扰项·诉诸无知）

34. (D)

【模型识别】

题干出现人员和五门技艺得分情况的匹配，故此题为两组元素的定量匹配模型。

【详细解析】

观察已知条件，发现条件(4)、(5)、(6)均为确定信息。条件(3)中"赵的总分为18分"也为确定事实。

将上述事实，转化为分数，可得下表：

	礼法	乐舞	射箭	驾车	书法
赵	5				
钱		5	3	3	
孙	3		5		4
李				4	5
周					

再结合(1)可知，周的驾车为5分。

再由"赵的总分18"可知，赵在乐舞、射箭、驾车、书法四门技艺上的总分为13。

结合上表可知，赵在乐舞、射箭、驾车、书法四门技艺上最高分书分别为4分、2分、4分、3分；再由4门技艺总分13可知，赵在这四门技艺上的得分恰为最高分。

由(3)可知，钱的总分为16分；结合上表可知，钱礼法、书法的总得分为5分。再根据"每项目五人得分各不相同"可知，钱礼法4分、书法1分。

因此，周书法2分，即：排名第4。故(D)项正确。

35. (C)

【论证结构】

题干：驾驶员驶出车位的时间与等待进入的车主的态度有关(现象)。由此看来，驾驶员对即将驶出的车位仍具有占有欲，而且占有欲随着其他驾驶员对这个车位期望的增强而增强(原因)。

【模型识别】

题干的论据是一种现象，结论是对现象原因的分析，故此题为现象原因模型。

【选项详解】

(A)项，不能削弱题干的推测，因为驶出车位并不需要高超的驾驶技术，业余和新手驾驶员一般都可以胜任。

(B)项，此项说明当被催促时，驾驶员会感到不快，这种不快影响了驶出车位的时间，另有他因，但"有些"是弱化词，故其削弱力度较弱。

(C)项，另有他因，说明是由于等待的车主对正在驶出的驾驶员造成了心理压力，从而使驶出车位的速度变慢，可以削弱题干的推测。此项的"大多数驾驶员"和(B)项中的"有些驾驶员"相比，削弱力度强。

(D)项，质疑样本的代表性，可以削弱题干的推测，但此项中"未必"等于"可能不"，是弱化词，力度弱。

(E)项，可能有误，同样也可能无误，故此项不能削弱题干。

36.（E）

【模型识别】

题干中出现匹配关系(6种花和6个花坛)，所以是6种花和6个花坛的匹配之间的一一匹配，故此题为定量匹配模型。

题干中也出现相邻关系，显然为相邻与不相邻模型。

【详细解析】

由条件(1)出现特殊位置关系(间隔)，故可进行分类讨论。

由条件(1)可知，月季和梅花分别只能是种在：1号和4号花坛、2号和5号花坛或者3号花坛和6号花坛；再结合条件(2)可知，月季和梅花只能分别种在1号和4号花坛，或2号和5号花坛。

若1号花坛种植月季，结合条件(3)可得：4号花坛种植百合，这与"4号花坛种植梅花"矛盾。因此，月季种在2号花坛、梅花种在5号花坛。

再结合条件(2)和(4)可知：玫瑰种在3号花坛、百合种在4号花坛。

由"百合种在4号花坛"结合条件(3)可知，菊花不种在1号花坛。因此，兰花种在1号花坛、菊花种在6号花坛。

综上，（E）项正确。

37.（B）

【论证结构】

锁定关键词"这表明"，可知此前是论据，此后是论点。

题干："相对论"的创立者爱因斯坦、发明家富兰克林和科学家牛顿以及达·芬奇、米开朗琪罗、毕加索和贝多芬都是左撇子(现象)。这表明(其原因是)，创造性研究是左撇子独特的天然禀赋(原因)。

【模型识别】

题干先是描述了一种现象，然后分析这一现象产生的原因，故此题为现象原因模型。

此外，题干论据中的对象是部分进行创造性研究的左撇子，论点中针对的是全体左撇子。前者是后者的子集，故本题也属于归纳论证模型。

【选项详解】

(A)项，无关选项，"美国总统"是否是"左撇子"，与左撇子为何具有创造性无关。

(B)项，必须假设，此项说明不是由于"教育和环境等后天因素"使得左撇子具有突出的创新研究能力(排除他因)。

(C)项，无关选项，题干论证不涉及中国父母矫正孩子的坏习惯。

(D)项，题干的论证不涉及是否遗传。(干扰项·转移论题)

(E)项，题干的论证对象是"左撇子"而不是"右撇子"。(干扰项·偷换论证对象)

38. (E)

【模型识别】

题干均为假言命题，选项均为事实，故此题为假言事实模型。常用找矛盾法或二难推理法解题。

【详细解析】

第1步：将题干符号化。

①¬乙智利→乙英国，等价于：乙智利∨乙英国。

②丙巴西→丁哥伦比亚∀己乌拉圭。

③¬乙阿根廷→甲哥伦比亚∧丙巴西。

第2步：串联。

由①、②和③串联可得：乙智利∨乙英国→¬乙阿根廷→甲哥伦比亚∧丙巴西→丁哥伦比亚∀己乌拉圭。

乙智利∨乙英国即为条件①，该条件一定为真，故后面推出的断定也一定为真。

第3步：推出答案。

由"甲哥伦比亚"为真，结合"丁哥伦比亚∀己乌拉圭"，可得：己乌拉圭。

故庚不来自乌拉圭，即(E)项为真。

39. (A)

【详细解析】

由上题分析可得：甲来自哥伦比亚、丙来自巴西、己来自乌拉圭。

由本题条件可知：丁、戊分别来自智利、阿根廷。

则乙、庚分别来自英国、德国。结合条件①可知：乙不来自德国，故庚一定来自德国。

故(A)项正确。

40. (A)

【论证结构】

直接锁定题干结论：独立董事与公司董事会在经济上有"同盟"关系，使得独立董事很难站在小股东的立场上行使独立董事的权力。

【模型识别】

题干中无明显模型，故直接分析选项。

【选项详解】

(A)项，补充论据，说明独立董事如果为了小股东的利益与董事叫板会被公司董事会解聘，支持题干。

(B)项，削弱题干，说明有些独立董事可以站在小股东的立场上行使权力。

(C)项，题干不涉及独立董事制度健全与否。

(D)项，题干中不涉及由谁担任独立董事。

(E)项，"有时候"大股东与小股东的利益是一致的，并不能反驳"小股东的利益很容易受到大股东的侵犯"。（干扰项·不当反例）

41.（D）

【模型识别】

题干中(1)、(2)、(3)均为假言命题(选言可视为假言)，"上部采用戊材料和己材料"是事实，故此题为事实假言模型。"从事实出发做串联"即可秒杀。

【详细解析】

从事实出发，由"上部采用戊材料和己材料"可知，条件(1)前件为真，根据口诀"肯前必肯后"可得：中部不采用丁材料也不采用乙材料。

由"中部不采用丁材料"可知，条件(3)前件为真，根据口诀"肯前必肯后"可得：下部同时采用庚材料和丙材料。

由"下部采用丙材料"可知，条件(2)后件为假，根据口诀"否后必否前"可得：中部同时采用戊材料和庚材料。

综上，三个部位才用的材料为：

上部：戊材料和己材料；中部：戊材料和庚材料；下部：庚材料和丙材料。

故(D)项正确。

42.（C）

【详细解析】

从事实出发，由"中部采用了丁材料"，结合"雕像的上、中、下任何一个部位使用材料不能超过两种"可知，条件(2)前件为真；根据口诀"肯前必肯后"可得：下部不采用丙材料。故(C)项一定为假。

43.（B）

【论证结构】

题干：让农民把土豆根散发的化学物质喷洒在没有种土豆的地里(措施)，吸引土豆线囊虫出来，饿死土豆线囊虫(目的)。

【模型识别】

锁定关键词"正计划"，可知此题为措施目的模型。

【选项详解】

(A)项，无关选项，题干的方案是将土豆线囊虫饿死，而不是用杀虫剂将其杀死。

(B)项，如果线虫只吃土豆的根，那么将题干中的化学物质喷洒在没有种土豆的地里，线虫出来后就会被饿死，即：措施能达到目的，支持题干。

(C)项，"没有种植土豆的地里"是否存在能消化那些导致线虫从囊中出来的化学物质的细菌不得而知，故此项不能支持。

(D)项，此项只能说明在"没有种土豆"的地里喷洒这种化学物质能使更多的线虫从囊中出来，但无法说明"线虫会饿死",故此项支持力度较弱。

(E)项,无关选项,题干并未涉及土豆何时能散发出使得线虫从囊中出来的化学物质。

44.(D)

【模型识别】

题干已知"三个判断中只有一个为真",故为**真假话问题**。首先找矛盾关系。如果题干中没有矛盾,则根据"只有一人说对",可以找下反对关系或推理关系。

【详细解析】

张教官:所有人的射击成绩都不是优秀。

孙教官:有的人的射击成绩优秀。

周教官:班长或者体育委员的射击成绩优秀。

第1步:找矛盾。

"所有不"和"有的"矛盾,所以张教官和孙教官的话矛盾,必有一真一假。

第2步:推真假。

由题干条件"三位教官中只有一人说对了"可知,周教官的话为假。

第3步:推出结论。

周教官的话为假,即班长和体育委员的射击成绩均不优秀,由此无法得知张教官和孙教官的话哪个为真。故(D)项为真。

(A)项,已知班长和体育委员均不优秀,能得到"有的不"为真,但无法推出"所有不"的真假情况,故此项可真可假。

(B)项,"有的"与"有的不"为下反对关系,根据口诀"一真另不定",故此项可真可假。

(C)项、(E)项,显然为假。

45.(D)

【论证结构】

题干:开展国际营销的企业一旦在某国外市场建立了一套广泛的销售网络并取得销售的显著增长,就应该在国外市场上采取与本国类似的营销策略 —证明→ 在开创初期,或在才建立了销售代表处的国外市场上,需采取与本国不同的营销策略。

【模型识别】

题干中无明显模型,故直接分析选项。

【选项详解】

(A)项,题干的论证不涉及"销售网络"是否相同。(干扰项·转移论题)

(B)项,无关选项,题干的论证不涉及对两种不同销售网络的比较。(干扰项·无关新比较)

(C)项,无关选项,题干的论证不涉及对两种国家的比较。(干扰项·无关新比较)

(D)项,支持题干,说明规模小的国外市场不能更好地适应本国的营销策略,因此要采取与本国不同的营销策略。

(E)项,必须充分考虑不同市场对营销策略的适应能力,则会有两种结果:若适应能力相同,则

削弱题干；若适应能力不同，则支持题干。（干扰项·两可选项）

46.（D）

【题干信息】

①宇宙结构曲线图是一个具有显著聚类特征的幂函数曲线。

②该曲线和许多复杂网络如互联网、社交网、生物网络等惊人地相似。

【模型识别】

题干的提问方式为"最能推出以下哪项"，且题干中没有典型的形式逻辑关联词，故本题属于推论题。

【选项详解】

(A)项，无关选项，题干未提及"人脑"。（干扰项·偷换论证对象）

(B)项，题干并未涉及宇宙是否就是大脑或者计算机。

(C)项，推理过度，由题干信息②可知，宇宙结构曲线图与互联网、社交网、生物网络等惊人地相似，但说宇宙万物的演化遵循同样的规律则推理过度。

(D)项，由题干信息②可知，宇宙结构和复杂网络，如互联网、生物网具备相似性，故此项可以推出。

(E)项，无关选项，题干中"研究小组用超级计算机模拟宇宙"，未提及是否可以用"人脑模拟"。

47.（B）

【题干现象】

待解释的现象：按常规理解，能更出色地识别抽象样式的人应该有更多的脑神经细胞耗能，为什么实验的结果却表明，在实验中表现最出色的受试者正是那些脑神经细胞耗能最少的人？

【选项详解】

(B)项，说明较善于识别抽象样式的人具备更有效能的脑神经联系，这就解释了题干中存在的矛盾现象。

其余各项均不涉及"善于识别抽象样式"与"脑神经联系"之间的关系，不能解释。

48.（B）

【模型识别】

题干中出现四个假言命题，这些命题有重复元素"有自生能力"，故此题为假言串联模型。

【详细解析】

第1步：画箭头。

①¬政府帮助∧获得利润→有自生能力。

②开放的市场∧¬获得利润→¬有自生能力。

③¬有政策性负担→¬政府的保护和补贴。

④政府的保护和补贴→获得利润。

第2步：串联。

由①、②串联可得：⑤¬政府帮助∧获得利润→有自生能力→¬开放的市场∨获得利润。

第 3 步：逆否。

由⑤逆否得：⑥开放的市场 ∧¬ 获得利润 →¬ 有自生能力→政府帮助 ∨¬ 获得利润。

第 4 步：根据"箭头指向原则"找答案。

(A)项，题干没有涉及"淘汰"，故此项可真可假。

(B)项，开放的市场 ∧¬ 获得利润 →¬ 有自生能力，由题干信息⑥可知，此项为真。

(C)项，有政策性负担→政府的保护和补贴，此项可真可假。

(D)项，根据题干信息②，在开放的市场中没办法获得正常的利润的企业没有自生能力，选项与题干矛盾，故此项为假。

(E)项，获得利润→有自生能力，根据题干信息④可知，"有自生能力"后无箭头指向，故此项可真可假。

49.（C）

【模型识别】

本题存在人和单位的一一对应关系，故为两组元素的**定量匹配模型**。

【详细解析】

将题干中各单位的办公日期以下表展示出来，其中"√"表示办公，"×"表示不办公：

日期 单位	星期一	星期二	星期三	星期四	星期五	星期六	星期日
甲	×	√	√	√	√	√	×
乙	√	√	×	√	√	√	×
丙	√	√	√	×	√	√	×
丁	×	√	×	√	×	√	×

只有甲单位可以连续四天办公，故由 D 说的话可知，D 去的是甲单位，今天是星期二或者星期三。

假设今天是星期二，从表中可以看出，四个单位都办公，那么 C 说的话就与上表不符，所以今天不是星期二。

假设今天是星期三，结合题干信息，从表中可以看出，B 去的是丙单位，A 去的是丁单位，C 去的是乙单位。

故（C）项正确。

50.（A）

【论证结构】

题干：①新商品房的平均价格每平方米增加 25％，②在同期的平均家庭预算中，购买商品房的费用所占的比例保持不变，因此，平均家庭预算也一定增加了 25％。

【模型识别】

题干根据新商品房的平均价格每平方米增加 25％，购买商品房的费用所占的比例保持不变来断定家庭预算增加的比例，故此题为**数量断定模型**。

根据公式：

$$购买商品房费用所占的比例=\frac{购买商品房的费用}{家庭预算}=\frac{平均每平方是的价格×面积}{家庭预算}$$

可知，只要指出面积不变，即可说明平均家庭预算也一定增加了25％，故此题可秒选（A）项。

（B）项，无关选项，题干不涉及食品和子女教育方面的费用。

（C）项，无关选项，题干不涉及全国范围内购买新商品房的费用的总量如何增长。

（D）项，无关选项，题干仅涉及购房花费所占的比例，不涉及所有与住房有关的花费所占的比例。

（E）项，无关选项，题干论证不涉及其他产品的价格。

51.（B）

【模型识别】

题干中出现五个性质命题，这五个性质命题中存在公共元素，故此题为性质串联模型。

【详细解析】

第1步：画箭头。

①爱好文学→爱好诗词，等价于：¬ 爱好诗词→¬ 爱好文学。

②爱好诗词→了解中国历史，等价于：¬ 了解中国历史→¬ 爱好诗词。

③有些数学爱好者→爱好文学。

④痴迷于游戏机→¬ 了解中国历史，等价于：了解中国历史→¬ 痴迷于游戏机。

⑤有些未成年人→痴迷于游戏机。

第2步：从"有的"开始做串联。

由题干信息⑤、④、②、①串联可得：⑥有些未成年人→痴迷于游戏机→¬ 了解中国历史→¬ 爱好诗词→¬ 爱好文学。

由题干信息③、①、②、④串联可得：⑦有些数学爱好者→爱好文学→爱好诗词→了解中国历史→¬ 痴迷于游戏机。

第3步：逆否，但要注意带"有的"的词项不逆否。

逆否这一步非必须，可以优先分析选项，找答案。

第4步：根据"箭头指向原则"和"'有的'互换原则"找答案。

（A）项，有的数学爱好者→¬ 了解中国历史，由题干信息⑦可得：有些数学爱好者了解中国历史，与此项为下反对关系，根据口诀"一真另不定"可知，此项可真可假。

（B）项，有的未成年人→¬ 文学爱好者，由题干信息⑥可知，为真。

（C）项，有的数学爱好者→痴迷与游戏机，由题干信息⑦可得：有些数学爱好者不是痴迷于游戏机者，与此项为下反对关系，根据口诀"一真另不定"可知，此项可真可假。

（D）项，由题干信息⑥可得：痴迷于游戏机→¬ 爱好文学，故此项为假。

（E）项，有的文学爱好者→¬ 爱好数学，由题干信息③可得：有些爱好文学→数学爱好者，与此项为下反对关系，根据口诀"一真另不定"可知，此项可真可假。

52.（D）

题目问的是关于 C 公司的说法，所以只需要看题干最后一句：①C 公司假期收入占全年收入的 1/3；②C 公司假期利润占全年利润的一半。

可得：对于一定金额的销售数量而言，C 公司在假期中(第四季度)可获得更多的利润。

【模型识别】

题干的提问方式为"以下哪项的说法必定正确"，且题干中没有典型的形式逻辑关键词，故本题属于推论题。

【选项详解】

(A)项，题干没有涉及"固定成本"问题。故不能被推出。

(B)项，与题干信息矛盾，第四季度利润已经占了年利润的一半，因此第一季度和第三季度利润至多和第四季度利润持平，故不能被推出。

(C)项，题干仅仅涉及利润和收入的比较，在不知道成本的情况下，无法确定其零售单价，故不能被推出。

(D)项，由题干信息①、②可知，对于一定金额的销售数量而言，C 公司在假期中(第四季度)可获得更多的利润。故此项为真。

(E)项，由题干信息无法获知进货成本，故不能被推出。

53.（B）

【模型识别】

题干中(2)、(3)、(4)均为假言命题(选言可视为假言)，(1)是事实，故此题为事实假言模型。"从事实出发做串联"即可秒杀。

【详细解析】

从事实出发，由"甲在夏天"和条件(4)可知，戊在冬天。

由"戊在冬天"可知，条件(2)后件为假，根据口诀"否后必否前"，可得：丁在春天。

由"丁在春天"可知，条件(4)后件为假，根据口诀"否后必否前"，可得：乙、丙均不在春天。即(B)项正确。

54.（D）

【模型识别】

题干均为假言命题，选项均为事实，故此题为假言事实模型。常用找矛盾法或二难推理法。

【详细解析】

第 1 步：画箭头。

(1)己→乙∨丙。

(2)戊→丁。

(3)¬丁→戊。

(4)丁→庚∨甲。

(5)甲→¬乙。

第2步：串联找矛盾。

由(3)、(2)串联可得：¬丁→戊→丁，即：¬丁→丁。

由"¬丁"出发推出了矛盾，因此"¬丁"为假，即"丁"为真。

第3步：推出答案。

由"丁"为真，可知(4)的前件为真，根据口诀"肯前比肯后"可得：去甲或者庚。

故(D)项一定为假。

55.（C）

【模型识别】

题干(1)、(2)、(3)、(4)、(5)均为假言命题，"赵嘉某个月没有去庚"是事实，故此题为事实假言模型。"从事实出发做串联"即可秒杀。

【详细解析】

由上题分析可知，一定要去"庚或甲"。

结合"赵嘉某个月没有去庚"可得：该月去甲。

由"该月去甲"可知，条件(5)前件为真，根据口诀"肯前必肯后"可得：该月不去乙。故(C)项正确。

四、写作

56. 论证有效性分析

【谬误分析】

支持者的主要逻辑漏洞：

①支持者认为贵州白酒交易所的行为"是商业营销行为，无可厚非"，难以成立。因为材料中贵州白酒交易所试图蹭疫情热点，有借疫情之机炒作营销之嫌，可能会损害援鄂医护人员形象，造成不良社会影响，因此，不能因为其是商业营销行为就赞同其做法。

②支持者认为"没有突破底线"的行为，就不算"不道德"的行为，存在不妥。因为"底线"这一概念并不明确。它是指"公序良俗的底线"，还是指"法律底线"？很多没有突破法律底线的行为，实际上是不道德的。

反对者的主要逻辑漏洞：

①反对者的"贵州白酒交易所能获得丰厚的利润"的观点难以成立。因为第一，这只是在"所有援鄂医护人员足额购买"的情况下，才可能达到的成交额，而事实上并非所有医护人员都一定会尽数购买。第二，"成交额"高，也并不代表"利润丰厚"，利润不能仅看销售额，还要看成本。

②反对者认为"对于不喝酒的医护人员来说，这简直就是强迫别人消费"，存在不妥。因为，贵州白酒交易所推出的福利活动，并非强制性活动，而是由医护人员自主决策是否购买，不存在"强制消费"。此外，即使医护人员不喝酒，医护人员的家人、亲戚也有可能喝酒。

③"每人送6瓶"的确是关心医护人员的表现，但是，打折让利也可以是关心医护人员的表现，这二者之间并不矛盾。

④反对者认为"贵州白酒交易所不属于困难企业"，就不应该搞营销、蹭热点，存在不妥。搞营销不是困难企业的专利，只要不是违法行为，任何企业都可以进行营销活动。

一场漏洞百出的争论

芦苇

上述材料中，支持者和反对者就"贵州白酒交易所的行为是否恰当"这一话题展开了争论，但争论双方都存在诸多逻辑问题。

支持者的主要逻辑漏洞如下：

首先，支持者认为贵州白酒交易所的行为"是商业营销行为，无可厚非"，难以成立。因为材料中贵州白酒交易所试图蹭疫情热点，有借疫情之机炒作营销之嫌，可能会损害援鄂医护人员形象，造成不良社会影响，因此，不能因为其是商业营销行为就赞同其做法。

其次，支持者认为"没有突破底线"的行为，就不算"不道德"的行为，存在不妥。因为"底线"这一概念并不明确。它是指"公序良俗的底线"，还是指"法律底线"？很多没有突破法律底线的行为，实际上是不道德的。

反对者的主要逻辑漏洞如下：

第一，反对者由"每人购买 6 瓶茅台酒，成交额将达 12 960 354 元"，推出"贵州白酒交易所能获得丰厚的利润"，存在不妥。因为并非所有医护人员都一定会尽数购买，况且，扣除成交额中的成本等相关费用后，贵州白酒交易所未必会获得"丰厚的利润"。

第二，反对者认为"对于不喝酒的医护人员来说，这简直就是强迫别人消费"，存在不妥。因为，贵州白酒交易所推出的福利活动，并非强制性活动，而是由医护人员自主决策是否购买，不存在"强制消费"。此外，即使医护人员不喝酒，医护人员的家人、亲戚也有可能喝酒。

第三，"每人送 6 瓶"的确是关心医护人员的表现，但是，打折让利也可以是关心医护人员的表现，这二者之间并不矛盾。

综上所述，双方的论证都存在谬误，争论的有效性值得怀疑。

（全文共 619 字）

57. 论说文

环保需要有方法

当前我国经济迅猛发展，但是在此过程中，资源浪费和环境破坏也随之成为不可忽视的问题，而全国"两会"上的一个"小标签"，却轻松地解决了会议用水的浪费问题，这给了我们一个启示：应当用合理有效的方法来践行环保。

保护环境是可持续发展之需。地球环境实质上是全人类所共有的资源，浪费资源、乱排乱放固然使得个人或企业的利益得到了部分满足，但久而久之可能会导致"公共地悲剧"。因为干净的水土资源总是有限的，不环保的行为却是持续发生的，这些行为所产生的代价却需要全人类共同承担。长此以往，人类的生存环境可能会越来越恶劣。

保护环境是经济高质量发展之要。只有用合理有效的方法来践行环保，才能改变原来造成资源过度开采和环境污染严重的粗放式、资源驱动的经济发展模式，从而向节能环保的高质量发展模式发展，促进经济高质量发展。

当然，"有效环保"从口头到落实存在一些困难。对个人而言，无论是垃圾分类、还是减少塑料制品的使用，都可能会影响到生活的便利性，这会使一些人对环保有抵触心理；对企业而言，践行环保则要付出实实在在的成本。比如说，要增加排污设备，需要进行设备更新、改革生产流程等，从短期来看的确增加了企业财务负担。

因此，我们应当运用合理的方法来践行环保。

首先，国家可以制定有关环保的鼓励性政策，例如给予环保企业相应的减税政策，并且通过建立示范企业的途径扶持更多企业用合理有效的方法来践行环保。

其次，加强宣传教育和引导也是提高个人环保意识的简单有效之道。两会上的"小标签"之所以起到了作用，是因为其用正向引导的方式给予了参会者解决方法。社区可以通过张贴宣传标语、设立志愿者等帮助人们提高环保意识，让环保观念深入人心。

"小标签"可以解决"大问题"，而如果社会中的每一个个体和企业都能以合理的方法来践行环保，环保问题将不再是问题。

（全文共 760 字）

全国硕士研究生招生考试
管理类综合能力试题答案详解
冲刺卷7

一、问题求解

1.（B）

【详细解析】

设今年的进价为 x 元，由题干可得

$$20\%x - 20\% \times (1 - 12\%)x = 24,$$

解得 $x = 1\,000$. 所以，去年玩具的定价为 $1\,000 \times (1 - 12\%)(1 + 20\%) = 1\,056$（元）.

2.（B）

【详细解析】

方法一：十字交叉法.

设甲种酒精浓度为 x、乙种酒精浓度为 y. 两次混合的情况如下：

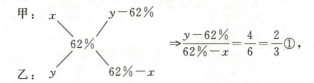

$$\Rightarrow \frac{y - 62\%}{62\% - x} = \frac{4}{6} = \frac{2}{3} \text{①},$$

$$\Rightarrow \frac{y - 61\%}{61\% - x} = \frac{1}{1} \text{②},$$

联立式①、式②，解得 $x = 56\%$，$y = 66\%$.

方法二：分析法.

当甲、乙两种酒精各取 4 千克时，混合后的浓度为 61%，含纯酒精 $8 \times 61\% = 4.88$（千克）；又知 4 千克甲酒精与 6 千克乙酒精混合后的浓度为 62%，含纯酒精 $10 \times 62\% = 6.2$（千克），相差 $6.2 - 4.88 = 1.32$（千克）. 说明 2 千克乙酒精中含纯酒精 1.32 千克，则乙酒精的浓度为 $1.32 \div 2 \times 100\% = 66\%$. 又因为甲、乙两种酒精浓度的平均值是 61%，故甲酒精的浓度为 $61\% \times 2 - 66\% = 56\%$.

3.（C）

【详细解析】

令总工程量为 1，设甲、乙工作了 x 天，丙工作了 y 天，且 $x, y \in \mathbf{Z}^{+}$，则有

$$\left(\frac{1}{36}+\frac{1}{30}\right)x+\frac{1}{48}y=1\Rightarrow 44x+15y=720.$$

由于 $15y$ 和 720 都是 15 的倍数，所以 x 也是 15 的倍数，且 $x<\dfrac{720}{44}<17$，故 $x=15$，$y=4$，丙休息了 $15-4=11$（天）．

4.（E）

【详细解析】

$a+b+c=600$，则数据 a，b，c 的平均值为 200，若方差最大，则数据 a，b，c 与 200 的差值应最大．

因为 $a>0$，故当 $a=600$，$b=0$，$c=0$ 时，a，b，c 的方差最大．此时厨余垃圾投放正确的概率为 $\dfrac{a}{a+b+c}=\dfrac{600}{600}=1$．

5.（B）

【详细解析】

由不等式 $ax^2+bx+c>0(a\neq 0)$ 的解集是 $(\alpha,\beta)(\alpha>0)$，可知方程 $ax^2+bx+c=0$ 的根分别为 α 和 β 且 $a<0$，根据韦达定理 $\alpha\beta=\dfrac{c}{a}>0$，可知 $c<0$．

故方程 $cx^2+bx+a=0$ 的根分别为 $\dfrac{1}{\alpha}$ 和 $\dfrac{1}{\beta}$．因为 $0<\alpha<\beta$，故 $\dfrac{1}{\alpha}>\dfrac{1}{\beta}>0$，不等式 $cx^2+bx+a<0$ 的解集是 $\left(-\infty,\dfrac{1}{\beta}\right)\cup\left(\dfrac{1}{\alpha},+\infty\right)$．

6.（A）

【详细解析】

设只有注册会计师证的有 $5x$ 名，则两种证书都有的有 $3x$ 名，根据题意，可得
$$5x+22+14=46\Rightarrow x=2.$$

所以 6 名会计人员两种证书都有，则只有高级会计师证的有 $22-6=16$（名）．

7.（A）

【详细解析】

由平方差公式，可得 $m^2-n^2=(m+n)(m-n)$；由题干可知，$m^2-n^2=(n+2)-(m+2)=n-m$，故 $(m+n)(m-n)=n-m$，即 $m+n=-1$．所以
$$m^3-2mn+n^3=m^3-mn+n^3-mn=m(m^2-n)+n(n^2-m)$$
$$=2m+2n=-2.$$

8.（D）

【详细解析】

从盒子中任取 2 个球共有 C_{10}^2 种取法．

若取到的都是白球，且都是奇数，则只能从 1，3，5 号球中取 2 个，共有 C_3^2 种取法．

故所求事件的概率为 $P=\dfrac{\text{C}_3^2}{\text{C}_{10}^2}=\dfrac{1}{15}$.

9.（B）

【详细解析】

设飞船搭载产品 A、B 的件数分别为 x，$y(x，y\in\mathbf{N})$，最大利润为 z 万元，则 $z=80x+60y$.

根据题意，有 $\begin{cases}20x+30y\leqslant300，\\10x+5y\leqslant110，\end{cases}$ 即 $\begin{cases}2x+3y\leqslant30，\\2x+y\leqslant22，\end{cases}$ 最值一般在边界处取得，故令 $\begin{cases}2x+3y=30，\\2x+y=22，\end{cases}$ 解得

$\begin{cases}x=9，\\y=4，\end{cases}$ 故最大利润为 $80\times9+60\times4=960$（万元）.

10.（B）

【详细解析】

由题可知，$\dfrac{1}{a_n}=\dfrac{1}{n^2+n}=\dfrac{1}{n(n+1)}=\dfrac{1}{n}-\dfrac{1}{n+1}$. 设 S_n 是数列 $\left\{\dfrac{1}{a_n}\right\}$ 的前 n 项和，则

$$S_n=1-\dfrac{1}{2}+\dfrac{1}{2}-\dfrac{1}{3}+\cdots+\dfrac{1}{n}-\dfrac{1}{n+1}=1-\dfrac{1}{n+1}=\dfrac{n}{n+1}.$$

故数列 $\left\{\dfrac{1}{a_n}\right\}$ 的前 10 项和 $S_{10}=\dfrac{10}{11}$.

11.（C）

【详细解析】

方法一：设原来绳子长 x 厘米，则细绳子的燃烧速度为 $\dfrac{x}{40}$ 厘米/分钟，粗绳子的燃烧速度为 $\dfrac{x}{120}$

厘米/分钟，故在同样的燃烧时间内，有 $\dfrac{x-10}{\dfrac{x}{40}}=\dfrac{x-30}{\dfrac{x}{120}}$，解得 $x=40$.

方法二：根据题意可知，两条绳子燃烧速度之比为 $v_{\text{细}}:v_{\text{粗}}=3:1$，故在同一段时间内，燃烧长

度之比为 $s_{\text{细}}:s_{\text{粗}}=3:1$. 将选项代入，求出两条绳子燃烧的长度，符合比例的即为正确选项.

经验证可知，(C)项中细、粗绳子的燃烧长度分别为 30 厘米、10 厘米，符合比例，故正确.

12.（C）

【详细解析】

若无穷等比数列的所有项和存在，则该无穷等比数列的公比 $|q|<1$.

由无穷等比数列的前 n 项和公式，可得 $S=\dfrac{a_1}{1-q}=\dfrac{1}{1-\left(a-\dfrac{3}{2}\right)}=a$，整理得 $2a^2-5a+2=0$，解

得 $a=\dfrac{1}{2}$ 或 $a=2$.

当 $a=\dfrac{1}{2}$ 时，公比为 $a-\dfrac{3}{2}=-1$，不满足 $|q|<1$ 的条件，舍掉. 故 $a=2$.

13.（E）

【详细解析】

设自动扶梯每秒上升 x 级台阶.

①小强每秒向上迈一级台阶，则实际每秒向上升了 $x+1$ 级台阶；共走过 20 级台阶后到达地面，即共走了 20 秒，则实际一共走了 $20(x+1)$ 级台阶；

②小强每秒向上迈两级台阶，则实际每秒向上升了 $x+2$ 级台阶；共走过 30 级台阶后到达地面，即共走了 $30\div 2=15$ 秒，则实际一共走了 $15(x+2)$ 级台阶；

因此 $20(x+1)=15(x+2)$，解得 $x=2$，故站台到地面一共有 $20(x+1)=60$ 级台阶.

14.（A）

【详细解析】

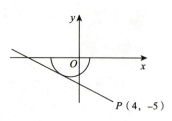

因为 $y=-\sqrt{4-x^2-2x}$，两边平方，化简后得 $(x+1)^2+y^2=5(y\leqslant 0)$，

该方程表示以 $(-1,0)$ 为圆心、$\sqrt{5}$ 为半径的圆在 x 轴的下方部分（包括端点），如图所示.

$\dfrac{y+5}{x-4}$ 为定点 $(4,-5)$ 与半圆上的动点 (x,y) 连线的斜率，由题意

可知，当所连直线与半圆相切时斜率最大，即 $\dfrac{y+5}{x-4}$ 最大.

设直线的斜率为 k，直线方程为 $y+5=k(x-4)$，整理得 $kx-y-4k-5=0$，圆心 $(-1,0)$ 到直线的距离等于半径，则 $\dfrac{|-k-4k-5|}{\sqrt{k^2+1}}=\sqrt{5}$，解得 $k=-\dfrac{1}{2}$ 或 2（舍去）. 故 $\dfrac{y+5}{x-4}$ 的最大值为 $-\dfrac{1}{2}$.

15.（C）

【详细解析】

找数列中绝对值最小的项，就是要找数列中最接近于 0 的那一项.

由 $S_{12}=6(a_6+a_7)>0$，可得 $a_6+a_7>0$，由 $S_{13}=13a_7<0$，可得 $a_7<0$.

结合两式可得，$a_6>0$，$a_7<0$，说明 a_6，a_7 是最接近于 0 的两项，又因为 $|a_6|-|a_7|=a_6+a_7>0$，即 $|a_6|>|a_7|$，故数列 $\{a_n\}$ 中绝对值最小的项是第 7 项.

二、条件充分性判断

16.（A）

【详细解析】

条件 (1)：设容器的半径为 R，画出截面图如右图所示.

已知水深，令水深为 h，则 $OA=R-h$；

已知水面的面积，可以得出水面的半径 AB，令 $AB=r$.

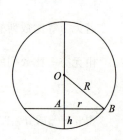

由勾股定理可得 $(R-h)^2+r^2=R^2$，解得球形容器的半径 $R=\dfrac{h^2+r^2}{2h}$，从

而可以求得其容积 $V=\dfrac{4}{3}\pi R^3$，条件 (1) 充分.

条件（2）：只知道一个条件，无法列出等式关系，不能求得半径，故不充分．

17.（B）

【详细解析】

条件（1）：根据条件可知 $a=\dfrac{2}{1-m}>0\Rightarrow m<1$，$b=\dfrac{2}{1+m}>0\Rightarrow m>-1$，故 $ab=\dfrac{2}{1-m}\cdot\dfrac{2}{1+m}=$

$\dfrac{4}{(1-m)(1+m)}>0$，故 $(1-m)(1+m)>0$．当 $-1<m<1$ 时，$(1-m)(1+m)$ 没有最小值，故

$ab=\dfrac{4}{(1-m)(1+m)}$ 没有最大值，条件（1）不充分．

条件（2）：圆 $x^2+y^2+2x-2y+1=0$ 化为标准方程为 $(x+1)^2+(y-1)^2=1$，由题意可知直线过圆的圆心 $(-1,1)$，故将圆心坐标代入直线方程，可得 $-a-b+2=0$，即 $a+b=2$．故 a，b 可能是两正，或一正一负．

因为只有当 a，b 都为正的情况下，ab 才有最大值．故此时可以使用均值不等式求最值，有 $ab\leqslant\left(\dfrac{a+b}{2}\right)^2=1$，即 ab 的最大值为1，条件（2）充分．

18.（C）

【详细解析】

$\triangle BCD$ 的三个顶点都在圆 O 的圆周上，故圆 O 是 $\triangle BCD$ 的外接圆．当 $\triangle BCD$ 唯一确定时，外接圆 O 一定唯一确定．

确定一个三角形的方法有：①已知三角形三边长，②已知三角形两边及其夹角，③已知两角及其夹边．

条件（1）：由切割线定理可得 $AD^2=AB\cdot AC$，已知 AB 和 AD，故 AC 可求；

$BC=AC-AB$，所以 BC 可求；但是 BD 和 CD 未知，角度数未知，则 $\triangle BCD$ 无法确定，此时圆 O 有多种情况，大小无法确定，条件（1）不充分．

条件（2）：同理可知，只知道 BD 和 CD，无法确定 $\triangle BCD$，此时圆 O 有多种情况，大小也无法确定，条件（2）不充分．

联立两个条件，可知 $\triangle BCD$ 的三边长都已知，$\triangle BCD$ 能唯一确定，则其外接圆也可唯一确定，故两个条件联立充分．

【秒杀技巧】

条件（1）和条件（2）单独均不充分可以通过画图得到，以条件（1）为例，如下图所示，当线段 AB 在不同位置时，圆的大小不同，故无法确定圆的面积．

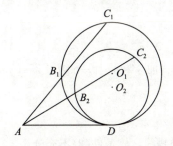

19. (C)

【详细解析】

条件(1)：每人至少分 1 个，则一定有人分到 2 个蛋糕，可先选出 2 个蛋糕为一组，即 C_4^2；再将三组蛋糕全排列，即 A_3^3。由乘法原理得，共有 $C_4^2 A_3^3 = 36$（种），条件(1)不充分。

条件(2)：甲恰好分到 1 个，则先从 4 个蛋糕中选 1 个给甲，即 C_4^1；剩下的 3 个蛋糕都有 2 种选择，即 2^3。由乘法原理得，共有 $C_4^1 \times 2^3 = 32$（种），条件(2)不充分。

两个条件联立，甲恰好分到 1 个，剩下 3 个分给两个人，每人至少 1 个，共有 $C_4^1 C_3^2 A_2^2 = 24$（种）分法，故两个条件联立充分。

20. (D)

【详细解析】

设共有 x 名小朋友，则共有 $9x - 3$ 支笔。

条件(1)：易知共有 $6 \times 34 = 204$（支）笔，因此有 $9x - 3 = 204$，解得 $x = 23$，故条件(1)充分。

条件(2)：易知共有 $mx + 20$ 支笔，因此有 $mx + 20 = 9x - 3$，即 $x = \dfrac{23}{9 - m}$。

由于 x 和 m 是正整数，23 是质数，所以 $9 - m$ 只能是 1，即 $m = 8$。因此 $x = 23$，故条件(2)也充分。

21. (B)

【详细解析】

设股票原价为 x。

条件(1)：变动后的价格为 $x(1 - 20\%)(1 + 20\%) = 0.96x$，故条件(1)不充分。

条件(2)：变动后的价格为 $x(1 + 25\%)(1 - 20\%) = x$，故条件(2)充分。

22. (E)

【详细解析】

条件(1)：由 $a_n + a_{n+1} = 2n + 1$①，得 $a_{n+1} + a_{n+2} = 2n + 3$②，②－①得 $a_{n+2} - a_n = 2$，故数列 $\{a_n\}$ 的奇数项、偶数项分别是以 2 为公差的等差数列，但是数列 $\{a_n\}$ 不一定是等差数列，故条件(1)不充分。

条件(2)：只有 a_3 和 a_1 的关系，显然不充分。

联立两个条件，由于条件(2)的情况是包含在条件(1)的结论内的，故联立也不充分。

23. (E)

【详细解析】

条件(1)：$(x + y - 1)\sqrt{x - 1} = 0$，即 $x + y - 1 = 0$ 或 $\sqrt{x - 1} = 0$，图像为两条直线，故条件(1)不充分。

条件(2)：

方法一：画图像易知，图像为抛物线，故条件(2)不充分。

方法二：设动圆的圆心为 $P(x_0, y_0)$，半径为 R. 设已知圆的圆心为 $C(-2, 0)$.

由动圆与直线 $x=2$ 相切可知 $R=2-x_0$. 由两圆相外切可知

$$PC^2 = (x_0+2)^2 + y_0^2 = (R+2)^2$$
$$= (4-x_0)^2,$$

整理得 $y_0^2 = -12x_0 + 12$，因此点 P 的轨迹为抛物线. 因此条件(2)不充分.

两个条件无法联立，故选(E).

24.（B）

【详细解析】

条件(1)：特殊值法. 如右图所示，设 $\angle B = 45°$，c 的长度确定，当 $c \cdot$

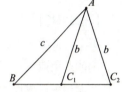

$\sin 45° < b < c$ 时，每个 b 皆能作出 $\triangle ABC_1$、$\triangle ABC_2$ 两个三角形，因此无

法确定三角形的形状. 故条件(1)不充分.

条件(2)：已知 $\angle B$，已知 $\angle C$，已知 c，由全等三角形的判定定理可知，

已知两个三角形的两角一边（AAS）对应相等，则三角形全等，全等即能唯一确定这个三角形，

条件(2)充分.

25.（A）

【详细解析】

根据题意可知点 P 在以 (x_0, y_0) 为圆心、2 为半径的圆上.

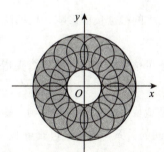

条件(1)：易知点 (x_0, y_0) 在以 $(0, 0)$ 为圆心、4 为半径的圆上. 点 P 所在的圆随着圆心 (x_0, y_0) 的移动而移动，如上图所示，点 P 在平面上所组成的图形为以 $(0, 0)$ 为圆心、半径为 6 和 2 的圆所围成的圆环上，如图中阴影部分，其面积为 $\pi \times 6^2 - \pi \times 2^2 = 32\pi$，条件(1)充分.

条件(2)：点 (x_0, y_0) 在以 $(0, 0)$ 为中心、边长为 $2\sqrt{2}$ 的正方形上，点 P 所在圆的圆心在正方形上移动，可作图如右图所示，则点 P 在平面上所组成的图形包括：①边长为 $2\sqrt{2}$ 的正方形；②四个长为 $2\sqrt{2}$、宽为 2 的矩形；③四个圆心角为 $90°$、半径为 2 的扇形（相当于一个半径为 2 的圆）. 故组成图形的面积为 $(2\sqrt{2})^2 + 4 \times 2\sqrt{2} \times 2 + \pi \times 2^2 = 4\pi + 16\sqrt{2} + 8$，所以条件(2)不充分.

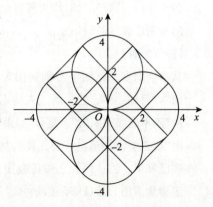

【秒杀技巧】

条件(2)的图形中有圆、有矩形，所以其面积应该是形如$a\pi+b$的形式(a，b是常数)，而不是$a\pi$的形式，故条件(2)无须计算也可知其不充分．

三、逻辑推理

26.（E）

【模型识别】

题干出现多个假言命题，而且这些假言命题中没有重复元素，故此题为**假言无串联模型**。

【详细解析】

第1步：画箭头。

①能避免造成不可估量的损失→数据精准。

②能避免造成巨大的社会负面影响→数据真实。

第2步：逆否。

③¬数据精准→¬能避免造成不可估量的损失。

④¬数据真实→¬能避免造成巨大的社会负面影响。

第3步：找答案。

(A)项，能保证数据的精准→数据真实，题干没有涉及"数据精准"与"数据真实"之间的关系，故此项可真可假。

(B)项，数据真实→能避免造成巨大的社会负面影响，根据箭头指向原则、②可知，"数据真实"后无箭头指向，故此项可真可假。

(C)项，数据精准→能避免造成不可估量的损失，根据箭头指向原则、①可知，"数据精准"后无箭头指向，故此项可真可假。

(D)项，造成不可估量的损失→造成巨大的社会负面影响，题干没有涉及"造成不可估量的损失"与"造成巨大的社会负面影响"之间的关系，故此项可真可假。

(E)项，¬数据真实→¬能避免造成巨大的社会负面影响，等价于④，故此项可以由题干推出。

27.（D）

【模型识别】

题干中(1)、(2)、(3)均为假言命题，题干问题又补充了事实，故此题为**事实假言模型**。"从事实出发做串联"即可秒杀。

【详细解析】

从事实出发，已知丁参加演出，根据"甲、乙、丙至少有一人参加演出，则丁和戊不能参加演出"，可知：甲、乙、丙三人均不能参加演出。

由"乙不能参加演出"，结合"如果己参加演出，那么乙也需要参加演出"，可知：己不能参加演出。

由"要么癸参加演出，要么庚参加演出"，可知：两人只能一人参加演出。

现已知甲、乙、丙、己和癸或庚的其中一个，共五人不参加演出，则剩下的丁、戊、辛、壬一定参加演出。故(D)项正确。

28.（D）

【论证结构】

专家建议：可以通过建立雪豹的 DNA 条形码（措施）来避免近交（目的）。

【模型识别】

"建立雪豹的 DNA 条形码"是一种措施，"避免近交"是一种目的，可知此题是<u>措施目的模型</u>。

【选项详解】

(A)项，无关选项，题干的论证对象为"雪豹"，而此项论证对象为"斑马"，论证对象不一致。（干扰项·偷换论证对象）

(B)项，无关选项，此项仅是指出近交在雪豹种群中发生的概率不算高，与论点讨论的通过建立雪豹的 DNA 条形码来避免因近交而引发疾病的情况无关。

(C)项，无关选项，此项指出雪豹的繁育及保护研究工作还有很长的路要走，与论点讨论的通过建立雪豹的 DNA 条形码来避免因近交而引发疾病的情况无关。

(D)项，削弱题干，此项指出 DNA 条形码无法覆盖本区域所有的雪豹，所以通过建立雪豹的 DNA 条形码来避免因近交而引发疾病的情况无法实现，措施达不到目的，削弱力度大。

(E)项，削弱题干，此项说明措施具有一定的副作用，但副作用的削弱力度很小。

29.（D）

【模型识别】

题干中出现五个性质命题，这五个性质命题中存在重复元素，故此题为<u>性质串联模型</u>。

【详细解析】

第 1 步：画箭头。

①有些人→东北虎馆。

②有些人→北极熊馆。

③北极熊馆→东北虎馆，等价于：┐东北虎馆→┐北极熊馆。

④┐东北虎馆→喵星人，可推出：有的┐东北虎馆→喵星人，等价于：有的喵星人→┐东北虎馆。

⑤┐北极熊馆→┐新生。

第 2 步：从"有的"开始做串联。

由④、③、⑤串联可得：⑥有的喵星人→┐东北虎馆→┐北极熊馆→┐新生。

第 3 步：逆否，但要注意带"有的"的词项不逆否。

由⑥逆否可得：⑦新生→北极熊馆→东北虎馆。

第 4 步：根据"箭头指向原则"和"'有的'互换原则"找答案。

(A)项，由⑥可知，"有的喵星人没游览北极熊馆"为真，与此项为下反对关系，一真另不定，故此项可真可假。

(B)项，由⑦可知，新生都游览了北极熊馆，与此项矛盾，故此项为假。

(C)项，由⑥可知，"有的喵星人没游览东北虎馆"为真，与此项为下反对关系，一真另不定，故此项可真可假。

(D)项，新生→东北虎馆，等价于⑦，故此项一定为真。

(E)项，东北虎馆→北极熊馆，由⑦可知，"东北虎馆"后无箭头指向，故此项可真可假。

30.（A）

【模型识别】

本题存在"岗位"与"人物"的一一对应关系，故此题为两组元素的定量匹配模型。

【详细解析】

题干：

①副驾驶员是个独生子。

②副驾驶员钱挣得最少。

③王飞与张刚的姐姐结了婚。

④王飞钱挣得比驾驶员多。

由条件①结合条件③可知，张刚有姐姐，故张刚不是独生子，因此张刚不是副驾驶员。

由条件②结合条件④可知，王飞挣得钱不是最少，因此王飞不是副驾驶员，也不是驾驶员，故王飞是工程师。从而可得：张刚和余味是副驾驶员和驾驶员。再结合"张刚不是副驾驶员"，可得：张刚是驾驶员。因此，余味是副驾驶员，(A)项正确。

31.（B）

【模型识别】

题干中出现三个假言命题，这些命题有重复元素"用锡器皿喝酒"和"中毒"，故此题为假言串联模型。

【详细解析】

第1步：画箭头。

①罗马皇帝→用锡壶和锡高脚酒杯喝酒。

②用锡器皿喝酒→中毒。

③中毒→精神错乱。

第2步：串联。

由①、②和③串联可得：④罗马皇帝→用锡壶和锡高脚酒杯喝酒→中毒→精神错乱。

第3步：逆否。

由④逆否可得：⑤┐精神错乱→┐中毒→┐用锡壶和锡高脚酒杯喝酒→┐罗马皇帝。

第4步：找答案。

(A)项，精神错乱→用锡壶喝酒，根据箭头指向原则、④可知，"精神错乱"后无箭头指向，故此项无法确定真假。

(B)项，罗马皇帝→精神错乱，由④可知，此项符合题干。

(C)项，题干并不涉及使用锡器皿是否是罗马皇帝的特权，故此项无法确定真假。

(D)、(E)项，题干并不涉及在臣民中"中毒"或者"精神错乱"的现象是否是常见现象，故此两项无法确定真假。

32.（B）

【论证结构】

题干：人体细胞内一种名为 ATP2B1 的蛋白质是箱形水母毒液发挥毒性的<u>必要条件</u>（即，<u>没有 ATP2B1 蛋白质→没有毒性</u>）。研究人员据此认为，通过靶向治疗方法降低胆固醇可以对抗箱形水母的毒液（即，<u>没有 ATP2B1 蛋白质→没有毒性</u>）。

【模型识别】

论据中的论证对象是"没有 ATP2B1 蛋白质"，论点中的论证对象是"降低胆固醇"，二者不一致，故此题为<u>拆桥搭桥模型</u>。此题是假设题，使用搭桥法即可秒杀，故此题选择(B)项。

【选项详解】

(A)项，不必假设，此项只能说明靶向治疗方法是安全可靠的，但无法确定该方法是否能对抗箱形水母的毒液。

(B)项，必须假设，此项建立了"ATP2B1 蛋白质"和"胆固醇"之间的关系。使用取非法：假设此项为假，则 ATP2B1 蛋白质发挥作用并不需要胆固醇，那么题干的措施将失去作用，题干的论点无法成立。可知，此项为必须假设。

(C)项，不必假设，此项只能说明题干的措施无副作用。如果措施有一些副作用，但总体利大于弊，也是可取的。

(D)项，不必假设，题干论证的是通过靶向治疗降低胆固醇的方法是否可以对抗箱形水母的毒液，与是否已研制出降低胆固醇的靶向治疗药物无关。

(E)项，无关选项，题干的论证不涉及其他动物的体内是否含有 ATP2B1 蛋白质。

33.（C）

【论证结构】

题干：吸烟者的右脑岛体积比非吸烟者的右脑岛体积要小，脑岛周围被大脑皮层包裹，与大脑的记忆、意识和语言功能区彼此相连（两组对比）。吸烟改变了大脑的发育过程，这一改变将对青少年产生终身影响（论点）。

【模型识别】

题干存在两组对象的对比：

第一组：吸烟者，右脑岛体积较小；

第二组：不吸烟者，右脑岛体积较大；

故：吸烟改变了大脑的发育过程。

可知此题为<u>求异法模型</u>。

【选项详解】

(A)项，无关选项，题干不涉及脑岛破坏和烟瘾戒除。

(B)项，另有他因，说明可能是激素水平而不是吸烟影响了青少年的大脑发育，削弱题干。

(C)项，因果倒置，说明是右脑岛体积小导致了吸烟，而不是吸烟导致了右脑岛体积小，削弱题干。因果倒置是削弱因果关系的方法中力度最强的一种，故选此项。

(D)项，无关选项，题干不涉及青少年吸烟的原因。

(E)项，无关选项，题干涉及的是"脑岛的体积"而非"脑岛的活动"。（干扰项·偷换论证对象）

34.（A）

【题干现象】

待解释的现象：某企业重视专业技术人才，今年招聘人数增加了，然而招聘的职业技术学院的工人数量在下降，而招聘的无职业技术学院系统学习的工人却很多。

【选项详解】

(A)项，此项说明企业增设了技术培训部门，企业可以自行培训那些底薪招聘的机械工人，因此此项操作可以大大减少人力成本，可以解释。

(B)项，AI 的应用，对于机械工人的影响并不明确；即使 AI 可以代替人工，那也应该是减少招聘机械工人的总数，而非明显增加，加剧了题干的矛盾。

(C)项，无关选项，题干并不涉及两个学院之间的比较。（干扰项·无关新比较）

(D)项，在没有经过专业培训的情况下，即使是有才华，也不见得有过硬的技术，不符合该企业"致力于专业技术人才队伍建设"的理念。

(E)项，如果学生在校期间得到了更好的教育，那该企业更应该招聘进来，加剧题干的矛盾。

35.（A）

【模型识别】

题干均是假言命题，问题补充新的事实，故题干由事实和假言命题构成，故此题为事实假言模型。"从事实出发做串联"即可秒杀。

【详细解析】

题干：

①甲 3→丙 1。

②¬乙 1∧¬乙 2→甲 3。

③甲 1∨甲 5→甲、乙相邻。

④甲、乙相邻→甲、丙不相邻。

题干补充新事实：⑤甲、丙相邻，⑥甲住在丙的左边。

从事实⑤出发，由"甲、丙相邻"可知，条件④的后件为假，根据口诀"否后必否前"，可得：甲、乙不相邻。

由"甲、乙不相邻"知，条件③的后件为假，根据口诀"否后必否前"，可得：¬甲 1∧¬甲 5。

又由事实⑥可知，丙不能在最左边，故丙不在 1 号房间，即：¬丙 1。

由"¬丙 1"知，条件①的后件为假，根据口诀"否后必否前"，可得：¬甲 3。

又由"¬甲 3"知，条件②的后件为假，根据口诀"否后必否前"，可得：乙 1∨乙 2。

由"甲乙不相邻"结合"乙 1∨乙 2"可知：甲不在 1，不在 2。

因此，甲不在 1，不在 2，不在 3，不在 5，故甲在 4。(A)项正确。

36. (D)

【详细解析】

题干补充新事实：⑦甲、丙相邻，⑧丙、丁相邻。

由事实⑦、⑧可知：丙一定在甲、丁之间。

从事实⑦出发，由"甲、丙相邻"可知，条件④的后件为假，根据口诀"否后必否前"，可得：甲、乙不相邻。

由"甲、乙不相邻"知，条件③的后件为假，根据口诀"否后必否前"，可得：¬甲1∧¬甲5。

又由条件①可知，如果甲3，那么丙1，此时，甲丙不相邻，与"甲、丙二人的房间相邻"矛盾，故¬甲3。

由"¬甲3"，可知条件②后件为假，根据口诀"否后必否前"可得：乙1∨乙2。

若乙在1，由于甲、乙不相邻，所以甲不能在2；若乙在2，甲不能在1、3。

综上，甲不能在1、2、3、5，故甲在4号房间。

由"丙一定在甲、丁之间"可知，丙在3号房间，丁在2号房间。

故乙在1号房，戊在5号房间，(D)项正确。

37. (D)

【论证结构】

题干：说谎造成的行为失控，只有通过排除而不是控制内心相关情绪才能消失 ——证明→ 在测谎时，被测试者是否出现行为失控，是一项有效的标准。

【模型识别】

题干的论点等价于：行为失控→说谎，行为不失控→没说谎。

利用形式逻辑的思路，找题干的矛盾命题。因此，只要说明行为失控∧没说谎，或者行为不失控∧说谎，故可以秒选(D)项。

【选项详解】

(A)项，此项说明被测试者可能会意识到自己正在被观测，这对于测谎的结果正确性会造成影响，但是"可能"是弱化词，故其削弱力度较弱。

(B)项，无关选项，题干的论证并不涉及被测试者之前是否说过谎。

(C)项，干扰项，题干中的论据是"说谎造成的行为失控，只有通过排除而不是控制内心相关情绪才能消失"，要想削弱这一论据，要说明控制内心的情绪也可以使这种行为失控"消失"，但此项只说老练的说谎者有很强的控制情绪的能力，但没有说明这种控制能否让失控行为"消失"。因此，不能削弱题干。

(E)项，无关选项，被测试者是否可以看见并不影响题干的论证。

38. (E)

【模型识别】

已知条件由假言命题和选言命题(可转化为假言)组成，选项存在假言命题，但此项可能为真，其余选项为事实。故此题为假言事实模型。

【详细解析】

题干：

①炎热→仙客来难生长，等价于：仙客来容易生长→┐炎热。

②干旱→水稻难种植，等价于：水稻容易种植→┐干旱。

③在某个国家的大部分地区：仙客来容易生长∨水稻容易种植。

根据二难推理：

$$\cfrac{\substack{\text{仙客来容易生长∨水稻容易种植；}\\[4pt] \downarrow\qquad\qquad\qquad\downarrow\\[2pt] ┐炎热\qquad\qquad┐干旱；}}{┐炎热\quad∨\quad┐干旱。}$$

因此，某个国家的大部分地区：┐炎热∨┐干旱，其矛盾命题为：炎热∧干旱，故(E)项一定为假。

39. (A)

【模型识别】

此题要断定5人到达汉街的先后顺序，显然是排序模型。

【详细解析】

将题干信息用不等式表示：

①酱心＝3。

②酱油＜酱宝，酱宝＜酱果，即：酱油＜酱宝＜酱果。

③酱紫＝5。

方法一：表格法。

由确定信息①、③可得下表：

名次	5	4	3	2	1
人员	酱紫		酱心		

由上表结合条件②可得下表：

名次	5	4	3	2	1
人员	酱紫	酱油	酱心	酱宝	酱果

方法二：选项排除法。

根据条件①，排除(D)、(E)项。

根据条件②，排除(B)、(C)项。

故(A)项正确。

40. (B)

【题干现象】

待解释的现象：租金管理政策保护了房客的利益，但是房东将会不情愿维持他们现有房产的质量，甚至更不愿意额外再建一些供出租的房子。

(A)项，无关选项，房东是否情愿维护他们的房产与房客喜欢什么类型的住宿设备无关。

(B)项，此项说明在租金管理政策的影响下，房东维护或建筑新房不会给他们带来利益，既然无利可图，所以就不情愿维持。

(C)、(D)、(E)项，均为无关选项。

41.（A）

【论证结构】

题干：①单一项目使少数肌肉发达，而多种锻炼交替可以全面发展人体的肌肉群；②多种锻炼交替比单一项消耗更多的卡路里 ——证明→ 对于希望健身的人士来说，多种体育锻炼交替进行比单一项目的体育锻炼效果好。

【模型识别】

"锻炼肌肉群""消耗卡路里"与"锻炼效果"显然不是同一概念，故此题为<u>拆桥搭桥模型</u>。

【选项详解】

(A)项，可以支持，搭桥法，说明卡路里消耗越多，这种锻炼效果越好。

(B)项，无关选项，题干的论证并不涉及哪种训练方式对健身的效果最有效。

(C)项，无关选项，题干的论证并不涉及大病初愈的人群。

(D)项，无关选项，题干的论证并不涉及锻炼肌肉群的难易的比较。（干扰项·无关新比较）

(E)项，无关选项，题干的论证并不涉及坚持每天进行体育锻炼人数的多少。

42.（C）

【论证结构】

题干：入睡时间在 23 点之后的人心血管疾病发病率最高，而入睡时间在 23 点之前的人心血管疾病发病率最低（两组对比）。因此，在 23 点之后入睡，可以使患心血管疾病的风险增加（论点）。

【模型识别】

题干存在两组对象的对比：

入睡时间在 23 点之前：患心血管疾病的风险更低；

入睡时间在 23 点之后：患心血管疾病的风险更高；

因此，在 23 点之后入睡，可以使患心血管疾病的风险增加。

可知此题为<u>求异法模型</u>。

【选项详解】

(A)项，无关选项，此项只能说明睡眠时长是影响心脏病风险的因素，而题干论证的是入睡时间的早晚对心血管疾病的影响，"入睡时间"与"睡眠时长"不是同一概念。（干扰项·偷换概念）

(B)项，无关选项，此项只能说明在最佳睡眠时间点之外入睡对健康有害，但没有说明最佳睡眠时间是哪个时间，和也没有说明对健康有害指的是哪方面，是否会对心血管造成伤害。

(C)项，支持题干，此项解释了为什么晚于 23 点入睡会使心血管疾病的风险增加，补充题干论据。

(D)项，无关选项，此项只能说明睡眠不足的危害，而题干的论证讨论的是 23 点之后入睡的影

响，与 23 点以后熬夜并不是同一概念。（干扰项·偷换概念）

(E)项，无关选项，题干的论证并不涉及入睡时间晚于 23 点的人群中不同年龄段人数的比较。（干扰项·无关新比较）

43. (D)

【模型识别】

本题的选项看起来像排列组合，可以考虑选项排除法。

【详细解析】

由题干条件①可知，有一个人在 3 个分委会中都任职，不妨将其简称为"全委"。"全委"和其余任何一人都同在某个分委会。再根据题干条件②和③可知，F、G、H、I 都不是"全委"，故"全委"只可能是 M 和 P 中的一个。故排除(A)、(B)、(C)项。

(E)项，与题干条件③矛盾，排除。

故正确答案为(D)项。

44. (B)

【模型识别】

题干中出现匹配关系(6 名委员 3 个分委会)，但具体匹配数量并不确定，故此题为**不定量匹配模型**。

【详细解析】

第 1 步：数量匹配先计算。

由"每个分委会由 3 位不同的委员组成"可知，共 $3×3＝9$ 个分委会委员席位。

由①可知，1 名委员占了 3 个席位，剩余 5 名委员分配剩余 6 个席位，结合"至少要担任其中一个分委会的委员"可得：6 名委员的分配情况为：3、2、1、1、1、1。

第 2 步：事实/重复元素是关键。

根据上题分析可知，"全委"只可能是 M 和 P 中的一个，又知在 M 任职的分委会中有 I，说明 M 不可能是"全委"，否则 I 也是"全委"。可得"全委"是 P，排除 E 项。

(A)项，不可能为真。因为 M 不是"全委"。

(C)项，不可能为真，因为 P 是"全委"。如果 C 项为真，则 I 也是"全委"。

(D)项，不可能为真，否则该分委会的委员有 F、M、I 和 P 共 4 人，违反题干条件"每个分委会由 3 位不同的委员组成"。

故正确答案为(B)项。

45. (D)

【详细解析】

根据题意，3 个分委会，每个分委会 3 个委员，共 9 个分委会委员。

6 人分任这 9 个委员。其中 1 人是"全委"，任 3 个分委会委员，其余 5 人任 6 个分委会委员，因此，有且只有 1 人任 2 个分委会的委员。

故(D)项正确。

46.（**C**）

【论证结构】

题干：在印刷术出现后的第一年，公众对印刷版的书的需求量比对手抄书的大许多倍（现象），该年度中，学会读书的人的数量急剧增加（原因）。

【模型识别】

题干先描述了一种现象，然后分析了这种现象的原因，故此题为现象原因模型。

【选项详解】

(A)项，无关选项，题干的论证不涉及"写信数量"。

(B)项，无关选项，无法确定"在空白处写上一些评论的话"与书的需求量之间的关系。

(C)项，可以削弱，说明是个人购买的书的数量增加了，而不是买书的人增加了，另有他因。

(D)项，无关选项，题干不涉及印刷的书的需求者是什么类型的人。

(E)项，支持题干，指出不识字的人不需要印刷发行的书，而印刷书的需求量增加了，说明识字的人增加了。

47.（**B**）

【模型识别】

题干由数量关系（7 进 4）和假言构成，故此题为数量假言模型。

【详细解析】

第 1 步：数量关系优先算。

由题干信息可知共有 3 个小组，共选拔 4 人，结合条件(1)可知，有一个小组选 2 人，其余小组选 1 人，故三个小组的人员分配情况为：2 人、1 人、1 人。

第 2 步：假言命题做串联。

由条件(2)可得：那颖 $\lor$ 宁晶 $\lor$ 王星琳 → 金橙 $\land$ 黄灵。

由条件(3)可得：谭薇薇 $\lor$ 万芊 → $\lnot$ 金橙。

由条件(4)可得：$\lnot$ 谭薇薇 → $\lnot$ 那颖。

由数量关系可知，主攻组一定有人入选，故条件(2)前件为真，根据口诀"肯前必肯后"，可得：金橙 $\land$ 黄灵。

由"金橙"可知，条件(3)的后件为假，根据口诀"否后必否前"，可得：$\lnot$ 谭薇薇 $\land \lnot$ 万芊。

由"$\lnot$ 谭薇薇"可知，条件(4)前件为真，根据口诀"肯前必肯后"，可得：$\lnot$ 那颖。

故那颖、谭薇薇、万芊 3 人均不能入选，剩余的宁晶、王星琳、金橙、黄灵均入选。

故(B)项正确。

48.（**A**）

【论证结构】

锁定关键词"有人认为"，可知"认为"前面为论据，"认为"后面为论点。

题干：推行加碘盐十多年后，大脖子病的发病率直线下降，但在部分地区，甲亢、甲状腺炎等甲状腺疾病却明显增多（现象）。有人认为，食盐加碘是导致国内部分地区甲状腺疾病增多的原因（原因）。

题干先描述了一种现象，然后分析了这种现象的原因，故此题为现象原因模型。

【选项详解】

(A)项，支持题干，此项使用求异法，说明食盐加碘是导致年均甲亢发病率增高的原因，肯定了题干的因果关系。

(B)项，无关选项，题干是在寻找甲状腺疾病增多的原因，并非是对患者的建议。

(C)项，无关选项，由此项无法确定高碘地区已经停止供应加碘食盐是否是因为加碘食盐导致这些地区甲状腺疾病增多。

(D)项，削弱题干，说明甲亢等疾病的增多可能是因为食用海产品，而不是因为食盐加碘，另有他因。

(E)项，无关选项，题干试图利用专家的观点，说明食盐加碘与甲状腺疾病的多发无关，但专家的观点未必就是正确的。（干扰项·诉诸权威）

49. (E)

【模型识别】

本题的已知条件为数量关系(6 选 4)和假言命题，故为数量假言模型。

【详细解析】

第 1 步：数量关系优先算。

本题的数量关系很简单，6 选 4，不需要另外计算。

第 2 步：假言命题做串联。

题干的假言命题可表示如下：

①¬ 甲→乙。

②戊∀己。

③丙→甲。

④¬ 丙→¬ 乙，等价于：乙→丙。

⑤甲→丁。

由①、④、③串联可得：⑥¬ 甲→乙→丙→甲。

第 3 步：易出矛盾和二难。

由⑥可知，由"¬ 甲"推出矛盾，故甲参加培训。

由"甲"可知，条件⑤前件为真，根据口诀"肯前必肯后"，可得：丁。

由条件②可知，戊和己只有一人参加培训。

因此，可以确定甲、丁和戊/己 3 人参加培训。剩余的 1 个名额从乙或者丙中产生。

又由条件④可知，若乙参加培训，则丙也参加，与"挑选其中的 4 人参加岗位技能培训"矛盾，故乙一定不参加培训。(E)项正确。

50. (A)

【论证结构】

锁定关键词"有人认为"，可知"认为"前面为论据，"认为"后面为论点。

题干：有一种独特的鱼类，它们的血液和体液中具有一种防冻蛋白，因为该蛋白它们才得以存活并演化至今。时至今日，该种鱼类的生存却面临巨大挑战(现象)。有人认为这是海水升温导致的(原因)。

【模型识别】

题干先描述了一种现象，然后分析了这种现象的原因，故此题为现象原因模型。

【选项详解】

(A)项，支持题干，说明气温上升导致防冻蛋白变性，从而缩短鱼的寿命，因果相关。

(B)项，削弱题干，此项说明气温上升虽然可以使防冻蛋白失效，但是不会影响鱼的生存。

(C)项，无关选项，题干不涉及哪种温度有利于鱼类的多样性问题。

(D)项，无关选项，题干不涉及其他物种体内是否具有这种防冻蛋白。

(E)项，无关选项，题干不涉及海水的温度对鱼类多样性影响的问题。

51. (A)

【论证结构】

题干：动作反应持续异常的宠物的大脑组织中铝含量比正常值高出不少，含硅的片剂能抑制铝的活性，阻止其影响大脑组织。这种片剂(措施)可有效地用于治疗宠物的动作反应异常(目的)。

题干的论证隐含了一个假设：宠物大脑组织中高含量的铝使得宠物动作反应持续异常。即：大脑组织铝的含量高 —导致→ 宠物动作反应持续异常。

【模型识别】

(1)"使用含硅片剂"可以看作是一种措施，"治疗宠物的动作反应异常"可以看作是目的。故此题为措施目的模型。

(2)题干存在隐含假设，否定题干的隐含假设也可以对题干进行削弱。

【选项详解】

(A)项，削弱题干，说明是由于动物动作反应持续异常导致了铝含量的提高，而不是铝含量高导致动物动作反应持续异常，指出题干因果倒置，否定了题干的隐含假设。

(B)项，支持题干，补充了题干隐含的因果关系。

(C)项，支持题干，指出措施没有副作用。

(D)项，无因无果，正常大脑(无果)组织中不含铝(无因)，支持题干。

(E)项，无关选项，题干的论证不涉及动物的动作反应异常的评定。

52. (B)

【模型识别】

题干已知"五个断定中只有一真"，首先找矛盾关系；若没有矛盾，则为"一真无矛盾"模型，找下反对关系或推理关系，也可以使用假设法。

【选项详解】

(A)项，如果此项为真，那么爸爸和儿子的话均为真，与"五个人中只有一个人说对了"矛盾，故排除。

(B)项，如果此项为真，那么与题干不矛盾，故可能为真。

(C)项，如果此项为真，那么儿子和女儿的话均为真，与"五个人中只有一个人说对了"矛盾，故排除。

(D)项，如果此项为真，那么爷爷和奶奶的话均为真，与"五个人中只有一个人说对了"矛盾，故排除。

(E)项，如果此项为真，那么爷爷和儿子的话均为真，与"五个人中只有一个人说对了"矛盾，故排除。

53.（E）

【模型识别】

题干由多个假言命题的前提和一个假言命题的结论组成，要求"补充以下哪项作为前提，能合理得到黎明的上述结论"，"前提"即为题干暗含的前提，故此题为隐含三段论模型。

【详细解析】

第1步：将题干中的前提符号化。

前提①：￢天文馆→￢图书馆。

前提②：科技馆→图书馆，逆否可得：￢图书馆→￢科技馆。

前提③：美术馆→公园。

第2步：如果有多个前提，将前提串联。

由前提①、②串联可得：④￢天文馆→￢图书馆→￢科技馆。

第3步：将题干中的结论符号化。

结论：⑤￢天文馆→公园。

第4步：补充从前提到结论的箭头，从而得到结论。

观察④和前提③易知补充前提⑥：￢科技馆→美术馆。

即可与④串联得：￢天文馆→￢图书馆→￢科技馆→美术馆→公园，从而得到：￢天文馆→公园。

故补充的前提⑥就是答案，即：如果不喜欢去科技馆，那么一定喜欢去美术馆。

故（E）项正确。

54.（B）

【模型识别】

本题存在"骑手""赛马""名次"的一一匹配关系，故为三组元素的定量匹配模型。

【详细解析】

从确定事实出发：戊第二个到达终点。

根据题干信息(2)可知，丁第一个到达终点。

根据题干信息(1)可知，甲是最后一个(即第五个)到达终点。

又根据题干信息(3)可知，乙是第三个到达终点，丙是第四个到达终点。

故骑手到达终点的顺序(由快到慢)依次为：丁、戊、乙、丙、甲。

根据题干信息(4)、(5)和"S第四个到达终点"可知,赛马到达的顺序为:P第一、Q第二、S第四,其余未定。可得下表:

名次	1	2	3	4	5
骑手	丁	戊	乙	丙	甲
赛马	P	Q		S	

因为骑手及其所骑的赛马到达终点的顺序须一致,因此,丁骑的是马P、戊骑的是马Q、丙骑的是马S。剩下的两位骑手:乙、甲与两匹马:R、T,无法确定匹配情况。

综上,(A)、(C)、(D)、(E)四项均是一定为真,(B)项可能为假。

故(B)项为正确答案。

55. **(B)**

【选项详解】

(A)项,无法判断骑手甲的名次。

(B)项,由题意可知,赛马P和Q分别是第一个和第二个到达终点,再结合此项可知,乙骑R只能是第三个到达终点,戊骑T是第五个到达终点,综上,甲骑P是第一个到达终点,丁骑Q是第二个到达终点,乙骑R是第三个到达终点,丙骑S是第四个到达终点,戊骑T是第五个到达终点。

(C)项,无法判断骑手甲的名次。

(D)项,由此无法断定丙和甲所骑的马是T和R中的哪一匹。

(E)项,由此无法断定丙和甲所骑的马是T和R中的哪一匹。

四、写作

56. 论证有效性分析

【谬误分析】

①材料的调查对象是"300名M市广告公司高管",这一样本不具有代表性,无法说明其他行业的成功者的睡眠情况。而且,这一调查最多只能说明一些成功者睡眠较少,但不能说明睡眠较少的人有多大的概率成为成功者。

②"对于300名M市广告公司高管的调查"并未设置对照组,即调查睡眠相对较多的人,其获得成功的概率是更大还是更小。同时,"睡眠越少的人,成功的概率越大"也有因果倒置的可能——可能是因为成功了,所以工作量变大,睡眠时间变少。同理,其他成功人士的例子,也难以说明睡眠时间少与成功之间的必然联系。

③胡润研究院的报告中指出,500名富豪"平均睡眠6.6个小时",但这并不能说明其中大部分的人都是睡眠较少的,存在少数人睡眠时间过少拉低了平均值的可能。另外,"三成亿万富豪工作日睡眠不足6个小时",那说明剩下的7成亿万富豪可能睡眠时间较为充足,因此该报告无法说明"要想成功,先要少睡觉"。

④《哈佛商业评论》的调查报告和生物学家克里斯托弗·兰德尔的研究均没有指明调查对象、样

本数量等关键信息，所以有诉诸权威的嫌疑。另外，少睡觉的人未必有一个精力更加充沛的早晨。假设 A 从晚上 10 点睡，B 从早上 6 点才睡，同样都是 7 点起床，难道 B 比 A 有一个精力更加充沛的早晨？

⑤郭恒汾教授只是指出一个人睡眠时间"过长"可能会引发一系列疾病，进而影响寿命，这并不代表睡眠时间少对身体健康有帮助。

 参考范文

睡眠越少，越易成功？

老吕助教　徐艺菲

材料试图说明"少睡觉无论对事业还是对身体，都有巨大的好处"，但论证过程中存在诸多逻辑错误，分析如下：

首先，材料为得出结论"睡眠越少的人，成功的概率越大"，依赖的调查对象是"300 名 M 市广告公司高管"，这一样本不具有代表性，无法说明其他行业的成功者的睡眠情况。而且，这一调查最多只能说明一些成功者睡眠较少，但不能说明睡眠较少的人有多大的概率成为成功者。

其次，该项调查只涉及广告公司，并没有涉及其他类型的公司，不排除广告公司是整个市场的例外，本身就需要时常加班或者睡眠不好。同时，调查也并未设置对照组，即调查睡眠相对较多的人，其获得成功概率的大小。也不排除结论因果倒置，可能是因为成功了，所以相对地工作压力变大，睡眠时间变少。

再次，胡润研究院的报告中指出，500 名富豪"平均睡眠 6.6 个小时"，但这并不能说明其中大部分的人都是睡眠较少的，存在少数人睡眠时间过少拉低了平均值的可能。另外，"三成亿万富豪工作日睡眠不足 6 个小时"，那说明剩下的 7 成亿万富豪可能睡眠时间较为充足，因此该报告无法说明"要想成功，先要少睡觉"。

最后，郭恒汾教授只是指出一个人睡眠时间"过长"可能会引发一系列疾病，进而影响寿命，这并不代表睡眠时间少对身体健康有帮助。此处犯了非黑即白的逻辑错误。

综上所述，材料中"少睡觉对事业和身体都有巨大的好处"这一结论难以成立。

(全文共 559 字)

参考范文

责任分工应明确

吕建刚　娜爷

《别让猴子跳回背上》认为，责任不能像猴子一样跳来跳去，要锁定责任，让猴子待在责任人身上。可见，企业管理要明确责任分工。

明确责任分工是高效工作的基础。我们都知道，流水线生产的效率很高，就是因为它将一个生产过程划分为很多环节，每个人只需负责其中的一个环节。这样，职责明确、环环相扣，就极大地提高了工作效率。可见，明确分工，能够让员工各司其职、各尽其责。这样能够更好地发挥企业的整体效能。

明确责任分工可以避免责任分散效应。所谓责任分散效应，就是当大家对某一件事情都有责任时，往往就会觉得这件事与我无关，应该由他人负责。这样表面上看起来人人都负责，最后却容易形成大家都不负责的局面。明确责任分工就可以避免这一点。

然而，很多企业的管理者却容易让"猴子"跳回到自己背上。他们总认为自己能力强于员工，就喜欢亲力亲为，不放心把事情交给下属负责。尤其是当下属做事情遇到困难时，他们又喜欢充当救世主的角色，亲自来解决问题。这种方式，就会造成经理干主管的活、主管干专员的活，专员无活可干，从而造成企业运营效率下滑。

可见，明确责任分工相当重要。具体来说，要做好以下三个方面：

第一，要明确岗位职责。明确每个岗位的工作内容、工作目标、工作绩效，划分清楚岗位的边界，这是责任明确的前提。

第二，要做好员工指导。当员工遇到问题时，最好的办法是指导他完成这项工作，而不是替他完成这项工作。

第三，要做好绩效管理。责任必须要与激励挂钩，员工完成相应的责任，就应当得到相应的回报；完不成责任的，也应该有相应的处罚。奖罚得当，责任落实得会更好。

总之，明确分工、落实责任，这是做好事情的前提，绝不能让"猴子"跳到别人背上。

（全文共 693 字）

全国硕士研究生招生考试
管理类综合能力试题答案详解
冲刺卷 8

一、问题求解

1.（E）

【详细解析】

第四个数前后各计算了一次，则前四个数及后四个数的和，与七个数的总和的差，就是第四个数．

因此第四个数是 $30 \times 4 + 60 \times 4 - 49 \times 7 = 17$．

2.（D）

【详细解析】

如图所示，球与钢架相切于点 M，N，易知 MN 为球的直径，且 $MN = A_1B$，则球的直径等于正方体的面对角线长，即 $2R = 2\sqrt{2}$．

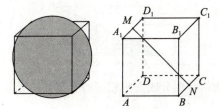

设该球内接正方体的棱长为 a，因为其体对角线的长等于球的直径，故 $\sqrt{3}a = 2R = 2\sqrt{2} \Rightarrow a = \dfrac{2\sqrt{6}}{3}$，

所以球的内接正方体的体积为 $V = a^3 = \left(\dfrac{2\sqrt{6}}{3}\right)^3 = \dfrac{16\sqrt{6}}{9}$．

3.（C）

【详细解析】

当商品总金额超过 300 元但不超过 400 元时，最低需要支付 $300 \times 80\% = 240$（元），最高支付 $400 \times 80\% = 320$（元）；

当商品总金额超过 400 元，最低需要支付 $400 \times 70\% = 280$（元）．

因为小颖付款 210 元，而 $210 < 240$，故小颖一次性购物未超过 300 元，不参加优惠，总金额就是 210 元；

因为小华付款 268.8 元，而 $240 < 268.8 < 280$，故小华一次性购物超过 300 元但不超过 400 元，打八折，故打折前的总金额为 $268.8 \div 0.8 = 336$（元）．

小明一次性购买的商品总金额为 $210+336=546>400$，需要支付 $546×70\%=382.2$ (元).

4.（A）

【详细解析】

因为三块糖质量相等，因此可将三块糖的质量之比扩大到比例之和是相等的，即扩大到 8，12，3 的最小公倍数 24. 此时三块糖中甲、乙的质量比分别为 $9:15$，$10:14$，$8:16$，故新融合成的糖中甲、乙的质量比为 $\dfrac{9+10+8}{15+14+16}=\dfrac{3}{5}$.

5.（D）

【详细解析】

$x^2+y^2+z^2-4x-6y-8z=-29$ 配方可得 $(x-2)^2+(y-3)^2+(z-4)^2=0$.

由非负性可得，$x=2$，$y=3$，$z=4$. 所以

$$\frac{x^2-z^2}{xy-yz}=\frac{(x+z)(x-z)}{(x-z)y}=\frac{x+z}{y}=2.$$

6.（C）

【详细解析】

如下图所示，将 AB 右下方的图形补成一个以 AB 为斜边的直角三角形.

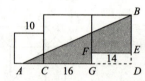

因为线段 AB 将三个正方形的组合图分成面积相等的两部分，所以

$$S_{\text{阴影}}=\frac{1}{2}×(10^2+14^2+16^2)=276,\quad S_{\text{矩形}DEFG}=14×(16-14)=28,$$

故 $\mathrm{Rt}\triangle ADB$ 的面积为 $276+28=304$，即 $\dfrac{1}{2}BD\cdot AD=304\Rightarrow\dfrac{1}{2}×16×(AC+16+14)=304$，解得 $AC=8$.

7.（D）

【详细解析】

方程 $x^4-y^4-4x^2+4y^2=0$ 可变形为 $(x^2-2)^2=(y^2-2)^2$，即 $|x^2-2|=|y^2-2|$，去绝对值，可解得 $x^2+y^2=4$ 或 $x=\pm y$.

所以，方程表示的图像是一个圆和两条相交直线.

8.（D）

【详细解析】

从发车到相遇，甲车走的路程为 $\dfrac{5m}{4}$ 千米，所用时间为 $t=15-7=8$ (小时). 设甲的速度为 $v_{甲}$ 千

米/小时，往返 A、B 两地需要 x 小时，由于速度恒定不变，可知

$$v_甲 = \frac{\frac{5}{4}m}{8} = \frac{2m}{x},$$

解得 $x = 12.8$，故甲车往返 A、B 两地需要 12.8 小时.

9.（B）

【详细解析】

方法一：由韦达定理得，$a+b=2k+3$①，$ab=k^2+3k+2$②.

在直角三角形中，利用勾股定理得 $a^2+b^2=c^2=25$，即 $(a+b)^2-2ab=25$.

将式①和式②代入得 $(2k+3)^2-2(k^2+3k+2)=25$，解得 $k=2$ 或 -5.

当 $k=-5$ 时，方程为 $x^2+7x+12=0$，此时 $\Delta=49-48>0$，方程的解为 $x_1=-3$，$x_2=-4$，与 a，b 是三角形的直角边不符，应舍去，所以 k 只能为 2.

故 $\triangle ABC$ 的面积 $S=\frac{1}{2}ab=\frac{1}{2}(k^2+3k+2)=6$.

方法二：方程的判别式 $\Delta=(2k+3)^2-4(k^2+3k+2)=1>0$，故无论 k 取何值均有两个实根，且两根为 a，$b=\frac{2k+3\pm1}{2}$，假设 $a=\frac{2k+3-1}{2}=k+1$，$b=\frac{2k+3+1}{2}=k+2$. 在直角三角形中，根据勾股定理可得 $a^2+b^2=c^2=25$，即 $(k+1)^2+(k+2)^2=25$，解得 $k=2$ 或 -5. 当 $k=-5$ 时，$a+b=2k+3=-7$，不合题意，舍去，则 k 只能为 2，代入可得 $a=3$，$b=4$.

故 $\triangle ABC$ 的面积 $S=\frac{1}{2}ab=\frac{1}{2}\times3\times4=6$.

10.（A）

【详细解析】

如下图所示，圆心为 O，半径 $r=3$，弦 $AB=2$，弦的中点为 C，连接 OA、OC，由于弦（非直径）的中点与圆心的连线垂直于这条弦，则 $OC\perp AB$.

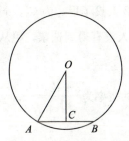

在直角三角形 OAC 中，$OC^2=OA^2-AC^2=r^2-\left(\frac{AB}{2}\right)^2=9-1=8$，故 $OC=2\sqrt{2}$.

因此，圆中所有长度为 2 的弦的中点与圆心 O 的距离均为 $2\sqrt{2}$，其轨迹构成一个以 O 为圆心、以 $2\sqrt{2}$ 为半径的圆，轨迹方程为 $(x-2)^2+(y+1)^2=8$.

11.（A）

【详细解析】

由圆 $(x-2)^2+y^2=2$ 可得圆心坐标为 $(2，0)$，半径 $r=\sqrt{2}$，设 $\triangle ABP$ 面积为 S，点 P 到直线 AB 的距离为 d，则有 $S=\dfrac{1}{2}AB\cdot d$，其中 $AB=2\sqrt{2}$.

如下图所示，圆心 $(2，0)$ 到直线的距离为 $\dfrac{|2+0+2|}{\sqrt{2}}=2\sqrt{2}$，则 $d_{\max}=2\sqrt{2}+r=3\sqrt{2}$，$d_{\min}=2\sqrt{2}-r=\sqrt{2}$，故 $S_{\max}=\dfrac{1}{2}\times2\sqrt{2}\times3\sqrt{2}=6$，$S_{\min}=\dfrac{1}{2}\times2\sqrt{2}\times\sqrt{2}=2$.

综上所述，$2\leqslant S\leqslant 6$.

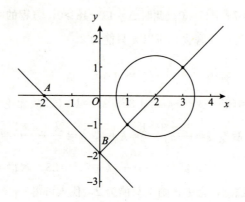

12.（B）

【详细解析】

所有投票的情况共有 $3^4=81$(种)，仅甲一人是得票最高者，有 2 种情况：

①甲得了 3 票，即乙、丙、丁都投了甲，而甲投了乙、丙、丁中的一个，此时投票的情况数为 3；

②甲得了 2 票，即乙、丙、丁中有 2 人投了甲，为 C_3^2，剩下一个人没有投甲，则只剩下 2 种投法，为 C_2^1；此时乙、丙、丁中有 2 人没有得到选票，甲从这 2 人中选一个投票，为 C_2^1. 故投票的情况数为 $C_3^2C_2^1C_2^1=12$.

综上所述，仅甲一人是得票最高者的概率为 $\dfrac{3+12}{81}=\dfrac{5}{27}$.

13.（D）

【详细解析】

设每 x 天购入一次甲材料，则每次购入 $5x$ 吨. 由题干知，保管费用为
$$5[4x+4(x-1)+\cdots+4]=10x^2+10x.$$

总费用为 $1\,000\times5\cdot x+1\,000+10x^2+10x=10x^2+5\,010x+1\,000$.

则平均每天的费用为

$$\frac{10x^2+5\,010x+1\,000}{x}=10x+\frac{1\,000}{x}+5\,010\geqslant2\sqrt{10x\cdot\frac{1\,000}{x}}+5\,010=5\,210.$$

当 $10x=\dfrac{1\,000}{x}$，即 $x=10$ 时，上式取等号，费用取到最小值．

所以，应该每 10 天购入一次．

14. (D)

【详细解析】

根据题意，数字 1 有 1 项，数字 2 有 2 项，数字 n 有 n 项，则该数列到数字 n 一共有 $1+2+3+\cdots+n=\dfrac{n(n+1)}{2}$ 项．当 $n=63$ 时，共有 $\dfrac{63\times64}{2}=2\,016$ 项，$2\,016<2\,023$；

当 $n=64$ 时，共有 $\dfrac{64\times65}{2}=2\,080$ 项，$2\,080>2\,023$，故第 $2\,023$ 项是 64.

15. (B)

【详细解析】

方法一：假设有 1、2、3、4、5、6、7、8 号这 8 个人．

第一次 1、2、3 号值班，第二次 2、3、4 号值班，接下来是 3、4、5 号，4、5、6 号，5、6、7 号，6、7、8 号，7、8、1 号，8、1、2 号，这样就保证 8 次是一个完整的循环，每个人 1 天中都只值班 3 次，即平均每人值班 $\dfrac{3}{8}$ 天；$24\times\dfrac{3}{8}=9$(小时)，即平均每人每天工作 9 小时．

方法二：8 个人轮流值班，从长远来看，每个人的工作时间都是一样的，故设平均每人每天工作 x 小时．一天 24 小时，每小时有 3 人值班，则一天中，所有人共值班 72 小时，故有 $8x=72$，解得 $x=9$，即平均每人每天工作 9 小时．

二、条件充分性判断

16. (E)

【详细解析】

条件(1)：$m+\dfrac{1}{m}=\sqrt{5}+1+\dfrac{1}{\sqrt{5}+1}=\dfrac{5\sqrt{5}+3}{4}\approx3.5$，$n$ 为其整数部分，即 $n=3$，故 $\dfrac{5n}{27}=\dfrac{5}{9}$ 不是整数，条件(1)不充分．

条件(2)：n 为整数，$\dfrac{21n}{27}=\dfrac{7n}{9}$ 是整数，可知 n 能被 9 整除，令 $n=9$，则 $\dfrac{5n}{27}=\dfrac{5}{3}$ 不是整数，条件(2)不充分．

两个条件无法联立．

17. (B)

【详细解析】

由已知条件可得，方程若有两个不同的根，必为一正一负．

当 x 为正根，即 $x>0$ 时，则有 $m|x|-x-m=mx-x-m=(m-1)x-m=0.$

由此可得 $x=\dfrac{m}{m-1}>0$，且已知 $m>0$，则 $m-1>0$，即 $m>1$.

当 x 为负根，即 $x<0$ 时，则有 $m\mid x\mid-x-m=-mx-x-m=-(m+1)x-m=0$.

由此可得 $x=-\dfrac{m}{m+1}<0$，当 $m>0$ 时恒成立.

综上可得 $m>1$. 故条件(1)不充分，条件(2)充分.

18. (B)

【详细解析】

5 张抽奖券，1 张有奖，则抽出 1 张中奖的概率是 $\dfrac{1}{5}$，不中奖的概率是 $\dfrac{4}{5}$.

条件(1)：因为每次抽完后将奖券放回，故每次抽奖的结果相互独立，中奖的概率都是 $\dfrac{1}{5}$.

正难则反. 抽三次都不中奖的概率为 $\left(\dfrac{4}{5}\right)^3=0.512>0.5$，说明中奖的概率小于不中奖的概率，

条件(1)不充分.

条件(2)：每次抽完后奖券不放回，则三次之内中奖有三种情况：

①第一次中奖，概率为 $\dfrac{1}{5}$；

②第一次不中，第二次中奖，概率为 $\dfrac{4}{5}\times\dfrac{1}{4}=\dfrac{1}{5}$；

③第一次不中，第二次不中，第三次中奖，概率为 $\dfrac{4}{5}\times\dfrac{3}{4}\times\dfrac{1}{3}=\dfrac{1}{5}$.

故三次以内中奖的概率为 $\dfrac{1}{5}+\dfrac{1}{5}+\dfrac{1}{5}=\dfrac{3}{5}>\dfrac{1}{2}$，说明中奖的概率比不中奖的概率大.

条件(2)充分.

【秒杀技巧】

条件(2)相当于三次抽签模型，每次中奖的概率为 $\dfrac{1}{5}$，故三次之内中奖的概率为 $\dfrac{3}{5}$.

19. (C)

【详细解析】

条件(1)：因为 $f(x)$ 过点 $(1,1)$，故 $f(1)=a+b+c=1$①.

因为二次函数与水平直线 $y=a+b$ 相切，故二次函数的顶点的纵坐标为 $a+b$，即 $a+b=\dfrac{4ac-b^2}{4a}$②，联立式①和式②，无法确定 a，b，c 具体的值，故条件(1)不充分.

条件(2)：假设零点为 x_0，故当 $x=x_0$ 时，$f(x_0)=0$，此时 $f[f(x_0)]=f(0)=c=0$，但无法确定 a，b 具体的值，故条件(2)不充分.

联立两个条件，可得 $\begin{cases} a+b=\dfrac{4ac-b^2}{4a}, \\ a+b+c=1, \\ c=0 \end{cases} \Rightarrow \begin{cases} a=-1, \\ b=2, \\ c=0. \end{cases}$ 所以两个条件联立充分.

20.（E）

【详细解析】

两个条件单独皆不充分，故联立．

由题意可知甲、乙两企业每年缴纳的地税分别构成等差数列和等比数列，分别记为数列 $\{a_n\}$，$\{b_n\}$，且 $\{a_n\}$ 中，公差 $d>0$，$\{b_n\}$ 中，公比 $q>0$．不妨设两企业从 2013 年开始缴税，则 $a_1=b_1>0$，$a_7=b_7>0$，根据中项公式可得

$$a_{13}=2a_7-a_1，b_{13}=\frac{b_7^2}{b_1} \Rightarrow a_{13}-b_{13}=2a_7-a_1-\frac{b_7^2}{b_1}=\frac{2a_1a_7-a_1^2-a_7^2}{a_1}=-\frac{(a_1-a_7)^2}{a_1}<0，$$

即 $a_{13}<b_{13}$，故预计在 2025 年甲企业缴纳地税少于乙企业，因此联立也不充分．

21.（B）

【详细解析】

条件(1)：第一步，取数，共有 $C_4^3 C_3^2=12$(种)情况；

第二步，3 个奇数相邻，故将 3 个奇数捆绑，和 2 个偶数进行全排列，共有 $A_3^3 A_3^3=36$(种)情况．

由分步乘法原理得，能组成 $12\times36=432$(个)无重复数字的五位数，故条件(1)不充分．

条件(2)：第一步，取数，共有 $C_4^3 C_3^2=12$(种)情况；

第二步，将取出的数按要求排列，共有 $A_2^2 A_3^3=12$(种)情况．

由分步乘法原理得，能组成 $12\times12=144$(个)无重复数字的五位数，故条件(2)充分．

22.（A）

【详细解析】

易知 $\sqrt{(x-1)^2+(y-1)^2}$ 可表示点 $P(x，y)$ 到点 $(1，1)$ 的距离．

条件(1)：点 $P(x，y)$ 在以原点为圆心、半径为 1 的圆上，而点 $(1，1)$ 在圆外，则圆上的点到点 $(1，1)$ 的距离的最大值为圆心到点 $(1，1)$ 的距离加上半径，即 $\sqrt{(0-1)^2+(0-1)^2}+1=1+\sqrt{2}$，条件(1)充分．

条件(2)：点 $P(x，y)$ 在以 $(2，2)$ 为圆心、半径为 $\sqrt{2}$ 的圆上，代入可知，点 $(1，1)$ 也在圆上，则圆上点到点 $(1，1)$ 的距离的最大值为直径 $2\sqrt{2}$，条件(2)不充分．

23.（A）

【详细解析】

条件(1)：设 $\{a_n\}$，$\{b_n\}$ 的首项分别为 a_1，b_1，公差分别为 d_1，d_2．

当 $n=1$ 时，$c_1=pa_1+qb_1$；

当 $n\geq2$ 时，$c_n-c_{n-1}=pa_n+qb_n-pa_{n-1}-qb_{n-1}=p(a_n-a_{n-1})+q(b_n-b_{n-1})=pd_1+qd_2$．

故数列 $\{c_n\}$ 是首项为 pa_1+qb_1、公差为 pd_1+qd_2 的等差数列．条件(1)充分．

条件(2)：举反例，$\{a_n\}=-1，0，1，2，3，\cdots$，$\{b_n\}=0，3，6，9，12，\cdots$．

则 $\{a_n b_n\}=0，0，6，18，36，\cdots$，不是等差数列，故条件(2)不充分．

24.（B）

【详细解析】

条件(1)：满足情况的票面总值有 50 元、60 元、70 元、80 元、90 元，共五种情况.

①50 元：$10+10+10+10+10=50$，共有 $C_5^5=1$(种)取法；

②60 元：$20+10+10+10+10=60$，共有 $C_3^1 C_5^4=15$(种)取法；

③70 元：$20+20+10+10+10=70$，共有 $C_3^2 C_5^3=30$(种)取法；

④80 元：$20+20+20+10+10=80$，共有 $C_3^3 C_5^2=10$(种)取法；

⑤90 元：$50+10+10+10+10=90$，共有 $C_2^1 C_5^4=10$(种)取法.

所以，总值小于 100 的取法共有 $1+15+30+10+10=66$(种)，条件(1)不充分.

条件(2)：比条件(1)多了票面总值为 100 元的情况.

⑥100 元：$50+20+10+10+10=100$，共有 $C_2^1 C_3^1 C_5^3=60$(种)取法.

所以，总值小于 110 元的取法共有 $66+60=126$(种)，条件(2)充分.

25.（A）

【详细解析】

由两个条件均可得 $a\neq 0$，故 $\dfrac{a^3}{a^6+1}=\dfrac{1}{a^3+\dfrac{1}{a^3}}=\dfrac{1}{\left(a+\dfrac{1}{a}\right)\left(a^2+\dfrac{1}{a^2}-1\right)}$.

条件(1)：设 $a+\dfrac{1}{a}=M$，故 $a^2+\dfrac{1}{a^2}=\left(a+\dfrac{1}{a}\right)^2-2=M^2-2$.

原式 $=\dfrac{1}{\left(a+\dfrac{1}{a}\right)\left(a^2+\dfrac{1}{a^2}-1\right)}=\dfrac{1}{M(M^2-3)}$，能确定其值，条件(1)充分.

条件(2)：设 $a^2+\dfrac{1}{a^2}=N(N>0)$，故

$$a+\dfrac{1}{a}=\pm\sqrt{\left(a+\dfrac{1}{a}\right)^2}=\pm\sqrt{a^2+\dfrac{1}{a^2}+2}=\pm\sqrt{N+2},$$

原式 $=\dfrac{1}{\left(a+\dfrac{1}{a}\right)\left(a^2+\dfrac{1}{a^2}-1\right)}=\dfrac{1}{\pm\sqrt{N+2}(N-1)}$，不能确定其值，条件(2)不充分.

【易错警示】

有同学开方时计算得 $a+\dfrac{1}{a}=\sqrt{\left(a+\dfrac{1}{a}\right)^2}=\sqrt{a^2+\dfrac{1}{a^2}+2}=\sqrt{N+2}$，错选(D)项. 一定要注意开偶次方时有正负两种情况. 总结：偶次降奇次，正负要讨论.

三、逻辑推理

26.（C）

【模型识别】

题干出现多个假言命题，且这些假言命题中没有重复元素，故此题为<u>假言无串联</u><u>模型</u>。

【详细解析】

第1步：画箭头。

①冰川的退缩得到控制→节能减排、减少温室气体排放、遏制地球气温升高。

②人类不能做到减少温室气体的排放→冰川退缩的情况将愈演愈烈。

第2步：逆否。

③¬节能减排、减少温室气体排放、遏制地球气温升高→¬冰川的退缩得到控制。

④¬冰川退缩的情况将愈演愈烈→¬人类不能做到减少温室气体的排放。

第3步：找答案。

(A)项，节能减排、减少温室气体排放、遏制地球气温升高→能够控制冰川的退缩，根据箭头指向原则、由①可知，"节能减排、减少温室气体排放、遏制地球气温升高"后无箭头指向，故此项无法确定真假。

(B)项，冰川退缩的情况将愈演愈烈→人类没做到减少温室气体的排放，根据箭头指向原则、由②可知，"冰川退缩的情况将愈演愈烈"后无箭头指向，故此项无法确定真假。

(C)项，¬节能减排、减少温室气体排放、遏制地球气温升高→¬冰川的退缩得到控制，等价于③，故此项一定为真。

(D)、(E)两项均不在题干论证的范围内，排除。

27.（D）

【论证结构】

题干：然而这几年，伯劳鸟数量逐年减少（现象），有人认为，这是因为随着人类城市的扩建、牧场的机械化耕种，伯劳鸟赖以栖息的草原越来越少（原因）。

【模型识别】

题干先描述了一种现象，然后分析了这种现象的原因，故此题为现象原因模型。

【选项详解】

(A)项，无关选项，题干不涉及伯劳鸟母性的一面。

(B)项，无关选项，题干论证的是伯劳鸟数量减少的原因，此项只能说明伯劳鸟的数量确实很少，但并不涉及题干论证的内容。

(C)项，有因无果，但百灵鸟是另外一种鸟类，与伯劳鸟的情况未必相同，削弱力度弱。

(D)项，另有他因，是杀虫剂的大量使用导致伯劳鸟数量减少，削弱题干。

(E)项，支持题干，说明人类的栖息地的扩大导致伯劳鸟赖以栖息的草原越来越少。

28.（D）

【模型识别】

题干由数量关系(5选3)和假言命题构成，故此题为数量假言模型。

【详细解析】

观察题干发现，"中医基础"出现多次，故优先考虑。

由条件(1)可得：¬中医基础→¬隶书书法。

又由条件(2)可得：¬中医基础→¬插花艺术。

因此，若不选修中医基础，则隶书书法、插花艺术均不选修，与"5个科目中选修了3个"矛盾。

因此，一定选修中医基础。故(D)项正确。

29. (D)

【模型识别】

题干中张、倪、朱、韦、方每个人都做了两个判断，故此题为<u>一人多判断模型</u>。

【详细解析】

若(A)项为真，1号是黎曼，则张的后半句话为假，结合"每位学生都只说对了一半"可知：2号是高斯，但此时倪的2个判断均错误，不符合题干要求，故排除。

若(B)项为真，1号是闵可夫斯基，则倪的2个判断均错误，不符合题干要求，故排除。

若(C)项为真，1号是希尔伯特，则朱的第二个判断错误；结合"每位学生都只说对了一半"可知：3号是闵可夫斯基，此时，张的第二个判断错误；结合"每位学生都只说对了一半"可知：2号是高斯，此时，韦的第一个判断正确；结合"每位学生都只说对了一半"可知：4号不是外尔，此时，方的两个判断均为错误，不符合题干要求，故排除。

若(D)项为真，1号是高斯，结合"每位学生都只说对了一半"，可推出2号是闵可夫斯基、3号是黎曼，4号是外尔，5号是希尔伯特，故符合题干要求，当选。

若(E)项为真，1号是外尔，则方的两个判断均为错误，不符合题干要求，排除。

故正确答案为(D)项。

30. (C)

【论证结构】

学生代表L：<u>入学考试时，学生英语水平都是通过学校认可的</u> ——证明→ <u>期末考试</u>中，"商学的批判性思维"这一科目有大量中国留学生不及格，无法说明中国留学生英语水平欠佳。

【模型识别】

论据中的核心概念是"入学考试的成绩"，论点中的核心概念是"期末考试的成绩"，二者不一致，故此题为<u>拆桥搭桥模型</u>。此题是假设题，使用<u>搭桥法</u>即可秒杀，故此题选择(C)项。

【选项详解】

(A)项，支持题干，在不公正的歧视行为的影响下，中国留学生的英语水平都可以获得学校的认可，说明中国留学生的英语水平确实很高。但不是题干的必须假设，即使校方对成绩的评定是公平的，也不会影响题干论点的成立。

(B)项，无关选项，题干的论证并不涉及学校需要对学生不及格的问题负什么责任。

(C)项，必须假设，否则无法由中国留学生英语水平通过入学考试反驳悉尼大学认为的中国留学生的英语水平欠佳。

(D)项，无关选项，此项只能说明不及格率高的原因，但不能说明中国留学生的英语水平是否欠佳。

(E)项，支持学生代表L的论证，但不是必需的假设。

31.（D）

【模型识别】

题干中出现三个性质命题，这些性质命题中存在重复元素，故此题为**性质串联模型**。

【详细解析】

第1步：画箭头。

①有的消炎效果良好的药品→甾体抗炎药。

②甾体抗炎药→有糖皮质激素。

③有糖皮质激素→有副作用。

第2步：串联。

由①、②、③串联可得：④有的消炎效果良好的药品→甾体抗炎药→有糖皮质激素→有副作用。

第3步：逆否，但要注意带"有的"的词项不逆否。

由④逆否可得：⑤无副作用→┐有糖皮质激素→┐甾体抗炎药。

第4步：根据"箭头指向原则"和"'有的'互换原则"找答案。

(A)项，有的消炎效果良好的药品→有副作用，由④可知，为真。

(B)项，无副作用→┐甾体抗炎药，由⑤可知，为真。

(C)项，有的有糖皮质激素的药品→消炎效果良好的药品，等价于：有的消炎效果良好的药品→有糖皮质激素，由④可知，为真。

(D)项，有糖皮质激素的药品→有副作用，由③可知，有糖皮质激素的"甾体抗炎药"是有副作用，但无法确定有糖皮质激素的"药品"都是有副作用，故此项不能推出。

(E)项，┐有糖皮质激素→┐甾体抗炎药，由⑤可知，为真。

32.（D）

【论证结构】

题干：积极的财政政策用发国债的办法来弥补财政赤字，发行的新债中有一部分要用来还旧债（论据）。随着时间的推移，旧债越来越多，新债中用来还旧债的也越来越多，用来投资的就越来越少，经济效益就越来越差（论点）。

【模型识别】

锁定关键词"随着时间的推移"，可知此题是**预测结果模型**。

【选项详解】

(A)项，此项重复了题干的论点，不能作为题干的假设。

(B)项，无关选项，"只能"一词过于绝对化，并且题干不涉及资金的用途。

(C)、(E)项，可以作为题干的结论，但并不是题干的假设。

(D)项，必须假设，使用取非法：假设此项为假，则国债到期之前的投资回报足以用来偿还债务，那么新债中用来还旧债的部分不会越来越多，用来投资的就不会越来越少，经济效益就不会越来越差，所以必须假设。

33.（D）

【模型识别】

已知条件由假言命题和选言命题（可转化为假言）组成，且选项均为事实。故此题为<u>假言事实模型</u>。

【详细解析】

第1步：画箭头。

①乙《大学》→甲《论语》∨丙《孟子》。

②甲《论语》→丁《中庸》。

③┐乙《大学》∨┐丁《中庸》，等价于：丁《中庸》→┐乙《大学》。

④乙《大学》∨乙《论语》→┐丙《孟子》。

⑤乙《大学》∀丁《大学》。

第2步：串联找矛盾。

结合条件①、④可知：⑥乙《大学》→甲《论语》。

由条件⑥、②、③串联可得：乙《大学》→甲《论语》→丁《中庸》→┐乙《大学》。

由"乙《大学》"出发推出了矛盾，故"乙《大学》"为假，则"┐乙《大学》"为真。

第3步：推出答案。

由"┐乙《大学》"，结合条件⑤，可得：丁《大学》。

由"丁《大学》"可知，条件②后件为假，根据口诀"否后必否前"，可得：┐甲《论语》。（D）项正确。

34.（D）

【论证结构】

题干的论点：玩游戏有益于提高小孩的阅读能力，甚至可帮助他们克服阅读障碍。

【模型识别】

题干中无明显模型，故直接分析选项。

【选项详解】

(A)项，说明玩体感游戏有助于提升儿童的阅读速度和认字准确率，确实有益于提高小孩的阅读能力，支持题干。

(B)项，说明玩游戏有益于儿童阅读游戏规则，侧面说明有益于提高小孩的阅读能力，支持题干。

(C)项，说明玩网络互动游戏有益于儿童阅读能力的提高，支持题干。

(D)项，此项明确说明玩游戏无法让儿童克服阅读障碍，削弱题干。

(E)项，提出新论据，说明玩电脑游戏有助于培养儿童阅读的兴趣，支持题干。

注意：(B)项和(E)项虽然都说明玩电脑游戏会引起一些其他问题，但仅就提高阅读能力这一点，是支持题干的。

35.（C）

【题干现象】

待解释的现象：装饰行业在黄金大跌的去年和今年，尽管装饰业务并没有明显降低，但是整个行业利润却显示为亏损。

【选项详解】

(A)项，不能解释，如果黄金在装饰行业的消耗可以小到忽略不计，则整个行业利润不会受到影响；如果黄金在装饰行业的消耗占有一定的分量，则整个行业利润应该负责随这小部分成本的下降而上升，故此项无法解释题干的现象。

(B)项，不能解释，此项说明由于黄金成本的下降，反而促使了更多的客户选项使用黄金进行装饰的，黄金装饰的业务量上升，则利润应该上升，加剧了题干的矛盾。

(C)项，可以解释，此项说明由于企业进行了黄金投资，所以即使黄金价格下降，但由于企业的投资，使得企业的投资收益亏损，故可对企业利润亏损给予合理解释。

(D)项，不能解释，此项说明装饰行业的其他材料的成本也在下降，因此，整个行业的利润应该是上升的，加剧了题干的矛盾。

(E)项，无关选项，题干并不涉及房屋装修是否成为装饰行业重要的工作。

36.（E）

【论证结构】

锁定关键词"有专家指出"，可知此前是论据，此后是论点。

理想的社会保障制度→①保证大多数人达到基本生活水平∧②不能加重大多数人的税收负担(论据)。

专家的论证：目前国家的财政不足以满足第一条(¬①)，只能提高税收(¬②)，所以目前无法建立一种理想的社会保障制度(论点)。

【选项详解】

(A)项，题干中专家指出的是"目前"的情况，所以，有没有可能建立比较理想的社会保障制度与"目前"能否建立一种理想的社会保障制度无关。

(B)项，无关选项，题干并未涉及建立理想的社会保障制度是否还需要其他条件。

(C)项，题干表示"理想的社会保障制度能够保证'大多数人'达到基本生活水平"，因此，"少数人"达不到基本生活水平并不能削弱题干。

(D)项，无关选项，题干只涉及是否需要提高税收，不涉及提高税收是否"可以接受"。

(E)项，说明可以通过仅提高少数富人的税收(满足条件②)来增加国家的财政收入，从而保证大多数人达到基本生活水平(满足条件①)，故能够削弱专家的论证。

37.（A）

【模型识别】

本题的选项看起来像排列组合，可以考虑选项排除法。

【详细解析】

根据条件(2)可知，甲物理↔乙化学∧丁化学，排除(D)、(E)项。

根据条件(4)可知，丙化学→¬丁化学，排除(C)项。

根据条件(5)可知，丙化学→¬戊化学，排除(B)项。

故(A)项正确。

38. (C)

【模型识别】

题干中(2)、(3)、(4)均为假言命题，(5)、(6)均可转化为假言命题，此题补充新的事实，故此题为事实假言模型。"从事实出发做串联"即可秒杀。

【详细解析】

从事实出发，即：丙参加化学竞赛。

由"丙参加化学竞赛"可知，条件(4)前件为真，根据口诀"肯前必肯后"，可得：丁不参加化学竞赛。

由"丁不参加化学竞赛"可知，条件(2)后件为假，根据口诀"同生共死"，可得：甲不参加物理竞赛。

由"丙参加化学竞赛"结合条件(5)"丙化学→戊化学"，根据口诀"肯前必肯后"，可得：戊不参加化学竞赛。

由"戊不参加化学竞赛"可知，条件(3)后件为假，根据口诀"否后必否前"，可得：己参加生物竞赛。

将上述推理结果整理到下表：

	物理	化学	生物
甲	×		
乙			
丙	×	√	×
丁		×	
戊		×	
己	×	×	√

又由条件(6)可知乙和丁只能有一人参加物理竞赛，因此戊一定参加物理竞赛。

故(C)项正确。

39. (A)

【论证结构】

题干：一项新的研究表明，你可能想先听坏消息(论点)。

【模型识别】

题干没有明显的命题模型，故直接分析选项。

【选项详解】

(A)项，削弱题干，此项说明人们想先听哪个消息会因说话的人不同而改变，提出反面论据。

(B)项，无关选项，题干讨论的是先"听"哪个消息，而非先"说"哪个。

(C)项，无关选项，题干讨论的是"想先听哪个消息"，与人们对消息的感觉无关。

(D)项，无关选项，题干讨论的是"想先听哪个消息"，与听完之后的影响无关。

(E)项，支持题干，说明倾听者愿意最后听到好消息，即先听坏消息。

40.（B）

【模型识别】

题干中(1)、(2)、(3)、(4)均为假言命题(选言可转化为假言)，并给出事实"1号转动了"，故此题为<u>事实假言模型</u>。"从事实出发做串联"即可秒杀。

【详细解析】

从事实出发，由"1号转动"可知，条件(1)前件为真，根据口诀"肯前必肯后"，可得：2号转∧5号停。

由"2号转"可知，条件(2)前件为真，根据口诀"肯前必肯后"，可得：4号停。

由"4号停"结合条件(3)：3号和4号不能同时停，可得：3号转。

由"5号停"可知，条件(4)前件为真，根据口诀"肯前必肯后"，可得：6号转。

综上，当1号转动时，2、3、6号同时转动，故(B)项正确。

41.（D）

【论证结构】

题干：后肢悬吊后的小鼠在平衡木上的协调能力与之前相比<u>更差</u>了。与此同时，后肢悬吊后的小鼠的小脑中甲醛水平也<u>更高</u>(两个现象同时出现)。小脑中过高的甲醛水平会降低小鼠在平衡木上的协调能力(因果关系)。

【模型识别】

题干通过两个现象同时出现，从而说明这两个现象中有因果关系，故此题为<u>共变法模型</u>。

【选项详解】

(A)项，无关选项，题干的论证对象是"成年小鼠"，此项的论证对象是"未成年小鼠"，论证对象并不一致。（干扰项·偷换论证对象）

(B)项，无关选项，此项试图说明体内存在过量的甲醛会对小鼠的中枢神经系统产生影响来支持题干，但不明确过量的甲醛是否存在于小脑中，其次，不明确该种影响对于协调能力方面的影响，故无法加强题干论证。

(C)项，小脑中甲醛分解酶含量较高，则小脑中甲醛水平应相对较低，因此，小脑中甲醛分解酶含量更高的小鼠的协调能力更差，说明小脑中甲醛水平越低，小鼠在平衡木上的协调能力越差，削弱题干。

(D)项，支持题干，此项说明协调能力的下降不是由后肢悬吊造成的，排除他因。

(E)项，小脑中甲醛含量低(无因)的小鼠也有可能出现在平衡木上的协调问题(有果)，削弱题干。

42.（D）

【模型识别】

已知条件由假言命题组成，而选项为事实。故此题为<u>假言事实模型</u>。常用串联找矛盾法或二难推理法解题。

【详细解析】

题干：

①弹琴→剪纸。

②跳舞→弹琴。

③﹁画画→跳舞。

④﹁弹琴→﹁画画。

方法一：串联找矛盾法。

由④、③、②串联可得：﹁弹琴→﹁画画→跳舞→弹琴。

可见，由"﹁弹琴"出发推出了矛盾，故"﹁弹琴"为假，即：弹琴。

由"弹琴"可知条件①前件为真，根据口诀"肯前必肯后"可得：剪纸。

因此，必定有弹琴和剪纸。

故(D)项正确。

方法二：二难推理法。

由③、②串联可得：﹁画画→跳舞→弹琴。

由④逆否可得：画画→弹琴（前件后件一个样，后件逆否出二难）。

由二难推理的可得：

$$画画 \lor ﹁画画；$$
$$画画 \rightarrow 弹琴；$$
$$\underline{﹁画画 \rightarrow 弹琴；}$$
$$所以，弹琴。$$

由"弹琴"可知条件①前件为真，根据口诀"肯前必肯后"可得：剪纸。

因此，必定有弹琴和剪纸。

故(D)项正确。

43. (D)

【论证结构】

题干：有的科学家试图证伪量子理论，但发现其误差在可接受的统计范围内，量子理论的这些结果不同于与它相竞争的理论的结果（论据）。这说明接受量子理论是合理的（论点）。

【模型识别】

题干中"证伪量子理论"与"接受量子理论"显然不是同一话题。故此题为<u>拆桥搭桥模型</u>。

【选项详解】

(A)项，削弱题干，此项说明量子理论不应该被接受。

(B)项，接受这个理论→没有被实验所证伪，混淆了充分必要条件，不能支持题干。

(C)项，无关选项，题干中"量子理论的这些结果"不同于与它相竞争的理论的结果，指的是量子理论的误差在可接受范围内，而不是"违反直观的结论"是多还是少。

(D)项，支持题干，此项说明即使是想证伪一个理论，但如果该理论能够经受住所有质疑，则应该接受这个理论，搭桥法。

(E)项，无关选项，题干不涉及理论在被完全接受之前经历了什么。

44. (D)

【模型识别】

本题存在"工作人员"与"社区"的一对二的对应关系，故为两组元素的定量匹配模型。

【详细解析】

由题干信息(1)、(4)可知，乙不负责尚德社区，丁负责尚德社区。

根据题干"每人只负责四个社区中的两个"，说明丁不可能再同时负责崇仁社区和贤文社区，故(D)项正确。

45. (E)

【论证结构】

题干：哺乳动物的表皮细胞会持续更新，细胞来源于表皮干细胞(论据①)。表皮干细胞会不断复制分化，产生新细胞，取代受损的老细胞，这一更新有利于维持皮肤的年轻(论据②)。有研究人员认为，胶原蛋白保持皮肤年轻的说法并不科学，他们认为，皮肤得以保持年轻应归功于表皮干细胞(论点)。

【模型识别】

本题的题干具有迷惑性，虽然题干出现了因此，但此后并非题干的论点，题干的论点为研究人员的观点。题干旨在分析皮肤保持年轻的原因，故此题为现象原因模型。

【选项详解】

(A)项，无关选项，题干不涉及细胞的更新是否还需要其他化合物。

(B)项，支持题干，表皮干细胞的再生能力会随着年龄的增长而衰退，而皮肤状态也会随着年龄的增长而衰退，间接肯定了表皮干细胞对皮肤的功效。

(C)项，削弱题干，此项指出可能存在另外一种原因：睡眠和心态，使皮肤显得年轻化，但是此项不具有排他性，并不能否定研究人员提出的原因，因此削弱力度很弱。

(D)项，无关选项，题干并不涉及胶原蛋白表达的差异是否影响保持皮肤年轻。

(E)项，削弱题干，此项说明胶原蛋白对促进表皮干细胞的更新确实很重要的作用，否定研究人员的观点。

46. (B)

【论证结构】

①任何一片水域，能否保持生机，主要取决于它是否有能力保持一定量的溶解于其中的氧气。

②如果倒进水中的只是少量的污物，鱼类一般不会受到影响，水中的细菌仍能发挥作用，分解污物，因为该片水域能从空气和水中植物那里很快使氧气的消耗得到恢复。

【选项详解】

(A)项，由题干②"该片水域能从空气和水中植物那里很快使氧气的消耗得到恢复"可知，水域能从空气和水中植物那里获得氧气，但是，"仅有充足的水中植物即可使水域保持生机"这一结论不能通过题干的论证推出。

(B)项，由题干②可知，在细菌分解污物的过程中会有氧气消耗，可以推出。

(C)项，不符合题干②，只知道在细菌分解污物的过程中消耗氧气，但是并不知道是否产生氧气，故不能推出。

(D)项，由题干只能推出水中植物可以产生新的氧气，但是这些氧气如何产生不能推出。

(E)项，由题干②只能推出"只是少量的污物不会影响水域"，但是当污染量增加时，水域是否会受到影响并不确定，故不能推出。

47.（D）

【模型识别】

本题存在"人""现在的头发颜色""想染的颜色"之间的一一匹配，故本题为故为三组元素的定量匹配模型。

【详细解析】

根据题干条件(1)可知：J不在最左边，因此J不在1号位置。

根据题干条件(2)可知：N两边都有人，因此N不在1号位置。

根据题干条件(4)可知：H在偶数位置，因此H不在1号位置。

综上所述，1号位置上的女士不是J、N、H，故1号位置上的女士是K。(D)项正确。

48.（A）

【详细解析】

由上题分析可知，1号位置上的女士是K，且根据题干条件(3)可知，K现在的头发颜色为红色。

根据题干条件(4)可知，坐在K旁边的位置应该为：2号位置；2号位置的女士想把头发染成黑色。

又根据题干条件(5)可知，灰色头发的女士不能坐在1、2、3号位置上，故灰色头发的女士坐在4号位置上，且她想把头发染成赤褐色。

根据题干条件(2)可知，N只能坐在2号位置上，且坐在1号位置上的K想把头发染成白色，坐在3号位置上的女士现在的头发颜色为金黄色。

综上，N现在的头发颜色为棕色，即(A)项正确。

49.（D）

【详细解析】

根据上文第47、48题分析，可得下表：

位置	1号	2号	3号	4号
女士	K	N		
现在的头发颜色	红色	棕色	金黄色	灰色
想染的头发颜色	白色	黑色		赤褐色

根据题干条件(4)可知，H 坐在偶数位置，只剩 4 号位置是偶数位置，故 H 在 4 号。

根据题干条件(1)可知，J 坐在 3 号位置上，且她想把头发染成红色。

综上，可得下表：

位置	1 号	2 号	3 号	4 号
女士	K	N	J	H
现在的头发颜色	红色	棕色	金黄色	灰色
想染的头发颜色	白色	黑色	红色	赤褐色

故(D)项正确。

50.（B）

【模型识别】

题干有两类已知条件，一是排序（草莓多少），二是匹配（人与小组），故此题为排序匹配模型。

【详细解析】

题干：

(1)甲≠3。

(2)丙<1。

(3)3>乙。

第 1 步：事实/问题优先看。

题干中无确定事实，故进入下一步。

第 2 步：重复元素是关键。

找重复元素，可知(1)、(3)中均有"第 3 组"，故分析这两个条件。

第 3 步：互斥关系是题眼。

由题干信息(1)、(3)可知，甲、乙都不是第 3 小组的，故丙是第 3 小组的。

由题干信息(2)、(3)可知，乙不是第 1 小组的，所以，乙是第 2 小组的，故甲是第 1 小组的。

那么，3 人摘得的草莓的数量中，甲是第 1 小组的，摘得的草莓最多；丙是第 3 小组的，次之；

乙是第 2 小组的，摘得的草莓最少。

故(B)项正确。

51.（E）

【模型识别】

已知条件由假言命题和选言命题（可转化为假言）组成，而选项为事实。故此题为假言事实模型。

【详细解析】

题干：

①近体快攻战术→背飞战术。

②远网短平快战术→ㄱ近体快攻战术。

③背飞战术→远网短平快战术。

方法一：串联找矛盾法。

由①、③、②串联可得：近体快攻战术→背飞战术→远网短平快战术→ㄱ近体快攻战术。

可见，由"近体快攻战术"出发推出了矛盾，故"近体快攻战术"为假，即：ㄱ近体快攻战术。故(E)项正确。

方法二：二难推理法。

由①、③串联可得：④近体快攻战术→远网短平快战术，逆否可得：ㄱ远网短平快战术→ㄱ近体快攻战术。

由②可得：远网短平快战术→ㄱ近体快攻战术。

根据二难推理公式可得：

$$\frac{\begin{array}{l}ㄱ远网短平快战术→ㄱ近体快攻战术；\\ 远网短平快战术→ㄱ近体快攻战术；\end{array}}{所以，ㄱ近体快攻战术。}$$

因此，ㄱ近体快攻战术，即(E)项正确。

52. (E)

【论证结构】

环保主义者：发射一次宇宙飞船对地球臭氧层造成的破坏，等于目前一年地球臭氧层所受到的破坏 $\xrightarrow{证明}$ 不能使用宇宙飞船深入研究和彻底解决目前地球表面臭氧层所受到的破坏问题。

【选项详解】

(A)项，虽然"发射一次宇宙飞船对地球臭氧层造成的破坏，等于目前一年地球臭氧层所受到的破坏"，但宇宙飞船是可以多年使用的，因此，从长期来看未必是得不偿失的。

(B)项，指出考研有风险，因此不值得考研，与题干不相似。

(C)项，指出养育儿女有风险，因此不值得养育儿女，与题干不相似。

(D)项，此项指出某项目投产后第一年的收益不到投资额的十分之一（即：指出该项目收益低），但没有提到弊端，与题干不相似。

(E)项，指出警方侦破案件支出大（有弊端），但没有考虑到警方侦破案件的社会收益，与题干相似。

53. (B)

【论证结构】

在 115 摄氏度下，将甜玉米分别加热 10 分钟、25 分钟和 50 分钟后发现，其抗自由基的活性分别升高了 22%、44% 和 53%（实验调查）。因此，加热时间越长的玉米，抗衰老的作用越好（论点）。

【模型识别】

论据中的论证对象是"甜玉米",论点中的论证对象是"玉米",前者是后者的子集,故此题为<u>归纳论证模型</u>。

【选项详解】

(A)项,提出反面论据,说明加热时间延长,但玉米抗自由基的活性降低了,可以削弱题干的结论。

(B)项,虽然糯玉米在加热相同时间后抗自由基的活性增高的幅度小,但是趋势依然是提高,支持题干的结论。

(C)项,指出样本没有代表性,可以削弱题干的结论。

(D)项,说明抗自由基的活性与抗衰老的作用之间联系不大,削弱了论证的隐含假设。

(E)项,此项直接反驳题干的论点。

54. (D)

【模型识别】

题干中出现匹配关系(8本书在6个月内读完),但具体匹配数量并不确定,故此题为<u>不定量匹配模型</u>。

【详细解析】

第1步:数量匹配先计算。

由条件(2)、(3)可知,2本诗歌类书籍不能同一个月份读,并且读诗歌的月份还要读一本历史类书籍,因此,1—6月读书的数量情况为:2(诗歌+历史)、2(诗歌+历史)、1(历史)、1(小说)、1(小说)、1(小说)。

第2步:事实/重复元素是关键。

题干补充事实"2月读了《资治通鉴》并且三本小说均在第二季度读完"。

由条件(4)可知,《诗经》应该在1月读,或者3月读。

又由条件(5)可知,3月只能读一本历史类书籍,因此《诗经》不能在3月读,故《诗经》在1月读。

由"诗经在1月读"结合条件(3)可知:1月还要读一本历史,即:《汉书》《史记》分别在1月和3月读完。

由"三本小说均在第二季度读完"可知,《西游记》《红楼梦》《水浒传》分别在4、5、6三个月读完。

故可得下表:

	1月	2月	3月	4月	5月	6月
历史类	《汉书》或《史记》	《资治通鉴》	《汉书》或《史记》	/	/	/
诗歌类	《诗经》		/	/	/	/
小说类	/	/	/	《西游记》《红楼梦》《水浒传》		

因此，剩余的《唐诗三百首》只能在 2 月读，故(D)项正确。

55.（C）

【详细解析】

根据题干补充条件，结合题干数量关系，第一季度至少有一天只读小说。

根据题干补充条件，可以读《诗经》的月份有 3 种情况，分类讨论即可：

情况一：2 月读《诗经》。

由"2 月读《诗经》"结合条件(4)、(5)可知，《资治通鉴》只能在 1 月读。

此时，1 月读《资治通鉴》，2 月读《诗经》，3 月读《史记》或者《汉书》，故第一季度无法阅读小说类书籍，与题干补充条件矛盾，排除该种情况。

情况二：4 月读《诗经》。

由"4 月读《诗经》"结合条件(4)、(5)可知，《资治通鉴》只能在 5 月读。

由于诗歌类书籍和历史类书籍要在同一个月份，并且 3 月份只有一本历史类书籍，因此，5 月份还应该读诗歌类书籍《唐诗三百首》。

情况三：6 月读《诗经》。

由"6 月读《诗经》"结合条件(4)、(5)可知，《资治通鉴》只能在 5 月读。

由于诗歌类书籍和历史类书籍要在同一个月份，并且 3 月份只有一本历史类书籍，因此，5 月份还应该读诗歌类书籍《唐诗三百首》。

综上，《唐诗三百首》一定在 5 月份读。(C)项为正确选项。

四、写作

56. 论证有效性分析

【谬误分析】

①"男女人口数量差距持续扩大"是一个动态的变化过程，不能仅凭一次人口普查结果得出。

②"单身"与"花钱去消费"之间没有必然联系。人不仅仅有伴侣一种社会关系，亲戚、朋友、工作、爱好等都能充实一个人的生活，并不一定需要靠"花钱"来获得陪伴。此外，人们的性格不同，所处年龄阶段不同，对陪伴的需求也不同，可能有些人更愿意把时间留给自己，和自己相处。

③消费观念的"个性化"不等同于"为自己消费"。个性化意味着与众不同，更贴合个体的需求。单身人士也可能有为亲戚朋友消费的需求。

④外卖与网购虽然都是线上付款、线下配送的模式，但两者在商品类型、区域范围和时效性等方面有本质区别，仅通过"单身人士更喜欢吃外卖"就推断出他们更愿意"线上购物"，并不恰当。

⑤材料试图通过"单身可以增加陪伴类、悦己类、提升类等类型的消费"，来说明"单身现象能拉动消费的增长"。但人们的收入是固定的，即便单身能够改变他们的消费方向，支出总额也未必会有很大变动，即单身人数的增加也许能说明消费结构的转变，是否能"拉动消费增长"则有待商榷。

单身能拉动消费增长?

老吕助教 港姐

材料通过一系列论述试图说明"单身现象能拉动消费增长",然而其论证过程中存在多处逻辑谬误,具体分析如下:

首先,材料仅通过第七次人口普查的结果,就得出"男女人口数量差距持续扩大"的结论,并不妥当。"男女人口数量差距持续扩大"是一个动态的变化过程,需要多年数据加以说明,不能仅凭一次人口普查结果得出。

其次,材料认为"单身"一定"需要陪伴和关爱",进而导致"花钱去消费",这未必成立。因为人不仅仅有伴侣一种社会关系,亲戚、朋友、工作、爱好等都能充实一个人的生活,并不一定需要靠"花钱"来获得陪伴。此外,人们的性格不同,所处年龄阶段不同,对陪伴的需求也不同,可能有些人更愿意把时间留给自己,和自己相处。因此,材料存在滑坡谬误。

再次,消费观念的"个性化"不等同于"为自己消费"。个性化意味着与众不同,更贴合个体的需求,单身人士也可能有为亲戚朋友等消费的需求,并不一定只"为自己消费"。

又次,材料由"单身人士更喜欢吃外卖"推断出"他们更愿意线上购物",有不当类比的嫌疑。外卖与网购虽然都是线上付款、线下配送的模式,但两者在商品类型、区域范围和时效性等方面有本质区别,故其结论不足为信。

最后,材料试图通过"单身可以增加陪伴类、悦己类、提升类等类型的消费",来说明"单身现象能拉动消费的增长"。但人们的收入是固定的,即便单身能够改变他们的消费方向,支出总额也未必会有很大变动,即单身人数的增加也许能说明消费结构的转变,是否能"拉动消费增长"则有待商榷。

综上,材料的论证过程存在多处逻辑谬误,"单身现象势必会拉动消费增长"这一结论难以令人信服。

(全文共662字)

参考范文

既要不知足，也要知足

吕建刚　娜爷

俗话说，"知足常乐"，但是作为一个企业家，则既要学会不知足，也要学会知足。

不知足，是指企业家要有进取精神。出色的企业家不会仅仅满足于当前的业绩，他们往往都拥有更高远的目标和追求。他们不满足于现状，积极进取，但也没有脱离现实，而是脚踏实地地为了高远的目标而奋斗。他们会时刻注意着市场动向，做出与时俱进的科学决策，从而使自己、使企业更上一层楼。

知足，是指企业家不要贪得无厌，更不能知法犯法。在追逐利益的过程中，巨额的利润和膨胀的野心可能会蒙蔽了企业家的双眼，可能会让企业家贪得无厌，肆无忌惮，甚至不守规矩、知法犯法。例如，一些企业用高额补贴的方式占领市场，形成市场垄断地位，然后再利用其垄断地位大肆涨价，侵害了消费者的利益，也有违法制；毒奶粉、地沟油、瘦肉精等事件的发生，也与企业家的贪婪有关。可见，企业家要懂得知足。老子曾说："知足不辱，知止不殆，可以长久"，就是此理。

因此，企业家既要不知足，也要懂得知足。

第一，事业面前要不知足。一方面，要树立高标准、要对自己严要求，不断地学习进取，"活到老学到老"。另一方面，要让自己的企业精益求精，追求技术进步，提高生产效率，更好地为股东、为职工、为社会创造价值。

第二，利益面前要知足。要懂得"祸莫大于不知足，咎莫大于欲得"，要坚守得住初心，抵抗得了诱惑，懂得知足，掌握分寸，用法律和道德底线来约束自己。

总之，不知足，是为了"进"；知足，则是为了"止"。只有把握好既要不知足、也要知足的辩证法，才能成为一个优秀的企业家。

（全文共 629 字）

写作 56

(answer grid, 20 characters per row; row markers at 100, 200, 300, 400, 500)

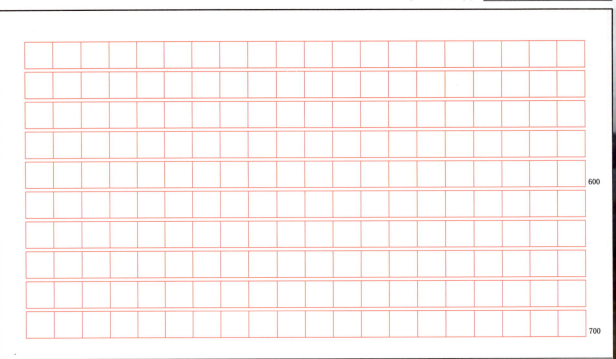

600

700

作文 57

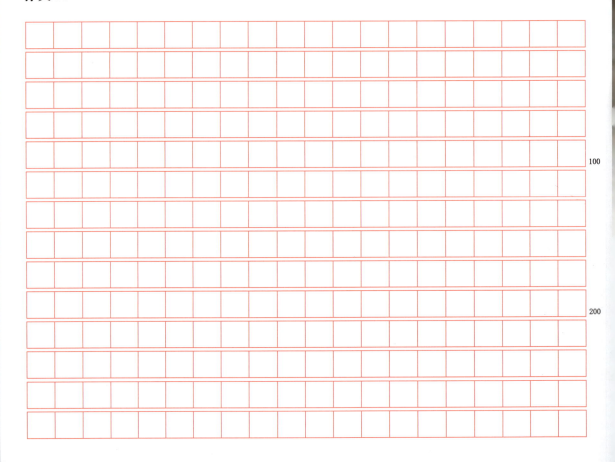

100

200

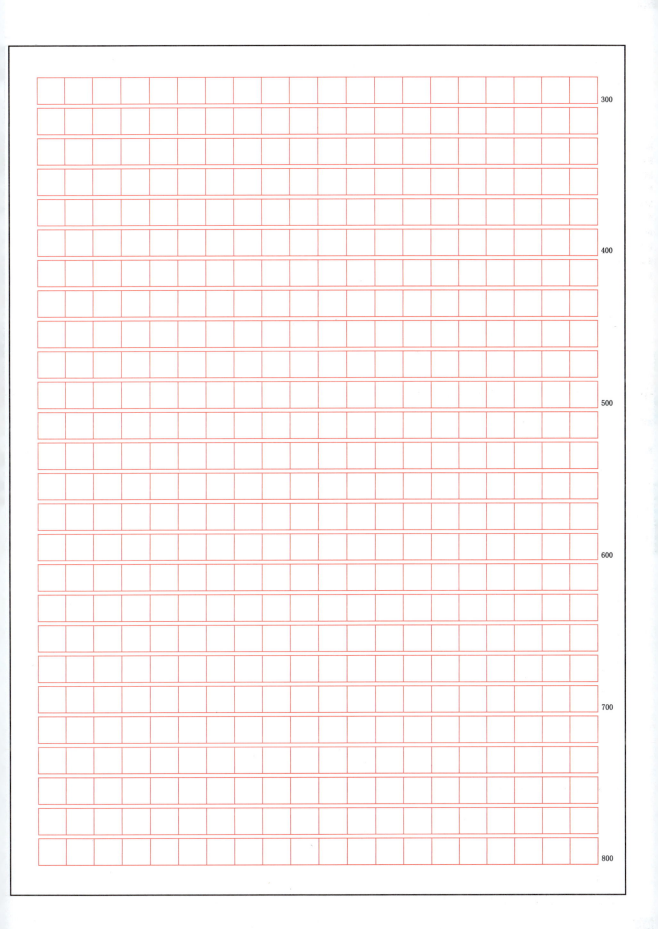

全国硕士研究生招生考试
经济类综合能力答题卡（396）

注意事项

选择题答案区域

1 [A] [B] [C] [D] [E]　　16 [A] [B] [C] [D] [E]　　31 [A] [B] [C] [D] [E]　　46 [A] [B] [C] [D] [E]
2 [A] [B] [C] [D] [E]　　17 [A] [B] [C] [D] [E]　　32 [A] [B] [C] [D] [E]　　47 [A] [B] [C] [D] [E]
3 [A] [B] [C] [D] [E]　　18 [A] [B] [C] [D] [E]　　33 [A] [B] [C] [D] [E]　　48 [A] [B] [C] [D] [E]
4 [A] [B] [C] [D] [E]　　19 [A] [B] [C] [D] [E]　　34 [A] [B] [C] [D] [E]　　49 [A] [B] [C] [D] [E]
5 [A] [B] [C] [D] [E]　　20 [A] [B] [C] [D] [E]　　35 [A] [B] [C] [D] [E]　　50 [A] [B] [C] [D] [E]

6 [A] [B] [C] [D] [E]　　21 [A] [B] [C] [D] [E]　　36 [A] [B] [C] [D] [E]　　51 [A] [B] [C] [D] [E]
7 [A] [B] [C] [D] [E]　　22 [A] [B] [C] [D] [E]　　37 [A] [B] [C] [D] [E]　　52 [A] [B] [C] [D] [E]
8 [A] [B] [C] [D] [E]　　23 [A] [B] [C] [D] [E]　　38 [A] [B] [C] [D] [E]　　53 [A] [B] [C] [D] [E]
9 [A] [B] [C] [D] [E]　　24 [A] [B] [C] [D] [E]　　39 [A] [B] [C] [D] [E]　　54 [A] [B] [C] [D] [E]
10 [A] [B] [C] [D] [E]　　25 [A] [B] [C] [D] [E]　　40 [A] [B] [C] [D] [E]　　55 [A] [B] [C] [D] [E]

11 [A] [B] [C] [D] [E]　　26 [A] [B] [C] [D] [E]　　41 [A] [B] [C] [D] [E]
12 [A] [B] [C] [D] [E]　　27 [A] [B] [C] [D] [E]　　42 [A] [B] [C] [D] [E]
13 [A] [B] [C] [D] [E]　　28 [A] [B] [C] [D] [E]　　43 [A] [B] [C] [D] [E]
14 [A] [B] [C] [D] [E]　　29 [A] [B] [C] [D] [E]　　44 [A] [B] [C] [D] [E]
15 [A] [B] [C] [D] [E]　　30 [A] [B] [C] [D] [E]　　45 [A] [B] [C] [D] [E]

阴影部分请勿作答或做任何标记

写作 56

考生姓名：_____

600

700

作文 57

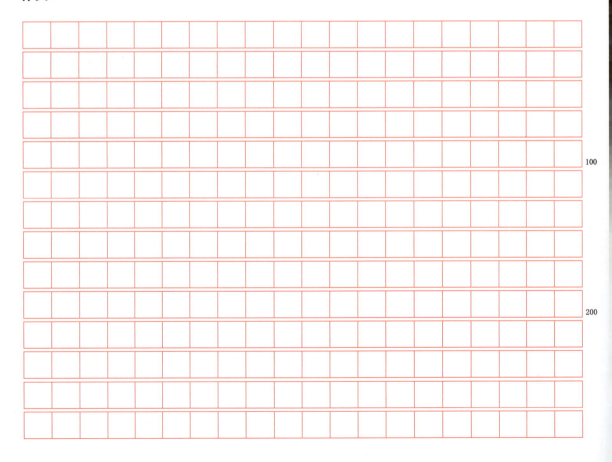

100

200

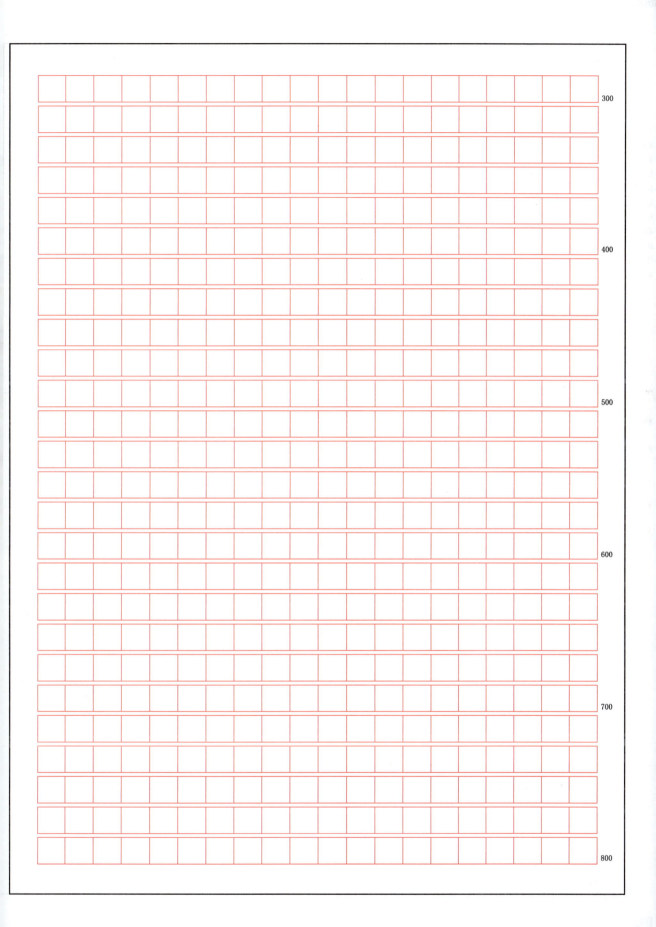

全国硕士研究生招生考试
经济类综合能力答题卡（396）

报考单位	考生编号（左对齐）

[0][0][0][0][0][0][0][0][0][0][0][0][0][0][0][0]
[1][1][1][1][1][1][1][1][1][1][1][1][1][1][1][1]
[2][2][2][2][2][2][2][2][2][2][2][2][2][2][2][2]
[3][3][3][3][3][3][3][3][3][3][3][3][3][3][3][3]
[4][4][4][4][4][4][4][4][4][4][4][4][4][4][4][4]
[5][5][5][5][5][5][5][5][5][5][5][5][5][5][5][5]
[6][6][6][6][6][6][6][6][6][6][6][6][6][6][6][6]
[7][7][7][7][7][7][7][7][7][7][7][7][7][7][7][7]
[8][8][8][8][8][8][8][8][8][8][8][8][8][8][8][8]
[9][9][9][9][9][9][9][9][9][9][9][9][9][9][9][9]

考生姓名

注意事项

1、填（书）写必须使用黑色字迹签字笔，笔迹工整、字迹清楚；涂写必须使用 2B 铅笔。

2、选择题必须用 2B 铅笔涂在答题卡指定题号，非选择题必须用黑色签字笔在指定区域作答。不在指定区域作答、在草稿纸、试题本上作答无效。

3、请保持答题卡清洁、请勿做任何标记，否则按无效答卷处理。

4、请务必将试题本上的试题信息条形码贴在答题卡标有"试题信息条形码"的框内。

正确涂卡 ■	错误涂卡 ☑ ☒ ▯ ● ◐ ◌ ▬
缺考标记 ▢	缺考考生信息由监考员填涂并加盖缺考章，盖章不要遮盖考生信息。

选择题答案区域

1 [A] [B] [C] [D] [E]   16 [A] [B] [C] [D] [E]   31 [A] [B] [C] [D] [E]   46 [A] [B] [C] [D] [E]
2 [A] [B] [C] [D] [E]   17 [A] [B] [C] [D] [E]   32 [A] [B] [C] [D] [E]   47 [A] [B] [C] [D] [E]
3 [A] [B] [C] [D] [E]   18 [A] [B] [C] [D] [E]   33 [A] [B] [C] [D] [E]   48 [A] [B] [C] [D] [E]
4 [A] [B] [C] [D] [E]   19 [A] [B] [C] [D] [E]   34 [A] [B] [C] [D] [E]   49 [A] [B] [C] [D] [E]
5 [A] [B] [C] [D] [E]   20 [A] [B] [C] [D] [E]   35 [A] [B] [C] [D] [E]   50 [A] [B] [C] [D] [E]

6 [A] [B] [C] [D] [E]   21 [A] [B] [C] [D] [E]   36 [A] [B] [C] [D] [E]   51 [A] [B] [C] [D] [E]
7 [A] [B] [C] [D] [E]   22 [A] [B] [C] [D] [E]   37 [A] [B] [C] [D] [E]   52 [A] [B] [C] [D] [E]
8 [A] [B] [C] [D] [E]   23 [A] [B] [C] [D] [E]   38 [A] [B] [C] [D] [E]   53 [A] [B] [C] [D] [E]
9 [A] [B] [C] [D] [E]   24 [A] [B] [C] [D] [E]   39 [A] [B] [C] [D] [E]   54 [A] [B] [C] [D] [E]
10 [A] [B] [C] [D] [E]   25 [A] [B] [C] [D] [E]   40 [A] [B] [C] [D] [E]   55 [A] [B] [C] [D] [E]

11 [A] [B] [C] [D] [E]   26 [A] [B] [C] [D] [E]   41 [A] [B] [C] [D] [E]
12 [A] [B] [C] [D] [E]   27 [A] [B] [C] [D] [E]   42 [A] [B] [C] [D] [E]
13 [A] [B] [C] [D] [E]   28 [A] [B] [C] [D] [E]   43 [A] [B] [C] [D] [E]
14 [A] [B] [C] [D] [E]   29 [A] [B] [C] [D] [E]   44 [A] [B] [C] [D] [E]
15 [A] [B] [C] [D] [E]   30 [A] [B] [C] [D] [E]   45 [A] [B] [C] [D] [E]

阴影部分请勿作答或做任何标记

本答题卡仅供考生熟悉了解整体样式、模拟演练使用。具体考场答题卡样式、尺寸请以实际考场上发放的为准。

写作 56

100

200

300

400

500

600

700

作文 57

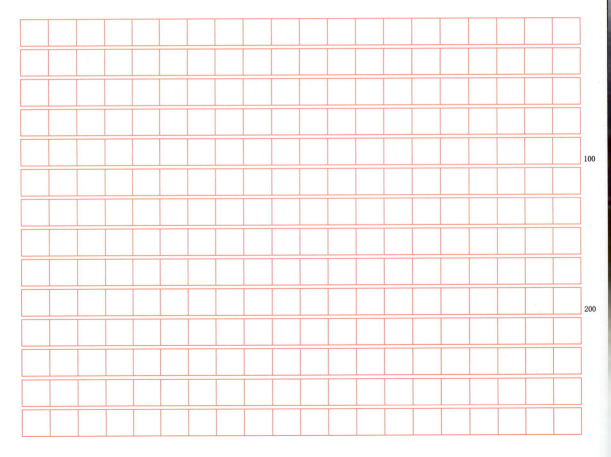

100

200

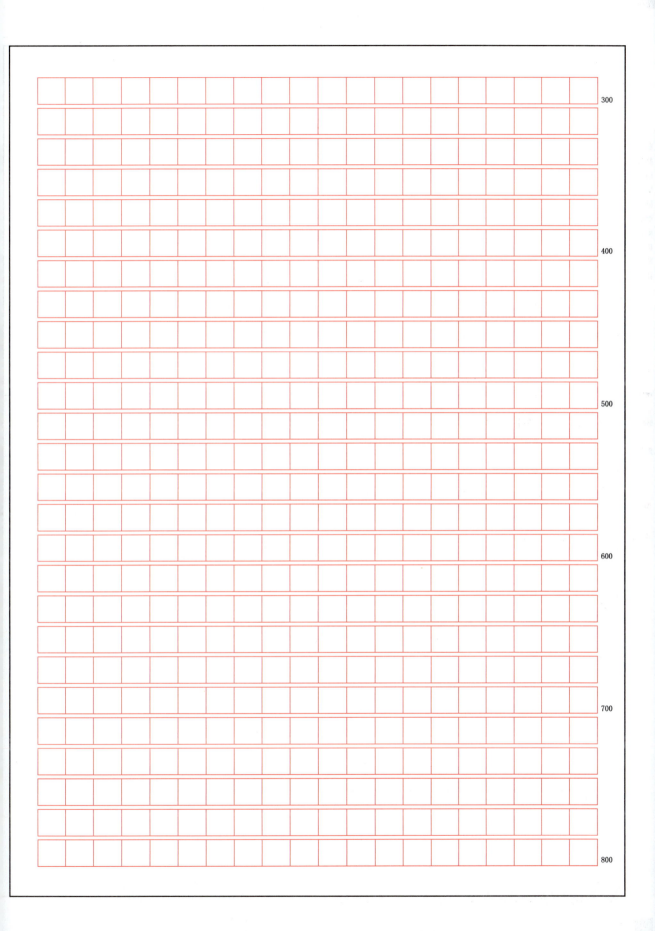

300

400

500

600

700

800

全国硕士研究生招生考试
经济类综合能力答题卡（396）

报考单位		考生编号（左对齐）

考生姓名

[0][0][0][0][0][0][0][0][0][0][0][0][0][0][0]
[1][1][1][1][1][1][1][1][1][1][1][1][1][1][1]
[2][2][2][2][2][2][2][2][2][2][2][2][2][2][2]
[3][3][3][3][3][3][3][3][3][3][3][3][3][3][3]
[4][4][4][4][4][4][4][4][4][4][4][4][4][4][4]
[5][5][5][5][5][5][5][5][5][5][5][5][5][5][5]
[6][6][6][6][6][6][6][6][6][6][6][6][6][6][6]
[7][7][7][7][7][7][7][7][7][7][7][7][7][7][7]
[8][8][8][8][8][8][8][8][8][8][8][8][8][8][8]
[9][9][9][9][9][9][9][9][9][9][9][9][9][9][9]

选择题答案区域

1 [A] [B] [C] [D] [E]　　16 [A] [B] [C] [D] [E]　　31 [A] [B] [C] [D] [E]　　46 [A] [B] [C] [D] [E]
2 [A] [B] [C] [D] [E]　　17 [A] [B] [C] [D] [E]　　32 [A] [B] [C] [D] [E]　　47 [A] [B] [C] [D] [E]
3 [A] [B] [C] [D] [E]　　18 [A] [B] [C] [D] [E]　　33 [A] [B] [C] [D] [E]　　48 [A] [B] [C] [D] [E]
4 [A] [B] [C] [D] [E]　　19 [A] [B] [C] [D] [E]　　34 [A] [B] [C] [D] [E]　　49 [A] [B] [C] [D] [E]
5 [A] [B] [C] [D] [E]　　20 [A] [B] [C] [D] [E]　　35 [A] [B] [C] [D] [E]　　50 [A] [B] [C] [D] [E]

6 [A] [B] [C] [D] [E]　　21 [A] [B] [C] [D] [E]　　36 [A] [B] [C] [D] [E]　　51 [A] [B] [C] [D] [E]
7 [A] [B] [C] [D] [E]　　22 [A] [B] [C] [D] [E]　　37 [A] [B] [C] [D] [E]　　52 [A] [B] [C] [D] [E]
8 [A] [B] [C] [D] [E]　　23 [A] [B] [C] [D] [E]　　38 [A] [B] [C] [D] [E]　　53 [A] [B] [C] [D] [E]
9 [A] [B] [C] [D] [E]　　24 [A] [B] [C] [D] [E]　　39 [A] [B] [C] [D] [E]　　54 [A] [B] [C] [D] [E]
10 [A] [B] [C] [D] [E]　　25 [A] [B] [C] [D] [E]　　40 [A] [B] [C] [D] [E]　　55 [A] [B] [C] [D] [E]

11 [A] [B] [C] [D] [E]　　26 [A] [B] [C] [D] [E]　　41 [A] [B] [C] [D] [E]
12 [A] [B] [C] [D] [E]　　27 [A] [B] [C] [D] [E]　　42 [A] [B] [C] [D] [E]
13 [A] [B] [C] [D] [E]　　28 [A] [B] [C] [D] [E]　　43 [A] [B] [C] [D] [E]
14 [A] [B] [C] [D] [E]　　29 [A] [B] [C] [D] [E]　　44 [A] [B] [C] [D] [E]
15 [A] [B] [C] [D] [E]　　30 [A] [B] [C] [D] [E]　　45 [A] [B] [C] [D] [E]

阴影部分请勿作答或做任何标记

写作 56

100

200

300

400

500

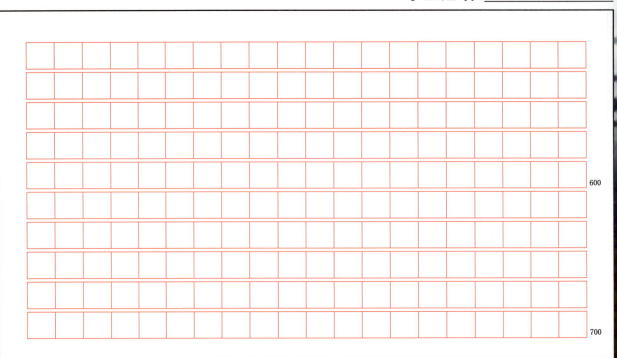

600

700

作文 57

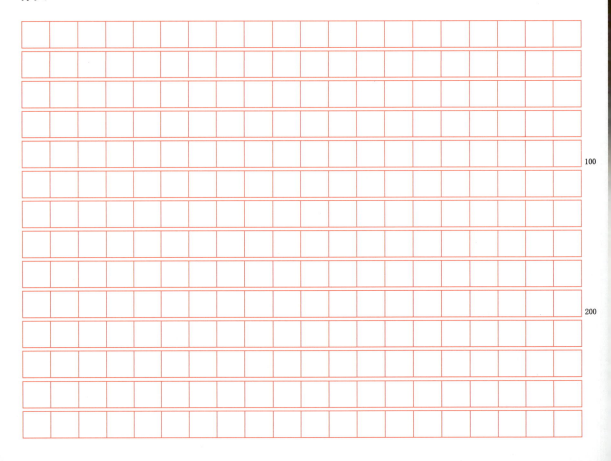

100

200

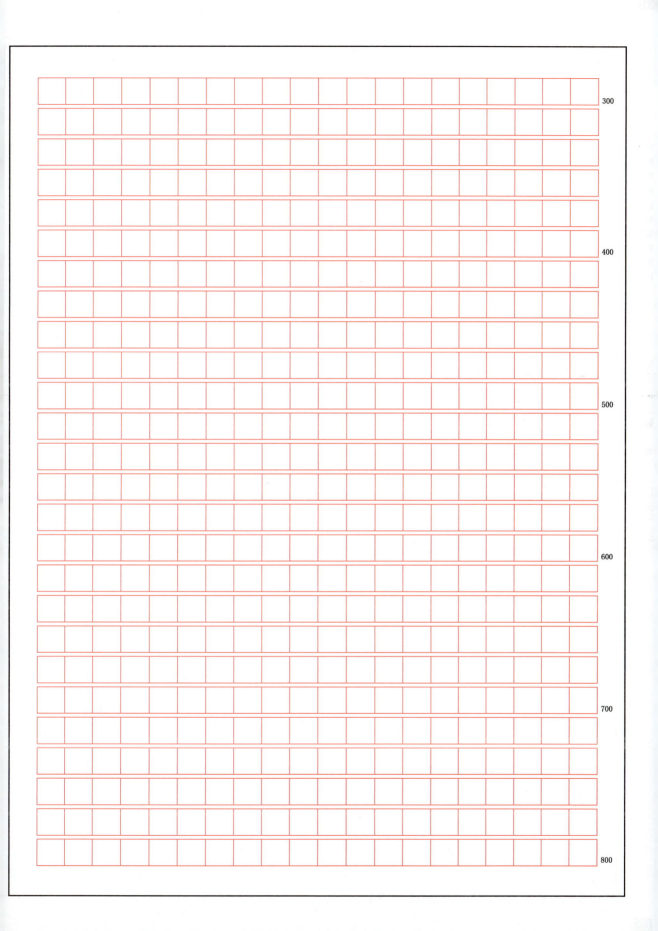

全国硕士研究生招生考试
经济类综合能力答题卡（396）

报考单位	考生编号（左对齐）

考生编号（左对齐）

[0][0][0][0][0][0][0][0][0][0][0][0][0][0][0]
[1][1][1][1][1][1][1][1][1][1][1][1][1][1][1]
[2][2][2][2][2][2][2][2][2][2][2][2][2][2][2]
[3][3][3][3][3][3][3][3][3][3][3][3][3][3][3]
[4][4][4][4][4][4][4][4][4][4][4][4][4][4][4]
[5][5][5][5][5][5][5][5][5][5][5][5][5][5][5]
[6][6][6][6][6][6][6][6][6][6][6][6][6][6][6]
[7][7][7][7][7][7][7][7][7][7][7][7][7][7][7]
[8][8][8][8][8][8][8][8][8][8][8][8][8][8][8]
[9][9][9][9][9][9][9][9][9][9][9][9][9][9][9]

考生姓名

注意事项

1、填（书）写必须使用黑色字迹签字笔，笔迹工整、字迹清楚；涂写必须使用 2B 铅笔。

2、选择题必须用 2B 铅笔涂在答题卡指定题号，非选择题必须用黑色签字笔在指定区域作答。不在指定区域作答、在草稿纸、试题本上作答无效。

3、请保持答题卡清洁、请勿做任何标记，否则按无效答卷处理。

4、请务必将试题本上的试题信息条形码贴在答题卡标有"试题信息条形码"的框内。

正确涂卡	■	错误涂卡	☑ ☒ ▣ ▢ ● ◨ ◪ ▬
缺考标记	□	缺考考生信息由监考员填涂并加盖缺考章，盖章不要遮盖考生信息。	

选择题答案区域

1 [A] [B] [C] [D] [E]	16 [A] [B] [C] [D] [E]	31 [A] [B] [C] [D] [E]	46 [A] [B] [C] [D] [E]
2 [A] [B] [C] [D] [E]	17 [A] [B] [C] [D] [E]	32 [A] [B] [C] [D] [E]	47 [A] [B] [C] [D] [E]
3 [A] [B] [C] [D] [E]	18 [A] [B] [C] [D] [E]	33 [A] [B] [C] [D] [E]	48 [A] [B] [C] [D] [E]
4 [A] [B] [C] [D] [E]	19 [A] [B] [C] [D] [E]	34 [A] [B] [C] [D] [E]	49 [A] [B] [C] [D] [E]
5 [A] [B] [C] [D] [E]	20 [A] [B] [C] [D] [E]	35 [A] [B] [C] [D] [E]	50 [A] [B] [C] [D] [E]
6 [A] [B] [C] [D] [E]	21 [A] [B] [C] [D] [E]	36 [A] [B] [C] [D] [E]	51 [A] [B] [C] [D] [E]
7 [A] [B] [C] [D] [E]	22 [A] [B] [C] [D] [E]	37 [A] [B] [C] [D] [E]	52 [A] [B] [C] [D] [E]
8 [A] [B] [C] [D] [E]	23 [A] [B] [C] [D] [E]	38 [A] [B] [C] [D] [E]	53 [A] [B] [C] [D] [E]
9 [A] [B] [C] [D] [E]	24 [A] [B] [C] [D] [E]	39 [A] [B] [C] [D] [E]	54 [A] [B] [C] [D] [E]
10 [A] [B] [C] [D] [E]	25 [A] [B] [C] [D] [E]	40 [A] [B] [C] [D] [E]	55 [A] [B] [C] [D] [E]
11 [A] [B] [C] [D] [E]	26 [A] [B] [C] [D] [E]	41 [A] [B] [C] [D] [E]	
12 [A] [B] [C] [D] [E]	27 [A] [B] [C] [D] [E]	42 [A] [B] [C] [D] [E]	
13 [A] [B] [C] [D] [E]	28 [A] [B] [C] [D] [E]	43 [A] [B] [C] [D] [E]	
14 [A] [B] [C] [D] [E]	29 [A] [B] [C] [D] [E]	44 [A] [B] [C] [D] [E]	
15 [A] [B] [C] [D] [E]	30 [A] [B] [C] [D] [E]	45 [A] [B] [C] [D] [E]	

阴影部分请勿作答或做任何标记

本答题卡仅供考生熟悉了解整体样式、模拟演练使用。具体考场答题卡样式、尺寸请以实际考场上发放的为准。

写作 56

100

200

300

400

500

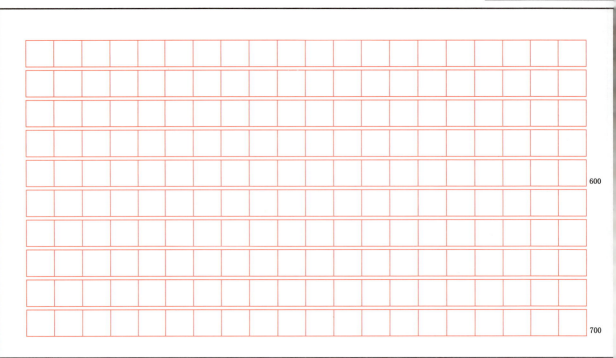

600

700

作文 57

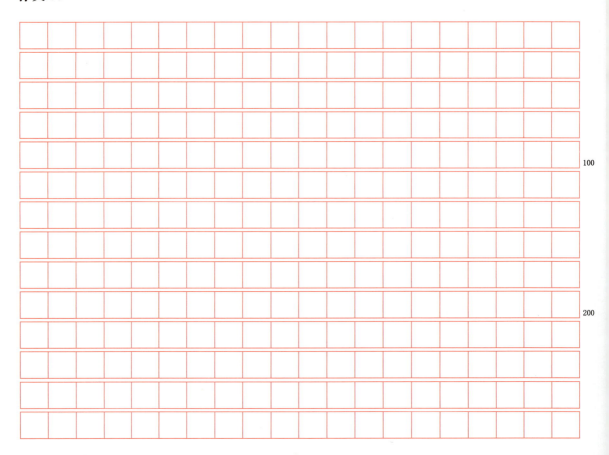

100

200

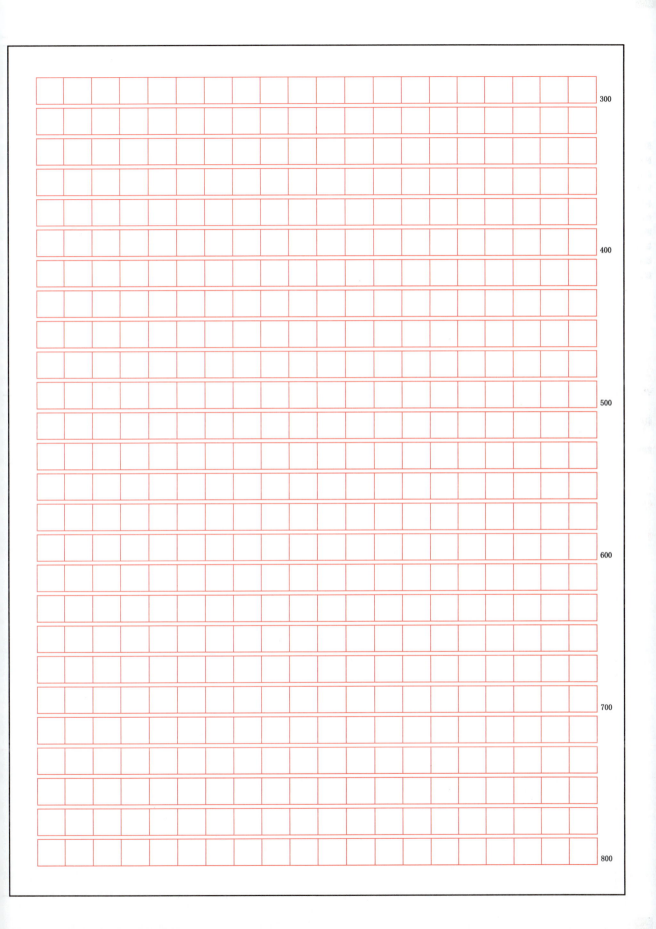

全国硕士研究生招生考试
经济类综合能力答题卡（396）

报考单位	考生编号（左对齐）

[0][0][0][0][0][0][0][0][0][0][0][0][0][0][0]
[1][1][1][1][1][1][1][1][1][1][1][1][1][1][1]
[2][2][2][2][2][2][2][2][2][2][2][2][2][2][2]
[3][3][3][3][3][3][3][3][3][3][3][3][3][3][3]
[4][4][4][4][4][4][4][4][4][4][4][4][4][4][4]
[5][5][5][5][5][5][5][5][5][5][5][5][5][5][5]
[6][6][6][6][6][6][6][6][6][6][6][6][6][6][6]
[7][7][7][7][7][7][7][7][7][7][7][7][7][7][7]
[8][8][8][8][8][8][8][8][8][8][8][8][8][8][8]
[9][9][9][9][9][9][9][9][9][9][9][9][9][9][9]

考生姓名

注意事项

1、填（书）写必须使用黑色字迹签字笔，笔迹工整、字迹清楚；涂写必须使用 2B 铅笔。

2、选择题必须用 2B 铅笔涂在答题卡指定题号，非选择题必须用黑色签字笔在指定区域作答。不在指定区域作答、在草稿纸、试题本上作答无效。

3、请保持答题卡清洁、请勿做任何标记，否则按无效答卷处理。

4、请务必将试题本上的试题信息条形码贴在答题卡标有"试题信息条形码"的框内。

正确涂卡	■	错误涂卡	☑ ☒ ▮ ● ◐ ⬡ ▬
缺考标记	☐	缺考考生信息由监考员填涂并加盖缺考章，盖章不要遮盖考生信息。	

选择题答案区域

1 [A] [B] [C] [D] [E]   16 [A] [B] [C] [D] [E]   31 [A] [B] [C] [D] [E]   46 [A] [B] [C] [D] [E]
2 [A] [B] [C] [D] [E]   17 [A] [B] [C] [D] [E]   32 [A] [B] [C] [D] [E]   47 [A] [B] [C] [D] [E]
3 [A] [B] [C] [D] [E]   18 [A] [B] [C] [D] [E]   33 [A] [B] [C] [D] [E]   48 [A] [B] [C] [D] [E]
4 [A] [B] [C] [D] [E]   19 [A] [B] [C] [D] [E]   34 [A] [B] [C] [D] [E]   49 [A] [B] [C] [D] [E]
5 [A] [B] [C] [D] [E]   20 [A] [B] [C] [D] [E]   35 [A] [B] [C] [D] [E]   50 [A] [B] [C] [D] [E]

6 [A] [B] [C] [D] [E]   21 [A] [B] [C] [D] [E]   36 [A] [B] [C] [D] [E]   51 [A] [B] [C] [D] [E]
7 [A] [B] [C] [D] [E]   22 [A] [B] [C] [D] [E]   37 [A] [B] [C] [D] [E]   52 [A] [B] [C] [D] [E]
8 [A] [B] [C] [D] [E]   23 [A] [B] [C] [D] [E]   38 [A] [B] [C] [D] [E]   53 [A] [B] [C] [D] [E]
9 [A] [B] [C] [D] [E]   24 [A] [B] [C] [D] [E]   39 [A] [B] [C] [D] [E]   54 [A] [B] [C] [D] [E]
10 [A] [B] [C] [D] [E]   25 [A] [B] [C] [D] [E]   40 [A] [B] [C] [D] [E]   55 [A] [B] [C] [D] [E]

11 [A] [B] [C] [D] [E]   26 [A] [B] [C] [D] [E]   41 [A] [B] [C] [D] [E]
12 [A] [B] [C] [D] [E]   27 [A] [B] [C] [D] [E]   42 [A] [B] [C] [D] [E]
13 [A] [B] [C] [D] [E]   28 [A] [B] [C] [D] [E]   43 [A] [B] [C] [D] [E]
14 [A] [B] [C] [D] [E]   29 [A] [B] [C] [D] [E]   44 [A] [B] [C] [D] [E]
15 [A] [B] [C] [D] [E]   30 [A] [B] [C] [D] [E]   45 [A] [B] [C] [D] [E]

阴影部分请勿作答或做任何标记

本答题卡仅供考生熟悉了解整体样式、模拟演练使用。具体考场答题卡样式、尺寸请以实际考场上发放的为准。

写作 56

100

200

300

400

500

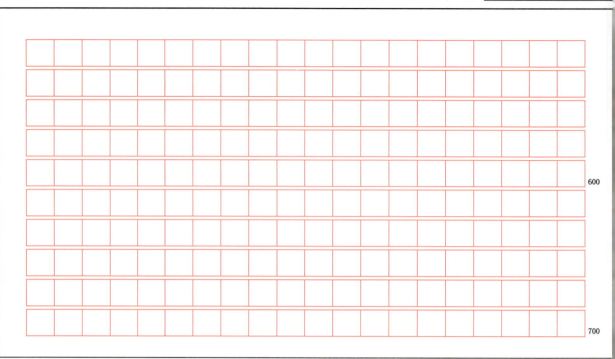

600

700

作文 57

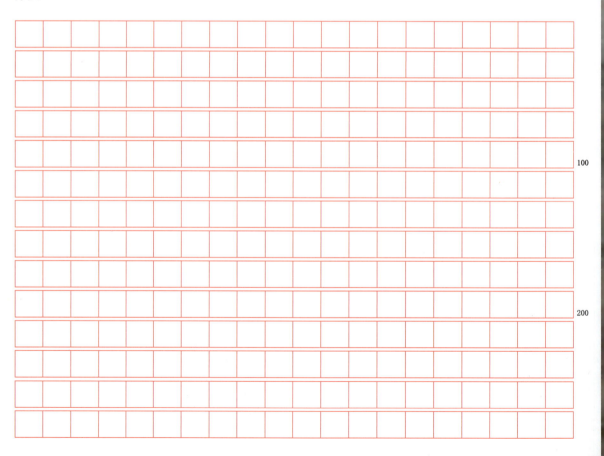

100

200

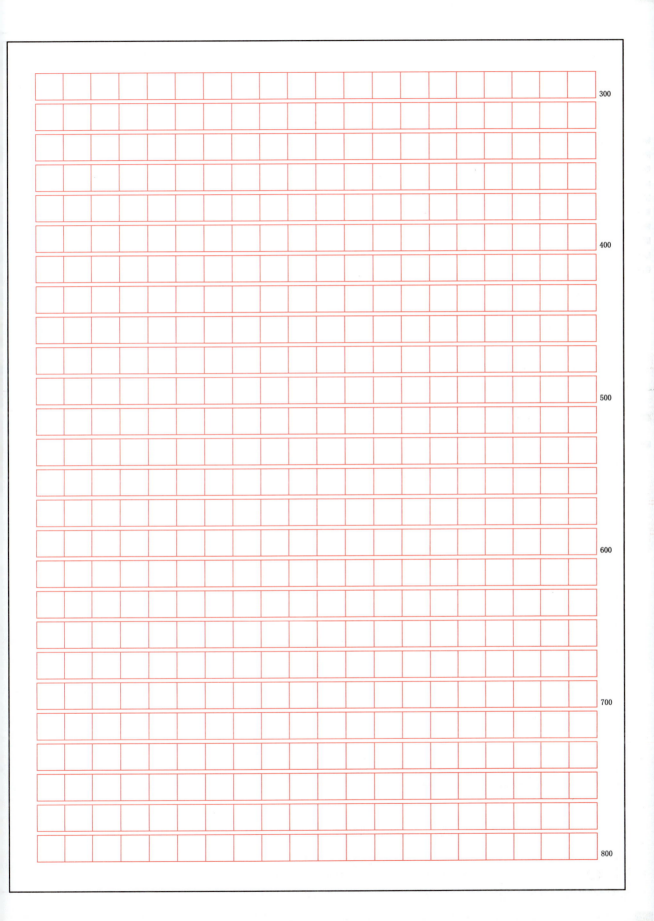

300

400

500

600

700

800

全国硕士研究生招生考试
经济类综合能力答题卡（396）

考生编号（左对齐）

注意事项

1、填（书）写必须使用黑色字迹签字笔，笔迹工整、字迹清楚；涂写必须使用 2B 铅笔。

2、选择题必须用 2B 铅笔涂在答题卡指定题号，非选择题必须用黑色签字笔在指定区域作答。不在指定区域作答、在草稿纸、试题本上作答无效。

3、请保持答题卡清洁、请勿做任何标记，否则按无效答卷处理。

4、请务必将试题本上的试题信息条形码贴在答题卡标有"试题信息条形码"的框内。

正确涂卡 ■   **错误涂卡** ☑ ☒ ▮ ● ◹ ◿ ▬

缺考标记 □   缺考考生信息由监考员填涂并加盖缺考章，盖章不要遮盖考生信息。

选择题答案区域

1 [A] [B] [C] [D] [E]   16 [A] [B] [C] [D] [E]   31 [A] [B] [C] [D] [E]   46 [A] [B] [C] [D] [E]
2 [A] [B] [C] [D] [E]   17 [A] [B] [C] [D] [E]   32 [A] [B] [C] [D] [E]   47 [A] [B] [C] [D] [E]
3 [A] [B] [C] [D] [E]   18 [A] [B] [C] [D] [E]   33 [A] [B] [C] [D] [E]   48 [A] [B] [C] [D] [E]
4 [A] [B] [C] [D] [E]   19 [A] [B] [C] [D] [E]   34 [A] [B] [C] [D] [E]   49 [A] [B] [C] [D] [E]
5 [A] [B] [C] [D] [E]   20 [A] [B] [C] [D] [E]   35 [A] [B] [C] [D] [E]   50 [A] [B] [C] [D] [E]

6 [A] [B] [C] [D] [E]   21 [A] [B] [C] [D] [E]   36 [A] [B] [C] [D] [E]   51 [A] [B] [C] [D] [E]
7 [A] [B] [C] [D] [E]   22 [A] [B] [C] [D] [E]   37 [A] [B] [C] [D] [E]   52 [A] [B] [C] [D] [E]
8 [A] [B] [C] [D] [E]   23 [A] [B] [C] [D] [E]   38 [A] [B] [C] [D] [E]   53 [A] [B] [C] [D] [E]
9 [A] [B] [C] [D] [E]   24 [A] [B] [C] [D] [E]   39 [A] [B] [C] [D] [E]   54 [A] [B] [C] [D] [E]
10 [A] [B] [C] [D] [E]   25 [A] [B] [C] [D] [E]   40 [A] [B] [C] [D] [E]   55 [A] [B] [C] [D] [E]

11 [A] [B] [C] [D] [E]   26 [A] [B] [C] [D] [E]   41 [A] [B] [C] [D] [E]
12 [A] [B] [C] [D] [E]   27 [A] [B] [C] [D] [E]   42 [A] [B] [C] [D] [E]
13 [A] [B] [C] [D] [E]   28 [A] [B] [C] [D] [E]   43 [A] [B] [C] [D] [E]
14 [A] [B] [C] [D] [E]   29 [A] [B] [C] [D] [E]   44 [A] [B] [C] [D] [E]
15 [A] [B] [C] [D] [E]   30 [A] [B] [C] [D] [E]   45 [A] [B] [C] [D] [E]

阴影部分请勿作答或做任何标记

写作 56

100

200

300

400

500

600

700

作文 57

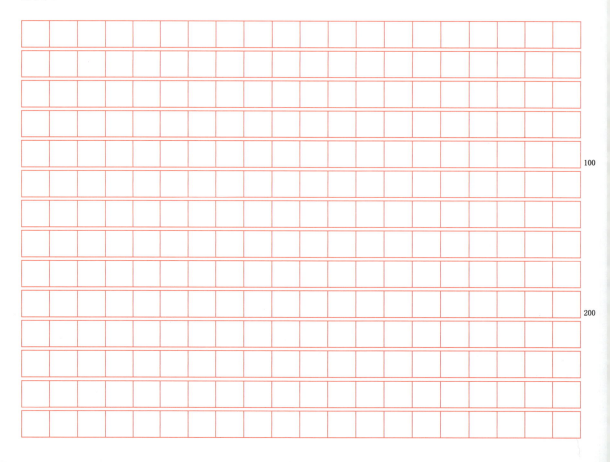

100

200

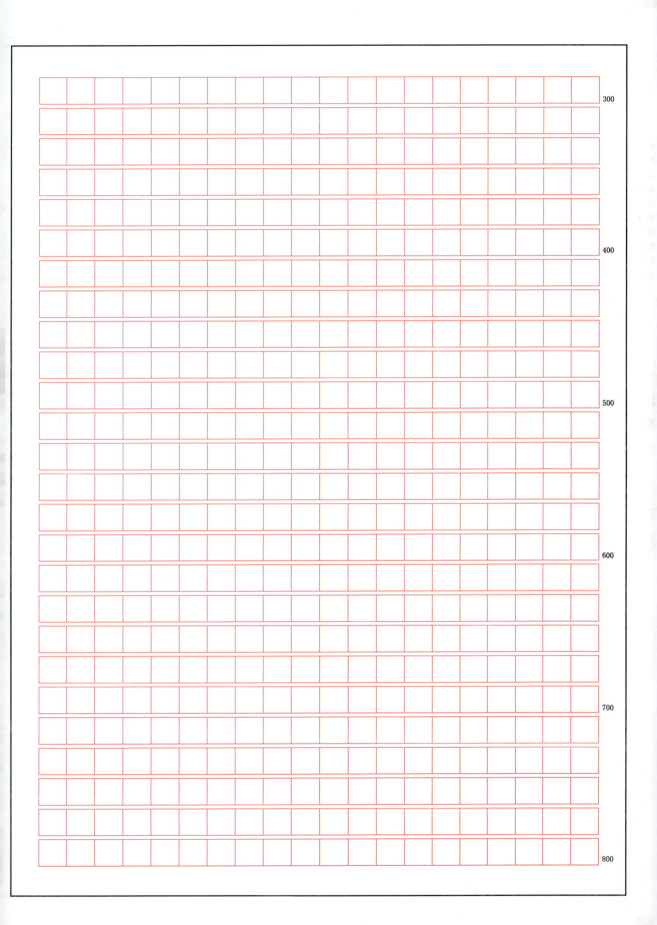

全国硕士研究生招生考试
经济类综合能力答题卡（396）

选择题答案区域

1 [A] [B] [C] [D] [E]   16 [A] [B] [C] [D] [E]   31 [A] [B] [C] [D] [E]   46 [A] [B] [C] [D] [E]
2 [A] [B] [C] [D] [E]   17 [A] [B] [C] [D] [E]   32 [A] [B] [C] [D] [E]   47 [A] [B] [C] [D] [E]
3 [A] [B] [C] [D] [E]   18 [A] [B] [C] [D] [E]   33 [A] [B] [C] [D] [E]   48 [A] [B] [C] [D] [E]
4 [A] [B] [C] [D] [E]   19 [A] [B] [C] [D] [E]   34 [A] [B] [C] [D] [E]   49 [A] [B] [C] [D] [E]
5 [A] [B] [C] [D] [E]   20 [A] [B] [C] [D] [E]   35 [A] [B] [C] [D] [E]   50 [A] [B] [C] [D] [E]

6 [A] [B] [C] [D] [E]   21 [A] [B] [C] [D] [E]   36 [A] [B] [C] [D] [E]   51 [A] [B] [C] [D] [E]
7 [A] [B] [C] [D] [E]   22 [A] [B] [C] [D] [E]   37 [A] [B] [C] [D] [E]   52 [A] [B] [C] [D] [E]
8 [A] [B] [C] [D] [E]   23 [A] [B] [C] [D] [E]   38 [A] [B] [C] [D] [E]   53 [A] [B] [C] [D] [E]
9 [A] [B] [C] [D] [E]   24 [A] [B] [C] [D] [E]   39 [A] [B] [C] [D] [E]   54 [A] [B] [C] [D] [E]
10 [A] [B] [C] [D] [E]   25 [A] [B] [C] [D] [E]   40 [A] [B] [C] [D] [E]   55 [A] [B] [C] [D] [E]

11 [A] [B] [C] [D] [E]   26 [A] [B] [C] [D] [E]   41 [A] [B] [C] [D] [E]
12 [A] [B] [C] [D] [E]   27 [A] [B] [C] [D] [E]   42 [A] [B] [C] [D] [E]
13 [A] [B] [C] [D] [E]   28 [A] [B] [C] [D] [E]   43 [A] [B] [C] [D] [E]
14 [A] [B] [C] [D] [E]   29 [A] [B] [C] [D] [E]   44 [A] [B] [C] [D] [E]
15 [A] [B] [C] [D] [E]   30 [A] [B] [C] [D] [E]   45 [A] [B] [C] [D] [E]

阴影部分请勿作答或做任何标记

写作 56

100

200

300

400

500

600

700

作文 57

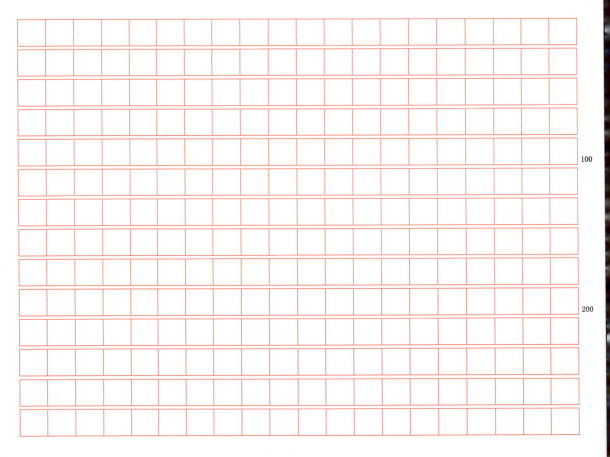

100

200

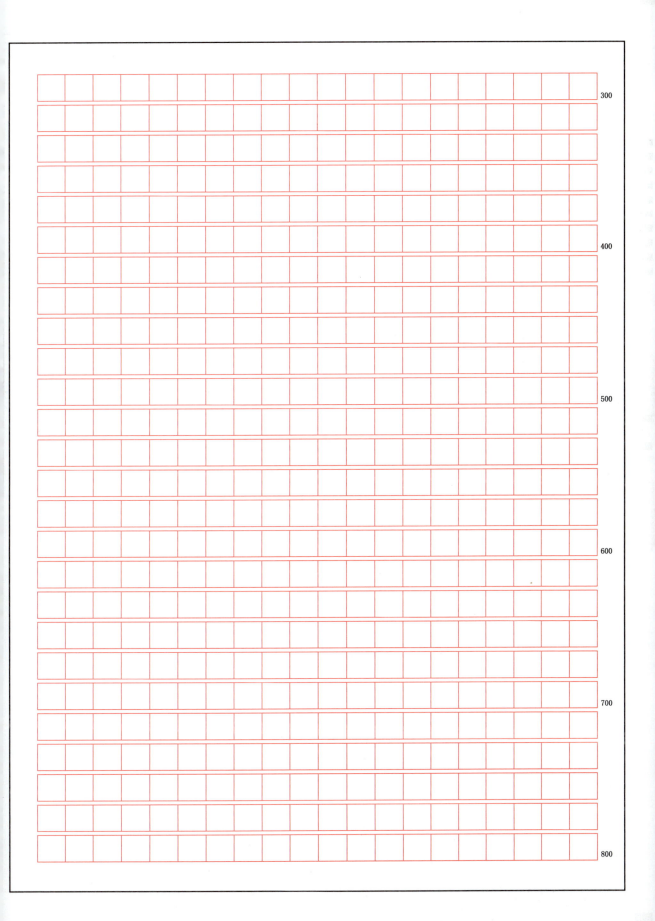

300

400

500

600

700

800

全国硕士研究生招生考试
经济类综合能力答题卡（396）

| 报考单位 | 考生编号（左对齐） |

考生编号（左对齐）

[0][0][0][0][0][0][0][0][0][0][0][0][0][0][0][0]
[1][1][1][1][1][1][1][1][1][1][1][1][1][1][1][1]
[2][2][2][2][2][2][2][2][2][2][2][2][2][2][2][2]
[3][3][3][3][3][3][3][3][3][3][3][3][3][3][3][3]
[4][4][4][4][4][4][4][4][4][4][4][4][4][4][4][4]
[5][5][5][5][5][5][5][5][5][5][5][5][5][5][5][5]
[6][6][6][6][6][6][6][6][6][6][6][6][6][6][6][6]
[7][7][7][7][7][7][7][7][7][7][7][7][7][7][7][7]
[8][8][8][8][8][8][8][8][8][8][8][8][8][8][8][8]
[9][9][9][9][9][9][9][9][9][9][9][9][9][9][9][9]

考生姓名

注意事项

1、填（书）写必须使用黑色字迹签字笔，笔迹工整、字迹清楚；涂写必须使用 2B 铅笔。
2、选择题必须用 2B 铅笔涂在答题卡指定题号，非选择题必须用黑色签字笔在指定区域作答。不在指定区域作答、在草稿纸、试题本上作答无效。
3、请保持答题卡清洁、请勿做任何标记，否则按无效答卷处理。
4、请务必将试题本上的试题信息条形码贴在答题卡标有"试题信息条形码"的框内。

正确涂卡 ■   **错误涂卡** ☑ ☒ ▯ ● ⬗ ⬖ ▬

缺考标记 ▭   缺考考生信息由监考员填涂并加盖缺考章，盖章不要遮盖考生信息。

选择题答案区域

1 [A] [B] [C] [D] [E]   16 [A] [B] [C] [D] [E]   31 [A] [B] [C] [D] [E]   46 [A] [B] [C] [D] [E]
2 [A] [B] [C] [D] [E]   17 [A] [B] [C] [D] [E]   32 [A] [B] [C] [D] [E]   47 [A] [B] [C] [D] [E]
3 [A] [B] [C] [D] [E]   18 [A] [B] [C] [D] [E]   33 [A] [B] [C] [D] [E]   48 [A] [B] [C] [D] [E]
4 [A] [B] [C] [D] [E]   19 [A] [B] [C] [D] [E]   34 [A] [B] [C] [D] [E]   49 [A] [B] [C] [D] [E]
5 [A] [B] [C] [D] [E]   20 [A] [B] [C] [D] [E]   35 [A] [B] [C] [D] [E]   50 [A] [B] [C] [D] [E]

6 [A] [B] [C] [D] [E]   21 [A] [B] [C] [D] [E]   36 [A] [B] [C] [D] [E]   51 [A] [B] [C] [D] [E]
7 [A] [B] [C] [D] [E]   22 [A] [B] [C] [D] [E]   37 [A] [B] [C] [D] [E]   52 [A] [B] [C] [D] [E]
8 [A] [B] [C] [D] [E]   23 [A] [B] [C] [D] [E]   38 [A] [B] [C] [D] [E]   53 [A] [B] [C] [D] [E]
9 [A] [B] [C] [D] [E]   24 [A] [B] [C] [D] [E]   39 [A] [B] [C] [D] [E]   54 [A] [B] [C] [D] [E]
10 [A] [B] [C] [D] [E]   25 [A] [B] [C] [D] [E]   40 [A] [B] [C] [D] [E]   55 [A] [B] [C] [D] [E]

11 [A] [B] [C] [D] [E]   26 [A] [B] [C] [D] [E]   41 [A] [B] [C] [D] [E]
12 [A] [B] [C] [D] [E]   27 [A] [B] [C] [D] [E]   42 [A] [B] [C] [D] [E]
13 [A] [B] [C] [D] [E]   28 [A] [B] [C] [D] [E]   43 [A] [B] [C] [D] [E]
14 [A] [B] [C] [D] [E]   29 [A] [B] [C] [D] [E]   44 [A] [B] [C] [D] [E]
15 [A] [B] [C] [D] [E]   30 [A] [B] [C] [D] [E]   45 [A] [B] [C] [D] [E]

阴影部分请勿作答或做任何标记

本答题卡仅供考生熟悉了解整体样式、模拟演练使用。具体考场答题卡样式、尺寸请以实际考场上发放的为准。